미국현대사

미국현대사

이주영 · 황혜성 · 김연진
조지형 · 김형인

比峰出版社

머 리 말

제2차 세계대전에서 현재에 이르는 시기의 미국 역사를 설명함에 있어서 필자들은 두 가지 기본 개념을 가지고 접근하였다.

하나는 보수주의(conservatism)로 불리는 자유방임주의(laissaiz-faireism)의 원리였다. 그것은 정치적으로 공화당에 의해 대변되고 있는 이념으로써, 먹고, 잠자고, 위험으로부터 지키는 문제는 개인에 의해 해결되어야 한다는 생각이었다. 그리고 그러한 문제의 해결은 개인의 능력과 도덕성에 따라 크게 다르다는 생각이었다. 따라서 그것은 성실성, 근검, 절약과 같은 미덕에는 재산과 성공이 따르고, 무능력, 게으름, 태만, 낭비와 같은 악덕에는 가난과 실패가 따른다는 소박한 생각이었다. 다시 말해, 그것은 개인주의(individualism), 자조(self-help), 근로윤리(work ethic)의 정신을 강조하는 이념이었다. 이러한 사상의 대변자는 허버트 후버였다.

다른 하나는 진보주의(liberalism)로 불리는 정부간섭주의(governmental interventionism)의 원리였다. 그것은 정치적으로 민주당에 의해 대변되고 있는 이념으로서, 미국이 사회적 평화를 유지하기 위해서는 정부가 빈민, 노동자, 소수인종, 여성 및 여러 종류의 소수세력에게 최소한도의 경제력과 발언권을 보장해야 한다는 생각이었다. 다시 말해, 그것은 부르조아적인 미국 사회에 중세 유럽의 봉건사회와 카톨릭 교회가 강조했던 온정주의 윤리(paternalist ethic)와 공동체 의식(sense of community)이 도입되어야 한다는 생각이었다. 이러한 사상의 대변자는 프랭클린 루즈벨트였다.

필자들은 이와 같은 두 이념의 세력들이 대립하는 과정이 바로 미국현대사의 가장 본질적인 내용이라고 생각하였다. 바꾸어 말하면, 필자들은 미국현대사가 근본적으로 허버트 후버와 프랭클린 루즈벨트의 싸움이라고 생각하였다.

현대판 로마 제국으로 불리는 거대하고 복잡한 미국을 몇 가지 개념을 가지고 한정된 지면 속에서 설명하려는 것은 무리한 생각임에 틀림없다. 그럼에도 불구하고 이 작은 노력이 우리나라 독자들에게 현대 미국을 이해시키는 데 조금이라도 도움이 된다면, 필자들의 심리적인 부담감은 크게 줄어들게 될 것이다.

1996년 8월
이주영, 황혜성, 김연진, 조지형, 김형인

차 례

미국현대사

1941~1996

진주만 기습에서 클린턴 행정부까지

□
제1장

진주만 기습 직전의 미국(1921~1941)

1. 자유방임주의의 전통

두 개의 정치적 조류

1941년에 일본군의 진주만 기습이 일어날 당시에 미국 사회는 그 이전의 전통 사회와는 상당히 달라져 있었다.

1920년대말까지만 하더라도 미국은 근본적으로 자유방임주의(laissez-faireism)의 원리에 토대를 둔 고전적 자본주의의 사회였다. 따라서 그것은 개인주의, 자유경쟁, 자유기업, 자유방임, 근로 윤리와 같은 중산계급적(부르조아적)인 가치들이 강조되는 사회였다.

그러나 1930년대 대공황과 뉴딜정책을 경험하면서 미국 사회에는 새로운 정부간섭주의(governmental interventionism)의 원리, 즉 케인즈 사상(Keynesianism)이 중요한 요소로 도입되기 시작하였다. 그것은 미국인들에게는 낯선 외래적(外來的)인 요소였다. 그에 따라 미국 사회에서는 국가통제, 부(富)의 재분배, 사회보장과 같은 유럽적 복지국가의 가치들이 새롭게 중요해지기 시작하였다.

그 결과로 1941년경에 미국 사회는 전통적인 자유방임 체제에 새로운 정부간섭의 요소를 덧붙인 제3의 혼합경제 체제(mixed economy), 즉 수정 자본주의 체제를 형성하게 되었다.

이와 같은 새로운 혼합경제 체제 안에서 자유방임주의와 정부간섭주의의 두 사상은 제각기 공화당과 민주당의 기본 이념으로 자리잡아 갔다. 그에 따라 두 사상은 대중의 지지에 토대를 둔 보수주의(Conservatism)와 진보주의(Liberalism)의 이데올로기로 미국 사회 안에서 정착하게 되었다.

시간이 흐르면서 두 이념의 중요성은 더욱더 커갔으며, 지금에 와서는 미국 사회를 이해하는 데 빼놓을 수 없는 중심적인 요소로 자리잡게 되었다. 따라서 미국 현대사를 이해하기 위해서는 보수주의와 진보주의의 두 이데올로기가 1920년대와 1930년대에 어떻게 현대적인 모습을 갖추게 되었는가 하는 과정부터 설명해야 하는 것이다.

1920년대 번영기의 유산

1929년에 대공황이 일어나기 전까지 미국은 근본적으로 자유방임주의 이론에 토대를 둔 자유기업(free enterprise) 체제의 나라였다. 그리고 그 체제의 중요한 특징은 번영이었다. 1920년대에 미국은 그때까지 세계 역사 속에서 나타났던 나라들 가운데 가장 부유한 국가였다.

허버트 후버(Herbert Hoover)가 대통령에 취임한 1929년초에 미국 경제의 위력은 절정에 이르렀다. 국민의 대부분은 경제적 번영이 앞으로도 계속될 뿐만 아니라 더욱 더 향상되어 결국에는 놀라운 사회 진보가 뒤따르게 될 것이라는 새 대통령의 주장을 믿었다. "오늘날 우리 미국인들은 역사 속에 나타난 어떤 나라보다도 더 빈곤에 대한 최후 승리에 가까이 가 있다. 가난한 집은 우리 주변에서 사라지고 있다."고 허버트 후버는

허버트 후버(1874~1964) : 번영과 자유방임주의의 상징

자신 있게 말하였다.

1920년대의 미국은 지상에 최초로 나타난 진정한 소비 사회(consumer society)였다. 그것은 부자들뿐만 아니라 평민들까지도 단순한 필요를 넘어 쾌락을 목적으로 물건을 살 수 있게 된 사회였다. 웬만한 중산계급 가정이면 냉장고, 세탁기, 진공청소기를 보유하였다. 새로운 소비지상주의(consumerism)는 자동차의 보급에서 가장 잘 나타났다. 자동차 보유에 대한 국민적 열광으로 1929년에 자동차는 3천만 대로 늘었다. 라디오 보유가정도 1,200만 세대로 늘었다.

이처럼 미국 사회를 번영시킨 데 대한 공로(功勞)는 기업가들과 기술자들의 천재성으로 돌아 갔다. 그들이야말로 미국 사회에서 가장 가치 있는 사람들로 보였다. 그러므로 1920년대는 기업가와 기술자에 대한 존경심이 절정에 이르렀던 시기였다. 또한 그것은 능률을 강조하는 프레데릭 테일러(Frederick W. Taylor)의 "과학적 경영(scientific management)"이 존중된 시기였다. 그리고 그것은 기업가들과 중산계급의 가치관이 가장 존중되는 기업 문명(business civilization)이 완성된 시기였다.

개인주의와 번영의 약속

1920년대의 기업 문명의 공식 철학은 자유방임주의, 즉 개인들 사이의 자유로운 경쟁의 원리였고, 바로 그 원리 위에 미국적인 체제(American System)가 놓여 있었다. 미국적 체제는 오랫동안 미국인의 국민적 특성이었던 개인주의 철학이 구현된 상태였다.

원래 개인주의(Individualism)의 철학은 각 개인이 살아가는 과정에서 부딪히는 모든 문제를 해결할 사람은 바로 그 자신뿐이라는 주장에서 출발하고 있었다. 그것은 자신의 문제가 다른 사람에 의해서는 결코 해결될 수 없다는 생각이었다. 더구나 국가(國家)에 의해 해결될 가능성은 더욱더 없다는 생각이었다.

그러므로 1920년대초에 공화당 행정부를 이끌었던 워렌 하딩(Warren Harding) 대통령은, "모든 인간의 문제가 법(法) 제정으로 해결될 수 없다는 것을 전세계에 알릴 필요가 있다"고 말했던 것이다. 아무리 어려운 환

헨리 포드 : 자동차 대중화의 주역

경에 놓여 있는 사람이라 할지라도 창의력, 근면성, 도덕성을 가지고 있으면 재부(財富)와 명성을 얻을 수 있다는 것이 개인주의자들의 근본생각이었다.

이와 같은 자수성가인(self-made man)의 이상은 미국 역사에서 항상 존재해 왔다. 그리고 그러한 신화는 1920년대에도 상당한 현실로 나타나고 있었다. 그것은 세 명의 시대적 영웅을 통해 사실임이 입증되었다.

첫번째 영웅은 전등과 수많은 가전 제품들을 발명한 토마스 에디슨(Thomas Edison)이었다. 두번째 영웅은 자동차 왕이며 이동조립 공정의 창시자인 헨리 포드(Henry Ford)였다. 그리고 세번째 영웅은 작은 비행기로 대서양을 단독 비행한 모험가 찰스 린드버그(Charles A. Lindbergh)였다.

그들은 모두 정규 교육을 제대로 받지 못한 자수성가인이었다. 그러면서도 현대적인 기술을 체득한 선각자들이었다. 그리고 그들은 모두 각 개인

으로 하여금 "하고 싶은 대로 하고 가고 싶은 대로 두라"는 자유방임주의의
신봉자들이었다.

공화당과 자유방임주의

이러한 국민 철학을 정치적으로 표현한 정당이 공화당이었다. 그러므로
번영의 1920년대를 전후한 12년 동안 공화당이 집권했던 사실은 전혀 이상
한 일이 아니었던 것이다.

1920년대에 중산계급의 정당인 공화당은 대통령직과 의회를 모두 장악
하였다. 그 때문에 정부와 기업계는 협조 관계를 유지하였고, 그러한 우호
관계는 캘빈 쿨리지(Calvin Coolidge)의 대통령 임기 동안에 절정을 이루
었다.

공화당 행정부의 자유방임주의는 주로 빈민에 대한 정부 지원을 없애기
위한 정부 예산의 삭감으로 나타났다. 그리고 그것은 노동자나 농민과 같은
불만 세력을 억제함으로써 기업가의 자유로운 기업 활동을 보장하는 친기업
(親企業)정책으로 나타났다.

그러므로 재무 장관 앤드루 멜론(Andrew Mellon)은 부자에게 부과된
개인소득세와 상속세를 줄여 줌으로써 기업의 이윤을 크게 해주었다. 그러
한 세금 인하는 기업가의 투자를 촉진함으로써 전반적인 번영을 지속시키게
될 것이라고 멜론은 주장하였다. 또한 멜론은 연방 정부의 예산을 파격적으
로 줄였다.

상무 장관 허버트 후버(Herbert Hoover)도 경제 안정에 이르는 가장
좋은 방법은 자발주의(voluntarism)의 정신이라고 믿었기 때문에 민간 부
문에서의 자발적인 협력을 장려하였다

대법원장 윌리암 태프트(William Howard Taft)가 이끄는 법원도 연
방 정부의 친기업적 성향을 더욱더 강화해 주었다. 그리하여 대법원은 소년
노동을 규제하고 여성에게 최저 임금을 보장하려는 진보적인 법을 무효화시
킴으로써 기업에 대한 정부의 간섭을 제거하려고 하였다.

노동운동에 대한 적대감

자유방임주의는 노동조합에 대한 탄압으로도 나타났다. 제1차 세계대전이 끝난 뒤에 1919년의 대파업이 공산주의와 관련이 있는 것으로 판단되었기 때문에, 그 이후로 기업가들은 노조 운동이 근본적으로 미국의 자유방임적 자본주의 체제를 전복하려는 음모라고 생각하였다. 따라서 노동운동은 그 자체가 비미국적(un-American)인 것이었다.

그러므로 그들은 미국적 체제를 유지하는 방법은 노동자의 노동조합 강제 가입이 허용되지 않는 개방 공장(open shop)제도의 확대뿐이라고 생각하였다. 그 때문에 전국제조업자협회는 개방공장제도를 가리켜 "미국적 계획"(American Plan)이라고 불렀던 것이다.

그러므로 노동자에 대한 복지는 고용주들의 자발적인 협력으로 이루어져야만 했다. 실제로 1920년대에 기업가들은 국가를 대신해서 노동자들을 달래기 위한 복지 혜택을 마련하였다. 그것은 당근과 채찍(carrot and stick)의 방법에서 당근에 해당하는 것이었다. 그와 같은 후견주의적인 방법은 복지자본주의(welfare capitalism)라고 불리었다.

따라서 헨리 포드와 같은 대담한 기업가들은 피고용인의 작업 시간을 파격적으로 줄이고 임금을 대폭 인상하는 한편, 유급 휴가 제도를 도입하였다. 유에스스틸 제철 회사는 작업장에 안전 시설과 위생 상태를 크게 개선하였다.

그 결과로 1926년에 이르면 거의 300만의 산업노동자가 은퇴 후에 국가의 도움이 전혀 없이도 연금혜택을 받게 되었다. 그리고 피고용인들은 시장가격 이하의 씬 가격으로 자기 회사의 주식을 사들여 주주가 되었다. 따라서 복지자본주의는 근로자들로 하여금 기성체제를 받아 들이게 하는 수단이 되었던 것이다.

공화당과 청교도적 가치관

미국의 자유방임적 체제를 지지한 사람들은 단순히 부유한 기업가들과 보수적인 공화당 정치가들만이 아니었다. 지지자들 가운데는 문화적인 전통

금주운동 : 술을 버리고 있는 장면

주의자(cultural traditionalist)로 불리는 농촌지역의 백인 중산계급들도 있었다. 그들은 대체로 프로테스탄트 교도로서 개인주의 정신과 칼빈주의 신앙(Calvinism)의 가치관을 숭상하는 사람들이었다.

그들은 그러한 전통적인 중산계급의 가치가 외국으로부터 들어 온 이질적(異質的)인 요소들에 의해 사라질 위기에 놓였다고 두려워하였다. 그러한 위험한 요소는 그릇된 사고방식을 가진 카톨릭교도, 유대인, 흑인, 공산주의자들이었다. 그리고 그러한 외래적(外來的)인 요소는 도시에서 우세했기 때문에 특히 그들은 도시가 농촌지역의 전통적인 프로테스탄티즘의 도덕을 무너뜨리고 있다고 분개하였다. 따라서 문화적 갈등은 농촌과 도시의 대립으로 나타났던 것이다.

이들 백인 중산계급의 분노는 1920년에 술의 제조와 판매를 금지하는 금주법(Prohibition)을 시행하도록 하였다. 그들에게 있어서 음주는 매음, 조직범죄와 같은 전반적인 사회적 타락의 원인이었다. 그들은 미국의 도시들이 외국에서 새로운 들어 온 이방인들로 들끓고 있는 데 대해 불안감을 느꼈다. 외국의 낯선 언어, 낯선 복장, 낯선 습관, 낯선 종교 행사를 보면서, 그들은 미국이 외국인들에 의해 잠식당하고 있음을 느꼈다.

특히 그들은 이탈리아를 비롯한 남(南)유럽의 카톨릭 국가들에서 쏟아져 들어 오는 수준 낮은 이민들과 그들의 알콜 문화에 대해 경계하였다. 그리고 독특한 문화를 고수하는 유대인들에 대해 증오심을 느꼈다. 그러므로 금주(禁酒) 운동은 단순한 음주 문제를 초월하여 변화하고 있는 미국 사회 안에서 옛날의 미국을 지키려는 노력을 의미하였다.

공화당과 토착주의

이러한 토착주의(nativism)는 여러 가지 형태로 나타났는 데, 가장 두드러졌던 것이 "큐클럭스클랜"(Ku Klux Klan)조직이었다. 그들은 미국적 생활속에서 외래적인 요소들을 제거하려고 하였다. 그러한 과정에서 그들은 미국적인 도덕성의 수호자로서 자부하고, 미국적인 것을 지키는 자, 따라서 애국자로서 행세하였다.

외래적인 요소에 대한 두려움은 종교적인 극단주의의 형태를 띄기도 하였다. 종교적 극단주의자들은 지방적, 농촌적인 사람들로서 도시인들과 지식인들이 과학화와 현대화의 이름으로 미국의 전통적인 신념들을 말살하는 데 대해 분개하였다. 그러므로 그들은 〈창세기〉의 천지 창조 내용을 부정하는 찰스 다윈의 진화론에 반대하고, 그 대신 성경이 문자 그대로 해석되어야 한다는 근본주의(fundamentalism)의 신앙을 내세웠다.

따라서 문화적 전통주의자들은 정치적으로 공화당을 지지하고 민주당에 반대하였다. 그들은 도시의 노동자, 카톨릭, 이민들의 지지를 받고 있는 민주당은 비미국적(非美國的)인 정당으로 불신하였다. 그와 같은 불신감은 1928년의 선거에서 프로테스탄트 교도인 허버트 후버(Herbert Hoover)와 카톨릭 교도인 알 스미스(Al Smith)가 각각 공화당과 민주당 대통령후보로 나섰을 때 가장 잘 나타났다.

2. 정부간섭주의의 출현

대공황과 빈곤의 1930년대

1929년초에 공화당의 후버가 미래에 대한 자신감을 가지고 대통령에 취임한 지 15개월만에, 미국은 미국 역사에서 가장 혹독한 불경기 속에 빠져 들게 되었다. 1929년 10월의 주식시장 붕괴로 미국 경제는 흔들리고, 대공황이 3년간 계속 되면서 국가 경제는 완전 붕괴의 상태에 도달하였다.

1929년과 1932년 사이에 국민총생산(GNP)은 25퍼센트가 줄었다. 실업자는 공식적으로 발표된 것만도 전체 노동력의 25퍼센트에 이르렀다. 실업의 충격은 대도시에서 특히 심하여, 실업률은 클리블랜드 50퍼센트, 에이크론 60퍼센트, 톨리도는 80퍼센트에 이르렀다. 그 때문에 그러한 도시들은 전체가 마비될 정도로 상황이 심각하였다. 직업을 가지고 있는 사람들조차도 임금이 깎이거나 노동 시간이 줄어 들었다. 대공황의 여파는 농촌에도

프랭클린 루즈벨트 : 정부간섭주의의 상징

들이닥쳐 전체 농민의 3분의 1이 농토를 잃고 농촌을 떠났다.

이제 미국 사회에서는 모든 개인이 자기의 운명을 지배할 수 있다는 믿음은 무너졌다. 그에 따라 충분한 재능과 근면을 발휘하는 사람은 성공한다는 개인주의, 자유방임주의(laissez-faireism)의 믿음도 무너졌다. 그에 따라 미국적 체제에 대한 신념과 낙관주의적인 태도도 무너졌다.

그러므로 1932년의 대통령 선거에서 정권은 새로운 방향전환을 약속한 프랭클린 루즈벨트(Franklin D. Roosevelt)의 민주당으로 넘어 가게 되었다. 민주당 행정부의 출범으로 뉴딜 정책(the New Deal)이 시행되었다.

뉴딜은 종래의 자유방임 정책이 경제와 사회를 건강하게 유지하는 데 부적합하다고 보고, 정부간섭주의(governmental interventionism)의 개념을 도입하였다. 그러한 개념은 주로 사회주의 세력이 강한 유럽에서 온 것이었다. 보다 더 직접적으로 그것은 소련의 공산주의 체제로부터 영향을 받은 것이었다. 그러므로 그것은 미국의 전통적인 자유기업 체제에 대한 중요한 도전이었다.

뉴딜 정책과 국가통제의 도입

루즈벨트의 민주당 정부는 1933년의 긴급금융구호법으로 시작된 몇 가지 법을 제정하여 재정과 금융을 통제(control)하기 시작하였다.

정부는 금 본위제를 폐지하고, 다시 달러화의 기준을 새로이 설정함으로써, 달러화의 가치를 조작하였다. 이와 같은 정부의 통화조작(操作) 정책, 다시 말해 상황에 따라 달러의 가치를 정부가 높이거나 낮추는 정책은 정부 간섭(政府干涉)의 중요한 선례를 만들어 놓았다.

정부는 은행들의 무책임한 투기를 막기 위해 금융규제법(Glass-Steagall Act)을 시행하였다. 그리고 은행이 파산했을 때 고객이 예금을 잃지 않도록 보장하기 위해 연방저축보험공사(FDIC)를 설치하였다. 또한 정부는 투자자를 보호하기 위해 1933년의 증권법을 통과시켜 기업들이 새 증권을 발행할 때는 정부 기관에 등록하도록 의무화하였다. 그리고 정부는 증권거래위원회(Securities and Exchange Commission)를 설립하여 주식 시장을 감독하였다.

이제 정부는 경제문제 전반에 걸쳐 개입하고 새로운 역할을 맡게 되었기 때문에 정부의 권한은 강화되었다. 그에 따라 의회에 대해 행정부가 우세하게 되었다. 또한 주 정부를 비롯한 지방 정부에 대해 중앙(中央)의 연방 정부가 우위성을 확보하게 되었다. 다시 말해 뉴딜 정책은 중앙집권화(centralization)를 의미하였고, 그에 따라 종래의 작은 정부 대신 거대한 정부를 나타나게 할 토대를 마련하였다.

이것은 대부분의 미국인들에게는 이전에 경험하지 못했던 새롭고 낯선 변화였다.

민주당 행정부의 노동조합 지원

정부 간섭의 개념은 소외된 세력들을 보호하는 영역에까지 확대되기 시작하였다.

우선 그것은 사회적 약자로서의 농민을 도우려는 1933년의 농업조정법(AAA)으로 나타났다. 이 법은 농민단체들과 농무장관 헨리 월러스(Henry A. Wallace)의 생각을 반영한 것으로서, 정부가 농산물의 과잉생산 문제를 해결하기 위해 생산을 줄여 주는 조치였다. 그것은 7개 기본 품목, 즉 밀, 면화, 옥수수, 돼지, 쌀, 담배, 낙농품을 생산하는 농민들이 생산을 줄이는 대가로, 정부는 개별 농민들에게 얼마나 심어야 할지, 그리고 유휴 경작지에 대해 얼마의 보조금을 줄 것인지를 결정해 주었다.

정부 간섭의 정책은 노동자를 법적으로 보호하기 위한 전국산업부흥법(NRA)의 7조 a항으로도 나타났다. 그 조항에서 노동자들은 노동조합의 결성권과 단체교섭권을 보장받았다.

그리고 1935년의 전국노동관계법(Wagner Act)은 연방 정부가 노동조합 결성에 반대하는 고용주들의 행동을 "불공정 행위"로 규정함으로써 노조 창설을 방해하지 못하도록 하였다. 그 법에 따라 전국노동관계청(National Labor Relations Board)이 설치되었는데, 이 기구는 고용주들이 합법적인 노조를 인정하고 그것과 협약을 맺도록 감독하였다.

전국노동자연합(AFL)의 보수적인 운영에 반발하여 1936년에 과격한 산업노동자회의(CIO)가 새로이 탄생함으로써, 노동조합운동은 더욱더 활기를 띠었다. 산업노동자회의의 탄생에 있어서도 민주당 행정부는 노동자들을 도왔다. 예를 들면, 1936년의 자동차노조와 제너럴모터즈회사의 싸움에서 루즈벨트 대통령은 기업측이 단체교섭권(collective bargaining)을 받아들이도록 압력을 넣었던 것이다.

빈곤 문제와 정부의 책임

정부는 빈민에 대한 구호(relief) 사업의 책임도 떠맡게 되었다. 연방정부는 우선 연방긴급구호청(FERA)을 설치하여 통해 주 정부가 운영하는 구호 기구들에게 연방자금을 제공하였다. 그리고 한 걸음 더 나아가 연방정부는 직접 구호(direct relief)의 사업도 담당하였다.

그러나 자조(self-help)의 정신이 널러 퍼져 있는 미국 사회에서 이와 같은 정부의 빈민구호 정책은 게으름을 조장한다는 비난을 받았다. 그러므로 민주당 정부는 빈민에게 일을 시키고 임금을 주는 근로 구호(work relief)의 방법을 사용하였다. 따라서 연방 정부는 실업자에게 일자리를 만들어 주기 위해 정부 자금으로 공공사업(public works)을 벌였다. 그에 따라 민간사업청(CWA)이 설치되어 도로, 학교, 공원을 건설하는 공공사업이 추진되었다.

이러한 정부 투자는 새로운 구매력을 창출하고, 그 결과로 미국 경제가 활성화하는 데 크게 도움이 되었다. 이러한 공공 사업(public works) 추진의 방법은 나중에 케인즈 경제학의 한 부분으로 알려지게 되었다.

공공 사업의 추진방법으로 지역개발 계획이 수립되었는데, 그 가운데서 가장 유명했던 것이 1933년의 테네시계곡공사(TVA)의 설립이었다. 이것은 "하천 유역의 정비를 위한 국가 계획"의 임무를 지닌 공기업(public corporation)이었다. 그것은 기존의 5개 댐을 개량하고 21개를 새로 건설한다는 거창한 계획을 세웠다. 그리고 그것은 내부 수로망을 건설하였다. 또한 그것은 홍수를 막고 전력을 싸게 공급하는 수단이 되었다.

또한 정부는 수백만의 청년 실업자들에게 일자리를 주기 위해 정부의 자금을 사용하는 민간자원보전단(CCC)을 조직하였다. 그리고 그러한 근로 구호의 사업을 지속적으로 추진하기 위해 사업추진청(WPA)이 1935년에 설치되었다. 그것은 210만의 노동자를 고용하는 거대한 공공 사업이었다. 그 계획에 따라 학교, 우체국, 관청과 같은 수많은 공공 건물과 비행장, 도로, 다리와 같은 사회 간접 시설(infrastructure)이 건설되었다. 또한 그것은 화가, 조각가, 음악가, 연극인 등의 활동을 돕는 예술 진흥 사업도 추진하였다.

16세에서 25세에 이르는 청년들, 특히 고등학생과 대학생을 정부가 돕기 위해 전국청소년청이 설치되었다. 학생들에 대한 지원은 장학금의 형태로 이루어졌다. 또한 공공사업청(PWA)은 연방 정부의 자금으로 공공 주택을 건립함으로써 빈민을 도왔다. 그리고 정부는 남편 없이 자녀들을 돌보는 가난한 여성들에게는 직접 구호의 방법으로 도왔다.

사회보장제도와 경제적 평등

그러나 이러한 정부의 구호 조치는 잠정적인 것에 지나지 않았기 때문에 영구적인 복지 제도의 수립이 추진되었다. 그리하여 1945년에 사회보장법(Social Security Act)이 제정되었다.

그것은 노령보험제도를 도입함으로써 연방 정부가 은퇴한 노인을 두 가지 방법으로 돕게 하였다. 하나는 가난한 노인에게 매월 15달러 한도의 현금을 지원하는 것이었다. 또 다른 하나는 일자리를 가지고 있는 사람들에게 매월 일정액을 적립시켰다가 은퇴한 다음에 연금 형태로 지불해 주는 제도였다. 적립금에는 고용주와 정부도 일정액을 부담하였다.

또한 사회보장법은 실업자와 빈민에게 실업보험 제도의 혜택을 주었다. 이것은 피고용인의 재직 당시 고용주가 매월 부담한 기금을 토대로 하여, 해고당한 노동자에게 정부가 일정 기간 동안 생활비를 보조하도록 만든 제도였다. 그것은 길게 보면 복지 국가(welfare state)의 건설을 목표로 나가는 첫 걸음이었다.

그러나 빈민 구호에는 많은 예산이 필요하였다. 그 때문에 부자로부터 많은 세금을 거두어 들이기 위해 세법 개정이 이루어졌다. 그리하여 1935년의 세입법은 기업소득에 대해서는 누진세율을 적용하였고, 고소득과 상속에 대해서는 아주 높은 부가세(surtax)를 부과하였다.

그러므로 보수 세력들은 그 세법을 "부자를 등치는 법"(Soak the Rich Act)으로 부르고, 뉴딜 정책이 공산주의의 방향으로 나가고 있다고 비난하였다. 그들의 주장처럼 그렇게 세율이 높은 것은 아니었다. 그렇지만, 세금 부담이 빈민으로부터 부자에게로 넘어감으로써 부(富)의 재분배 경향이 나타나고 있었던 것만은 분명하였다.

뉴딜 진보주의와 복지국가의 이상

정부가 국가 경제 문제에 적극 개입하였다는 점에서, 민주당 정부의 뉴딜 정책은 미국의 자유방임주의적 전통을 크게 벗어난 것이었다. 그러므로 그것은 자유방임주의자들이 볼 때, 소련의 사회주의적인(socialistic) 체제를 연상시키는 것이며, 따라서 비미국적인(un-American) 것이었다.

또한 정부의 역할이 커지고 관료의 수효와 권한이 늘어남에 따라, 독일에서 유행하던 국가지상주의(statism)의 이념이 미국에서도 확산될 것이라고 우려하는 의견도 있었다.

게다가 빈민구호 정책은 대중에게 인기가 있었기 때문에, 그것을 등에 업고 대중 독재(popular dictatorship)가 나타날 위험도 있는 듯이 보였다. 그러므로 프랭클린 루즈벨트가 대통령에 네 번 당선된 사실은 미국에서도 고대 로마 공화국 말기처럼 황제지상주의(caeserism)가 나타나고 있음을 보여주고 있다고 두려워하는 사람들도 있었다.

그러나 이와 같은 우려와는 달리 뉴딜 정책은 근본적으로 "분쟁조정자 국가"(broker-state)의 이상을 목표로 하고 있었다. 즉, 그것은 국가라는 시장에서 수많은 이익집단들이 효과적으로 경쟁하도록 만들기 위해 정부가 약한 집단은 돕고 강한 집단은 억제하려는 것이었다. 다시 말해 그것은, 정부가 지금까지 유일한 세력으로 인정되어 오던 기업 조직에 덧붙여 노동조합, 농민 조직, 소비자 조직 및 흑인을 비롯한 소수 민족, 여성 세력의 존재도 인정하려는 것이었다. 그러므로 뉴딜 정책은 이익집단 민주주의(interest-group democracy)의 의미를 가지게 되었다.

그러므로 루즈벨트 대통령은 많은 흑인을 연방 정부의 중위직 관리로 임명하였다. 또한 뉴딜 정책의 구호 사업으로 빈민인 흑인들은 많은 혜택을 받았다. 또한 루즈벨트 대통령은 프랜시스 퍼킨스(Frances Perkins) 여사를 노동부 장관으로 임명하였는데, 이것은 미국 역사상 최초의 여성 장관 임명이었다.

　이처럼 뉴딜 정책으로 혜택을 입은 집단들은 민주당을 지지하게 되었고, 그 결과로 "뉴딜 연합세력"(New Deal Coalition)이 형성되었다. 그리고 그들의 이념은 뉴딜 진보주의(New Deal Liberalism), 또는 민주당 진보주의(Democratic Liberalism)로 불리었다. 그것은 자본주의 경제 체제에 사회주의적인 국가통제(state control)의 방식을 부분적으로 도입한 혼합 경제(mixed economy) 체제를 지향하였다.

　새로운 체제 속에서 자유방임주의와 정부간섭주의의 두 이념은 공화당의 보수주의(Conservatism)와 민주당의 진보주의(Liberalism)의 이름으로 대립하였다. 그러나 싸움은 민주당과 진보주의에 유리하게 진행되고 있었다. 왜냐하면 제2차 세계대전이 일어남으로써 정부의 역할이 더욱더 커지게 되었기 때문이다.

제 2 장

제2차 세계대전과 미국(1939~1945)

1. 미국의 중립정책

고립주의 전통의 부활

루즈벨트의 미국이 뉴딜정책을 통해 대공황의 늪 속에서 벗어나려고 안간힘을 쓰고 있는 동안에 유럽의 국가들은 전쟁에 빠져들고 있었다.

변화의 주도권은 독일에게 있었다. 루즈벨트가 대통령에 취임했던 바로 그 1933년초에 독일에서는 나치 당의 아돌프 히틀러가 총리에 취임하였다. 곧 이어 독일은 제네바 군비축소 회의에서 퇴장하고, 그 뒤를 이탈리아가 따랐다. 그리고 1935년에는 일본이 해군의 감축을 논의하던 런던 군축회의를 탈퇴하였다. 그에 따라 세계는 팽창과 전쟁의 길로 빠른 속도로 움직이게 되었다.

마침내 무솔리니의 이탈리아는 1935년에 이디오피아를 침공하였다. 1936년에는 스페인 내전이 일어나고, 그 과정에서 독일과 이탈리아가 프랑코 세력을 지원함으로써 파시스트 정권이 들어서게 되었다. 그리고 1937년 여름에는 일본이 중국의 북부 지방을 공격함으로써 중-일 전쟁이 일어났다.

전쟁의 위험성이 커지자, 미국의 고립주의자들(isolationists)은 미국이 외국의 분쟁에 끌려 들어가지 않도록 중립을 지키려고 하였다. 고립주의 세력의 중심은 정치적으로는 공화당, 지역적으로는 농업지대인 중서부였다.

고립주의자들이 우세한 상원은 제랄드 나이(Gerald Nye) 의원을 위원장으로 하는 특별위원회를 구성하여 제1차 세계대전 당시 미국이 참전하게 된 원인을 조사하였다. 나이 위원회는 1차대전 중에 미국 은행들이 연합국, 특히 영국에게 빌려 준 돈을 받기 위해 참전하도록 윌슨 행정부에 압력을 넣었다는 사실을 밝혀 냈다. 따라서 나이 보고서는 고립주의자들의 주장이 옳았음을 뒷받침해 주었다.

미국의 중립노선 표방

고립주의 분위기의 팽배로 1935년의 중립법(Neutrality Act)이 제정되었다. 그것은 미국 정부가 군사적 분쟁에 휘말린 모든 국가에게 무기를 제공하지 못하도록 하고, 나아가 미국 시민이 교전국 선박을 이용하여 여행하지 못하도록 하였다. 그 결과로 루즈벨트 대통령은 "중립국 권리의 보호"를 구실로 미국의 참전을 정당화할 수 없게 되었다. 이 원칙은 1936년의 중립법에서 다시 확인되었다.

그러나 국제 정세가 더욱더 악화되어 미국의 참전 가능성이 더욱더 커져갔다. 그렇게 되자, 의회는 보다 더 엄격한 중립고수 조치인 "현금주고 사가기"(cash-and-carry)의 원칙을 도입하였다. 그리하여 1937년의 중립법은 교전국들이 미국으로부터 비군수 물자를 구입하기 위해서는 반드시 현금으로 결제하고 물자의 수송도 그들 자신의 선박으로 이루어져야 한다는 것을 분명히 하였다.

1937년에 중·일 전쟁이 시작되자, 10월에 루즈벨트 대통령은 전쟁이라는 전염병이 퍼져나가지 않도록 국제사회가 방역선(quarantine)을 쳐야 한다고 선언하였다. 아직 "방역선"이 구체적으로 무엇을 의미하는지는 애매모호하였다. 일단 그것은 일본과의 외교관계 단절을 의미하였다. 일본에 대한 경제적 제재나 군사적 제재는 없었다. 그러나 루즈벨트의 발언이 지나치게 강경하다고 비난하는 여론이 너무나 강했기 때문에, 그는 결국 그 발언마저도 취소하고 말았다.

전쟁개입을 회피하려는 미국인들의 태도는 다른 문제에서도 나타났다. 1937년 12월에는 중국의 양자강을 운항하던 미국 전함 패네이(Panay) 호가 일본 항공기들에 의해 격침된 사건이 일어났다. 일본의 공격은 의도적인 것이었다. 그럼에도 불구하고, 미국의 여론은 일본과의 정면 대결을 회피하기 위해 폭격을 우발적 사고로 받아들이려고 하였다. 그 때문에 미국은 일본의 공식 사과를 받는 정도에서 문제를 해결하였다.

독일과 소련의 폴란드 공격 (1939)

그러나 유럽에서 전쟁의 위험성은 더욱더 커지고 있었다. 1936년에 독일의 히틀러는 베르사이유 조약에서 비무장 지대로 지정했던 라인란트로 군대를 진주시키고 주둔케 하였다. 그리고 1938년 3월에 독일은 오스트리아를 합병하였다.

1938년 9월에 히틀러는 체코슬로바키아 주데텐란트 지역의 할양을 요구하였다. 이번에도 영국과 프랑스는 뮌헨 회담에서 독일의 요구를 들어 주었다. 히틀러는 "이것이 유럽에서 내가 요구해야 하는 마지막 영토이다."라

나치독일군의 유태인 가족체포

고 선언함으로써 더이상 팽창의 의도가 없음을 밝혔다. 서방측은 전쟁을 회피하게 되었다는 안도감에서 만족해 하였다. 그러므로 회담에 참여했던 영국 총리 네빌 챔벌린은 귀국하여 영웅 대접을 받았다. 그리고 루즈벨트 대통령은 그에게 축하 메시지를 보냈다.

그러나 얼마 안 되어 히틀러의 약속은 거짓임이 드러났다. 그에 따라 독일에 대한 영국과 프랑스의 유화 정책(appeasement policy)도 실패였음이 증명되었다. 왜냐하면 1939년 3월에 히틀러는 체코슬로바키아의 나머지 영토마저 합병하고, 나아가 폴란드의 영토까지 요구했기 때문이다. 그는 동유럽의 광대한 슬라브 족 영토에서 독일 국민을 위한 "생활 공간"(Lebens-raum)을 확보한다는 거창한 야망을 가지고 있었던 것이다.

그러한 원대한 목표를 달성하기 위해 히틀러는 소련의 스탈린과 잠정적으로 타협할 마음이 있었다. 스탈린도 서방측이 공산주의 국가인 소련을 소외시킨 데 대해 앙심을 품고 있었다. 마침내 두 전체주의 국가는 1939년 8월에 독-소 불가침 조약(Nazi-Soviet Pact)으로 알려진 비밀조약을 체결하였다.

이 조약으로 소련은 독일의 폴란드 공격을 묵인하는 대가로 폴란드 영토의 거의 절반을 얻게 되었다. 또한 독일은 제1차 세계대전에서 저질렀던 실수, 즉 동부 전선과 서부 전선 양쪽에서 싸워야 하는 양면 전쟁의 부담으로부터 벗어나게 되었다.

소련의 중립을 보장받은 히틀러는 그로부터 1주일 뒤인 1939년 9월 1일에 폴란드를 침공함으로써 제2차 세계대전을 시작하였다. 이틀 뒤에 영국과 프랑스도 폴란드에 대한 지원 약속을 지키기 위해 독일에게 선전을 포고하였다.

그러나 스탈린은 히틀러의 공격을 가만히 보고 있지만은 않았다. 그는 히틀러가 비밀조약의 약속을 지키지 않을 것으로 예상하고 있었다. 따라서 스탈린은 독-소 불가침 조약에서 약속된 몫을 차지하기 위해 폴란드를 공격하였다. 그 때문에 탄생한 지 20년밖에 되지 않은 신생국 폴란드는 양쪽에서 공격을 받아 무너지게 되었다.

폴란드의 동쪽 부분을 차지한 스탈린은, 한 걸음 더 나아가, 라트비아, 에스토니아, 리투아니아의 3개 발틱 공화국들을 합병하였다. 그리고 핀란드도 침략하였다.

중립정책의 한계

대전 발발의 소식이 전해지자, 루즈벨트 대통령은 즉시 미국은 중립을 지킬 것이라고 선언하였다. 그러나, "나는 모든 미국인이 정신에서마저도 중립적이 되라고 요구할 수는 없다."고 덧붙임으로써 미국 대통령이 영국과 프랑스를 비롯한 연합국에 대해 호의적임을 표시하였다. 대다수의 미국 국민도 그러한 이중적인 감정을 가지고 있었다.

그러므로 민주당 행정부는 영국과 프랑스를 돕기 위해 교전국에 대한 수출 금지를 해제하려고 하였다. 그러나 고립주의자들의 반발이 컸기 때문에 이전의 중립법들을 약간 약화시키는 정도로 그쳤다. 그러므로 "현금주고 사가기" 원칙(cash-and-carry basis)은 그대로 유지하면서도, 비군수 물자뿐만 아니라 무기도 사갈 수 있도록 허용한 1939년의 중립법을 제정하였던 것이다.

미국인들은 폴란드와 발틱 국가들에 대한 소련의 침략 행위에 대해서도 분개하였다. 그러나 소련에 대해서는 무기수출 금지라는 소극적인 제재만을 부과하였다. 그러나 그러한 도덕적인 제재마저도 아무런 효과가 없었다. 왜냐하면 소련에 대한 제재가 이루어진 1940년 5월 이전에 소련은 이미 그의 침략 행위를 모두 끝냈기 때문이다.

동부 전선에서 승리한 독일군은 서부 전선으로 방향을 돌렸다. 나치 독일군은 마침내 1940년 봄에 프랑스에 대해 대대적인 공격을 시작하였다. 순식간에 독일군은 네덜란드, 벨기에를 휩쓸고 프랑스의 심장부로 진격하였다. 독일의 "전격전"(Blitzkrieg) 앞에서 프랑스군과 영국군을 주축으로 한 연합군은 상대가 되지 못하였다. 게다가 무솔리니의 이탈리아군도 남쪽에서 공격해 옴으로써 프랑스는 더욱더 궁지에 몰렸다.

마침내 1940년 6월 22일에 파리가 함락되었다. 그리고 나치에 협조적인 새 정부가 비시(Vichy)에서 수립되었다.

프랑스가 패망하고 있는 동안에 루즈벨트는 연합국에 대한 지원금을 늘리기 위해 움직였다. 1940년 5월에 그는 전투 비행단을 창설하기 위해 10

억 달러의 국방비를 의회에 요청하고, 나치 독일에 저항하는 나라에 대한 물질적 지원의 확대를 선언하였다.

거의 같은 시기에 영국 총리 윈스턴 처칠(Winston Churchill)도 선박, 무기 등의 다양한 품목의 지원을 미국에 요청해 왔다. 루즈벨트는 지원을 결정하였다.

영국을 도우면서도 "현금 가지고 와서 사가기"의 원칙을 위반하지 않도록 하기 위해, 루즈벨트는 편법(便法)을 사용하였다. 그는 서반구의 영국 영토에 미군 기지를 설치할 권리를 얻는 대가로 영국에 낡은 구축함 50척을 주는 편법을 사용하였다. 그리고 그는 미국 정부가 이미 구매한 많은 최신형 항공기를 결함이 있다는 이유로 공장에 반품(返品)함으로써 영국이 그것을 헐값으로 살 수 있도록 하였다.

개입정책으로의 방향전환

루즈벨트가 그처럼 영국 지원을 위해 편법을 사용할 수 있었던 것은 그동안 미국 국민의 여론이 크게 바뀌었기 때문이었다. 나치 독일이 폴란드를 침공할 때만 하더라도 대부분의 미국 국민은 독일이 미국에게 위협이 되지 않을 것이라고 믿었다. 그러나 1940년 7월에 프랑스가 무너지고 영국이 위협을 받게 되자, 미국 국민들의 생각은 달라졌다. 여론 조사는 국민의 66퍼센트가 독일이 위협이 된다고 믿고 있었음을 보여 주었다.

따라서 의회는 연합국에 대한 원조를 늘이는 한편, 1940년 9월에 징병법을 통과시킴으로써 참전에 대비하였다. 연말에 루즈벨트는 세계가 중요한 네 개의 자유(Four Freedoms), 즉 언론의 자유, 신앙의 자유, 결핍으로부터의 자유, 두려움으로부터의 자유를 실현하도록 미국이 도와야 한다고 주장함으로써, 개입의 의사를 밝히기 시작하였다.

그에 따라 미국 정부의 적극적 역할을 옹호하는 개입주의자들(interventionists)의 활동도 활발해졌다. 그 결과로 언론인 윌리암 알렌 화이트(William Allen White)를 의장으로 하는 미국수호위원회(Committee to Defend America)가 창설되었다. 이들은 연합국에 대한 지원을 늘리라고 적극적으로 요구하였다. 그렇지만 참전에는 반대하였다. 그러나 자유수호투

쟁위원회(Fight for Freedom Committee)를 중심으로 한 강경파 개입주의자들은 연합국에 대한 지원은 물론 나치 독일에 대한 즉각적인 선전포고를 요구하였다.

그 동안 전세는 연합국에게 더욱더 불리하게 되었기 때문에, 루즈벨트 대통령은 지원계획을 보다더 구체화하였다. 1940년 12월에 영국은 사실상 파산 상태였다. 영국은 "현금 내고 사가기"원칙을 지킬 능력이 전혀 없게 되었다.

그러므로 루즈벨트 대통령은 영국을 지원하기 위해 또 다른 편법을 사용하였다. 그는 모든 무기 거래에서 "달러 표시"(dollar sign)를 없애고 "무기 대여"(lend-lease)라는 우회적인 방법을 사용하였다. 그것은 정부가 "미국의 방위에 중요하다고" 생각되는 나라에 대해 무기를 팔 수 있을 뿐만 아니라 빌려주거나 빌릴 수 있도록 하였다. 바꾸어 말하면 그것은 전쟁이 끝났을 때 상환한다는 약속을 받고 영국에게 무기를 빌려 주려는 것이었다.

이에 대해 고립주의자들은 무기대여법(Lend-Lease Act)이 미국을 연합국에게 더 가까이 얽어매는 수단이 된다고 비난하였다. 그러나 의회는 그 법안을 압도적인 표 차로 통과시켰다. 전쟁이 끝날 때까지 미국이 이 법에 따라 연합국에 지원한 금액은 500억 달러에 이르렀다.

루즈벨트에게 부닥친 또 하나의 문제는 물자를 영국까지 안전하게 수송하는 일이었다. 대서양의 수송로에서 독일 잠수함들은 매월 50만 톤 이상의 화물을 파괴하고 있었다. 영국 해군은 파괴된 선박을 보충할 수 없을 정도로 많은 손실을 입고 있었다. 그러므로 전쟁 장관 헨리 스팀슨(Henry L. Stimson)은 미국 해군이 선단의 호송을 맡아야 한다고 주장하였다.

그러나 루즈벨트는 "서반구 방위"(hemispheric defense)의 개념을 받아들였다. 그것은 대서양 서쪽은 중립 수역으로서 아메리카 대륙 국가들의 영역에 속한다는 주장이었다. 그에 따라 1941년 7월부터 미국의 함선들은 아이슬랜드까지 상선을 호위하고, 나치 잠수함들의 위치를 영국 선박들에게 무전으로 알려 주었다.

그러나 그 당시 독일은 이러한 미국의 적대 행동에 적극적으로 대처하지 않았다. 왜냐하면 히틀러는 소련 침공이라는 거대한 작전 계획을 준비하는데 정신이 쏠려 있었기 때문이다.

고립주의자들의 비판

고립주의자들은 불간섭(nonintervention)의 원칙을 고수하려고 하였다. 그들은 조지 워싱톤의 '고별 연설'에서 표현된 이상을 지키려는 전통주의자들이었다. 건국 초기에 워싱톤은 '구세계인 유럽이 부패하고 사악하기 때문에 '신세계'인 미국이 동맹관계에 휘말리지 말 것을 충고하였고, 고립주의자들은 바로 그러한 전통에 충실하려고 하였던 것이다.

그들은 로버트 우드(Robert Wood) 장군을 위원장으로 하는 미국우선위원회(America First Committee)를 조직하였다. 이 조직에는 상원 의원 제랄드 나이와 같은 사회 명사들이 가담하였다. 그러나 미국우선 운동은 유명한 비행사로서 나치 독일의 능률성과 그 공군의 위력에 감탄했던 찰스 린드버그(Charles A. Lindbergh)의 활동으로 더 잘 알려졌다. 그리고 언론재벌 허스트(Hearst) 계 신문들의 지지를 받았다.

고립주의자들 가운데는 정치적으로 공화당에 소속되고, 지역적으로는 중서부와 로키 산맥 지대 출신의 정치인들이 많았다. 그러한 정치가 가운데 한 사람이 아이다호 출신 공화당 상원의원 윌리암 보라(William E. Borah)였다. 고립주의자들은 나치 독일은 미국의 안전에 위협이 되지 않으며, 영국은 민주주의가 아닌 식민지 제국을 지키기 위해 싸우는 것이라고 주장하였다.

극좌파와 극우파의 반전운동

참전에 반대하는 두번째 집단은 1차대전이 끝난 다음 독일에 대한 가혹한 처벌로 죄의식에 사로잡혀 있던 진보주의자들(liberals)이었다. 이들은 1차대전 당시 윌슨 대통령이 "세계의 민주주의를 지키기 위한다"는 대의명분을 내걸었기 때문에 미국의 참전을 지지했던 지식인들이었다.

그러나 연합국측이 독일에게 가혹한 베르사이유 조약을 강요하자, 그들은 미국의 참전을 후회하게 되었다. 시인 에즈라 파운드(Ezra Pound)를 비롯한 많은 지식인들은 미국이 1차대전에 참전하게 된 것은 은행가들, 군수산업가들, 영국 정부의 선전 때문이라고 믿었다. 이들의 신념은 상원 나이

위원회의 조사보고로 더욱더 굳어졌다. 철학자 존 듀이(John Dewey)와 〈리퍼블릭〉잡지도 미국이 철저히 중립을 지킬 것을 촉구하였다.

참전에 반대하는 세번째 집단은 숫자는 적지만 강력한 힘을 가진 친파시스트(pro-fascist) 세력이었다. 그들의 대변자는 카톨릭 교회의 찰스 코플린(Charles Coughlin) 신부였다. 이들은 이탈리아의 파시스트인 무솔리니의 열렬한 지지자였다. 그들은 무솔리니 정권이 과거의 정권들과는 달리 바티칸을 독립국으로 인정함으로써 로마 교황청에게 자율성을 부여한 데 대해 감사해 하고 있었다.

여기에 독일계 미국인 연맹(German-American Bund)도 가세하였다. 이들은 히틀러의 반유태주의(Anti-Semitism)를 지지하였다.

참전에 반대하는 네번째 집단은 6만 명의 당원을 가진 미국공산당이었다. 이들은 미국은 소련의 모범을 따라 중립을 지켜야 한다고 주장하였다. 그러나 나치 독일이 소련을 침략하면서부터, 이들의 주장은 재빨리 참전의 방향으로 바뀌었다. 그러나 트로츠키주의자들(Trotskyist Socialist Workers Party)은 계속 중립을 고집하였다.

참전에 반대하는 다섯번째 집단은 연합국측에 적대감을 가진 소수 민족들이었다. 폴란드계 미국인들은 미국이 소련을 원조하는 데 대해 불만이었다. 아일랜드계 미국인들은 미국이 영국을 원조하는 데 대해 불만이었다. 그리고 이탈리아계와 독일계 미국인들은 미국이 그들의 모국과 적대 관계에 놓이게 되는 데 대해 불만이었다.

따라서 1940년 여름과 가을은 개입주의자들과 고립주의자들의 열띤 논쟁으로 뜨거웠다.

1940년의 선거와 루즈벨트의 3선

1940년의 대통령 선거가 다가 오면서 큰 관심의 대상이 된 것은 루즈벨트의 세번째 출마 여부였다. 헌법에 대통령 중임에 관한 조항은 없었지만, 미국의 대통령들은 조지 워싱톤이 만들어 놓은 선례에 따라 두 번으로 끝나는 것이 관례였다. 그러나 두 번의 임기를 마친 루즈벨트는 계속 출마 의사를 표시하였기 때문에, 민주당 전당 대회는 그를 대통령 후보로 지명하였다.

전쟁이 중요한 문제였기 때문에 공화당은 이렇다 할 새로운 대안을 내놓을 수 없었다. 따라서 그들은 민주당처럼 참전하지는 않지만 연합국에 대한 지원을 늘리겠다는 정강을 내세울 수밖에 없었다. 공화당은 정치적 경험이 없는 기업가 웬델 윌키(Wendell Wilkie)를 대통령 후보로 내세웠다.

그러나 선거 결과는 일반 투표에서 55퍼센트 대 45퍼센트, 선거인단 투표에서 449표 대 82표의 우세를 보인 루즈벨트의 승리였다. 루즈벨트 그는 미국 역사상 유일하게 세 번 당선된 대통령이 되었다.

독일의 소련 침공과 전쟁의 확대

1941년 6월에 나치 독일과 그의 동맹국 군대들은 소련을 향해 물밀듯이 쳐들어 갔다. 히틀러의 목표는 광대한 소련의 영토를 정복하여 독일의 식민지로 만드는 것이었다. 따라서 그것은 게르만족과 슬라브족의 운명을 건 역사적인 대결이었다. 소련군은 계속 패배하여 모스크바 근처까지 후퇴하였다. 그러나 항복하지는 않았다.

루즈벨트는 소련에게도 무기대여법에 따른 혜택을 주도록 의회를 설득하였다. 그에 따라 미국은 공산국가인 소련과 새로운 우호 관계를 맺게 되었고, 결국 그것은 동맹으로 발전하였다. 소련에게도 물자가 수송되어야 했기 때문에, 미국의 선단호송 업무는 더욱더 많아지게 되었다.

이에 대한 응징으로 나치 독일의 잠수함들은 1941년 9월부터 미국 선박에 대해 대대적인 공격을 시작하였다. 특히 북해를 거쳐 소련의 무르만스크로 가는 보급로가 위험하였다. 소련에 보낸 33척의 수송선 가운데 22척이 격침되었다. 게다가 구축함 그리어(Greer) 호도 독일 잠수함의 위치를 영국군함에게 알려주다가 공격을 받았다. 그렇게 되자, 루즈벨트는 독일 잠수함을 발견하는 즉시 발사하라는 명령(shoot-on-sight order)을 미국 선박들에게 내렸다.

10월에는 구축함 커니(Kearny)호가 기습을 받아 11명의 사망자를 내고, 구축함 류벤제임스(Reuben James)호가 격침되어 115명의 사망자를 냈다. 분노한 의회는 미국의 상선들이 무장하고 영국의 항구에 들어 가도록 허용하는 법을 통과시켰다. 이러한 조치는 사실상 미국이 독일과 해전 상태

대서양 헌장의 발표(루즈벨트와 처칠)

에 들어가게 되었음을 의미하였다.

그에 따라 미국과 영국의 협조 관계는 더욱더 긴밀해졌다. 1941년 8월에 루즈벨트와 처칠은 뉴펀들랜드 앞바다의 오거스타 함선에서 만났다. 아직 루즈벨트는 영국에 대한 군사적 지원의 약속은 하지 않았다.

그 대신 두 앵글로색슨 국가의 지도자들은 대서양 헌장(Atlantic Charter)으로 알려진 공동 성명서를 발표하였다. 그것은 우회적인 것이기는 하지만 "나치 독일의 최종적 타도"가 전쟁의 목표임을 공개적으로 선언하였다. 그 문서에서 두 나라는 전쟁이 끝난 다음에 세워질 "보다 나은 미래 세계"를 위한 "공동의 원칙들"을 발표하였다.

그러므로 1941년 가을에 오면 미국의 공식적 참전은 시간 문제가 되었다. 따라서 행정부는, 적군의 공격이 있기만 하면, 국민 여론은 선전 포고를 지지할 것이라고 확신하게 되었다. 그리고 그 기회는 태평양의 진주만 기지에서 왔다.

2. 미국의 참전

일본의 진주만 기습 (1941)

유럽에서 전쟁이 벌어지고 있는 동안에 일본은 태평양에서 그의 제국(empire)을 확장하기 위해 빠르게 움직였다. 1940년에 일본군은 독일, 이탈리아와 3국협정(Tripartite Pact), 즉 방공협정(防共協定)을 맺었다. 그리고 1941년 7월에 일본은 프랑스의 식민지인 인도차이나 반도를 점령하였다. 그리고 일본의 다음 공격 목표는 네덜란드령 동인도제도라는 것이 미국의 암호해독으로 알려졌다.

루즈벨트는 일본의 팽창에 대해 강력하게 항의하였다. 침략에 대한 보복으로 루즈벨트 대통령은 미국 안에 있는 일본의 자산을 동결하였다. 그

일본의 진주만 기습

결과로 일본은 고철(古鐵)과 같은 필수품을 미국으로부터 구입할 수 없게 되었다.

한편 일본 안에서도 1941년 10월에 전쟁의 발발을 재촉하는 정치적 변화가 일어났다. 미국과 타협 방법을 찾고 있던 고노에 총리가 군부의 압력으로 물러나고, 그 대신 반미주의자(反美主義者)인 도조 히데끼 장군이 총리가 되었던 것이다.

일본의 다음 공격이 1941년 11월 29일 이후로 임박했다는 사실을 미국은 암호 해독을 통해 알고 있었다. 그러나 공격 지점에 대해서는 알지 못했다. 대다수의 미국 관리들은 일차적인 공격 목표가 동남아시아의 영국령 식민지나 네덜란드령 식민지가 될 것이라고 예상하였다.

마침내 1941년 11월 25일에 일본 함대가 쿠릴 열도로부터 동쪽으로 움직이고 있는 것이 확인되었다. 그 진행 방향을 길게 연장하면 하와이로 향하고 있는 듯이 보였기 때문에, 진주만(Pearl Harbor) 기지에는 경계 명령이 내려졌다. 그러나 그것은 일상적인 명령에 해당하는 가벼운 것이었다. 오히려 미국 정부 관리들은 일본의 거대한 함대가 남쪽으로 중국해를 통과하고 있는 데 더 신경을 썼다.

1941년 12월 7일 아침 7시 55분에 일본의 함재기들은 진주만 기지를 공습하였다. 2차 공격이 한 시간 뒤에 있었다. 미국 해군은 완전히 무방비 상태에 있었기 때문에 그 피해는 막대하였다. 두 시간 안에 미국은 8척의 전함, 3척의 순양함, 4척의 기타 함정, 188대의 항공기를 잃고, 중요한 해안 시설이 파괴되었다. 그리고 2400명 이상이 죽고 1200명이 부상을 입었다. 그것에 비해 일본은 29대의 항공기와 5척의 소형 잠수함을 잃는 가벼운 손실을 입었을 뿐이었다.

다음 날 루즈벨트 대통령은 국회 상, 하 합동 회의에 참석하여 일본에 대해 선전을 포고하였다. 그리고 상원은 만장일치로, 하원은 388대 1로 그것을 승인하였다. 사흘 후에는 일본의 동맹국인 독일과 이탈리아도 미국에 선전을 포고하였다.

그리고 1942년 1월 1일에는 추축국들과 싸우는 26개국이 워싱턴에 모여 국제연합선언(Declaration of the United Nations)에 서명하였다. 여기에는 처칠, 루즈벨트, 그리고 스탈린을 대신한 소련 외무장관 리트비노프

등이 참석하였다. 이제 진정한 의미의 세계대전이 시작된 것이다.

미국의 반격과 미드웨이 해전 (1942)

진주만 공격이 있은 지 10시간 뒤에 일본 함재기들은 다시 필리핀의 마닐라 미군 공군기지를 공격하여 큰 피해를 주었다. 사흘 뒤에 일본은 미국의 영토인 괌(Guam)을 점령하였다. 뒤이어 일본은 미국령 웨이크아일런드와 영국령 홍콩도 점령하였다. 1942년 2월에서 5월에 이르는 사이에 일본은 계속 공격하여, 영국의 군사기지인 싱가포르, 네덜란드령 동인도제도, 영국령 버마, 그리고 미국령 필리핀을 점령하였다. 맥아더 장군이 물러난 필리핀에서는 1만2천명의 미군이 일본군에 항복하였다.

진주만 기습이 일어나기 전 해에 이미 미국과 영국은 전쟁의 일차적 목표를 나치 독일의 타도로 결정한 바 있었다. 그럼에도 불구하고, 미국은 당장 일본과의 전쟁에 관심을 두지 않으면 안되었다. 우선 미국은 떨어진 국민의 사기를 높이기 위해 제임스 두리틀(James H. Doolittle) 장군이 이끄는 폭격기들을 항공모함으로부터 발진하여 도쿄를 폭격하는 모험을 감행하였다.

그러면서 미국은 일본군을 격퇴할 두 가지 장기전략을 마련하였다. 첫번째는 맥아더(Douglas MacArthur) 장군의 지휘로 오스트레일리아로부터 뉴기니아를 거쳐 필리핀으로 진격한 다음, 궁극적으로는 일본 본토를 공격한다는 전략이었다. 두번째는 체스터 니미츠(Chester Nimitz) 제독의 지휘로 하와이로부터 태평양 중부의 섬들을 탈환하고, 궁극적으로는 일본 본토를 공격한다는 전략이었다.

첫번째 전략은 1942년 5월에 산호해 해전(Battle of Coral Sea)에서 미국의 항공모함들이 승리함으로써 성공을 거두기 시작하였다. 두번째 전략은 1942년 6월에 미드웨이(Midway) 해전으로 성공을 거두기 시작하였다.

미드웨이 해전 직전에 미군은 일본군의 암호를 해독하여 대대적인 공격이 있을 것임을 간파하였다. 그 때문에 미군은 작전 수역에 미리 항공기와 함정을 집결시킬 수 있었다. 나흘 동안의 치열한 전투에서 미군은 1척의 항공모함을 희생으로 하여 4척의 일본 항공모함을 격침시키는 승리를 거두었

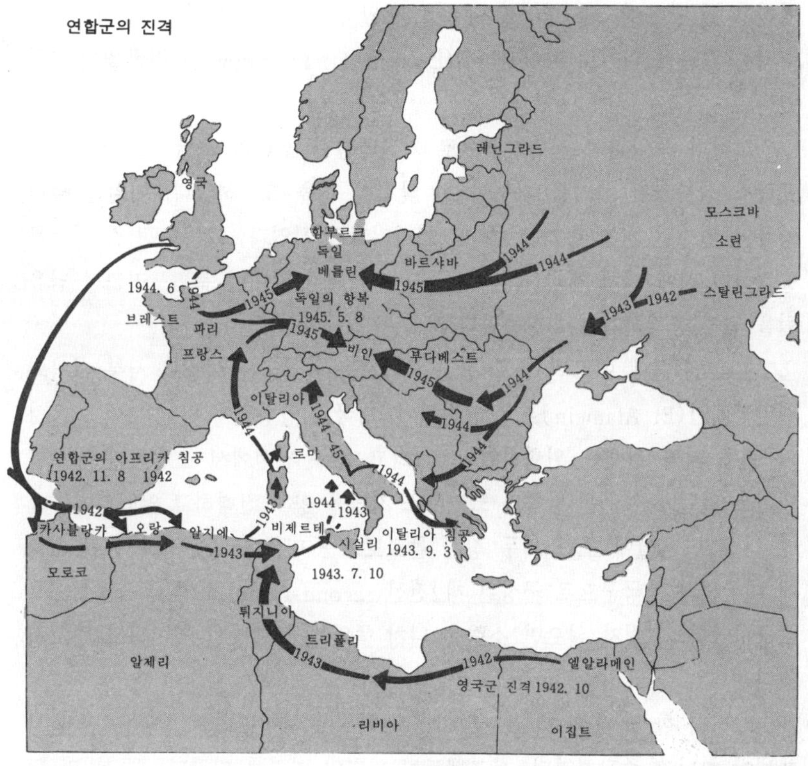

유럽전선

다. 그에 따라 미국은 중(中)태평양을 장악할 수 있었다.

그리고 남(南)태평양에서는 치열한 전투 끝에 솔로몬 군도의 과달카날 (Guadalcanal) 섬을 점령하였다. 그리하여 1943년 중엽에 오면 미군은 중 태평양과 남태평을 장악할 수 있게 되었다.

북아프리카 전선과 이탈리아의 항복 (1943)

독자적으로 전략을 세웠던 태평양 전선과는 달리, 유럽 전선에서 미국 은 동맹국인 영국, 드골의 "자유 프랑스군"과 연합하여 나치 독일과 싸우고 소련과도 협력하지 않으면 안되었다. 1943년 봄에 육군 참모총장 조오지 마 샬(George Marshall) 장군은 연합군이 도버해협을 건너 나치 독일군이 점령하고 있는 프랑스를 침공할 계획을 세웠다. 그리고 그 책임자로서 잘 알려지지 않은 드와이트 아이젠하워(Dwight D. Eisenhower) 장군을 임명하였다.

그러나 독일과의 전면전쟁으로 기진맥진한 소련의 스탈린은 연합군의 프랑스 상륙작전 시기를 가능한 한 앞당길 것을 요구하였다. 이와는 달리 영국의 윈스턴 처칠 총리는 좀 더 기다리려고 하였다. 그는 프랑스 영토를 공격하기 전에 나치 제국(Nazi Empire)의 외각 지대인 북아프리카나 남유럽을 먼저 공격하기를 희망하였다.

1942년 봄에 에르빈 롬멜 장군이 이끄는 독일군은 이집트 서부 지역의 엘알라메인(El Alamein)으로 진격하여, 영국의 영향권에 있던 수에즈 운하와 중동 지역 전체를 위협하였다. 그리고 동부 전선에서 소련군과 전투를 벌이고 있던 독일군은 남쪽의 코카서스 지방을 향해 진격하고 있었다.

1942년 5월에 소련 외무 장관 몰로토프는 미국을 방문하여 유럽 대륙에 미국군과 영국군으로 구성된 제2전선(second-front)을 즉각 구축하도록 요구하였다. 그렇지 않으면 소련은 나치 독일에게 패망할 것이라고 경고하였다.

그러나 한 달 후에 미국으로 달려온 처칠은 북아프리카 침공을 먼저 시행해야 한다고 주장하였다. 루즈벨트는 처칠의 의견에 따랐다. 왜냐하면 당시 미국은 유럽 대륙을 침공할 만한 대규모의 병력을 가지고 있지 못했기 때문이다.

마침내 1942년 11월에 미국군과 영국군은 북아프리카에 상륙하였다. 미국군은 500척의 전함과 350척의 수송선을 동원하였다. 상륙 지점은 나치 독일에 협력하는 비시(Vichy) 프랑스의 영토인 알제리의 알지에와 모로코의 카사블랑카였다. 비시 프랑스 군은 미국군에 대해 저항하였다. 게다가 롬멜이 이끄는 독일군은 노련한 영국군보다는 전투 경험이 없는 미국군에게 집중 공격을 퍼부었다. 그럼에도 불구하고 결국 아이젠하워와 조오지 패튼(George S.Patton) 장군이 이끄는 미국군은 버나드 몬거메리(Bernard Montgomery) 장군이 이끄는 영국군과 함께 1943년 5월에 독일군을 아프리카로부터 완전히 몰아내는 데 성공하였다.

영국의 처칠은 다시 미국의 루즈벨트에게 이탈리아 남쪽 섬인 시실리에 침공할 것을 제안하였다. 그렇게 되면 많은 독일군 병력을 이탈리아와 발칸 반도에 묶어 둘 수 있게 될 것이라고 처칠은 주장하였다. 1943년 1월에 열린 모로코의 카사블랑카(Casablanca) 회의에서 처칠의 의견이 채택되었다. 그리하여 미국군과 영국군은 1943년 7월에 시실리 섬에 상륙하였다.

예상했던 대로 히틀러는 이탈리아를 방어하기 위해 독일군을 투입하였다. 독일군과 연합군 사이에 치열한 전투가 계속되었다. 그러나 연합군은 1944년 6월에 로마를 함락하였고, 그 결과 무솔리니 정권이 무너졌다.

3. 전시 미국 사회의 변화

전쟁과 경제적 번영

제2차 세계대전을 치르는 과정에서 대공황의 문제는 완전히 해결되었다. 실업, 디플레이션(deflation), 산업 침체와 같이 1930년대의 미국을 괴롭혔던 경제 문제들은 1941년 중엽에 깨끗이 해결되었다.

이처럼 새로운 번영을 가져 오게 한 가장 중요한 원인은 전쟁수행을 위한 연방정부(federal government)의 막대한 지출이었다. 연방정부는 매년 뉴딜 구호 기구들이 지출한 전체 액수보다 더 많은 자금을 경제에 쏟아 넣었다. 그에 따라 연방정부 예산은 1939년과 1945년 사이에 90억 달러에서 1000억 달러로 크게 늘어났다. 이것은 결국 경제에 대한 정부 간섭의 개념을 도입한 뉴딜 정책을 더욱더 확장하는 결과를 가져 왔다.

그 결과로 국민총생산고(GNP)도 1939년에서 1945년 사이에 910억 달러에서 1,660억 달러로 크게 늘었다. 산업 생산 지수(index of industrial production)도 배로 늘고, 1700만 개의 새로운 일자리가 생겨났다. 개인 소득도 크게 늘어나, 1938년에서 1942년 사이에 뉴욕의 평균 가정 소득은 2,760달러에서 4,404달러로 크게 증가하였다.

부(富)의 분배에 있어서도 변화가 일어났다. 인구의 최상위 20퍼센트의 소득은 20퍼센트밖에 늘지 않았지만 최하위 20퍼센트의 소득은 거의 70

퍼센트가 늘었다. 농민의 소득도 400퍼센트가 늘었는데, 그것은 미국이 "세계의 빵 바구니"로서 미국 군대와 연합국에 대해 막대한 양의 식량을 공급하게 된 결과였다. 그래서 대전이 끝나기 전에 이미 많은 농민들은 대공황 기간에 진 빚을 청산할 수 있었다.

그러나 정부는 인플레이션을 우려하여 많은 소득을 세금으로 거두어 들였다. 그 때문에 전비의 40퍼센트가 세금으로 조달될 수 있었다.

노동자조합 파업의 억제

전쟁으로 1,500만 명 이상의 남녀가 군대에 입대하였기 때문에 노동력이 크게 부족하였다. 그럼에도 불구하고 민간 노동력은 전쟁 발발 당시 4,650만 명에서 종전 당시 5,300만으로 늘었다. 그에 따라 노동조합원의 수효도 1941년에서 1945년 사이에 1,050만 명에서 1,300만 명으로 늘었다.

전쟁 수행을 위해서는 노동조합의 협조가 절대로 필요하였다. 그리하여 정부는 생산 중단을 막고 인플레이션을 예방하기 위해 노동조합에 압력을 넣어 두 가지 양보를 받아냈다. 하나는 전쟁 기간에 노동조합이 파업을 하지 않기로 동의한 파업금지서약(no-strike pledge)이었다. 또 하나는 임금 인상을 15퍼센트로 제한한 임금 상한선(wage ceiling), 즉 "철강산업의 임금 기준"(Little Steel formula)의 설정이었다.

이에 대한 대가로 정부는 노동조합에게 조합원 유지 협정(maintenance-of-membership agreement)을 인정해 주었다. 이것은 국방 산업에 쏟아져 들어 오는 새로운 노동자들을 노동조합에 자동적으로 가입시키도록 문호를 열어준 조치였다. 이러한 노동조합에 대한 제약은 자동차노조(UAW) 부위원장인 월터 로이터(Wlater P. Reuther)와 같은 온건한 노조 간부들의 협조로 이루어졌다.

그러므로 그러한 제약에 대해 불만을 가진 노동조합 간부들이 많았다. 그 때문에 전쟁 기간에 1만5천 건의 조업 중단이 일어났다. 그러나 파업에 대한 정부의 태도는 단호하였다. 샌프란시스코 조선소에서 파업이 일어나자, 정부는 장갑차로 무장한 군대를 파견하여 진압하였다. 또한 정부는 노사분규를 강제로 조정하기 위해 전시노동위원회(National War Labor Board)

를 설치하였다.

1943년 5월에 과격한 존 루이스(John L. Lewis)가 이끄는 연합광산노조(UMW)가 정부와의 협정을 무시하고 파업을 일으키자, 의회는 그것에 대한 보복으로 전시노사분규법, 즉 스미스 코낼리 법(Smith-Connally Act)을 제정하였다. 그것은 노동조합이 파업하기 위해서는 30일을 기다려야 하고, 대통령은 파업중인 군수물자 생산공장을 접수할 수 있게 하였다.

이 법은 노동조합에 너무 가혹하다는 이유로 루즈벨트 대통령이 거부권을 행사하였다. 그럼에도 불구하고 의회는 그 법을 다시 통과시켰다. 한 걸음 더 나아가 의회는 파업 노동자들을 징집하여 정부 사업에 투입할 수 있게 하는 법을 마련하였다.

전시 기간의 파업은 비애국적(非愛國的)인 행위로 보였다. 그 때문에 노동조합의 파업은 여론의 혹독한 비판을 받았다. 그 결과로 각 주에서는 노동조합의 권한을 축소시키는 법들이 제정되었다. 그리고 노동조합의 영향력을 줄이라는 여론의 압력이 더욱더 거세졌다.

정부의 경제통제 정책

대공황기인 1930년대에 경제전문가들이 가장 두려워했던 것은 디플레이션이었다. 그러나 전시 기간에 그것은 거꾸로 인플레이션에 대한 두려움으로 바뀌었다. 그러한 두려움은 진주만 기습이 있기 2년 전에 물가가 25퍼센트 오르면서 더욱더 커졌다.

그러므로 물가관리청(Office of Price Administration)은 물가와 임대료를 동결(凍結)하기 시작하였다. 여기서도 뉴딜 정책의 정부 간섭의 원리가 작용한 것이다. 그런데도 여전히 농산물 가격이 급속도로 오르고 있었다. 물가관리청의 동결 정책은 노동자들의 임금인상 요구를 억제하는 데 도움이 되지 못하였다.

그러므로 1942년 10월에 의회는 농산물 가격, 임금, 봉급, 임대료를 동결할 권한을 행정부에 주는 인플레이션 규제법(Anti-Inflation Act)을 통과시켰다. 물가관리청의 노력으로 다음 2년 동안에 생활비 증가를 1.4퍼센트로 억제하는 데 성공하였다. 그 결과로 이제 인플레이션은 그렇게 심각한 문제가 되지 않았다. 또 커피, 설탕, 쇠고기, 버터, 통조림, 구두, 타이어, 가솔린, 난방연료 등에 대한 배급제(rationing)가 실시되었다. 그러므로 암거래와 폭리 행위가 성행하였다.

인플레이션을 억제하기 위해 사용한 방법은 차용(borrowing)과 과세(taxation)를 통해 정부의 세입을 크게 늘린 것이었다. 이 조치도 뉴딜 정책의 정부 간섭의 개념을 구현한 것이었다. 정부는 1,000억 달러 상당의 채권을 팔아 세입의 절반을 국민으로부터 빌려 왔다. 그리고 나머지 세입은 개인 소득에 대해 무거운 세금을 부과함으로써 충당하였다.

따라서 1942년의 세입법은 소득세를 최고 94퍼센트로 올려 놓는 대폭적인 세금 인상을 가져왔다. 저소득층에게도 최초로 소득세(income tax)가 부과되었다. 그 결과로 1941년에서 1945년에 이르는 시기에 연방 정부의 지출은 엄청나게 늘어 총 3,210억 달러에 이르렀는데, 이것은 그때까지 미국에서 지난 150년간 지출한 액수보다 두 배, 제1차 세계대전의 전비보다 10배가 큰 액수였다. 같은 기간에 국가 채무도 490억 달러에서 2,590억 달러로 크게 늘었다.

그럼에도 불구하고 정부는 파산하지 않았다. 그에 따라 뉴딜 시기에 미국 국민을 사로 잡았던 두려움, 즉 정부 지출이 커져 국가가 파산할 것이라는 우려도 거의 완전히 사라지게 되었다. 이제 뉴딜의 정부간섭(governmental interventionism) 정책은 성공적인 듯이 보였다.

전쟁과 경제적 동원

미국의 거대한 생산력은 연합국의 가장 중요한 무기가 되었다. 그러나 그러한 생산능력을 동원(動員)하기 위한 조직화(organization)의 문제는 어려운 것이었다. 그러한 문제는 전쟁이 끝날 때까지도 만족스럽게 해결되지는 못했다.

전쟁 수행의 목적에서 경제를 동원하기 위한 노력은 미국이 참전하기 전인 1939년부터 이루어지기 시작하였다. 정부는 그 문제를 해결하기 위해 몇 차례에 걸쳐 기구를 설치하였으나, 이렇다 할 성과를 거두지 못하였다. 마침내 1942년 1월에 전시생산청(War Production Board)이 설치되면서 경제의 동원 문제는 어느 정도의 효율성을 보이기 시작하였다. 운영 책임자로는 시어즈로박의 경영자였던 도날드 넬슨(Donald Nelson)이 임명되었다.

이론적으로 전시생산청(WPB)은 정부의 군수 물자 구입을 통제하고, 물자와 인력의 할당을 감독하는 최고 기구였다. 그러나 실제에 있어서 그것은 산업을 강력히 통제하지 못하였다. 예를 들면 전시생산청(WPB)은 군납(軍納) 업무에 대해 완전한 통제력을 발휘하지 못하였다. 육군과 해군은 전시생산청을 거치지 않고 제멋대로 생산자들과 직접 거래하는 경우가 많았다. 그리고 정부에 대한 납품 계약은 대부분 대기업에게 돌아갔다. 그 때문에 중소기업의 불만이 컸다.

그러므로 루즈벨트 대통령은 점차 그것의 권한을 축소하여 백악관 안에 새로 설치한 전시동원청(Office of War Mobilization)에 넘겼다. 새로운 전시동원청(OWM)의 책임자는 사우스캐롤라이나 출신의 연방 상원의원이었던 제임스 번즈(James F. Byrnes)였다. 그러나 이 기구도 만족할 만큼 전시 경제를 효율적으로 조직하지는 못하였다.

그럼에도 불구하고, 제2차 세계대전 당시 미국의 전시경제 체제는 국가의 전시 수요에 대체로 잘 부응해 나갔다. 짧은 기간 안에 거대한 공장들이 세워졌다. 그러한 공장들은 정부로부터 자금 지원을 받았다. 그리고 정부의 지원으로 새로운 산업들이 등장하였다. 예를 들면, 해외에서 수입하던 천연 고무의 공급이 차단되었기 때문에, 새로운 인조(人造) 고무 산업이 성장하였다.

그에 따라 생산은 빠른 속도로 늘어났다. 그 결과로 1944년에 이르면 미국의 공장들은 실제에 있어서 정부가 필요로 하는 것보다 더 많이 생산하고 있었다. 미국의 생산고는 추축국들의 생산을 모두 합친 것의 두 배가 될 정도로 커졌다. 따라서 전쟁 말기에 오면 군수 생산이 과잉 상태에 도달했다는 불평이 일어날 정도였다.

전쟁과 흑인 지위의 향상

제2차 세계대전 기간에도 흑인들은 제1차 세계대전에서처럼 군복무에 열성을 보였다. 왜냐하면 그들의 애국적 행동이 전후 지위 향상에 도움이 될 것이라고 믿었기 때문이다. 그러나, 제1차 세계대전의 경우와는 달리 이번에 흑인들은 백인들에게 호의를 구걸하지 않았다. 그 대신 요구로 당당히 맞서려고 하였다. 왜냐하면 제1차 세계대전의 결과는 실망적인 것이었기 때문이다.

전쟁 준비가 한창이던 1941년 여름부터 흑인노조는 행동을 시작하였다. 침대차 짐꾼 노조 위원장인 랜돌프(A. Philip Randolph)는 군납(軍納)하는 회사의 작업장에서 흑백 차별의 철폐를 요구하였다. 그러한 요구를 성공시키기 위해 랜돌프는 수도인 워싱턴에서 10만 명 이상의 흑인들을 동원하는 대대적인 가두 시위를 계획하였다. 루즈벨트 대통령은 사회적 혼란이 일어날 것을 염려한 나머지 랜돌프에게 시위를 취소해 줄 것을 요청하였다. 랜돌프는 시위 계획을 취소하였다.

그것에 대한 대가로 루즈벨트 대통령은 공정고용위원회(Fair Employment Practices Commission)의 설치를 약속하였다. 그 기구는 군수산업체에서 흑인에 대한 차별을 조사하기 위한 것이었다. 그 기구의 권한은 미약한 것이었지만, 그럼에도 불구하고 그것은 인종 평등을 향한 정부의 의지를 구체화한 최초의 조치로서 가치가 있었다.

전쟁 기간에 흑인들은 남부에서 북부로 이동하였다. 그것은 농촌 지역으로부터 도시로의 이동을 의미하였다. 왜냐하면 북부의 도시에는 군수 공장들이 갑자기 세워져 일자리가 많이 생겼기 때문이다. 그러나 남부 백인들은 흑인의 도시이주에 따른 노동력부족 현상에 분개하였다.

북부 백인들은 흑인들의 유입에 두려움을 느꼈다. 그에 따라 북부에서는 인종 갈등이 커졌다. 1943년에 디트로이트에서는 흑인들이 소저너트루스(Sojourner Truth) 신흥주택단지로 옮겨 오기 시작하자, 근처에 살던 폴란드계 미국인들이 반발하였다. 그리하여 두 인종 사이에는 충돌이 일어났다. 1944년에 일어난 인종 갈등으로 34명의 사망자가 발생하였는데, 그 가운데서 25명이 흑인이었다.

흑인 단체들은 흑백격리(segregation) 제도에 더욱더 강력하게 도전하였다. 1942년에 조직된 인종평등회의(CORE)는 과거의 보수적인 흑인 단체들이 상상하지도 못했던 대중(大衆)운동의 방식으로 저항하였다.

그에 따라 랜돌프를 비롯하여 베이야드 러스틴(Bayard Rustin), 제임스 파머(James Farmer)와 같은 젊은 흑인들이 새로운 지도자로 떠올랐다. 그들은 인종 차별이 이루어지고 있는 극장이나 식당에서 연좌 농성(sit-ins)과 시위를 주도하였다. 그들은 1944년에 워싱턴 디씨의 한 식당을 둘러싼 투쟁에서 흑인 출입금지를 철폐하는 데 성공하였다.

인종 관계의 변화에 대한 압력은 군대 조직 안에서도 커지고 있었다. 당시 군대는 중요한 보직에 대한 흑인 임명을 금지시키고 있었다. 훈련소와 일반 부대에서는 흑인과 백인이 격리되었다. 그리고 흑인은 해병대와 육군 항공대 입대가 금지되었다. 그러나 흑인들의 정치적 압력이 점차 커지고 있었기 때문에, 군대 지도자들은 흑백격리의 폐지를 고려하게 되었다. 그리고 흑백 격리는 막대한 인력 낭비를 가져온다는 사실도 인정되기 시작하였다.

제2차대전이 끝날 무렵에 흑인 군복무자는 70만 명으로 크게 늘어났다. 그에 따라 훈련소에서도 부분적으로나마 흑백 통합(integration)이 이루어지게 되었다. 이제는 흑인 병사들도 백인 병사들과 같이 군함에 탈 수 있게 되었다. 흑인 부대도 전투에 투입되었다.

그러나 인종 통합이 부분적으로만 이루어진 부대가 많았기 때문에 인종 갈등이 계속되었다. 예를 들면 뉴저지의 포트딕스 기지에서는 흑인 병사들이 부대 격리에 반대해 폭동을 일으켰다. 전쟁이 끝난 다음에도 군대 안에서 흑인에 대한 차별은 상당히 남아 있었다. 그러나 전통적인 인종 관계의 틀이 천천히나마 무너지고 있었음은 확실하였다.

멕시코 노동력의 유입

전통적으로 멕시코인들은 주로 농장노동자의 자격으로 미국에 들어왔다. 그러나 대공황 기간에는 백인 실업자가 늘어났기 때문에 많은 멕시코인 노동자들이 추방되었다.

그러나 제2차 세계대전이 일어나 다시 노동력이 부족해지자, 농장주들은 다시 그들을 고용하기 시작하였다. 그에 따라 많은 멕시코 노동자들이 태평양 연안 지역과 서남부 지역으로 몰려들어 왔다. 이때 멕시코인들은 농장뿐만 아니라 공장에서도 일자리를 얻었다.

1942년에 미국 정부는 특정한 직종에서 한정된 기간 동안 일할 멕시코인 계약 노동자들을 받아들이기로 멕시코 정부와 합의하였다. 따라서 히스패닉(Hispanics) 노동자들은 흑인에 이어 두번째로 많이 도시로 이주한 집단이 되었다. 그리고 그들도 흑인들과 마찬가지로 많은 고용주와 노동조합으로부터 차별을 받았다. 그러나 공정고용위원회의 압력으로 상당한 수의 히스패닉들이 고용되어, 예를 들면 로스앤젤레스 조선소에는 1만7천명 이상이 취업하고 있었다.

멕시코계 미국인들의 거주지역이 갑자기 늘어남에 따라 인종적 갈등도 표면화하였다. 백인 주민들은 멕시코계 청소년들의 길거리 폭력에 놀랐다. 두려움은 특히 로스앤젤레스에서 심하였다. 특히 괴상한 옷 차림이 혐오의 대상이 되었다. 어깨를 부풀린 길고 헐렁한 웃도리, 발목에 꽉 달라붙은 헐렁한 바지, 긴 시계 줄, 챙이 넓은 모자, 오리 꼬리 모양의 기름바른 머리는 백인들을 불쾌하게 만들었다. 이러한 옷 차림을 "주트수트"(zoot suit)로 불렀는데, 그것은 흔히 저항을 상징하는 것으로 생각되었다.

"주트 수트를 입은 청소년들"(zoot suiters)에 대한 적대감은 1943년 6월에 로스앤젤레스 사태로 폭발하였다. 롱비치 기지의 백인 해병이 "주트 복장의 청소년들"로부터 폭행을 당하자, 백인 병사들은 나흘 동안 멕시코계 동네를 습격하였다. 백인 해병들은 "주트 복장의 청소년들"의 옷을 찢고, 그들의 머리털을 짤랐다. 이에 대해 히스패닉들도 저항하였다. 이후부터 로스앤젤레스시 정부는 "주트"옷을 입지 못하도록 법으로 정하였다.

멕시코계 미국인들의 숫자는 늘어갔지만, 차별받는 소수파로서의 사회적 지위는 바뀌지 않았다. 그들은 가난한 동네에서 살고 가장 임금이 낮은 일에 종사하였다. 그들의 자녀들은 교육을 받지 못하였다. 전시에 미국에 들어 왔던 멕시코 인들의 많은 수가 1945년 이후에도 그대로 머물렀다. 그 때문에 전국에 걸쳐 멕시코계 미국인들의 거주지역이 형성되었다.

여성 고용의 증대

제2차 세계대전으로 여성들은 새로운 사회적 역할을 맡게 되었다. 많은 남성들이 군대에 갔기 때문에, 여성들은 산업생산에서 아주 중요하였다. 그

군수공장의 여성근로자

에 따라 여성 근로자는 600만 이상으로 늘어, 전체 노동력의 거의 60퍼센트를 차지하게 되었다. 새로이 일자리를 얻은 여성들 가운데는 기혼자와 나이든 사람이 많았다. 여성근로자들은 남성들의 고유 영역이었던 중공업 부문에서 크게 진출하였다. 그 결과로 "기계공 아가씨"(Rosie the Riveter)라는 말이 나오게 되었다.

그럼에도 불구하고 군수 산업에서 여성을 고용하는 데 대한 편견은 사라지지 않았다. 그래서 전쟁 초기에는 여성을 고용하지 않으려는 관행이 지속되었고, 공장주들은 힘든 직종에는 여성을 배치하지 않았다. 여성에게 허용된 직종도 인종에 따라 구분되었는데, 그 결과로 흑인 여성은 백인 여성보다 임금이 낮은 직종에 배치되었다.

그러나 여성 근로자에 대한 차별은 경제적, 군사적 필요성 때문에 점차 줄어 갔다. 그리고 여성이 일하는 데 대한 일반적인 편견도 크게 약화되었다. 특히 자녀를 가진 여성은 취업해서는 안 된다는 생각이 크게 약화되었다. 그리고 여성 노동자들 가운데 상당수가 노동조합에 가입하였다.

여성 근로자의 일자리가 가장 많이 늘어난 부문은 서비스 부문이었다. 군사적, 산업적인 필요성에서 정부의 기구가 갑자기 커지고 수많은 기구가 새로이 세워졌기 때문에, 공무원의 수가 크게 늘어났다. 특히 수도인 워싱턴 디씨에는 젊은 여성 사무원, 비서, 타이피스트들이 몰려 들었다.

전쟁과 사회문제

이들 "공무원 여성들"(government girls)의 대부분은 집을 떠난 사람들이었다. 그리고 대부분이 하숙집, 개인집, 정부 기숙사의 비좁은 공간에서 살았다. 다른 도시의 정부 기구와 민간 기구에도 여성사무원들이 모여 들었다. 젊은 남성들이 군대에 갔기 때문에 대부분의 동네에서는 여성이 압도적으로 우세하였다.

이와 같은 변화는 새로운 문제들을 일으켰다. 남편을 군대에 보내고 자녀와 함께 사는 여성들은 직장 생활과 자녀 양육의 틈바구니에서 큰 어려움을 겪었다. 어린이 보호시설이나 기타 공익시설이 부족했기 때문에, 여성들은 아이들을 집에 홀로 두거나 공장 주차장의 자동차 안에 놓고 오는 경우도 있었다. 그 때문에 "열쇠 가진 아이"(latch-key children)나 "8시간 고아"(eight-hour orphans)라는 말이 생기게 되었다. 그리고 일자리를 찾는 것은 다른 지역으로 옮겨감을 의미하였기 때문에, 가정의 안정이 깨지는 경우가 많았다. 간단히 말해 전쟁의 과정에서 전통적인 가정이 무너져 가고 있었던 것이다.

그 결과의 하나가 청소년 범죄의 증가였다. 차량 절취, 절도, 폭력 행위, 배회 등의 이유로 체포되는 청소년들이 급속도로 늘어났다. 10대 소녀들이 매춘 행위로 체포되는 숫자도 늘었고, 그에 따라 성병도 퍼져나갔다. 그럼에도 불구하고 청소년들의 취업률은 급격히 높아졌다. 그리하여 전쟁 말기에 오면 14세에서 18세에 이르는 연령의 청소년들 가운데 3분의 1 이상이 일자리를 가지고 있었다. 그러나 그것은 고등학교 진학률을 떨어뜨리는 결과도 가져왔다.

경제적으로 번영했기 때문에 혼인 연령도 낮아졌다. 그러나 젊은 부부들 가운데 전시의 별거에서 오는 압박을 이겨내지 못하는 사람들이 많았기 때문에, 이혼율도 급격히 늘어났다.

전쟁과 국내 인권 문제

전쟁 기간에 미국에서는 평시보다 인권에 대한 제약이 컸다. 실제로 선동적인 출판물에 대한 규제가 이루어져, 카톨릭 교회의 코플린(Coughlin) 신부가 발행하는 반유태인적(anti-Semitic)이고 친파시스트적인(pro-fas-cist) 잡지의 우송이 금지되었다. 그럼에도 불구하고 반체제 간행물에 대한 전반적인 검열은 없었다.

그리고 제1차 세계대전에서 보였던 것과 같은 적대 세력에 대한 증오, 보복, 히스테리의 증세도 강하지 않았다. 소수의 나치 간첩과 미국인 파시스트가 감옥에 간 것은 사실이었다. 그렇지만 추축국에 동조한다는 이유로 박해를 당한 사람은 없었다. 국내의 파시스트를 처벌하기 위해 28명을 기소한 사건이 있기는 하였지만, 피고들은 모두 석방되었다. 사회주의자들과 공산주의자들도 박해를 받지 않았다. 왜냐하면 그들의 대부분은 전쟁을 지지했기 때문이다.

또한 제1차 세계대전 때처럼 인종적인 적대감이나 문화적인 적대감도 일어나지 않았다. 따라서 제1차 세계대전 때처럼 독일어를 사용하지 않기 위해 소금에 절인 양배추(sauerkraut)를 '자유 양배추'(liberty cabbage)로 바꾸는 것과 같은 어색한 일은 일어나지 않았다.

미국은 독일, 이탈리아와 전쟁을 하고 있었음에도 불구하고, 독일계 미국인이나 이탈리아계 미국인에 대한 적대감은 거의 나타나지 않았다. 미국 정부는 미국인들이 대항해 싸우고 있는 적(敵)은 독일과 이탈리아의 국민이 아니라 그들을 통치하고 있는 사악한 지도자들과 그들이 만든 나쁜 정치제도라고 국민을 설득하였다. 대체로 전쟁 기간에 미국 사회에는 전반적인 관용의 원칙이 지배하고 있었다.

일본계 미국인의 억류

그러나 일본계 미국인에 대해서만은 예외였다. 처음부터 미국인들은 일본에 대해서는 유럽의 적대국들과는 다른 태도를 보였다. 미국인들은 근본적으로 일본인들의 인종적, 문화적 특징을 경멸하고 있었다. 미국정부와 민간 선전기구들은 일본인은 사악하고 잔인한 사람들이라고 선전하였다. 그리고 그러한 편견은 일본의 진주만 기습으로 확인된 듯이 보였다.

제2차 세계대전 당시 일본계 미국인은 12만 7천 명에 지나지 않았다. 그들은 캘리포니아의 몇 지방에 집중되어 있었다. 그들 가운데서 2/3는 미국화된 사람들이거나 미국 태생이었다. 그러나 일본계 미국인들은 보통 자기들끼리 모여 살면서 일본의 전통적인 문화를 보유하고 있었기 때문에, 일본의 국가 이익을 위한 음모를 꾸미고 있다는 의심을 받기가 쉬웠다. 따라서 일본계 미국인들이 진주만에서 태업(sabotage)에 들어갈 것이라든가, 또는 일본군의 캘리포니아 해안 상륙을 돕기 위해 음모를 꾸미고 있다든가 하는 근거 없는 소문이 퍼져나갔다.

마침내 1942년 2월에 군부와 캘리포니아의 정치지도자들은 일본계 미국인들을 규제하기 위해 움직였다. 그에 따라 미국 육군은 일본계 미국인의 강제이주를 건의하였고, 트루먼 대통령은 그것을 허용하였다. 그에 따라 10만 이상의 일본계 미국인들이 재산을 정리하고 정부가 지정하는 내륙의 사막 지대로 강제 이주를 당하였다.

일본인 보호 구역의 생활 조건은 감옥처럼 혹독한 것은 아니었지만, 정상적인 상업과 교육이 불가능한 고립된 환경이었다. 강제이주 조치에 대해 대법원은 1944년의 판결(Korematsu v. U.S.)로 승인해 주었다. 그러나 그 때 일본계가 입은 피해에 대한 보상은 나중에 1980년대말에 이루어졌다. 한편 일부의 일본계 미국인들은 미국에 대한 애국심을 보이기 위해 군대에 들어가 유럽 전선에서 싸웠다.

독일의 유태인 학살과 미국

전쟁중에 미국 정부는 민족 문제나 이념 문제에 대해 비교적 냉정한 태도를 보였다. 그리고 그러한 사실은 나치 독일의 유태인 학살(Holocaust)에 대한 태도에서 잘 나타났다.

이미 1942년에 미국의 고위 관리들은 독일군이 유태인을 비롯한 소수 민족들을 유럽 전역으로부터 체포하여 독일 동부지방과 폴란드에 있는 강제 수용소로 옮겨 조직적으로 학살하고 있음을 알게 되었다. 피해자들 가운데는 폴란드인, 동성연애자, 공산주의자들도 포함되어 있었다. 학살된 숫자는 유태인 600만, 그리고 러시아인, 폴란드인, 집시 등의 400만으로 모두 1천만 명에 이르렀다. 특히 유태인은 히틀러의 '최종 해결'(final solution) 방침에 따라 대량 학살의 대상이었다.

미국인들이 나치 독일의 유태인 학살에 대해 실감하게 된 것은 미국군이 독일 내부로 진격하여 아우슈비츠(Auschwitz)나 다하우(Dachau) 같은 강제수용소를 해방시킨 다음부터였다. 그제서야 미국인들은 소문만 듣던 비밀경찰(Gestapo), 친위대(SS), 개스 실(gas chamber)과 같은 말이 무엇을 의미하는지 알게 되었다. 그리고 미국인들은 독일인들의 잔혹성에 대해 놀라게 되었다.

나치독일의 유태인 학살장면

이와 같은 대량 학살이 이루어지고 있었음에도 불구하고 이탈리아, 독일, 스페인의 파시스트 정권들과 좋은 관계를 유지하고 있던 카톨릭 교회는 이렇다 할 관심을 보이지 않았다. 독일군에 의해 폴란드 신부 214명이 처형되자, 바티칸 교황청은 독일 정부에 항의서를 제출하였다. 그러나 항의는 어디까지나 형식적인 것이었다.

유태인 학살 문제는 전쟁에 관한 보도에 밀려 미국인들의 큰 관심을 끌지 못했다. 유태인구출비상위원회와 같은 구호 기관들만이 나치 독일의 가혹성을 널리 알리고, 미국 정부에 대해 유태인 구출을 촉구하였다. 이들은 유럽의 중립국들에게 유태인 피난민을 받아 들이고 식량, 의약품, 의복을 지원하도록 요구하였다. 또한 그들은 영국이 유태인의 팔레스타인 이주를 금지한 1939년의 법을 개정하도록 요구하였다. 그리고 그들은 미국 정부에게 유태인 피난민을 받아 들이도록 요구하였다. 그러나 이들 제안은 대부분 받아들여지지 않았다.

그럼에도 불구하고 미국 정부는 1944년의 전시피난민국(War Refugee Board)의 설치와 함께 유럽에서 20만 명의 유태인을 구출하는 데 도움을 주었다. 그리고 강제수용소에서 탈출한 또 다른 10만 명에게 피난처를 마련해 주었다. 전쟁이 끝나갈 무렵에 연합군 공군의 활동이 자유로와지자, 미국의 유태인 구호 단체들은 강제수용소와 연결된 철도를 폭격하도록 건의하였다. 그러나 연합군 공군은 강제수용소가 있는 아우슈비츠나 다하우를 폭격하지 않고, 공업도시인 드레스덴을 계속 폭격하였다. 왜냐하면 루즈벨트와 미국 국민 대다수는 가능한한 빨리 나치 독일을 타도하는 것이 유럽의 유태인을 돕는 가장 좋은 방법이라고 믿었기 때문이다.

뉴딜 진보주의의 쇠퇴

1943년말에 루즈벨트 대통령은 "뉴딜 박사"(Dr. New Deal)는 본래의 기능을 발휘했으므로 이제는 "승전 박사"(Dr. Win-the-War)에게 자리를 물려 주어야 한다고 공식적으로 밝혔다. 이것은 대통령의 주관심이 국내 문제에서 국제 문제로 바뀌었음을 의미하였다. 즉, 그것은 전쟁에서의 승리가 국내에서의 개혁 정치보다 더 중요하게 되었음을 의미하였다.

동시에 그것은 전쟁 시작 첫 2년 동안에 나타난 변화된 정치 현실을 반영하는 것이기도 하였다. 왜냐하면 1939년말까지만 해도 정부 안에서 영향력이 컸던 뉴딜 진보주의자들(New Deal liberals)의 세력이 약화되었기 때문이다. 행정부 안에서 뉴딜 진보주의자들은 새로운 인물들에게 밀리고 있었다. 왜냐하면 새로 설치된 수많은 전시 기구의 책임자로서 보수적인 대기업 경영자들이나 월스트리트 금융가의 변호사들이 임명되었기 때문이다.

그러나 무엇보다도 뉴딜의 진보주의적인 개혁에 대해 가장 강력히 반대한 세력은 공화당을 중심으로 한 의회의 보수파였다. 그들은 뉴딜의 정부간섭주의적인(interventionist) 정책에 대해 처음부터 반대해 온 사람들이었다. 마침내 1943년에 의회에서 보수파가 우세하게 되자, 정부의 자금으로 공공 사업(公共事業)을 추진하는 기구들이 폐지되기 시작하였다. 그리하여 민간자원보존단(CCC), 전국청년국(NYA), 사업추진청(WPA)이 폐지되었다. 농촌안정청(FSA)의 기능은 무력화되었다.

정치적으로 보수화의 추세는 더욱더 뚜렷해져 갔다. 1942년의 중간 선거에서 보수적인 공화당은 하원에서 47석, 상원에서 10석을 얻는 승리를 거두었다. 루즈벨트 대통령은 뉴딜 정책의 개혁들이 사라지거나 약화되는 것을 가만히 앉아 받아들였다. 왜냐하면 그는 전쟁수행 정책과 전후의 평화수립 계획에 대해 의회의 지지를 얻는 것이 절대로 필요하다고 생각했기 때문이다. 그리고 그는 무엇보다도 1944년의 선거에서 대통령에 다시 당선되는 데는 국내 문제보다는 전후 세계평화의 수립 문제가 더 중요하다고 생각했기 때문이다.

1944년의 선거와 루즈벨트의 4선

1944년의 대통령 선거가 다가오자, 야당인 공화당은 국민들이 민주당 행정부의 전시통제 정책, 내핍 정책 등에 대해 느끼고 있는 불만을 교묘히 활용하였다. 그리고 공화당은 루즈벨트 대통령의 건강 악화를 잘 활용하기 위해 젊고 정력적인 뉴욕 주 지사 토마스 듀이(Thomas E. Dewey)를 대통령 후보로 지명하였다.

그러나 집권당인 민주당은 만장일치로 루즈벨트를 다시 대통령 후보로 지명하였다. 그러나 그의 건강이 나빴기 때문에 누가 부통령 후보가 될 것인가 하는 문제가 중요하게 떠올랐다. 왜냐하면 이번의 부대통령은 대통령직을 계승할 가능성이 아주 컸기 때문이다. 그러한 관점에서 본다면 현직 부통령인 헨리 월러스 부통령은 바꾸어야 했다. 왜냐하면 그는 과격한 노동조합인 산업노조회의(CIO)의 지지를 받고 있었을 뿐만 아니라 소련과 공산주의에 호의적이었기 때문이다.

결국 민주당은 당내의 보수 세력과 남부 세력의 지지를 받는 온건한 해리 트루먼(Harry S. Truman)을 부통령 후보로 지명하였다. 트루먼은 미주리 주 출신의 상원 의원으로서, 전시 생산의 낭비와 부패를 파헤침으로써 전국적인 명성을 얻은 사람이었다.

선거에서 공화당과 민주당은 전쟁 수행과 전후 평화 수립의 문제를 쟁점으로 삼지 않기로 합의하였다. 그 때문에 논쟁은 국내의 경제 문제나 루즈벨트 대통령의 건강 문제를 둘러싸고 벌어졌다. 실제로 루즈벨트 대통령은 동맥경화증을 비롯해 아주 심각한 몇 가지 병을 앓고 있었을 뿐만 아니라 가끔 우울증으로 고생하고 있었다.

그러나 선거전 기간 동안만은 건강이 약간 회복된 듯이 보였다. 그는 민주당에 호의적인 트럭 노조(Teamsters Union)의 조합원들에게 연설하였다. 그는 전쟁이 끝난 다음에 뉴딜 정책을 부활시키겠다고 노동자들에게 약속하였다. 그는 시카고에서도 연거푸 연설하고, 비가 오는데도 하루 종일 무개차로 뉴욕시를 돌아다녔다. 루즈벨트의 건강은 4년간 더 봉사할 수 있는 듯이 보였다.

그 때문에 그는 압도적인 승리를 거두었다. 그는 일반 투표에서 46퍼센트를 얻은 토마스 듀이에 대해 53.5퍼센트를 얻었다. 그에 따라 그는 미국 역사상 전무후무하게도 네번째로 대통령직을 맡게 되었다. 그리고 그가 이끄는 민주당도 상원과 하원에서 모두 다수 세력을 계속 유지하였다.

4. 대전의 종결과 얄타 체제의 수립

노르망디 상륙작전(1944)

1943년 가을에 오면 연합군의 전세가 유리해진 것이 확실해졌다. 이제 미국과 영국의 공군은 독일 영토를 자유롭게 폭격할 수 있게 되었다. 1944년초에 이르면 연합군 공군의 폭격은 독일의 생산과 수송에 결정적인 타격을 줄 정도로 치명적이었다.

독일에 대한 폭격이 어느 정도로 치열했는가는 전사한 미국과 영국의 항공기 승무원만도 16만 명에 이르렀다는 사실에서 나타나고 있다. 라이프치히, 드레스덴, 베를린과 같은 공업 도시들이 주공격의 대상이 되었다. 특히 전쟁이 끝나기 직전에 이루어진 드레스덴 폭격이 가혹하였는데, 그 도시는 한 번 폭격에 10만 명의 민간인이 희생되는 피해를 입었다. 이제 영국과 미국이 유럽 대륙에 대규모의 지상군을 투입할 때가 된 듯이 보였다.

마침내 서방 연합국은 프랑스 해안에 「제2전선」을 구축하기로 결정하였다. 그것은 소련의 「제1전선」과 함께 독일을 동, 서 양쪽에서 공격한다는 거대한 작전 계획이었다. 1944년 6월 6일 아침에 대규모의 연합군이 프랑스의 노르망디(Normandy) 해안에 상륙하였다. 그것은 4,000척의 선박에 300만 명의 병력을 동원한 대대적인 상륙 작전이었다. 상륙 부대는 주로 미국군, 영국군, 캐나다군으로 이루어져 있었지만, 프랑스군, 폴란드군, 벨기에군, 노르웨이군, 체코군도 있었다.

연합군의 상륙 지점은 독일의 예상을 뒤엎은 엉뚱한 지점이었기 때문에, 작전은 순조롭게 진행되었다. 노르망디 해안에 교두보를 구축한 연합군은 프랑스 심장부를 향해 진격을 시작하였다. 오마르 브래들리(Omar Bradley) 장군의 제1군과 조오지 패튼(George S. Patton)의 제3군은 동쪽으로 계속 진격하였다. 그리하여 8월 25일에는 파리를 해방시키고, 9월에는 프랑스와 독일의 국경선을 넘었다.

미군의 파리해방

1944년 12월에 벨기에의 아르덴느 숲에서 벌어진 발지(Bulge) 전투에서 미국군의 진격은 잠시 저지당하였다. 그와 같은 독일의 최후반격이 그것의 대세를 좌우하지는 못하였다. 1945년 3월에 오마르 브래들리의 미국군은 퀼른 시를 점령하고 라인 강을 넘었다. 몽고메리가 이끄는 100만의 영국군도 북쪽에서 독일군을 동쪽으로 몰아 부쳤다. 그 때문에 루르 지방의 독일군이 고립되었다.

동부 전선에서는 1945년 1월말부터 소련군이 150개 사단의 대병력을 동원하여 오데르 강을 향해 독일군을 몰아 붙이기 시작하였다. 그래서 이른 봄에 소련군은 베를린에서 그렇게 멀지 않은 독일 영토 심장부에 깊숙히 들어와 있었다. 독일군은 양쪽 전선에서 붕괴되고 있었다.

서부전선에서 아이젠하워 장군이 이끄는 미국군의 진격은 예상보다 빨랐다. 그 때문에 미국군은 소련군보다 먼저 베를린과 프라하를 점령할 가능성이 있었다. 그러나 미국군과 영국군은 중부 독일의 엘베 강에서 진격을 멈추었다. 그것은 소련군에게 동부 독일과 체코슬로바키아를 먼저 점령할 기회를 주려는 의도에서 나온 것 같았다.

마침내 소련군은 1945년 4월 30일에 베를린 외각지대에 도달하였다. 그리고 치열한 공방전 끝에 독일은 5월 8일에 무조건 항복하였다. 독일의 항복은 연합국이 예상했던 것보다 훨씬 빠른 것이었다. 그것은 노르망디 상륙작전이 일어난 지 1년도 채 되지 못해 일어난 일이었다.

레이테 해전(1944)과 일본 폭격

아시아에서 미국은 일본군에 대항해 싸우는 장가이섹의 중국군을 지원하였다. 그리하여 조셉 스틸웰(Joseph Stilwell) 장군은 인도의 히말라야 산맥을 넘어 수송기로 중국에 보급품을 공급하였다. 중국에 대한 보급품 수송을 늘리기 위해 1944년 가을에는 버마 북부 지방의 산간 지대를 통과하는 '버마 길'(Burma Road)을 개통하였다.

그러나 미국군의 주관심은 태평양에 있었다. 1944년 2월에 니미츠 제독이 이끄는 미국 해군은 마샬 군도에서 벌어진 여러 차례의 해전에서 승리함으로써 일본제국의 외각을 무너뜨리기 시작하였다.

미국군은 남쪽으로부터 섬을 하나씩 점령하는 '섬 건너 뛰기'(island hopping) 작전을 통해 북쪽으로 계속 진격하였다. 그리하여 6월에는 마리아나 군도의 괌(Guam)과 사이판(Saipan)을 점령하였다. 그리고 10월에는 필리핀 앞바다의 레이테 만(Leyte Gulf) 해전에서 승리하였다. 그것은 역사상 최대의 해전으로서, 일본은 네 척의 항공 모함을 잃는 결정적인 패배를 당하였다. 이제 일본의 항복은 시간 문제인 것 같았다.

1945년 2월에 미국 해병대는 치열한 전투 끝에 보닌 군도의 이오지마 섬에 상륙함으로써 일본 본토에 가까이 도달하였다. 그리고 6월에는 오키나와를 점령함으로써 미국 공군은 일본 본토를 폭격할 수 있게 되었다. 오키나와를 잃지 않기 위해 일본군은 완강히 저항하였다. 이 전투에서 일본군은 자살 특공비행대(Kamikaze)를 사용하여 미국과 영국의 전함에 막대한 피해를 주었다. 그러나 이 전투에서 일본은 3,500대의 특공대 항공기와 10만 명 이상의 인명을 잃었다. 이 전투는 앞으로 미국군이 일본에 상륙했을 경

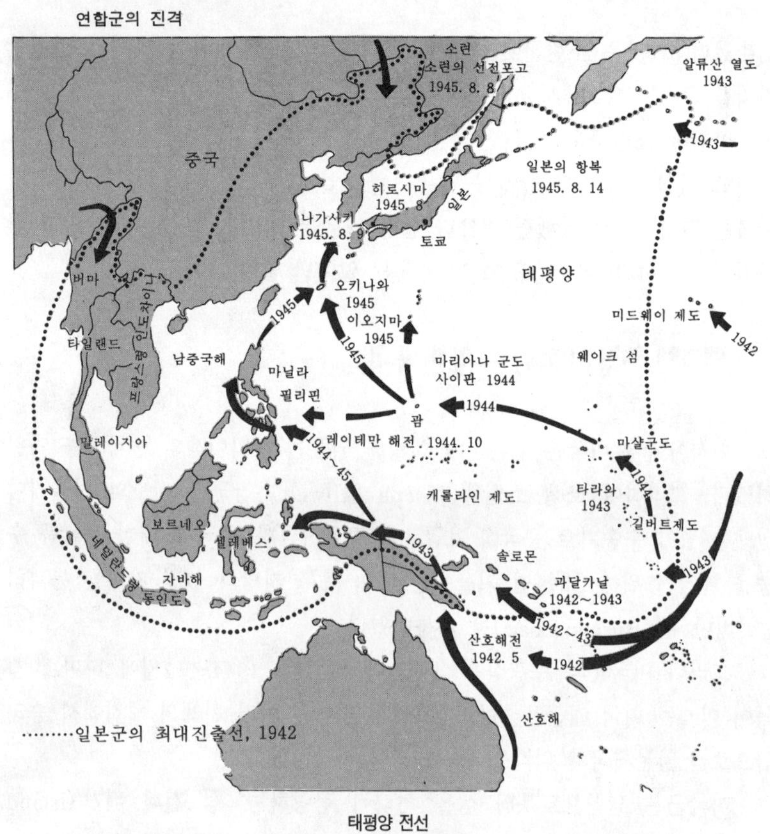

우에 전투가 얼마나 치열할 것인가를 예고해 주는 좋은 실례였다.

1945년 3월에 마리아나 군도의 사이판을 함락한 이후로 미국군 B-29 폭격기들은 일본 본토를 폭격하고 있었다. 그 결과로 일본의 산업 시설과 군사 시설은 마비되었다. 1945년 5월의 도쿄 공습은 네이팜 탄의 투하로 일어난 화재 때문에 8만 명 이상을 사망케 하였다. 특히 도쿄와 고베 같은 대도시들에 대한 폭격으로 민간인만도 30만 명 이상이 죽었다. 7월부터는 미국의 전함들이 일본 해안에 접근하여 포격하기 시작하였다.

패배를 깨닫게 된 일본의 온건파들은 휴전을 준비하고 있었다. 그리고 천황은 오키나와 함락 후에 새 총리를 임명하고 평화를 모색케 하였다. 그럼에도 불구하고 아직 새 총리는 군부(軍府)에게 무기를 놓도록 설득시키지 못하고 있었다.

맨해튼 계획과 일본의 항복

그 동안 미국에서는 일본과의 전쟁 기간을 줄이는 데 결정적인 역할을 하게 될 놀라운 무기가 개발되고 있었다. 미국의 과학자들은 독일의 과학자들이 우라늄 핵 분열의 방법을 알고 있다는 사실에 주목하였는데, 그것은 파시스트 이탈리아와 나치 독일에서 망명해 온 엔리코 페르미(Enrico Fermi)와 알버트 아인슈타인(Albert Einstein)의 경고 때문이었다. 두 망명 과학자들은 독일이 원자탄을 먼저 만들지도 모른다는 두려움에 사로잡혀 있었다. 그들의 경고로 1939년부터 미국과 영국은 경쟁적으로 원자탄을 만들기 시작하였다.

1942년 12월에 미국의 물리학자들은 시카고 대학의 원자로에서 제어된 연쇄 반응(controlled chain reaction)을 일으키는 데 성공함으로써 원자탄을 만들기 위한 첫 관문을 통과하였다. 그러나 이러한 힘을 폭탄으로 풀어 놓는 기술의 문제가 남아 있었다. 그러므로 그 이후 3년 동안에 정부는 비밀리에 20억 달러를 들여 맨해튼 계획(Manhattan Project)을 추진하였다.

원자탄으로 파괴된 히로시마

수백 명의 과학자들은 연구의 목적도 알지 못한 채 두 가지 사업에 몰두하였다. 하나는 테네시의 오크리지(Oakridge) 연구소의 과제로서, 원자폭발의 원료인 플루토늄을 생산하는 사업이었다. 다른 하나는 뉴멕시코의 로스알라모스(Los Alamos) 연구소의 과제로서, 그 연료를 사용한 폭탄을 제조하는 사업이었다. 이사업의 책임자는 오펜하이머(J. Robert Oppenheimer)였다.

마침내 1945년 7월 16일에 뉴멕시코의 알라모고로도(Alamogorodo) 근처의 언덕에서 원자탄 실험이 성공하였다. 이 소식은 베를린의 포츠담 회담에 참석하고 있던 트루먼 대통령에게 전달되었다. 그는 일본이 8월 3일까지 항복하지 않으면 엄청난 파괴를 당할 것이라는 최후 통첩을 보냈다. 일본측으로부터 아무런 반응이 없자, 트루먼 대통령은 공군에 원자탄 사용을 명령하였다.

1945년 8월 6일에 에놀라게이(Enola Gay)의 이름을 가진 B−29폭격기 한 대가 히로시마의 산업 중심부에 원자탄을 떨어 뜨렸다. 한 발의 폭탄으로 8만 명 이상이 사망하였다. 그러자 이틀 후인 8월 8일에 소련이 일본에 선전을 포고하였다. 그리고 다음 날인 8월 9일에 또 하나의 원자탄이 나가사키에 떨어졌다. 8월 14일에 일본 정부는 항복하기로 결정하였다. 그리고 9월 2일에는 일본관리들이 도쿄 앞 바다에 정박중인 미국 전함 미주리호에서 항복문서에 조인하였다.

이렇게 하여 인류 최대의 전쟁인 제2차 세계대전은 끝을 맺었다. 이 전쟁에서 3,500만명이 사망하였다(그 가운데서 거의 절반에 가까운 1,400만이 전투원이었다). 여기에는 2,000만의 소련인, 500만의 독일인, 150만의 유고인, 600만의 유태인이 포함되어 있었다. 미국은 40만의 전사자와 67만의 부상자를 냈다.

평화수립을 위한 전시외교

진주만 기습이 일어난 바로 그 순간부터, 루즈벨트의 민주당 행정부는 전후에 평화를 수립하는 일에 관심을 가져 왔다. 전쟁을 수행하는 일은, 연합국들의 관계를 조정하는 일이었기 때문에, 그 자체로서 전후 세계의 새로

카사블랑카 회담(루즈벨트, 드골, 처칠)

운 모습을 만드는 일이기도 하였다.

1941년 8월에 앵글로색슨 족의 두 국가를 대표하는 루즈벨트 대통령과 처칠 총리는 뉴펀들랜드 앞 바다의 영국 함선 오거스타 호 위에서 만나 대서양 헌장(Atlantic Charter)을 발표하였다. 그것은 "나치 폭정의 최종적인 타도"를 공식적으로 요구한 전쟁 목표의 선포였다.

그리고 그것에는 전후에 나타날 새로운 세계에 대한 미국의 희망이 담겨져 있었다. 그것은 모든 국가들이 군사 동맹과 세력 범위라는 전통적인 신념과 그것에 토대를 둔 제국(empire)의 개념을 부정하는 세계관에 대한 꿈이었다. 그리고 새로운 세계에서는 민주주의 방식이 지배하고 분쟁의 중재자와 평화의 수호자로서 국제연합이 활동하게 될 것을 꿈꾸었다.

그것은 어떤 민족도 다른 민족을 지배하지 않고, 모든 민족이 "그 밑에서 살게 될 정부의 형태를 선택할" 권리를 가지게 될 세계에 대한 꿈이었다. 바꾸어 말하면, 그것은 제1차 세계대전 당시 우드로 윌슨 대통령이 제시한 민족자결주의와 집단 안전보장의 개념에 토대를 둔 "하나의 세계"(One World vision)에 대한 꿈이었다.

이러한 '대서양 헌장'의 원리에 대해 소련을 포함한 모든 연합국이 지지하였다. 그러나 어떤 국가도 구체적인 공약을 위한 준비는 갖추지 못했다. 게다가 미국과 영국은 제2전선의 설치를 강력히 요구하는 소련과 불편한 관계에 있었기 때문에, 전후의 국제 질서에 관한 합의는 이루어지기 어려웠다.

이와 같은 난국을 타개하기 위해 루즈벨트는 미국, 영국, 소련의 3거두(Big Three) 회담을 제안하였다. 그리하여 1943년 1월에 모로코에서 카사블랑카(Casablanca) 회담이 열리게 되었다. 그러나 스탈린은 참석을 거부하였다. 그러므로 카사블랑카에서 루즈벨트와 처칠은 서방측에 대해 불신감을 가지고 있는 스탈린을 달래기 위해 전쟁의 목표가 추축국들의 '무조건 항복'임을 선언하였다. 이 선언은 미국과 영국이 결코 나치 독일과 단독 강화를 체결하지 않을 것이며, 따라서 소련 홀로 나치 독일과 싸우게 하지 않을 것이라는 확신을 스탈린에게 주려고 하였다.

강대국의 입장과 테헤란 회담 (1943)

그 결과로 스탈린은 1943년 11월에 이란에서 열린 테헤란(Teheran) 회담에 참석하였다. 그것은 루즈벨트와 처칠이 스탈린과 처음으로 만난 회의였다. 이때 소련군은 독일군을 서쪽으로 몰아내고 있는 유리한 상황에 놓여 있었다. 미국군과 영국군도 무솔리니의 이탈리아를 정복함으로써 유리한 상황에 놓여 있었다.

그러나 새로운 이탈리아 정부의 수립에 스탈린이 소련의 참여를 요구하자, 루즈벨트와 처칠은 거부하였다. 그들은 서방 문제에 대한 소련의 개입을 허용할 마음이 없었다. 그 때문에 서방측과 소련측 사이에는 새로운 긴장이 일어났다.

그럼에도 불구하고 테헤란 회담은 성공적인 것이었다. 루즈벨트는 스탈린과 우호적인 관계를 가지게 되었다. 소련은 유럽에서 전쟁이 끝나면 즉시 태평양 전선에 참전하라는 미국의 요청을 받아들였다. 그 대가로 미국은 영국과 6개월 이내에 나치 독일에 대한 제2전선을 수립하겠다고 약속하였다. 그리고 3거두는 전후에 국제기구를 설치하고 독일의 팽창주의를 막기 위해 노력하기로 약속하였다.

그러나 폴란드의 장래 문제에 대해서는 합의를 보지 못하였다. 소련이

테헤란 회담의 3거두

폴란드의 영토를 일부 합병함으로써 그 국경선을 서쪽으로 이동시키겠다고 주장하는 데 대해 미국과 영국은 동의해 주었다. 그러나 폴란드에서 세워질 정부의 성격에 대해서는 의견이 크게 달랐다. 루즈벨트와 처칠은 1940년부터 런던에서 활동하고 있는 폴란드 망명 정부의 주장을 지지한 데 반해, 스탈린은 소련의 루블린에 있는 폴란드 공산주의자들의 망명 정부를 지지하였다. 그러므로 3거두는 이 문제를 해결하지 않은 채 남겨 둘 수밖에 없었다.

얄타 회담과 소련의 우위성 인정

테헤란 회담이 열린 후 1년 동안에 연합국의 승리는 확실해졌다. 동부 전선에서 소련군은 독일을 향해 진격하고 있었고, 서부전선에서 미국군과 영국군도 노르망디 상륙 이후 독일을 향해 빠른 속도로 진격하고 있었다. 이제 독일의 항복은 시간 문제인 듯이 보였다.

앞으로 다가올 사태에 대해 처칠은 루즈벨트보다 더 깊이 생각하고 있었다. 처칠는 전후에 독일과 파시즘을 대신하여 소련과 공산주의가 새로운 위협 세력으로 등장하게 될 것을 크게 우려하고 있었다. 그러나 이 문제에 대해 영국과 미국의 시각이 달랐다.

그러자 처칠은 1944년 9월에 단독으로 모스크바(Moscow)로 가서 스탈린과 회담하였다. 방문의 직접적인 목적은 그리스 내전 문제를 해결하기 위한 것이었다. 당시 영국은 그리스의 왕정을 지지하고 있었고 그것에 대항해 공산주의자들이 반란을 일으키고 있었다. 스탈린은 그리스 공산주의자들에 대한 지원을 중단하겠다고 약속하였다. 그에 대한 대가로 처칠은 소련과 영국이 동유럽을 분할한다는 원칙에 동의해 주었다. 그러나 처칠과 스탈린의 모스크바 협정은 루즈벨트에게 있어서는 1941년의 대서양 헌장을 위반한 행위였다.

그럼에도 불구하고, 루즈벨트는 처칠, 스탈린과 함께 전후 처리를 위한 회담을 열지 않으면 안 되었다. 그에 따라 1945년 2월에 소련의 휴양지인 얄타(Yalta)에서 회담이 열리게 되었다. 루즈벨트는 국제주의자로서의 그의 꿈의 실현을 스탈린이 방해하고 있다는 것을 느꼈다. 처칠은 스탈린의 야심을 경험한 바 있었기 때문에 장래에 대해 비관적이었다. 이와는 달리 스탈린은 자신감에 차 있었다. 왜냐하면 소련군은 베를린 가까이까지 진격해 있었을 뿐만 아니라 미국이 소련군의 태평양 전선 개입을 절실히 필요로 하고 있음을 잘 알고 있었기 때문이다.

얄타 회담에서 스탈린은 일본에 대한 전쟁에 참전할 것을 약속하였다. 그 대가로 루즈벨트는 소련이 일본 북쪽의 쿠릴 열도를 얻고, 1904년의 러시아-일본 전쟁에서 잃었던 남부 사할린과 뤼순 항(Port Arthur)을 찾는 데 동의해 주었다. 그리고 그는 소련이 만주와 중국 정부에 대해 영향력을 행사하는 데 동의해 주었다.

또한 3거두는 새로운 국제기구인 국제연합(United Nations)의 창설에 합의하였다. 국제연합 창설 계획은 이미 1944년 여름에 워싱턴의 덤버튼오크스 별장에서 작성되었기 때문에, 얄타에서는 구체적인 기구들의 설치에 합의하였다. 그리하여 우선 모든 회원국이 참여하는 총회(General Assembly)를 설치하기로 합의하였다. 다음으로는 상임이사국으로 활동할 5대 강국과 비상임 이사국들로 이루어진 안전보장이사회(Security Council)의 설치에 합의하였다. 상임이사국(常任理事國)은 미국, 영국, 프랑스, 소련, 중국의 5대 전승국으로서 안전보장이사회의 모든 결정에 대해 거부권을 행사할 수 있었다.

　이러한 얄타에서의 합의를 토대로 하여 나중에 1945년 4월에 샌프란시스코에서 50개국 대표에 의해 국제연합 헌장이 작성되었다. 그리고 7월에 미국 상원은 그것을 80대 2의 압도적인 차이로 비준하였다.

얄타 회담의 문제점

　그러나 다른 문제들에 대해서는 3거두 사이에 실질적인 합의가 이루어지지 않았다. 테헤란 회담의 최대 쟁점이던 폴란드 정부의 성격은 더이상 논의할 가치가 없게 되었다. 왜냐하면 이미 소련군은 폴란드를 점령하고 루블린 임시정부 출신들을 중심으로 공산주의적인 정부를 세웠기 때문이다.

　루즈벨트와 처칠은 이에 항의하고, 신생 폴란드 정부에 런던 임시정부의 서방주의자들을 참여시켜야 한다고 주장하였다. 스탈린은 마지 못해 자유 선거의 실시에 동의하였지만, 선거 일자를 분명히 지정하지는 않았다. 결국 선거는 실시되지 않았다.

　독일의 장래에 대해서도 합의가 이루어지지 못하였다. 독일이 다시 주

얄타회담의 3거두 : 처칠, 루즈벨트, 스탈린

요 군사대국이 되어서는 안된다는 데 대해서는 3거두가 모두 동의하였다. 그러나 그 목표를 달성하는 방법에 대해서는 의견이 크게 달랐다. 스탈린은 독일에게 200억 달러의 배상금을 부과하고 그 가운데서 절반을 소련이 받아야 한다고 주장하였다.

그에 대해 처칠은 반대하였다. 왜냐하면 그렇게 될 경우에 영국과 미국이 독일 국민을 먹여 살려야 하는 결과가 올 것이기 때문이다. 루즈벨트는 200억 달러 수준의 배상금을 논의의 토대로서 받아 들이되, 최종 해결은 앞으로 세워질 배상위원회에 맡기는 것으로 결론을 내렸다. 그러나 스탈린은 전후 소련의 복구에 독일 배상금을 사용할 계획을 가지고 있었기 때문에, 타협안에 대해 만족하지 않았다.

루즈벨트는 처음에 독일 문제를 어떻게 해결해야 할지 확신을 갖지 못하고 있었다. 1944년에 그는 퀘벡에서 처칠과 만났을 때 모겐소 계획(Morgenthau Plan)에 동의하였다. 그것은 독일의 산업생산 능력을 대부분 제거하고 농업국으로 만들려는 계획이었다.

그러나 얄타에서 그는 배상의 원칙을 받아들임으로써 모겐소 계획을 포기하였다. 왜냐하면 독일은 산업생산 능력이 없이는 배상금을 지불할 수 없을 것이기 때문이다. 그러므로 그는 독일이 현대화한 경제체제를 가진 통일된 국가로 재건되기를 바랐던 듯이 보였다. 그리고 독일을 연합국의 감시 밑에 두기를 바랐던 듯이 보였다. 그러나 이와는 달리 스탈린은 독일을 영구히 분열되고 약화된 상태로 두기를 희망하였다.

이처럼 입장이 달랐기 때문에 독일 문제도 애매모호하고 유동적인 상태로 남게 되었다. 따라서 미국, 영국, 프랑스, 소련은 각자의 점령 지구에서 각자의 방식대로 통치하도록 하였다. 그리고 점령 지구는 전쟁이 끝날 당시 병력의 주둔 위치에 따라 그어지도록 결정하였다. 그러나 소련군에게 점령되어 있는 수도 베를린은, 상징적인 중요성을 고려하여, 프랑스를 포함한 4개국에 의해 분할되도록 하였다. 언젠가는 독일이 다시 통일되도록 하였지만, 재통일의 방법에 대한 구체적인 합의는 없었다.

얄타 협정은 전후 문제들의 해결이라기보다는 엉성한 원칙들의 전반적인 확인이었다. 3거두는 제각기 합의에 도달했다는 확신을 가지고 자기 나라로 돌아갔다. 그러나 합의에 대한 소련의 해석은 미국, 영국의 그것과 너무 달랐기 때문에, 잠시 후에 서방측의 환상은 깨지고 말았다.

스탈린은 소련의 동유럽 지배야말로 현실이며, 따라서 동유럽 문제에 대해 얄타에서 서방측에게 양보한 것이 없다고 믿고 있었다. 이와는 반대로 루즈벨트는 얄타 협정은 유럽의 문호 개방("open" Europe)을 서로 인정한 것이므로, 어느 한 나라도 직접 지배할 수 없다고 생각하였다.

얄타 회담이 끝난 지 몇 주 되지 않아 소련은 동유럽의 국가들에서 공산 정권을 하나씩 세워갔다. 스탈린은 폴란드에서도 그러한 목표를 향해 조직적으로 추진하였다. 루즈벨트는 스탈린이 약속을 어겼다고 생각했으나, 관망하는 도리밖에 없었다. 그러면서도 루즈벨트는 희망을 버리지 않았다. 그는 스탈린과의 개인적인 관계 때문에 이러한 문제들의 해결이 아직 가능하다고 믿었다. 그러나 그는 그 가능성을 확인하지 못한 채 1945년 4월 12일에 조지아의 웜스프링즈에서 갑자기 죽었다.

전체 평화회의 개최의 실패

루즈벨트를 계승한 트루먼(Harry S. Truman)은 위기에 놓인 세계 정세에 대해 그렇게 익숙하지 못했다. 왜냐하면 그가 부통령으로서 행정부에 들어 온 것은 겨우 3개월 전이었을 뿐만 아니라 대외 정책에 대해 보고를 받은 적도 없었기 때문이다. 그럼에도 불구하고 그는 대통령이 된 지 며칠도 안 되어 소련 문제를 직접 다루지 않으면 안 되었다.

그러므로 트루먼은 소련에 대해 강경한 태도로 나갈 수밖에 없었다. 트루먼은 1945년 4월 23일에 소련 외무장관 몰로토프를 만나자, 그는 소련이 얄타 협정을 위반하였다고 심하게 다그쳤다. 그러나 실제에 있어서 트루먼은 소련이 얄타에서의 합의를 이행하도록 만들 방법을 가지지 못했다. 소련군은 이미 폴란드와 동유럽의 대부분을 점령하고 있었다. 독일도 이미 정복되어 분할 상태에 있었다. 미국은 아직도 태평양 전선에서 외롭게 전쟁을 계속하고 있었기 때문에 유럽에서 소련과 분쟁을 일으킬 여유가 없었다.

그러므로 트루먼은 폴란드 문제에 대해서 양보하였다. 스탈린이 친서방적인(pro-Western) 폴란드 망명 정치인들을 공산정권이 받아 들이도록 허용하자, 트루먼은 바르샤바 공산정권을 승인하였다. 그것은 공산정권 안에서 비공산주의자들(noncommunists)의 세력이 점차 커지게 될 것이라고 전망했기 때문이었다. 그러나 그러한 결과는 나타나지 않았다.

해결해야 할 문제들이 많았기 때문에, 트루먼, 처칠, 스탈린의 3대 강국 수뇌들은 1945년 7월에 베를린 근처의 포츠담(Potsdam) 궁전에 모였다. 회담장은 소련 점령지구 안에 있었다. 그러나 회담 도중에 영국 대표는 처칠에서 애틀리로 바뀌었다. 왜냐하면 종전 직후에 실시된 선거에서 보수당 정부가 무너지고 사회주의적인 노동당 정부가 들어섰기 때문이었다.

포츠담 회담에서 트루먼과 애틀리는 독일 문제를 해결하기를 희망하였으나, 그 결과는 서방측에 만족스럽지 않은 것이었다. 트루먼은 스탈린이 오랫동안 요구해 오던 폴란드-소련 국경선의 재조정을 받아들일 수밖에 없었다.

그러나 트루먼은 미국, 영국, 프랑스 점령 지구에서 소련이 배상금을 받아 가려는 데 대해서는 반대하였다. 그러나 그것은 독일의 분단을 굳히는 결과를 가져 왔다. 왜냐하면 얼마 지나지 않아 서방 3개국의 점령지구들이 하나의 국가로 통합되고, 동시에 소련의 점령 지구도 또 하나의 국가로 조직되었기 때문이다.

스탈린도 배상금을 받는 데는 실패하였다. 그리고 그는 서방측의 재정 지원을 얻는 데도 실패하였다. 왜냐하면 트루먼 행정부는 1945년 5월에 무기대여법에 따른 모든 원조를 중단했기 때문이다. 그러므로 스탈린은 붕괴된 소련 경제를 재건하기 위한 자금을 얻기 위해 점령지인 동독 지역에서 연간 15억 달러에서 30억 달러를 강제로 조달할 수밖에 없었다.

제3장

냉전 초기의 국제정치(1945~1953)

1. 냉전의 기원

전후세계의 재건과 두 이념

이탈리아, 독일, 일본이 차례로 항복하자, 미국과 소련의 관계는 급속도로 악화되었다. 공동의 적(敵)이 없어지자 어제의 동맹국인 미국과 소련은 오늘의 적으로 바뀌어 가고 있었다.

두 나라는 직접적인 전쟁을 벌이지는 않았지만, 대결 양상은 전쟁을 방불케 하였기 때문에, 그 관계는 냉전(cold war)으로 불리게 되었다. 그것은 무장된 휴전(armed truce) 상태였다. 미국의 입장에서 볼 때 냉전은 공산주의 대 자본주의, 전체주의 대 민주주의, 무신론 대 유신론의 대결이었다.

미국과 소련 사이에 대립이 일어나게 된 데는 1945년 당시에 세계가 심각한 경제적 어려움을 겪고 있었다는 사실이 중요하게 작용하였다. 유럽의 대부분과 아시아의 많은 지역에서는 공장, 다리, 수송체계, 통신체계의 대부분이 전쟁으로 파괴되어 있었다. 농업 생산은 형편 없이 떨어져 굶주림이 휩쓸고 있었다. 도처에서 삶의 터전을 잃은 사람들이 가족을 찾아 헤맸다.

이처럼 황폐해진 세계를 다시 부흥시키는 방법에 있어서 미국과 소련은 너무나 달랐다. 미국은 개인주의(individualism) 철학에 토대를 둔 자유민주주의와 자본주의 노선에 따라 세계가 개편되어야 한다고 생각하였다. 즉 미국은 대서양 헌장의 원리에 따른 개방된 세계의 건설을 꿈꾸었다. 그러나 소련은 집단주의(collectivism) 노선에 따라 세계가 개편되어야 한다고 생각하였다.

그러나 두 방식이 공존할 수 없다는 것은 너무나 분명하였다. 그 때문에, 두 나라 사이의 대립은 어느 한 쪽의 완전한 멸망을 목표로 하는 극단적인 것이 될 수밖에 없었다. 냉전의 초기 단계에서는 소련과 공산주의의 방식이 훨씬 더 우세한 듯이 보였다. 왜냐하면 공산주의 운동은 무산 대중에 의한 혁명과 식민지 해방을 표방함으로써 전세계적으로 인기를 끌고 있었기 때문이다.

미·소의 대립의 또다른 원인으로서 독일과 일본의 붕괴로 생겨난 힘의 공백을 미국과 소련이 경쟁적으로 메꾸려 한 사실도 작용하였다.

미국과 소련의 대립은 약소국들의 국내 문제로 더욱더 촉진되었다. 미국과 소련은 그리스와 중국에서 벌어진 내전(civil war)을 둘러싸고도 대립하였다. 왜냐하면 그들은 제각기 좌파와 우파를 지원했기 때문이다. 또한 미국과 소련은 중동과 아시아의 식민지들이 독립을 찾는 과정에서도 대립하였다. 왜냐하면 그들은 제각기 신생국들을 우방으로 삼으려고 경쟁했기 때문이다.

미·소대립의 원인으로서는 두 강대국이 제각기 자기 나름대로 정의감을 가지고 국제 문제에 접근했다는 사실도 작용하였다. 미국과 소련은 제각기 자기가 정의의 편에 서 있다고 생각했기 때문에 상대방을 악마로 보게 되었다. 그에 따라 두 강대국의 대립은 종교적인 성격을 띄게 되었다. 미국인들이 "공산주의자들의 침략"을 두려워하였다면, 소련인들은 "자본주의자들의 포위"를 두려워하였다.

'글로벌리즘' 시대의 도래

미·소대립의 원인으로서는 "항공기 시대"(the Air Age)의 출현으로 세계가 좁아진 사실도 작용하였다. 항공기를 통한 기습 공격의 위험이 커졌기 때문에, 미국과 소련은 자기 나라로부터 멀리 떨어져 있는 곳에서까지도 방어 태세를 갖추어야 할 필요성을 느끼게 되었다.

미국인들이 세계주의(globalism)에 입각하여 국제 문제를 생각하게 된 데는 그 나름대로의 이유가 있었다. 미국인들은 1930년대의 독일에 대한 유화정책(宥和政策)의 실수를 생생하게 기억하고 있었다.

그러므로 히틀러의 침략을 묵인했다가 제2차 세계대전으로 휘말려들어 갔던 과오를 다시는 되풀이해서는 안되었다. 다시는 뮌헨 회담 같은 것이 있어서는 안되었다. 그러므로 1945년의 미국인들에게 있어서 소련과 공산주의는 나치 독일과 파시즘처럼 보였던 것이다. 실제로 미국의 대중은 공산주의를 "붉은 파시즘"(Red fascism)으로 생각했던 것이다.

미국이 국제 문제에 깊이 간여하게 된 데는 적극적인 대외 정책만이 국내 경제(國內經濟)를 유지할 것이라는 인식도 작용하였다. 제2차 대전 후에 미국은 세계 최대의 수출국으로서, 1947년만도 수출액은 140억 달러에 이르렀다. 그러나 얼마 안 있어 미국의 수출은 위협을 받았다. 왜냐하면 미국의 주요 고객인 유럽이 전쟁으로 마비 상태에 빠져 있었을 뿐만 아니라, 미국의 문호 개방(open door) 원칙을 무시하는 차별적인 무역 관행이 일어나고 있었기 때문이다.

무역은 미국 경제에 있어서 아주 중요하였다. 수출은 미국의 국민총생산의 10퍼센트를 차지하고 있었다. 특히 자동차, 철강, 공구 산업이 무역에 크게 의존하고 있었다. 밀도 생산량의 절반이 수출에 의존하고 있었고, 면화와 담배도 수출을 통해서만 잉여농산물을 처분할 수 있었다. 또한 미국은 아연, 주석, 망간과 같은 자원을 수입하기 위해서도 수출이 필요하였다. "이와 같은 (무역의)흐름을 계속 유지하지 못하면 수백만의 미국인 기업가, 농민, 노동자들이 일자리를 잃는 심각한 사태가 올 것이다"라고 국무부의 어느 차관은 말하였다. 따라서 미국의 경제적 팽창주의는 대외 관계에서 중요한 요소가 될 수밖에 없었던 것이다.

미국의 세계 전략

미국이 적극적이고, 팽창주의적인 외교를 펼치게 된 데는 새로운 전략

이론의 출현도 작용하였다. "최대 강국이 된 미국은 (이제 모든 나라의) 제
1 공격목표가 되고 있다"고 어느 공군 장군은 경고하였다. 그러므로 '항공
기 시대'에 다른 나라들로부터의 군사적 도발에 대비하기 위해서는, 미국의
국방은 국경선 훨씬 밖에서 이루어지지 않으면 안된다고 전략가들은 생각하
였다.

그러므로 미국에게는 서반구(western hemisphere)에 이르는 길을 지
키기 위한 해외 군사기지가 필요하였다. 또한 해외 군사기지는 적대국을 신
속히 공격하기 위해서도 필요하였다. 미국 함정의 작전 범위에 대해 질문을
받자, 해군 장관 제임스 포레스탈(J.Forrestal)은 "바다가 있는 곳이라면 어
디든지"라고 대답하였는데, 이것은 미국의 새로운 세계주의적인 전략 개념
을 잘 나타내는 말이었다.

미국과 소련의 대립이 격화된 데는 트루먼 대통령의 성격도 어느 정도
작용하였다. 트루먼 대통령은 비교적 직설적인 성격을 가지고 있었다. 그 때
문에 그는 사물을 흑백 논리로 생각하고 단순한 회답을 찾는 습관이 있었
다. 그러므로 트루먼 대통령은 미묘한 사안들, 애매모호한 사실들, 불리한
증거들을 무시하는 습성이 있었다.

그의 직설적인 성격은 다음과 같은 사실에서 잘 나타나고 있다. 루즈벨
트가 죽은 직후에, 대통령직을 계승한 트루먼이 소련 외무장관 몰로토프를
백악관에서 만났다. 당시 몰로토프는 국제연합의 창설을 위한 샌프란시스코
회의에 참석하기 위해 미국을 방문중이었다. 트루먼 대통령은 소련이 얄타
협정을 위반하고 있다고 소련 외무장관을 호되게 질책하였다. 몰로토프는
화를 내면서 방을 나갔다. 그러자, 트루먼 대통령은 "나는 그에게 한 방 먹
였다."고 만족해 하였다. 그러나 트루먼이 다루게 될 얄타 체제의 문제와 냉
전의 문제는 아주 애매모호하였던 것이다.

소련의 세계 전략

소련의 태도 역시 강경하였다. 1949년부터 1953년까지 국무장관을 지
낸 딘 애치슨(Dean Acheson)의 표현에 따르면, 소련인들의 스타일은 거칠
고 무례하였다. 애치슨은 예일 대학과 하바드 법과대학원을 졸업한 보수주

의자로서 웬만한 사람과는 누구와도 대화할 수 있는 온건한 성격의 외교관이었다. 그러나 그는 소련 외교관들과는 원만한 관계를 유지할 자신이 없었다. 그러므로 "아무 때나 소련인과 앉아서 문제를 해결할 수 있다고 믿는 것은 잘못이다."라고 그는 경고하였다.

그러나 미국인들을 더 괴롭혔던 것은 소련의 영토적 야심이었다. 소련은 오래 전부터 폴란드 동부 지방, 발틱 3국(리투아니아, 라트비아, 에스토니아) 그리고 핀란드와 루마니아의 일부 지방을 합병하려고 노력해 왔다. 그리고 제2차 세계대전중에 그것들을 모두 차지하였다. 그러나 이러한 야심은 필연적으로 소련으로 하여금 미국과 충돌하게 하였다. 왜냐하면 루즈벨트와 트루먼은 제1차 세계대전 당시 윌슨 대통령이 주장했던 민족자결주의(self-determination)의 원칙을 신봉하고 있었기 때문이다.

스탈린은 얄타 회담에서 루즈벨트의 권유에 못이겨 "해방된 유럽의 선언"(Liberated Europe)을 발표하는 데 동의함으로써 민족자결의 원리에 동조하였다. 그는 전쟁이 끝났을 때 위의 나라들에서 자유 선거를 실시하겠다고 약속하였다. 그러나 구체적으로 어떻게 하겠다는 실천 조항은 없었다.

실제로 동유럽의 대부분 지역에서 나치 독일군을 쫓아낸 것은 소련이었다. 그리고 소련 점령군은 비공산주의자들을 탄압하기 시작하였다. 그러므로 미국은 소련의 영토적 팽창 의도에 민감한 반응을 보이지 않을 수 없게 되었다.

소련에 대한 경계심이 커졌기 때문에, 트루먼 대통령은 독일이 항복하는 즉시로 무기대여법에 따른 소련에 대한 차관 제공을 잠정적으로 끊었다. 그리고 일본이 항복한 다음에는 완전히 끊었다. 그러나 같은 시기에 영국과 프랑스에 대한 차관 제공은 늘렸다.

소련의 팽창주의

소련에게도 그 나름대로 입장이 있었다. 스탈린은 제2차 세계대전이 일어나기 직전에 영국, 프랑스와 서방국가들이 소련을 고립시키려 했던 사실을 잊지 않고 있었다. 다시 말해 1938년의 뮌헨 회담은 서방측이 나치 독일의 공격 방향을 소련 쪽으로 돌리려는 책략이었다고 소련인들은 믿고 있었다. "우리는 언제나 외톨이였다."고 어느 소련 외교관은 말하였다.

1941년에 나치 독일이 소련을 공격함에 따라, 서방측과 소련은 동맹을 맺게 되었다. 그렇지만, 그것은 어디까지 독일이라는 공동의 적(敵)을 타도하기 위해 이루어진 잠정적인 동맹이었다.

그러므로 제2차 세계대전이 끝난 지금, 서방의 자본주의 국가들은 다시 공산주의의 불을 끄기 위해 음모를 꾸미기 시작했다고 소련인들은 생각하였다. 미국이 소련 국경 주변에 군사 기지를 확보하고 있을 뿐만 아니라 핵무기 외교와 달러 외교(dollar diplomacy)를 통해 포위 작전을 벌이고 있는 것이 그 증거였다. 그리고 나치 독일의 침략 전쟁이 끝난 지 얼마 안 되는 이때에, 미국은 다시 서독을 재무장시키려 하고 있는 것이 그 증거였다. 그러므로 스탈린은 공산주의와 자본주의의 공존(coexistence)이 불가능함을 선언하였던 것이다.

당시 미국의 관리들과 국민 대중도 압도적으로 소련의 위협을 믿고 있었다. 당시 대부분의 미국인들은 소련이 1917년의 볼셰비키 혁명 이후 공산주의적 '유토피아'를 건설하기 위해 세계 혁명을 꿈꾸어 왔다고 믿었다. 또한 미국인들은 그것에 대해 두려움을 느꼈다.

실제로 전후에 소련이 세계 도처에서 빈곤과 사회불안을 이용하여 공산주의 혁명을 고취하고 있음을 미국인들은 분명히 느끼고 있었다. 그러므로 미국인들의 두려움은 소련의 직접적인 공격이 아니라 체제 전복을 통한 도전이었다. 따라서 미국인들에게 있어서 소련은, 조지 케난(George F. Kennan)의 표현대로, "전적으로 비인간적이고 사악한 적(敵)"이었던 것이다.

2. 냉전 위기와 포위 정책

소련의 동유럽 점령과 공산화

미국과 소련의 충돌은 제일 먼저 1945년에 폴란드 문제를 둘러싸고 일어났다. 앞에서 언급한 바와 같이, 제2차 세계대전 중에 폴란드는 나치 독일과 소련에 의해 분할되었고, 그에 따라 망명한 폴란드 지도자들은 두 파로 갈라져 있었다.

한 파는 서방이 지원하는 런던 임시정부에 소속되어 있었고, 다른 파는 소련이 지원하는 루블린 임시정부에 소속되어 있었다. 그러나 소련군이 폴란드에서 나치 독일군을 몰아냈기 때문에, 루블린 임시정부의 공산주의자들이 돌아와 집권하게 되었다.

제2차 대전 초반부터 소련은 폴란드에서 공산 정권을 수립하려는 야심을 보였다. 특히 소련은 공산화(共産化)에 장애물이 될 폴란드의 군사 지도자들을 제거하려고 하였다. 그 때문에 소련은 1939년에 독일과 함께 폴란드를 공격하면서 포로로 잡은 1만5천 명의 폴란드 장교를 살해하였다. 그 사실은 카틴(Katyn) 숲에서 수천 구의 시체가 발견됨으로써 확인되었다.

그러한 소련의 야심은 제2차 대전 말기에 나치 독일군이 바르샤바 시민군을 학살하도록 방치한 사실에서도 나타났다. 소련군이 폴란드의 수도 바르샤바 교외까지 진격해 오자, 바르샤바 시민들은 소련군을 돕기 위해 독일군에 대한 대대적인 봉기를 일으켰다. 그러나 소련군은 시민들을 돕기 위해 움직이지 않았다. 그 때문에 바르샤바 시민들은 독일군에 의해 대량으로 학살되었다. 이 사건은 폴란드 지도층을 제거하기 위한 소련의 술책이었다.

그러므로 소련이 폴란드에서 공산 정권을 세운 데 대해 서방측은 항의하였다. 그렇게 되자, 얄타 회담에서 소련은 런던 임시정부의 친서방적인 폴란드 지도자들도 새로운 정권에 참여시키겠다고 약속하였다. 그러나 소련은 약속을 지키지 않았으므로, 루즈벨트의 보좌관을 지냈던 해리 홉킨스(Harry Hopkins)가 항의하기 위해 1945년 5월에 스탈린을 방문하였다.

소련은 약간 양보하여, 친소적인 루블린 정부가 비공산주의자들에게도 약간의 문호를 개방하도록 지시였다. 그렇다고 해서 폴란드의 소련에 대한 예속적인 지위가 근본적으로 바뀐 것은 아니었다. 그리고 폴란드의 공산정권은 국민의 지지를 얻지는 못하였다. 왜냐하면 전통적으로 폴란드인들은 러시아인들을 증오해 왔을 뿐만 아니라 스탈린식 공산주의 체제는 낯선 것이었기 때문이다.

소련은 나치 독일의 위성국이었던 루마니아에게는 특히 가혹하여, 그 영토의 일부를 빼앗고 민족 지도자들을 탄압하였다. 그러나 소련은 헝가리와 체코슬로바키아에서는 즉각 공산 체제를 강요하지는 않고, 형식적인 것이나마 자유선거를 허용하였다. 왜냐하면 두 나라에서는 반공 세력인 지주와 부르조아지의 힘이 강했기 때문이다. 그러므로 소련은 공산주의자들의 쿠데타를 배후에서 조종하기만 하였다. 그 결과로 헝가리와 체코슬로바키아에서 공산주의자들은 각각 1947년과 1948년에 가서야 완전히 정권을 잡게 되었던 것이다.

원자탄 국제 관리의 실패

미국과 소련의 대립을 격화시킨 또 하나의 문제는 원자탄이었다. 왜냐하면 소련은 미국이 "원자탄 외교"(Atomic Diplomacy)를 벌이고 있다고 맹렬히 미국을 비난하고 있었기 때문이다. 다시 말해 핵 무기를 독점하고 그것으로 소련을 위협함으로써 외교적인 양보를 얻어내려 하고 있다고 비난했기 때문이다.

1945년 가을에 런던에서 열린 외무장관 회의서 미국 대표와 소련 대표 사이에는 이 문제를 놓고 격렬한 논쟁이 벌어졌다. 소련의 몰로토프는 미국의 제임스 번즈(James Byrnes)에게 호주머니에 원자탄이 들어 있느냐고 빈정거렸다. 이에 대해 번즈는, 미국의 남부인들은 "바지 뒷주머니에 권총을 넣고 다니는 것이 보통이며, 따라서 소련도 이 귀찮은 것들을 모두 치워버리고 협상에 호응하지 않으면, 나도 바지 뒷주머니에서 원자탄을 꺼내게 될 것"이라고 응수하였다.

당시 미국의 대외정책 수립자들은 대부분 원자탄을 외교 수단으로 사용하는 데 반대하지 않았다. 그러나 실제에 있어서 원자탄은 소련의 팽창을 견제하는 데 별로 도움이 되지 못했다. 트루먼 대통령은 포츠담 회담에서 패배한 독일 문제를 논의하는 도중에 원자탄 실험 성공 소식을 들었다. 그 때문에 트루먼은 소련에 대해 강경한 입장을 내세웠다. 그럼에도 불구하고 그는 동유럽 문제에 대한 소련의 양보를 하나도 얻어내지 못하였다.

이와 같은 의심과 불신의 분위기를 제거하기 위해 미국은 원자력의 국제 관리를 목표로하는 '바루크 안'(Baruch Plan)을 제시하였다. 국제연합에서 버나드 바루크가 내놓은 이 안은 세계의 핵 물질을 하나의 국제 기구

밑에 둠으로써 미국의 독점을 포기한다는 내용이었다.

이에 대해 소련의 외무장관 몰로토프는 반대하였다. 왜냐하면 결과적으로 소련은 원자탄 개발의 권리가 거부당하면서 미국은 계속적인 우위성을 누리게 된다고 생각했기 때문이다. 소련은 어떤 형태의 국제 감시도 거부하고 그 대신 모든 원자 무기의 즉각적인 파괴와 핵 전쟁을 추방할 다자간(多者間) 조약을 요구하였다. 그것은 소련이 독자적으로 원자 무기를 개발할 의사가 있음을 의미하였다.

소련군의 이란 주둔

미국과 소련은 이란에서도 충돌하였다. 제2차대전 중에 영국, 미국, 소련은 전략적인 목적에서 석유 생산국인 이란을 점령하기로 합의하였다. 그에 따라 소련은 자기들의 국경에 가까운 북부 지방을, 그리고 영국은 유전 지대를 지배하게 되었다. 미국의 석유 회사들도 이란 정부로부터 이권을 얻어냈다.

대전이 끝나자 1946년 3월에 3대 강국은 이란으로부터 군대를 철수시키기로 합의하였다. 그러나 소련은 합의를 무시한 채 계속 군대를 주둔시켰다. 미국과 영국은 그것이 소련의 이란 지배를 의미하는 것이라고 격렬하게 비난하고, 국제연합을 통해 소련군의 계속적인 이란 점령에 대해 조사하게 하였다. 그것에 대한 항의로 소련은 국제연합으로부터 대표단을 철수시켰다. 그리고 소련은 주둔군 철수를 대가로 이란으로부터 석유에 대한 이권을 얻어냈다. 그러나 1947년에 미국은 이란 정부에 압력을 넣어 소련의 이권을 취소하도록 하였다.

두 강대국은 세계의 경제부흥 문제를 둘러싸고도 충돌하였다. 제2차 세계대전의 원인 가운데 무역 전쟁과 금융 혼란이 중요하게 작용했기 때문에, 미국은 전쟁이 한창 진행되고 있던 1944년에 그 문제를 해결하기 위한 브레튼우즈 회의(Bretton Woods Conference)를 열었다. 그 결과로 세계 은행(World Bank)과 국제통화기금(IMF)이 설립되었다. 그러나 두 기구에서 미국이 우월한 지위를 차지했기 때문에 소련은 참여를 거부하였다.

또한 미국은 경제원조 문제에 있어서도 소련과 충돌하였다. 독일이 항복한 뒤 1945년 중엽부터 소련은 무기대여법(lend-lease)에 따른 미국의 원조를 전혀 받지 못하고 있었다. 그리고 1946년 초에 미국은 그것을 완전히 끊었다. 그러면서도 미국은 영국에게는 35억 달러의 차관을 제공하였다. 그 때문에 소련은 미국이 경제 원조를 통해 외국 정부들을 조종하고 있다고 믿게 되었다.

'철의 장막' 연설

그에 따라 소련과 미국의 관계는 극도로 악화되었다. 1946년 2월 초에 스탈린은 자본주의자들의 탐욕이 세계를 위협하고 있다고 미국을 맹렬히 비난하는 연설을 하였다. 그러므로 모스크바 주재 미국 대사관의 조지 케난(G. F. Kennan)은 두 나라 사이의 합의는 불가능하다는 비관적인 결론을 내리고, 워싱턴에 보낸 긴 전문에서 소련과의 관계는 강경책뿐이라는 의견을 피력하였다.

영국의 윈스턴 처칠도 케난의 결론을 뒷받침해 주었다. 당시 처칠은 사회주의 정당인 노동당에게 정권을 빼앗긴 다음 미국을 방문하고 있었다. 보수당의 윈스턴 처칠은 1946년 3월초에 미국의 미주리 주에서 감동적인 연설을 하였다. 이른바 철의 장막(Iron Curtain) 연설에서 처칠은 동유럽 국가들이 소련의 방해로 서방과 접촉하지 못하고 있음을 경고하였다. 그리고 그는 소련의 위협에 대항하기 위해 미국과 영국이 협력할 것을 촉구하였다.

이에 대해 스탈린은 "소련은 공격하고 있는 것이 아니라, 공격당하고 있다"고 반박하였다. 이러한 스탈린의 발언을 미국에서는 상무장관 헨리 월리스가 지지하고 나섰다. 월리스는 트루먼 대통령의 대소 강경책에 대한 비판자였다. 그는 미국이 평화적인 외교의 방법 대신 원자탄과 경제력에 의한 강압의 방법을 사용하고 있다고 비난하였다. "학교 깡패이든 기업가이든 세계 강대국이든간에, 강경하게 나가면 실질적이고 지속적인 것은 하나도 얻지 못한다. 우리가 강경해지면, 소련도 강경해진다."고 그는 1946년 9월에 뉴욕의 매디슨스퀘어 가든에서 연설하였다.

월리스의 발언에 트루먼 대통령은 분노하였고, 곧 그를 장관직에서 해임하였다. 사석에서 트루먼은 헨리 월리스를 "진짜 빨갱이, 위험한 사람"이라고 부를 정도로 분개하였다.

트루먼 선언과 포위정책(1947)

냉전의 극적인 표출은 그리스 내전(Greek Civil War)에서 이루어졌다. 제2차대전이 끝나면서 그리스에서는 영국의 지원을 받아 다시 왕정(王政)이 들어섰다. 그러나 곧 이어 그것에 반대해 공산주의자들이 반란을 일으킴으로써, 우파와 좌파 사이에 내전이 벌어졌다. 그러나 전쟁으로 지친 영국은 더이상 그리스의 우파 정부를 도울 힘이 없었다. 따라서 영국 정부는 1947년 3월 12일에 미국에 대해 도움을 요청하였다.

트루먼 대통령은 영국의 요청을 받아들여 공산주의자들로부터 위협을 받고 있던 그리스를 돕기 위한 4억 달러의 지원금을 의회에 요청하였다. 여기에는 소련으로부터 위협을 받고 있던 터키에 대한 원조도 포함되어 있었다. 제안 설명에서 트루먼 대통령은 "미국의 정책은 무장한 소수나 외세의 압력으로 이루어지는 예속화(subjugation) 행위에 대해 저항하는 자유민을 돕는 것이어야 한다."고 주장하였다. 이제 미국 정부는 소련과 공산주의 세력의 위협을 억제할 때가 왔음을 느끼게 된 것이다.

대통령의 조치는 즉시 트루먼 선언(Truman Doctrine)으로 알려지게 되었다. 상원은 트루먼의 요구를 67대 23으로 통과시켜 주었다. 미국의 돈과 군사 고문단은 그리스 정부가 1949년에 반란군을 완전히 진압하는 데 결정적인 도움을 주었다.

1947년 7월에 소련 문제 전문가인 조지 케난은 포위 정책(Containment Policy)으로 알려진 또 다른 선언을 발표하였다. 당시 케난은 당시 국무부의 정책수립 책임자로 있었다. 그는 익명(Mr. X)으로 〈외교 문제〉(*Foreign Affairs*)지에 실은 글에서, "소련이 평화롭고 안정된 세계의 이익을 침해하려는 징후가 나타나는 곳이라면 어디서든지, 소련에 대해 단호히 맞설 수 있는 확고한 포위(包圍)의 정책"

조지 케난 : 포위정책의 이론가

이 필요하다고 주장하였다. 이것은 소련의 팽창을 억제하기 위해서는 궁극적으로는 소련에 대한 단호한 태도가 필요함을 의미하였다.

케난의 포위 정책 이론은 당시의 정책 수립자들과 국민 대중에게 큰 호소력을 가지고 있었다. 따라서 그것은 '트루먼 선언'과 함께 미국의 냉전 외교 정책을 결정하는 두 개의 중요한 토대가 되었다.

마샬 계획(1947)과 유럽의 재건

1946년말에서 1947년초에 이르는 유럽인들은 전에 볼 수 없이 혹독한 겨울을 맞이하였다. 석탄 공급과 식품 공급이 절대로 부족하였다. 생활 필수품을 가진 나라는 미국뿐이었지만, 전쟁의 후유증으로 비틀거리고 있던 유럽 국가들은 그것을 사들일 달러가 없었다. 유럽 각국에서는 절망감이 지배하고 있었다.

그에 따라 때문에 유럽 각국에서는 좌파들(leftists)이 정치적으로 득세하게 되었다. 그러한 현상은 특히 이탈리아와 프랑스에서 두드러졌다. 프랑스의 경우에 공산당은 제1당, 사회당이 제2당으로 등장함으로써 좌파의 집권은 불을 보듯이 확실해졌다. 심지어는 영국에서도 처칠의 보수당 내각이 물러나고 노동당의 사회주의적인 애틀리 내각이 들어설 정도였다.

1947년에 이르기까지 미국은 유럽의 구호와 부흥을 위하여 수십억 달러를 지원하였다. 그러나 그 정도의 원조로는 부족하다는 것이 곧 명백해졌다. 왜냐하면 당시 유럽의 상황은 1930년대에 유럽을 전쟁으로 몰고 가게 만들었던 것과 같은 위험스러운 것이었기 때문이다. 따라서 불경기, 정치적 극단주의, 사회적 불만과 같은 현상들이 다시 나타나고 있었기 때문이다.

그러므로 미국은 유럽의 재건을 위한 획기적인 조치를 강구하지 않을 수 없었다. 그 결과로 1947년 6월에 국무장관 조지 마샬은 유럽 부흥을 위한 대규모 원조 계획을 발표하게 되었다. 마샬 계획(Marshall Plan)은 1948년에

국무장관 마샬

시작되어 1951년말에 끝날 때까지 서유럽에 124억 달러를 보냈는데, 그것은 미국의 국민총생산의 1.2퍼센트에 해당하는 큰 액수였다. 마샬 계획에 따라 유럽에 지불되는 지원금은 미국 상품을 구입하는 데 사용됨으로써 미국의 기업 활동도 촉진되었다.

마샬 계획에 따른 원조로 유럽에서는 인플레이션이 발생하였다. 또한 그것은 유럽의 심각한 수지 불균형의 문제를 근본적으로 해결하지 못하였다. 그럼에도 불구하고 그것은 성공적인 계획이었다. 그것은 서유럽에서 산업 생산과 투자를 촉진하는 데 크게 기여했을 뿐만 아니라, 서유럽 국가들이 경제 성장을 계속해 나갈 토대를 만들어 주었다. 그리고 그것은 서유럽이 경제적으로 통합될 토대도 마련해 주었다.

마샬은 미국 원조의 대상국에서 소련과 그 위성국인 동유럽 국가들을 제외시키지는 않았다. 그렇지만 그는 그들이 미국이 주도하는 경제원조 사업에 참여할 것이라고 생각하지도 않았다. 실제로 동유럽의 공산국가들은 참여하지 않았다. 처음부터 소련은 마샬 계획이 유럽의 노예화를 위한 술책이라고 비난하였다. 소련은 그것을 비난하기 위한 특별 선전기구로서 코민포름(Cominform)을 창설하는 한편, 한 걸음 더 나아가 그것을 모방해 동유럽을 위한 몰로토프 계획(Molotov Plan)을 수립하였다.

군사 원조로의 전환

유럽 경제의 부흥이라는 일차적인 목적이 달성되자, 미국은 1952년부터 유럽 지원의 방향을 군사 원조로 바꾸었다.

미국의 방어선이 세계 전체로 확대되었기 때문에, 트루먼 행정부는 그것에 부응하도록 정부 기구를 개편하였다. 그리하여 1947년 7월에 정부의 행정 구조를 개편하기 위한 국가안전법(National Security Act)이 제정되었다. 이 법으로 국방부, 그리고 대통령 자문기구인 국가안보회의(NSC) 및 첩보와 정보 수립을 위한 중앙정보부(CIA)가 창설되었다. 그리고 1953년에는 소련의 선전전에 대응하기 위해 공보처(USIA)가 창설되었다.

해외에서 트루먼 행정부는 새로운 우방국과 군사 기지를 확보하려고 노력하였다. 그리하여 미국은 1946년에 필리핀에게 독립을 허용하는 대가로 기존의 군사적, 경제적, 정치적 관계를 계속 유지하였다. 또한 미국은 1947년에 라틴 아메리카의 나라들과 군사 동맹체인 리오 협약(Rio Pact)을 맺고, 그 협약을 실천하기 위한 기구로서 1948년에 아메리카 국가 기구(OAS)를 창설하도록 도왔다. 그리고 그것을 계기로 미국은 그들 국가에 군사 고문단을 파견하였다. 군사고문단은 그리스, 터키, 이란, 중국, 사우디아라비아에도 파견되었다.

미국은 1948년에 리비아에서 공군 기지를 확보하였다. 그리고 새로 탄생한 이스라엘을 승인하였다. 이스라엘은 영국의 지배를 받고 있던 팔레스타인에서 유태인들이 아랍인들과 몇 년 동안의 분쟁을 거쳐 세워졌다. 신생국 이스라엘의 즉각 승인은 다가오는 1948년의 대통령 선거에서 유태인계 미국인의 표를 얻으려는 민주당 행정부의 계산을 나타낸 것이기도 하였다.

소련의 베를린 봉쇄(1948)

1948년 6월에 독일에서는 냉전 초기의 가장 극적인 사건이 일어났다. 그것은 소련이 대담하게도 베를린의 서방측 점령지구로 이르는 통로를 막은 사건이었다.

베를린 봉쇄는 미국, 영국, 프랑스의 서방측 국가들이 그들의 점령지인 서독(西獨) 지역을 통합하여 단독정부(單獨政府)를 세우려한 데 대해 소련이 항의의 뜻을 나타낸 것이었다. 한 걸음 더 나아가 서방 3국은 앞으로 독립시킬 서독을 서유럽의 경제권에 통합시킬 계획을 세우고 있었는데, 그렇게 되면 소련 점령지역 안에 섬처럼 떨어져 있는 서베를린도 거기에 포함될 것이 확실하였기 때문이다. 바로 그와 같은 결과에 대해 소련은 우려하였던 것이다.

그러한 의도에서 서방측은 이미 그들의 점령 지역에서 소련의 영향력을 차단하고 있었다. 1946년 5월에 미군 점령지역 사령관 루시어스 클레이 장군은 점령 지역의 산업 시설을 해체하여 배상금(賠償金)의 명목으로 소련에 수송하지 못하도록 금지하였다. 그리고 1946년 9월에는 미국 국무장관 번즈가 스튜트가르트 연설에서 서독 지역에 자치 정부와 자급자족 경제를 허용할 것이라고 밝혔다. 또한 서방측은 서독 지역에서 정부 수립의 준비단

베를린 공수작전

계로 통화 개혁(通貨改革)을 단행하였다.

소련은 이러한 서방측의 조치가 소련을 견제하기 위해 독일을 재건하고 있는 것이라고 판단하였다. 그러므로 소련은 서독 정부의 수립을 막으려고 하였고, 베를린 봉쇄와 같은 극적인 사건이 미국을 협상 테이블로 끌어들일 것으로 생각하였다. 그러나 소련은 이미 동독 지역을 그의 위성국으로 바꾸어 놓은 상태였다. 따라서 독일의 분할은 이미 기정사실이 되어 있었다.

소련은 베를린 봉쇄의 효과에 기대를 걸었다. 왜냐하면 서방측이 소련 점령 지역 깊숙히 놓여 있는 서베를린을 지키기 위해 무력을 사용할 가능성이 없었기 때문이다. 그러나 소련의 예측은 빗나갔다. 오히려 트루먼 대통령은 강경 노선을 선택하였다. 그는 고립된 서베를린에 식량, 연료, 생활필수품을 항공기로 수송하기 시작하였다. 미국은 거의 1분만에 한 대씩 수송기를 띄울 정도의 거대한 공수(空輸) 작전에 착수하였다. 그리고 그것은 거의 1년간 계속되었다.

국제 여론이 소련에 대해 아주 나쁘게 돌아가자, 마침내 스탈린은 1949

년 5월에 봉쇄를 철회하였다. 이 사건은 미국이 소련과 공산주의의 팽창을 저지하려는 의지가 강하다는 것을 전세계에 알리는 계기가 되었다. 서방측은 봉쇄가 풀리자마자, 서독지역에서 독일연방공화국(Federal Republic)을 수립하였다. 그것에 대한 보복으로 소련도 동독지역에서 독일인민공화국(People's Republic)을 수립하였다.

군사동맹의 모색과 '나토'(1949)

베를린 봉쇄가 풀리기 직전인 1949년 4월 4일에 미국, 캐나다, 그리고 서유럽의 많은 나라들은 북대서양조약기구(NATO)를 창설하였다. 왜냐하면 마샬 계획이라는 경제적 방패를 제대로 활용하기 위해서는 군사적(軍事的) 방패가 필요했기 때문이다. 그것은 대서양을 가운데 두고 있는 서유럽과 북아메리카의 주요 국가들이 소련과 공산주의의 팽창에 대항하기 위한 군사 동맹이었다.

그러나 나토 조약은 미국 안에서 격렬한 반대를 불러 일으켰다. 고립주의자들은 그것이 미국의 전통에 어긋남을 지적하였다. 즉 그들은 1778년 이후로 미국이 유럽과 공식적인 동맹관계에 들어간 적이 없었던 사실을 지적하였다. 상원 의원 로버트 태프트(Robert A. Taft)는 그것이 유럽에 미군을 항상 주둔시키게 될 것이라는 이유로 반대하였다.

또한 어떤 비판자들은 대통령이 의회의 선전포고 결의 없이도 외국 영토에 전투 병력을 파견할 수 있는 막강한 권한을 가지게 될 것이라는 이유로 반대하였다. 또 어떤 사람들은 그것이 군사비 증가를 부추김으로써 국력을 크게 소모시킬 것이라는 이유로 반대하였다.

그러나 트루먼 행정부의 태도는 단호하였다. 민주당 행정부는 나토의 창설이 혼란에 빠진 유럽인들에게 공산주의에 저항하려는 강한 의지를 고취시킬 수 있을 것이라고 주장하였다. 그리고 나토는 소련군이 서유럽을 향해 침공해 들어 올 경우에 그것을 막을 "철조망"의 역할을 하게 될 것이라고 주장하였다. 또한 나토의 창설은 서유럽의 단결을 과시함으로써 일부 국가들이 중립 정책으로 나가지 못하게 할 것이라고 주장하였다.

마침내 상원은 1949년 7월에 82대 13으로 '나토' 조약을 비준함으로써

트루먼의 요청을 들어 주었다. 그리고 의회는 트루먼 대통령이 상호방위원
조 조약의 이행을 위해 요구한 15억 달러의 자금 지출에 대해서도 동의해
주었다.

소련의 핵실험(1949)

그로부터 2개월도 지나지 않은 1949년 9월에 미국 정찰기는 대기권에
방사능이 유난히 강하게 퍼져 있음을 감지하였다. 그것은 소련이 원자탄 실
험을 끝냈음을 의미하였다. 그에 따라 미국의 핵 무기 독점(獨占)의 시대도
4년만에 끝나고 말았다. 소련이 핵 무기를 가지게 된 이상, "이제는 다른
세상이 되었다."고 아서 반덴버그(Arthur Vandenberg) 상원 의원은 말하
였다. 그에 따라 서유럽 국가들은 소련의 유럽 침공 가능성에 대해 더욱더
두려워하게 되었다.

거의 같은 시기에 중국의 내전(civil war)에서도 모택동의 공산당이 승
리하였기 때문에, 세계 정세는 공산주의자들에게 더욱 더 유리하였다. 그에
따라 소련은 서방과의 평화 공존(平和共存)을 내세우는 여유를 보임으로써
선전전(宣傳戰)에서도 유리한 고지를 차지하였다.

국제 상황이 미국에 불리해져 감을 깨닫게 되자, 트루먼 행정부는 단호
한 태로로 공산주의의 팽창에 대해 대처하려고 하였다. 1930년대와 같은 유
화 정책(appeasement policy)으로는 결코 돌아가지 않을 것이라고 국무장관
던 애치슨(Dean Acheson)은 단호하게 선언하였다. 트루먼 대통령은 전세
계에 걸쳐 미국의 "강력한 지위"를 확보하려는 방침을 세우고, 그 방법으로
수소폭탄의 제조를 명령하였다.

그리고 미국은 후진국들을 미국편으로 끌어 들이기 위한 적극적인 정책
을 폈다. 그것을 뒷받침하기 위해 의회는 1950년 5월에 후진국들에 대한 기
술원조 자금의 지원을 승인해 주었다. 그것은 1949년 트루먼 대통령의 취임
연설문의 제4항에 따라 이루어졌기 때문에 제4항 사업계획(Point Four
Program)으로 불리게 되었다.

국가안보회의와 군비증강 계획

그보다 한 달 전인 1949년 4월에 국가안보자문회의(Natioanl Security Council)는 안보회의 문서 제68호(NSC-68)로 불리는 비밀 보고서를 대통령에게 제출하였다. 그 보고서는 앞으로 미국이 전세계에서 공산주의자들과 대립을 계속하게 될 것이며, 그에 따라 "세계가 양극화(polarization)의 방향으로 쏠리게 될" 것이라는 전제에서 작성된 것이었다. 그러므로 그 보고서는 소련의 세계지배 계획에 대항하기 위해 군사비 증액이 필요하며 또한 그것을 국민에게 설득시키기 위해 여론의 활용이 필요하다고 주장하였다.

그러나 행정부 관리들은 이러한 막대한 국방 예산의 지출에 대해 국민을 설득시키는 일이 쉽지 않음을 잘 알고 있었다. 그리고 그들은 예산 감축에 혈안이 되어 있는 의회를 설득시키는 것은 더욱더 어려운 문제임을 알고 있었다.

그러나 그러한 고민은 한꺼번에 해결되었다. 왜냐하면 1950년 6월에 한국전쟁이 일어났기 때문이다. 한반도에서 북쪽의 친소(親蘇) 공산주의 정권이 남쪽의 친미(親美) 자유주의 정권을 무너뜨리기 위해 침공해 온 사건은 군비증강의 필요성을 국민에게 이해시킬 더 없이 좋은 기회였다. "우리는 그것에 대해 고심하고 있었다. 그런데 안보회의 문서 제68호와 관련하여 다행스럽게도 한국전쟁이 일어난 것이다."고 딘 애치슨의 어느 보좌관은 말하였다.

3. 아시아에 대한 냉전의 영향

식민지 해방과 영토 변경

제1차 대전으로 시작된 탈식민지화(decolonization)의 과정은 제2차 세계대전을 거치면서 더욱더 가속화하였다. 전쟁중과 전쟁후에 유럽의 제국주의 국가들은 더이상 식민지인들의 독립 운동을 억압할 힘이 없었다.

그래서 영국은 1947년에 인도(오늘날의 파키스탄과 방글라데시 포함)에게 독립을 허용하고, 1948년에는 버마와 실론에게도 독립을 허용하였다. 1949년에는 네덜란드가 인도네시아에게 독립을 허용하였다. 프랑스도 지루하고도 힘든 전쟁 끝에 1954년에 인도차이나 반도에서 물러났다. 세계 정세의 대세는 민족주의의 방향으로 흐르고 있었다.

패전국 일본의 식민지들도 변화를 겪었다. 한국은 일본의 지배를 벗어나 전승국인 미국과 소련의 지배 밑에 들어갔다. 태평양의 마샬 군도, 마리아나 제도, 캐롤라이나 제도는 미국의 지배 밑에 들어갔다. 사할린은 얄타 회담의 합의에 따라 그 절반이 소련에게로 돌아갔다. 그리고 타이완은 다시 중국으로 귀속되었다.

미국의 일본 점령과 재건

전승국인 미국은 일본 본토를 단독으로 점령하였다. 그것에 대해 또 다른 전승국인 영국과 소련이 맹렬히 항의하였다. 두 나라는 자기들도 아시아 전선에서 싸웠기 때문에 일본 점령에 대해 발언권이 있음을 주장하였다. 그러나 미국은 애버릴 해리만(W. Averell Harriman) 대사를 내세워 영국과 소련의 요구에 대해 단호히 반대하였다. 왜냐하면 일본을 실제로 항복의 지경까지 군사적으로 몰고 간 것은 미국이었기 때문이다.

그에 따라 미군은 더글라스 맥아더(D. MacArthur) 장군의 지휘로 단독으로 일본을 점령하게 되었다. 맥아더 장군의 군정(軍政) 밑에서 일본은 미국식 제도를 많이 도입하였다. 그에 따라 민주적인 헌법이 제정되고 군부 세력이 해체되었다.

그러나 소련은 일본에서의 미국의 우월성을 인정하지 않았다. 그러므로 미국은 일본과의 평화조약 체결 문제를 놓고 소련과 대립하였다. 그러나 미국은 결국 단독으로 1951년에 일본과 샌프란시스코 평화 조약을 체결하였다. 그에 따라 미군의 일본 점령은 종식되고, 일본은 주권을 회복하였다.

그러면서도 미국은 일본에 계속 군대를 주둔시키고, 오키나와의 군사 기지를 계속 사용하였다. 한 걸음 더 나아가 미국은 소련의 침공에 대비해 일본과 방위 조약을 체결하였다. 제2차 세계대전에서 미국의 적국이었던 일본은 냉전에서는 미국의 우방(友邦)이 된 것이다.

중국 내전에 대한 민주당 행정부의 입장

그러나 제2차 세계대전에서 미국의 우방이었던 중국은 냉전에서는 거꾸로 미국의 적국(敵國)이 되어 가고 있었다.

제2차대전의 종결로 일본군이 물러가자, 중국에서는 장가이섹의 국민당(國民黨) 정부에 대해 마오쩌뚱의 공산당(共産黨)이 반란을 일으켰다. 내전에서 미국은 장가이섹을 도왔다. 그리하여 미국은 중국 북부지방에 병력을 파견하는 한편, 1945년에서 1949년 사이에 30억 달러의 자금을 지원하였다. 그러나 장가이섹(蔣介石) 정부의 기반은 미국의 기대에 부응할 만큼 강하지 못하였다.

국민당 정부는 부패하고 비능률적이었다. 뿐만 아니라 그것은 국민의 압도적 다수를 이루고 있는 가난한 농민에 대항해 소수의 지주들을 대변해야 하는 불리한 위치에 있었다. 그러나 마오쩌뚱(毛澤東)의 공산당은 농지 분배를 위한 혁명을 외침으로써 농민의 지지를 얻었다.

트루먼의 민주당 행정부는 장가이섹에게 부패 척결, 인플레이션 진정, 토지 개혁을 권고하였다. 기성체제를 대변하고 있는 장가이섹 정부는 근본적인 변화를 가져올 수 없었다. 한편 트루먼의 민주당 행정부는 마샬 장군을 단장으로 하는 대표단(1945~1947)을 중국에 보내 공산당과의 연립정부 구성을 권고하였다. 그러나 그것도 장가이섹이 받아들일 수 없는 조건이었다.

그러나 중국에 있어서 미국의 대안은 국민당뿐이었으므로, 트루먼 대통령은 장가이섹을 끝까지 지지하였다. 트루먼의 민주당 행정부는 근본적으로 모택동을 소련의 명령에 충실히 복종하는 괴뢰로 불신하였다. 중국의 "공산당 지도자들은 중국의 전통을 거부하고 어떤

장가이섹 : 중국에서의 미국의 유일한 대안

외국(소련)에 대한 종속을 공식적으로 선언하였다."고 국무장관 애치슨은 1949년의 정부 〈백서〉에서 밝혔다.

대부분의 미국 외교관들은 마오쩌뚱 세력이 국제 공산주의 운동의 일부분이며, 따라서 소련의 아시아 진출을 위한 발판이 될 것으로 보았다. 따라서 트루먼 행정부는 중국에서 공산주의에 대한 견제는 장가이섹에 대한 원조뿐이라는 입장을 굳혔다.

1949년 가을에 장가이섹이 이끄는 국민당 정부군은 공산당과의 전투에서 몇 차례 연속으로 패배하였다. 그리고 나서 황급히 타이완(臺灣)으로 패주하였다. 그러자 중국대륙에서는 마오쩌뚱이 중화인민공화국을 선포하였다.

중국 정책에 대한 공화당의 비판

트루먼 대통령은 마오쩌뚱의 공산 정권에 대한 외교적 승인을 주저하였다. 그리고 그는 승인을 서두르는 애틀리의 영국 노동당 정부에게 잠시 기다리도록 설득하였다. 그러나 좌파 성향의 영국 정부는 중공 정권을 승인하고 말았다. "아무리 유쾌하지 않다고 해서, 사실을 인정하지 않을 것인가?", 그리고 "세계 인구의 6분의 1(중국인)과 모든 접촉을 끊어야 한단 말인가?"고 사회주의자인 영국 총리는 반문하였다.

그러나 미국 정부는 결국 30년 동안 중국의 공산 정권을 승인하지 않았다. 승인을 거부하게 된 데는 여러 가지 이유가 있었다. 우선 미국 관리들은 중공 정권이 1950년 2월에 소련과 우호조약을 체결함으로써 소련에게 일방적으로 기울어진 데 대해 놀랐다. 그리고 중공 정권이 중국에 있는 미국인들을 위협하고 그들의 재산을 몰수한 사실에 대해 분개하였다. 실제로 마오쩌뚱 자신도 미국이 중국의 내전을 연장시키려 한다고 공공연히 비난하고 있었다.

국무장관 딘 애치슨의 빗나간 판단도 중공을 승인하지 않은 원인이 되었다. 애치슨은 얼마 안 있어 마오쩌뚱이 장가이섹의 타이완(臺灣)을 정복하여 중국을 완전히 통일할 것으로 믿었다. 그렇게 되면 중국 공산정권의 팽창을 두려워하는 소련이 마오쩌뚱과의 동맹 관계를 끊게 될 것이라고 전망하였다. 그러므로 그는 "모래가 가라앉을 때까지 기다리려고"했던 것이다. 그러나 그러한 일은 일어나지 않았다.

미국이 중공 정권을 승인하지 않은 데는 미국 안의 국민당 지지 세력 (China lobby)의 역할도 작용하였다. 이들은 공화당(共和黨) 의원들로 구성된 강경한 반공(反共) 세력이었다.

여기에는 언론인 헨리 류스(Henry Luce), 캘리포니아 출신 상원 의원 윌리암 노울랜드(William Knowland), 미네소타 출신 하원 의원 월터 져드(W. Judd)가 합세하였다. 그들은 장가이섹 정부의 패배에 트루먼 대통령의 책임이 있다고 비난하였다. 위스콘신 출신 상원의원 조셉 맥카시(Joseph McCarthy)는 미국 안의 "진보적인 대머리 지식인들"과 "사상적으로 불순한 세력들"이 거대한 중국 대륙을 "신의 존재를 부정하는 노예 체제"에 팔아 넘겼다고 비난하였다. 이들은 모두 미국이 중국을 "잃었다"는 표현을 사용하였다.

이러한 공화당의 비판에 대해 민주당(民主黨) 행정부는 반박하였다. 트루먼과 애치슨은 미국이 중국을 "잃었다"고 생각할 만큼 중국과 깊은 관련이 없었다고 응수하였다. 장가이섹은 스스로 버틸 힘이 없었고, 그 때문에 미국이 중국 내전에 군사적으로 개입했다 할지라도 아무 성과가 없었을 것이라고 그들은 주장하였다. "미국은 (중국인들에게) 단호한 태도를 갖도록 만들 수도 없고, 강한 의지를 심어 줄 수도 없다. 미국은 한 국민의 충성심을 만들어 그 정부에게 바칠 수는 없는 것이다"라고 국무장관 애치슨은 말하였다. "중국은 스스로 떨어져나간 것이다"라고 그는 덧붙였다.

장가이섹의 패배로 아시아에서 커다란 힘의 공백이 생겼기 때문에, 국가안보회자문회의(NSC)는 공산주의의 팽창을 막을 방파제로서 미국에 우호적인 국가들의 지위를 강화하도록 트루먼 대통령에게 제의하였다. 그래서 미국은 1952년 2월에 월남의 친서방적(pro-Western)인 바오다이(Bao Dai) 정권을 승인하고, 월남의 공산주의자들과 싸우고 있는 프랑스 군을 원조하였다.

그리고 1950년 4월에는 그 유명한 국가안보자문회의 문서 제68호가 대통령에게 제출되었다. 그리고 5월에 미국은 타이완의 장가이섹에 대한 원조액을 늘렸다. 미국은 비로소 세계주의적인(globalist) 사고와 행동의 틀 속에서 움직이기 시작하고 있었다. 바로 그때 6월에 한국전쟁이 일어난 것이다.

4. 한국 전쟁과 그 여파

민주당 행정부의 한반도 정책

한반도 문제는 1945년에 강대국 미국과 소련이 38도선을 경계로 일본의 식민지였던 한반도를 분할한 데서부터 시작되었다. 국제연합은 한반도에서 자유 선거를 통해 "통일되고, 독립적이고, 민주적인 한국"을 건설한다는 결의문을 채택하였으나, 소련군의 비협조로 실현이 불가능하게 되었다.

그에 따라 미국군의 점령지인 남한에는 국제연합의 결의에 따라 이승만(李承晩)을 중심으로 친미적인 정권이 들어섰다. 이승만은 미국 프린스턴 대학에서 우드로 윌슨의 지도로 박사 학위를 받은 자유주의자였다. 소련군의 점령지인 북한에는 김일성(金日成)을 중심으로 친소적인 정권이 들어섰다. 김일성은 소련군 대위 출신의 공산주의자였다. 두 지역은 제각기 경쟁적으로 국가건설(nation-building)에 힘을 기울이고, 또한 모두 각자의 노선에 따라 한반도가 재통일되기를 희망하고 있었다.

한반도의 재통일 문제에 있어서 주도권을 쥔 것은 북한이었다. 왜냐하면 한국 전쟁이 일어나기 전에 소련은 북한의 전투 능력을 키우고 있었기 때문이다. 나중에 소련과 중국이 북한의 남침(南侵)을 격려하였다는 것이 밝혀졌지만, 그 당시로서는 소련이 한국전쟁을 사주했다는 구체적인 증거를 찾기가 어려웠다.

그러므로 미국은 북한의 남침 가능성에 대해 전혀 대책을 세우지 않고 있었다. 미국은 남한 정부의 군사장비 지원 요구를 무시한 채 1949년 중엽에 점령군을 철수시켰다. 당시 미군 합동참모부가 제출한 비밀 보고서에 따르면 미국은 남한이 미국의 국가 안보에 중요하지 않은 것으로 판정하고 있었다.

1950년 1월에 국무 장관 애치슨은 미국의 아시아 방어선(defense perimeter)이 북태평양의 알류산 열도로부터 시작하여 일본과 오키나와를 거처 남쪽의 필리핀을 연결하는 것이 될 것이라고 공식적으로 밝혔다. 그러나 이 방어선 안에는 타이완과 한국이 빠져 있었다. 애치슨의 추가 설명에 따르면, 두 지역은 공격을 받을 경우에 국제연합(UN)의 지원을 기대할 수 있으리라는 것이었다. 왜냐하면 대한민국은 국제연합의 결의에 의해 탄생된 나라였기 때문이다. 그러나 소련 측에서 볼 때 애치슨의 발언은 미국이 남한을 포기한 것으로 생각될 수 있었다.

반공 노선으로의 선회

1950년 6월 25일 일요일 새벽에 북한, 즉 조선민주주의 인민 공화국의 군대는 38도선을 넘어 남한, 즉 대한민국을 침공하였다. 그들은 "코브라 뱀처럼 공격해 왔다"고 더글라스 맥아더 장군은 회고하였다. 이렇게 해서 3년에 걸친 무력 충돌이 시작되었다.

북한군은 소련의 지원으로 잘 무장한 군대를 가졌고, 남한군에는 없는 탱크, 항공기, 중포와 같은 공격용(攻擊用) 무기를 가지고 있었다. 남한은 곧 무너질 위험에 놓였고, 그에 따라 한반도의 공산화(共産化)는 시간 문제인 듯이 보였다.

트루먼 대통령은 단호한 태도로 전쟁에 대처하였다. 왜냐하면 그는, 당시에 지배적이었던 냉전식(冷戰式) 사고 방식에 따라, 북한의 배후에서는 소련이 조종하고 있었다고 믿었기 때문이다. 국무 차관의 표현대로, 소련과 북한의 관계는 "월트 디즈니와 도날드 닥의 관계와 같은 것이었다." 트루먼 대통령은 소련과 국제 공산주의 세력이 한국전쟁을 통해 미국의 포위 정책(Containment Policy)을 시험하고 있다고 믿었다.

또한 그는 한국전쟁으로 미국의 지위가 위태롭게 되었다고 믿었다. 그리고 미국이 한국에서 물러나면 소련은 다시 이란이나 베를린에서 공세로 나올 것이라고 믿었다. 그때까지 트루먼은 공산주의에 대해 강경 노선을 펴오고 있었기 때문에, 북한에 대한 강경책은 당연하였다.

미국인들에게 북한의 남한 침공 뉴스는 진주만 기습을 연상케 하는 것이었다. 그리고 그것은 제3차 세계대전으로 이끌지도 모른다는 두려움도 일어났다. 트루먼 대통령에게 있어서 한국전쟁은 1930년대의 위기처럼 보였다. "히틀러, 무솔리니, 일본이 그랬던 것과 꼭 같이 공산주의는 한국에서 행동하고 있다."고 트루먼은 회고하였다. 그러므로 다시는 히틀러에 대해서 벌였던 것과 같은 유화정책(appeasement policy)의 잘못을 저질러서는 안 되었던 것이다.

그러므로 트루먼 대통령은 한국 전쟁에 개입하기로 결정하였다. 그는 6월 27일에 일본에 주둔하고 있는 맥아더 장군에게 공군과 해군을 파견하여 남한군을 돕도록 지시하였다. 같은 날에 트루먼은 국제연합의 개입을 안전보장이사회에 호소하였다. 당시 소련 대표는 국제연합이 새로 탄생한 중공 정권의 대표직을 인정하지 않는 데 항의하여 안전보장회의에 참석하지 않고 있었다. 따라서 미국은 남한의 이승만(Syngman Rhee) 정권에 대한 지원 계획에 대한 결의를 쉽게 얻어낼 수 있었다.

파견될 국제연합군의 지휘는 더글라스 맥아더 장군이 맡게 되었다. 전쟁은 궁극적으로 한반도의 범위를 넘어 전개될 것으로 예상되었기 때문에, 트루먼은 마오쩌뚱의 중국 본토와 장가이셱의 타이완 사이에 있는 바다에 제7

함대를 파견하였다. 그에 따라 미국은 다시 중국 정치에 개입하게 되었다.

그리고 나서 트루먼은 한국 전쟁이 일어난 지 5일 뒤인 6월 30일에 지상군(地上軍)을 한반도에 투입하였다. 미군 사령관인 맥아더는, "워싱턴이 나를 묶어 두지만 않는다면, 나는 한 손으로도 그것을 해결할 수 있다."고 장담하였다.

인천 상륙작전

처음에 트루먼 대통령은 한국전쟁을 대수롭지 않게 생각하였다. 그 때문에 그는 미국의 개입을 가리켜 치안을 문란케 한 자를 처벌하기 위한 단순한 "경찰 행위"(police action)라고 불렀다. 따라서 일본에 주둔하고 있던 맥아더 장군은 소규모의 전투 부대만을 한반도에 파견하였다.

그러나 북한의 군사력은 그렇게 간단하지 않았다. 탱크, 항공기, 중포 등으로 우세한 화력을 갖춘 북한 공산군은 경장비로만 무장을 갖춘 남한군을 순식간에 패주시켰다. 그러므로 성급히 전선에 투입된 소규모의 미군 병력('스미스 부대')도 막대한 피해를 입은 채 물러나고 말았다. 몇 주도 지나지 않아 남한군과 미군은 남한의 남쪽 끝인 부산 근처로 쫓겨 왔다. 공산군의 한반도 정복은 시간 문제인 듯이 보였다.

불리한 상황에서 맥아더 장군은 대담한 작전을 구상하기 시작하였다. 그것은 전선의 북한군 배후 수백 마일 지점에서 대규모의 미국군을 투입하는 상륙 작전이었다. 그러한 관점에서 본다면 인천은 적합하지 않았다. 왜냐하면 인천 앞 바다는 조수 간만(干滿)의 차이가 심했을 뿐만 아니라, 해안 진입로도 좁았기 때문이다. 그리고 갯벌이 넓었을 뿐만 아니라 적의 방어망도 강력히 구축되어 있었기 때문이다. 그러므로 합동참모부는 반대하였다. 그러나 맥아더는 그의 고집을 관철시켰다.

마침내 배후 공격이 1950년 9월 15일에 실현되었다. 함포 사격과 폭격이 있은 다음, 미국 해병대는 인천 해안에 상륙하였다. 해질녘까지 1만8천 명의 미국군이 상륙하는 데 성공하였다. 그리고 남한의 수도인 서울을 향해 진격할 수 있을 정도의 탱크와 차량을 상륙시킬 수 있었다. 9월 28일에 미군은 서울을 해방시키고, 다시 계속 북으로 진격하여 북한군을 원래의 국경

맥아더 장군 : 반공주의의 기수

선이었던 38선을 향해 몰아 부쳤다.

작전지역의 확대

전세가 유리하게 바뀌게 됨에 따라 진격의 범위(範圍)가 문제되었다. 바꾸어 말하면, 북한 공산군을 원래의 경계선인 38선 이북으로 쫓아낸다는 제한된 군사 작전을 벌이느냐, 아니면 훨씬 더 북쪽으로 북한 지역 깊숙히 진격한다는 확대된 군사 작전을 벌이느냐 하는 문제였다.

트루먼 대통령은 미군의 작전 지역을 38선 이북으로 확대하기로 결정하였다. 그는 무력 충돌이 일어난 이상 단순히 북한을 포위하는 것이 아니라 한 걸음 더 나아가 무력으로 한반도를 통일하려고 하였다. 왜냐하면 공산주의는 단순히 저지될 것이 아니라 파멸되어야 할 것이기 때문이다. 이제 전쟁의 목표는 단순한 공산주의의 포위(containment)가 아닌 해방(liberation)으로 확대되었다. 그러므로 트루먼 대통령은 1950년 9월 27일에 국제연합군(그 가운데 90퍼센트가 미국군)에게 38선을 넘는 것을 허락하였다.

한 달도 못 되어 미국군을 주축으로 한 국제연합군과 남한군은 북한 깊숙히 자리잡고 있는 수도 평양을 함락하였다. 그리고 미국 공군은 1950년 11월초에 북한과 중국의 경계선인 압록강의 다리를 폭격하기 시작하였다.

중국의 마오쩌뚱은 장가이섹을 도왔던 미국이 이 기회를 이용하여 중국 대륙을 공격하지 않을까 우려하였다. 그 때문에 마오쩌뚱은 중국과 북한을 연결하는 수송로를 미국 공군이 폭격하는 데 대해 항의하였다. 그리고 북한이 국가(國家)로서 사라지는 것을 방관하지 않겠다고 여러 차례 경고하였다.

그러나 맥아더 장군은 그러한 경고를 무시하였다. 오히려 중공이 전쟁에 개입한다면 "최대의 살육전"이 일어나게 될 것이라고 호언하였다. 그리고 그의 발언에 대해 워싱턴의 관리들은 지지하였다.

중국의 한국전쟁 개입

그러나 이미 중국은 한국 전쟁에 개입하고 있었다. 1950년 10월말에 미국군은 소수의 중국 공산군과 여러 차례 교전을 벌였다. 그 때마다 중국 공산군은 적극적인 전투를 회피하고 재빨리 퇴각하곤 하였다. 이것은 미국군의 중국 국경 접근이 중지되지 않을 경우에 중국 공산군이 전쟁에 개입할 것이라는 경고의 성격을 띤 행동이었다.

그러나 강경한 반공주의자인 맥아더 장군은 한 달 뒤에 미8군을 파견하여 새로운 공격에 착수하였다. 그러자 1950년 11월 26일에 수만 명의 중공군이 대대적인 반격을 해 왔다. 미군 측은 놀랐고, 따라서 황급히 남쪽으로 퇴각하였다.

당황한 맥아더 장군은 중국 본토에 대한 대대적인 공습을 워싱턴에 요구하였다. 트루먼 대통령은 전쟁 확대의 대가와 그 결과에 대해 고민한 나머지 중국 폭격을 주저하였다. 그는 중국에게 경고하기 위해 원자탄을 사용할지도 모른다는 뜻을 내비쳤다. 왜냐하면 그는 전쟁이 여러 해 동안 끌게 될지 모른다는 두려움을 가지고 있었기 때문이다.

1951년 3월에 이르면서 전선은 38선을 중심으로 고착(固着)되어 가는 경향을 보였다. 어느 쪽도 승리를 장담할 수 없는 듯이 보였다. 그 때문에 트루먼 대통령은 협상을 생각하였다. 소련도 정치적 타결을 원하고 있음을 공식적으로 표시하였다.

그러나 전선의 맥아더 장군의 생각은 정치가들과는 달랐다. 그는 대담하게 중국에 대한 공격이나 장가이섹 군의 중국 본토 수복을 주장하였다. 지금이야말로 아시아의 공산주의를 타도함으로써 공산주의 자체를 파괴할 때라고 그는 주장하였다.

한 걸음 더 나아가 맥아더 장군은 트루먼 대통령이 1930년대에 서방측이 나치 독일에 대해 사용했던 것처럼 유화 정책을 쓰고 있다고 비난하였다. 그는 트루먼의 제한 전쟁(limited war)의 개념, 즉 핵 무기를 사용하지 않는, 그리고 특정 지역에만 국한하는 소규모 전쟁의 개념을 규탄하였다. 전쟁에서 "승리를 대신할 만한 것은 아무것도 없다"고 그는 어느 국회 의원에게 말하였다.

전쟁목적을 둘러싼 논쟁

1951년 4월에 트루먼 대통령은 맥아더 장군을 명령 불복종죄로 국제연합군 사령관직으로부터 해임하였다. 맥아더는 10년만에 미국 땅을 밟게 되었고, 국민들은 건물 위에서 눈 종이를 뿌리는 환영으로 전쟁 영웅을 뜨겁게 맞이하였다. 그의 의회 연설은 텔리비젼으로 중계되고, 또한 많은 청중의 눈물을 자아내게 하였다. 어느 하원 의원은 너무나 도취된 나머지 "우리는 신의 일부가 육신으로 나타난 것을 보았다"고 중얼댈 정도였다.

그것과 반비례하여 트루먼 대통령의 인기는 크게 떨어졌다. 그렇지만, 그것은 탄핵을 받을 정도의 수준으로 떨어지지는 않았다. 트루먼의 입장은 합동참모부 의장인 오마르 브래들리(Omar Bradley) 장군이 맥아더를 공격함으로써 크게 회복되었다.

브래들리에 따르면, 전쟁의 확대는 소련의 참전을 가져올 것이었다. 그리고 미국은 유럽의 동맹국들을 소련의 침공으로부터 보호해야 할 책임이 있기 때문에 승리의 보장도 없는 아시아의 전쟁에서 자원을 낭비해서는 안 된다는 주장이었다. 그러므로 미국이 아시아의 공산주의자들과 대결하는 것은 "잘못된 장소에서, 잘못된 시기에, 잘못된 적과 싸우는 잘못된 전쟁"이 될 것이라고 브래들리 장군은 상원의 한 위원회에서 증언하였다.

맥아더 장군의 인기는 예상보다 빨리 떨어지고 있었다. 그 때문에 트루먼은 그의 구상대로 한국 전쟁을 끌고 갈 수 있었다.

포로 교환 문제와 휴전의 지연

전쟁이 일어난 지 1년이 되는 1951년 7월에 북한측과 유엔측 사이에 휴전 회담이 시작되었다. 그러나 전투는 계속되어 2년을 더 끌었다.

1952년의 11월의 선거에서 드와이트 아이젠하워 장군이 대통령에 당선됨으로써 정권은 민주당에서 공화당으로 넘어가게 되었다. 그리고 그는 대통령 당선자 자격으로 12월에 한국 전선을 시찰하였다. 그러나 그의 시찰은 전쟁 종결에 아무런 도움이 되지 못하였다. 1951년 1월에 대통령에 취임하자, 아이젠하워는 한국에서 원자탄 사용을 고려하고 있음을 사적으로 표명하였다. 그것은 중국이 협상에 호응하도록 위협하기 위한 것이었다.

휴전 협상에서의 중심적인 쟁점은 전쟁포로 교환 문제였다. 이 문제는 북한군 포로와 중국군 포로 가운데서 수만 명이 자기 나라로 돌아가지 않으려는 데서 발생하였다. 미국 관리들은 포로들의 의사를 존중하여 귀환을 원하지 않는 포로들을 귀국선에 태우지 않았다. 이것은 국제 관례의 위반이었고, 그 때문에 중국과 북한은 분개하였다. 그 결과로 미국은 큰 대가를 지불하지 않으면 안되었다. 왜냐하면 반공포로(反共捕虜) 문제 때문에 전쟁 기간은 더욱더 길어지고, 그 결과로 미국군의 희생도 더 커졌기 때문이다.

그럼에도 불구하고 마침내 양측 사이에는 1953년 7월에 휴전이 성립되었다. 교전국들은 포로(POWs) 문제를 중립국들로 구성된 특별 위원회에 넘기기로 합의하였다. 그리고 나중에 중립국위원회는 거주국 선택 문제를 포로들의 자유 의사에 맡겼다. 그리고 남한과 북한의 새로운 경계선은 이전의 38선과 비슷하게 그어진 휴전선으로 결정하였다.

한국전쟁의 의미

결과적으로 한반도 문제는 한국 전쟁 이전의 상태로 되돌아 갔다. 그러므로 전쟁에서 승리한 경험만 있던 미국인들에게 있어서 한국 전쟁은 애매한 상태로 남게 되었다. 그것은 패배하지는 않았지만 그렇다고 승리하지도 못한 좌절된 미완성의 전쟁으로 남게 되었다. 그 때문에 전쟁의 종식을 알리는 축하 행사도 없었다.

그러한 애매한 결과를 얻기 위해 5만4천 명의 전사자와 10만3천 명의 부상자가 발생한 것은 너무나 큰 희생이었다. 한국 전쟁에 개입했던 모든 나라들의 사망자와 부상자를 전부 합치면 190만명에 이르렀다(이 가운데서 남한인은 100만명이 넘었다). 그것은 큰 전쟁이었다. 그럼에도 불구하고 그것은 나중에 미국인들에게는 "잊혀진 전쟁"으로 남게 되었다.

그러나 한국 전쟁은 국내적으로는 아주 중요한 정치적 결과들을 가져왔다. 승리를 하지 못한 좌절감과 제한 전쟁에 대한 불만 때문에, 정권은 트루먼의 민주당으로부터 아이젠하워의 공화당으로 넘어갔다. 그리고 대외 정책에 있어서도 두 당의 공조(共助) 체제는 깨지게 되었다.

그리고 전쟁 수행과 관련한 모든 권한을 의회가 트루먼 대통령에게 위임하는 선례가 생겼기 때문에, 행정부(行政府)의 권한만 커지는 결과를 가져왔다. 트루먼 대통령은 의회에게 선전포고를 요청하지 않았다. 왜냐하면 대통령은 군대 통수권자로서 당연히 한국에 병력을 파견할 권한이 있는 것으로 생각되었기 때문이다.

대통령의 그러한 행동에 대해 상원 의원 로버트 태프트는 이의를 제기하였다. 그렇지만 트루먼 대통령은 그것을 당연하다고 생각하였다. 설사 대통령이 의회에게 선전포고를 요구하였다 하더라도 상, 하 양원은 압도적으로 지지해 주었을 것이다. 그럼에도 불구하고 트루먼 대통령은 복잡한 청문회와 같은 귀찮은 과정을 거치려 하지 않았다.

세계주의 정책과 국방력 강화

한국 전쟁 참전으로 미국에서는 외교 노선을 둘러싸고 큰 논쟁이 벌어졌다. 고립주의의 노선을 이어받은 공화당의 보수주의자들은 민주당 행정부의 세계주의(globalism) 노선을 비판하였다. 그들 가운데는 태프트 상원 의원과 허버트 후버 전 대통령이 있었다. 그들은 미국이 해외 공약을 줄이고 방위선을 서반구(西半球)로 한정시켜야 한다고 주장하였다. 다른 나라들이 스스로를 지키기 위해 자신의 힘을 바칠 마음이 없는 한, 미국은 그들을 도울 의무가 없다고 그들은 주장하였다.

그러나 고립주의자들은 소수였다. 공화당 안에서도 국제주의자들(internationalists)의 세력이 우세하였다. "테두리를 인정하는 국방은 곧 무너지고 만다."고 존 포스터 덜레스(John Foster Dulles)는 고립주의자들을 비판하였다. 트루먼 대통령도, "우리가 한국에서 싸우고 있기 때문에 위치타나 시카고나 뉴올리언즈나 샌프란시스코 베이에서 싸우지 않게 되는 것이다."고 말함으로써 덜레스의 국제주의를 지지하였다.

이러한 논쟁에서 결국은 세계주의적(globalist) 국방의 개념이 우세하게 되었다. 그래서 트루먼의 민주당 행정부는 인도차이나 반도에서 베트남 공산주의자들과 싸우고 있는 프랑스에 대한 원조액을 늘렸다. 프랑스가 1954년에 베트남에서 철수할 때까지 지출한 전비의 4분의 3은 미국으로부터 온 것이었다. 또한 미국은 대한민국(남한)과 중화민국(타이완)에 대해서도 많은 원조를 제공하였다.

그리고 미국은 오스트레일리아, 뉴질랜드와는 1951년에 상호방위협정(ANZUS)을 체결하였다. 그것은 3개국의 어느 한 나라에 대한 공격은 모두에 대한 공격으로 간주한다는 내용을 포함하고 있었다.

또한 한국 전쟁은 국가안보자문회의 제68호 문서(NSC—68)에서 제시된 의견이 실현되는 결정적인 계기가 되었다. 그 결과로 국방비는 1949년에서 1953년에 이르는 사이에 140억 달러에서 440억 달러로 크게 늘었다. 1950년대에도 국방비는 350~440억 달러의 높은 수준을 계속 유지하였다.

또한 미국은 모로코(1951)와 스페인(1953)에서도 새로운 군사 기지를 얻었다. 또한 미국은 새로이 수소폭탄을 개발하고, 장거리 폭격기인 B—52를 개발하였다. 그리고 유럽에 6개 사단을 주둔시키는 동시에 서독의 재무장 계획에 착수하였다.

이와 같은 세계주의적인 관심은 포위 정책(Containment Policy)의 시행에 절대로 필요한 것이라고 옹호자들은 주장하였다. 왜냐하면 소련과 공산주의의 위협이 전세계에 걸친 것이라면, 그에 대한 대응도 전세계적인 것이 되어야 했기 때문이다. "주변(periphery)에 관심을 두지 않으면, 중심이 바뀌게 되는 것이다. 그러므로 우선 알아 두어야 할 것은 주변이 바로 중심(center)이라는 사실이다"라고 외교관 딘 러스크는 말하였다.

제4장

냉전 초기의 국내정치(1945~1953)

1. 국내 경제의 평시체제로의 전환

공황 재발에 대한 두려움

원자탄이 히로시마와 나가사키에 떨어짐으로써 제2차 세계대전은 미국의 경제 관료들이 예상했던 것보다 1년 빨리 끝났다. 그러므로 전시 경제를 평시 경제(peacetime economy)로 전환시키는 문제가 갑자기 주요하게 떠오르게 되었고, 그리고 그것은 일부의 관료와 전문가들을 당황하게 만들었다.

만일 정부와 민간 기업 사이에 체결된 군납(軍納) 계약이 갑자기 취소된다면, 그리고 임금과 물가에 대한 정부 통제가 없어지고 전시 노사관계 협정이 폐기된다면, 경제에 큰 혼란이 일어날 위험이 있었다. 또한 전쟁 중에 시행되던 정부의 경기부양책이 갑자기 철회된다면, 불경기, 실업, 물가하락이 찾아 올 위험이 있었다.

게다가 1929년의 대공황 직전에 일어났던 것처럼 국민들의 저축액이 너무 많은 것도 걱정거리였다. 대공황의 어려운 시기를 거치면서 미국인들은 돈을 아끼는 습성이 강해졌다. 게다가 제2차대전 기간에는 소비할 기회를 갖지 못했다. 왜냐하면 전쟁중에 정부는 자동차, 주택, 가전제품과 같은 소비재들을 생산하지 않았기 때문이다. 그 때문에 국민 저축은 더욱더 늘어났고, 이것은 새로운 공황의 원인이 될 수 있었다.

그러므로 전쟁이 끝났을 때 대부분의 미국인들은 미래에 대해 비관적이었다. 그들은 전쟁 전처럼 다시 대공황이 찾아올지도 모른다는 두려움에 사로잡혀 있었다. 그러한 두려움을 뒷받침이라도 하듯이, 전쟁이 채 끝나기도 전에 벌써 생산이 줄고 해고 사태가 일어나기 시작하였다.

독일의 항복이 가까워 오던 1945년 봄에 디트로이트 근처의 윌로우런(Willow Run)의 거대한 포드 자동차 공장은 노동자들을 대대적으로 해고하였다. 이 공장에서는 9천대의 '리버레이터'(Liberator) 폭격기가 생산되고 있었다. 일본이 항복한 다음 열흘밖에 되지 않아, 무려 180만이 해고되고, 64만이 실업수당을 신청하였다. 그리고 일본이 항복한 지 6개월이 되는 1946년 3월에 이르면, 일자리를 찾는 사람은 270만이나 되었다.

실업자 증가와 뉴딜 진보주의의 부활

일자리를 찾는 사람은 군인들이 제대하게 됨에 따라 더욱더 늘어갔다. 동원 해제(demobilization)는 빠른 속도로 진행되었다. 독일이 항복했을 때, 육군은 일본을 항복시키기 위해서는 18개월을 더 싸워야 할 것으로 예상하였다. 그러므로 육군은 그 기간에 110만 명을 전역시킬 계획을 세워놓았다.

그러나 원자탄의 사용으로 전쟁 기간은 4개월로 크게 줄었다. 그 때문에 육군의 동원 해제 속도도 5배로 빨라졌다. 그래서 육군은 계획을 바꾸어 1946년 7월까지 550만을 제대시키려고 하였다. 제대 장병이 갑자기 늘어났기 때문에 해군은 상륙용 함정과 화물선까지 동원하여 해외 전선으로부터 병력을 국내로 실어 왔다. 그에 따라 1945년 중엽에 1,200만이 넘던 미군 병력은 1946년에는 300만, 1947년에는 150만으로 급속도로 줄어 갔다.

실업자 문제가 시급한 해결 과제로 떠올랐기 때문에, 1930년대에 루즈벨트 대통령이 시행했던 뉴딜 사업 계획(New Deal Program)을 확장할 필요가 생겼다. 즉, 트루먼 대통령은 정부간섭주의(governmental interventionism)의 노선에서 실업 문제에 대처하려고 하였다.

트루먼 : 뉴딜 진보주의자

　실제로 트루먼은 상원 의원 시절부터 뉴딜 정책을 열렬히 지지해 왔다. 그는 농업주인 미주리 출신이었기 때문에 동부의 대기업가들과 금융가들에 대해 반감을 가지고 있었다. 그는 항상 특권 세력에 대항해 평민(common man)을 위해 싸우는 민중주의자(populist)의 기질을 가지고 있었다.

　뉴딜 정책의 이상을 다시 실현하기 위해 그는 1945년 9월에 21개항의 개혁안을 의회에 보냈다. 거기서 그는 농민을 돕기 위해 농산물에 대한 가격 지원을 영구적인 제도로 만들려는 계획을 제시하였다. 그리고 실업 수당을 확대하고, 최저 임금을 올리고, 실업자들에게 일자리를 주기 위한 새로운 공공사업 계획을 제시하였다.

　또한, 트루먼은 루즈벨트의 경제권리장전(Economic Bill of Rights)의 이상을 실현하려고 하였다. 그것은 일할 의사가 있는 사람은 누구나 일자리를 가질 권리가 있다는 것을 의미하였다. 그것은 경제 제도가 개인들에게 일자리를 주지 못하게 되면, 정부(政府)가 일자리를 만들어 주어야 한다는 것을 의미하였다.

　이와 같은 트루먼 대통령의 요구에 호응하여 의회는 1946년에 고용법(Employment Act)을 통과시켰다. 이 법은 "최대의 고용, 최대의 생산, 최대의 구매력"의 목표를 달성하기 위해 정부는 적자지출(deficit spending)을 포함한 모든 방법을 사용해야 한다고 선언하였다. 이 법으로 대통령을 보좌할 경제자문회의(Council of Economic Advisers)가 설치되었다.

그러나 1946년의 고용법은 트루먼 대통령의 기대에는 미치지 못하였다. 왜냐하면 의회는 트루먼이 요구한 완전고용(full employment)의 보장에 대해서는 찬성하지 않았기 때문이다.

호경기의 도래

예상했던 대로 전시체제에서 평시체제로 바꾸는 조정 기간인 1946년에 경기 침체가 보였다. 그리고 실업률도 높았다. 그럼에도 불구하고 미국은 대부분의 국민이 우려했던 것과 같은 불경기에 빠지지 않았다.

결국 경제는 호경기(boom)로 들어 섰다. 그 이유는 그 동안 전쟁으로 사용하지 못했던 저축이 1945년과 1946년에 주택과 자동차의 매입으로 쏠렸기 때문이다. 손쉬운 융자, 그리고 전쟁 기간에 새로이 개발된 합성 고무와 전자 제품의 출현으로, 미국 사회에는 새로운 소비 풍조가 일어났다. 그 결과로, 1944년부터 줄어들던 국민총생산고(GNP)는 1945년에 다시 증가하기 시작하여, 1947년에 2,310억 달러, 다시 1948년에는 2,580억 달러로 커졌다.

그러므로 인플레이션이 더 심각한 문제로 떠오르게 되었다. 쇠고기나 주택과 같은 소비재(消費財)에 대한 수요가 너무나 컸기 때문에 인플레이션은 더욱더 심각해졌다. 치솟는 물가로 통화팽창률은 1946년에 18.2퍼센트에 이르렀다. 그 때문에 실질 소득은 대체로 전쟁 때보다 줄었다.

전시체제로부터 평시체제로 옮겨가는 전환(reconversion)의 과정에 있어서 트루먼 행정부가 부딪힌 또 다른 문제는 경쟁적인 이익집단들(special-interest groups)의 압력이었다.

그에 따라 정부는 난처한 입장에 빠지게 되었다. 전쟁 도중에 억제되었던 농민, 노동자, 소비자들의 불만은 1946년에 와서 폭발하였다. 노사관계도 1946년에 더욱더 악화되었다. 그에 따라 대기업 대 중소기업, 경영자 대 노동자, 농민 대 소비자, 진보주의자 대 보수주의자 사이에 대립이 일어났다. 한 집단에 대한 양보는 다른 집단들의 손해를 의미하였다. 그리고 그러한 집단들의 대결 속에서 트루먼 대통령이 희생자가 되었다. 그 결과로 그의 인기는 1946년에 이르러 크게 떨어졌다.

노동조합의 과격화

소득이 떨어지게 된 것은 전쟁중에 국가전시노동청(National War Labor Board)이 산업노동자들의 임금 인상을 억제했던 결과이기도 하였다. 여기에 덧붙여 전시에 시간외 노동으로 초과수당을 받던 노동자들이 전후에는 주당 40시간의 평시 노동으로 되돌아간 사실도 임금이 적어지는 원인이 되었다.

노동시간이 단축된 이상 임금이 낮아지는 것은 당연하다고 고용주들은 생각하였다. 그러나 노동자들은 그렇게 생각하지 않았다. 그 때문에 경영자와 노동자 사이에는 갈등이 일어났고, 결국 그것은 파업으로 발전하였다. 1945년 여름과 가을에 파업으로 생긴 결근일(daily absences)은 2840만 일(日)에 이르렀는 데, 이것은 전쟁중이었던 1943년의 그것보다 배가 넘는 숫자였다. 파업은 규모가 컸고, 빈번하였고, 또한 격렬하였다.

1946년에 파업(罷業)으로 일자리를 떠난 남녀는 450만이 넘었다. 파업으로 생긴 유휴일은 1억 1300만 일(日)로서, 1945년의 그것의 4배가 되는 숫자였다. 노동자들이 불만을 가지게 된 한 가지 이유는 1946년에 기업의 순이익은 1945년과 비교해 50퍼센트가 늘었는데도 임금은 오히려 떨어졌기 때문이었다. 노동자들은 번영의 혜택에 자신들이 참여하지 못한 데 대해 분노하였다. 따라서 탄광, 자동차, 철강, 전기 부문에서 전국적인 파업이 일어났다. 철도 운행과 선박운행도 정지되었다.

가장 격렬했던 것은 존 루이스(John L. Lewis)의 연합 탄광 노조(UMW)가 일으킨 1946년 4월의 파업이었다. 당시 석탄은 미국의 가장 중요한 에너지 원천이었기 때문에, 그 타격은 컸다. 파업으로 역청탄 생산이 중단되자, 철강 산업과 자동차 산업이 마비되었다. 열차 운행이 취소되고, 수천 명이 일자리를 잃었다. 따라서 22개 주가 석탄 사용을 줄이기 위해 전시에 사용되던 "등화 관제"(dim-outs)를 다시 실시하기에 이르렀다. 그런데도 탄광 노조는 임금 인상, 연방정부 차원의 작업안전법 제정, 건강보험, 복지제도, 연금기금 조성을 위한 특별세 징수를 요구하였다.

노동조합과 민주당관계의 냉각

1946년 5월에 노동자와 사용자들이 냉각기(cool-off period)를 가지기 위해 두 주간의 휴전이 이루어졌다. 그러나 이렇다 할 해결책이 나오지 못한 채, 석탄부족 현상만 극심해졌다. 마침내 트루먼 대통령은 공익(公益)의 차원에서 정부의 탄광 접수를 명령하였다. 그 결과로 일 주일 만에 노조측과 정부 사이에 합의가 이루어졌고, 광원들은 작업장에 돌아왔다. 그러나 6개월도 못 되어 다시 합의는 깨졌고, 그에 따라 정부는 다시 탄광을 접수하였다.

1946년의 파업으로 노동조합 간부들은 크게 비난을 받았다. 파업은 소비재 생산의 감소, 물가 앙등, 국가안보의 위기를 가져 온다고 많은 사람들이 믿었다. 그러므로 여론은 노동조합을 비난하였다.

1946년 5월에 다시 전국적인 철도 파업의 위협이 있자, 마침내 트루먼 대통령은 여론에 힘입어 노동조합을 공격하기 시작하였다. 분쟁조정 기구가 설치되어 파업 가능성이 있는 18개의 노동조합을 설득하는 데 성공하였다. 그러나 2개 노조만은 강경하였다. 분노한 트루먼 대통령은 노동조합을 탄압하기로 결심하고, 의회의 상, 하 양원 합동회의에 직접 나가 의원들의 협조를 호소하였다. 그 다음 정부는 파업으로 마비 상태에 빠진 산업을 접수하였다.

그렇지만 철도 노동자들은 일자리로 돌아가라는 대통령의 명령에 따르지 않았다. "그러므로 나는 정부에 대항해 파업을 일삼는 노동조합원을 연방 군대에 징집시킬 권한을 대통령에게 부여할 것을 의회에 요청하는 바이다."고 트루먼 대통령은 말하였다. 그는 노동자의 연공 혜택(seniority benefits)을 폐지하고, 파업을 주도한 노조 간부들을 사법 처리하려고 하였다. 또한 그는 노조 간부들에 대해 벌금을 부과하고 투옥시킬 수 있는 권한을 의회에 요구하였다.

이와 같은 대통령의 태도에 대해 노동조합은 분개하였다. 그들은 다가오는 1948년의 대통령 선거에서 트루먼 낙선 운동을 벌일 결심이었다. 그에 따라 루즈벨트 행정부에서 이루어졌던 노동조합과 민주당의 우호 관계는 깨진 듯이 보였다.

경제통제에 대한 불만

제2차 세계대전이 끝나면서, 강력한 이익 집단들은 전시에 물가관리청 (Office of Price Administration)에 의해 부과되었던 물가 통제(price control)의 폐지를 요구하였다. 소비자들은 물가 통제로 물품의 품귀 현상과 암거래가 일어나고 있는 데 대해 불만이었다. 제조업자들과 농민들은 물가 통제로 자기들의 제품과 농산물 가격을 자유롭게 결정할 수 없게 된 데 대해 불만이었다.

그러므로 1946년 중엽에 이르면 대부분의 물가 통제는 사라지게 되었다. 그러자 이번에는 인플레이션이 심해져 소비자의 불만이 커졌다. 예를 들어, 1946년 6월에 쇠고기의 최고 가격을 설정한 물가관리청(OPA)의 규제 기간이 끝났을 때, 쇠고기 값이 크게 올랐다. 축산업자들은 즐거워하였으나, 소비자들은 울상이었다. 그래서 다시 8월에 물가관리청이 최고 가격을 설정해 놓자, 이번에는 분개한 축산업자들이 정부에 보복하기 위해 시장에 쇠고기를 내놓지 않았다. 그 때문에 소비자들이 다시 정육점 앞에서 길게 줄을 서거나 암시장을 찾아야 했다. 더욱이 1946년은 중간 선거의 해였기 때문에 집권당인 민주당이 손해를 입었다.

그 결과로 트루먼 대통령의 인기는 1945년말에서 1946년에 이르는 사이에 87퍼센트에서 32퍼센트로 크게 떨어졌다. 행정부의 주류를 형성하고 있던 뉴딜 진보주의자들(New Deal liberals)조차도 트루먼 대통령에 대해 불만을 표시하였다. 그 때문에 트루먼은 내각에 남아 있던 두 명의 뉴딜주의자 가운데 한 사람인 해롤드 이키즈(Harold Ickes)를 전격적으로 해임하였다. 그것은 해롤드 이키즈가 대통령 측근들의 부정 부패를 맹렬히 공격한 데 대한 보복이었다.

그리고 그로부터 7개월 후에 트루먼 대통령은 내각에 남은 마지막 뉴딜주의자인 헨리 월러스(Henry A. Wallace)를 해임하였다. 그것은 헨리 월러스가 트루먼의 포위 정책을 비판한 데 대한 보복이었다. 따라서 민주당 행정부는 그의 지지 세력인 노동자, 소비자, 농민, 진보주의자들의 불만을 사게 되었다. 또한 민주당은 복지 정책에 반대하는 당 내부의 보수세력들의 불만을 사게 되었다.

1946년의 중간 선거에서 공화당은 이러한 민주당에 대한 불만을 교묘히 이용하였다. "쇠고기는 그만하면 됐지 않았는가?"라고 오하이오 출신 공화당 하원 의원은 빈정댔다. 계속해서 그는, 물가통제는 그만하면 됐지 않았는가? …인플레이션은 그만하면 됐지 않았는가? 국가 채무는 그만하면 됐지 않았는가? …파업은 그만하면 됐지 않았는가?"라고 빈정댔다.

1946년의 중간 선거 결과는 공화당의 승리였다. 공화당은 상원과 하원 모두에서 다수 의석을 차지하였다. 공화당은 남부 지역이 아닌 32개의 지사직 가운데서 25개를 얻는 압승을 보였다. 이제 트루먼 행정부는 공화당이 우세한 의회 앞에서 완전히 무력해진 듯이 보였다.

2. 공화당과 보수주의의 득세

태프트-하틀리 법(1947)과 노동조합 규제

새로운 의회를 지배한 것은 보수적인 공화당 세력과 그들에게 동조하는 민주당 내부의 보수적인 남부 세력이었다. 이들은 보수주의자(Conservatives)로 불린 사람들로서, 트루먼 민주당 행정부의 반공적인(anticommunist) 대외 정책에 대해서만은 지지하였다. 그러면서도 그들은 국내 문제에 있어서는 정부개입주의의 뉴딜 정책을 파괴하려고 하였다. 그들은 1946년 선거에서 공화당이 압도적 승리를 거둔 것은 지나치게 커진 정부와 노동조합의 힘을 약화시키라는 국민의 명령이라고 주장하였다. 그러므로 트루먼 대통령과 의회가 충돌하게 될 것은 명백하였다.

그와 같은 충돌은 의회가 노동조합을 약화시키기 위해 1947년의 노동조합규제법을 제정하면서 시작되었다. 그 법은 흔히 태프트-하틀리 법(Taft-Hartley Act)으로 불리게 되었다. 이 법의 제정으로 고용주들에게 부과되었던 규제가 완화되고, 그 대신 노동조합들에게는 새로운 규제가 부과되었다. 그 법은 폐쇄 공장(closed shop)의 제도를 폐지하였는데, 이 제도는 노동자들이 취업의 전제조건으로 우선 노동조합부터 가입하게 함으로써 노동운동가들에게 유리했던 것이었다.

또한 태프트-하틀리 법은 각 주로 하여금 "일할 권리"(right to work)의 법들을 제정할 수 있게 허용함으로써, 사실상 노조 공장(union shop)을 폐쇄시킬 길을 열어 놓았다. 왜냐하면 "일할 권리"의 법들은 노동자들이 노조에 가입하지 않을 권리를 보장했기 때문이다. 이 조항이 바로 말썽 많은 14조 b항으로서 앞으로 오랫 동안 노동운동가들의 공격 목표가 될 것이었다.

또한 태프트-하틀리 법은 국가 안보나 국가 안녕을 위태롭게 하는 파업에 대해서는 대통령이 파업금지 명령(injuction)을 발부하여 파업 직전 80일의 냉각기(cooling-off period)를 갖도록 의무화하였다. 그리고 태프트-하틀리 법은 노동조합이 연방 차원의 선거에서 정치 자금을 제공하지 못하도록 규정하였다. 또한 그 법은 노조 간부들이 공산주의자가 아님을 확인하는 문서에 서명하도록 의무화하였다. 간단히 말해 이 법은 노동조합들이야말로 가장 나쁜 사회악(social evil)이며, 따라서 그것들은 공익을 위해 규제되어야 한다는 생각에서 제정된 것이었다.

노동조합에 호의적이었던 트루먼 대통령은 그 법안이 너무 가혹하다는 이유로 거부권을 행사하였다. 그러나 1947년에 보수적인 의회는 다시 그 법안을 통과시켰다.

태프트-하틀리 법은 뉴딜 시기에 루즈벨트의 민주당 정부가 노동조합을 돕기 위해 제정한 1935년의 와그너 법의 정신과는 근본적으로 반대되는 것이었다. 그럼에도 불구하고 그 법은 와그너 법의 기본 골격을 완전히 무너뜨리지는 못하였다. 왜냐하면 노동조합들은 여전히 노조 결성권, 사용주에 대한 단체 교섭권, 그리고 파업권을 가지고 있었기 때문이다. 그리고 태프트-하틀리 법은 노동자들이 고용된 다음에는 노동조합에 반드시 가입해야 한다는 것을 규정한 노조 공장(union shops)의 제도는 그대로 남겨 두었기 때문이다.

의회와 행정부의 대립

노동조합들은 태프트-하틀리 법을 가리켜 노예노동법이라고 맹렬히 규탄하였다. 그 때문에 여론은 그 법에 대한 지지자와 반대자로 갈라졌다. 트루먼 대통령은 그 법에 대해 거부권을 행사함으로써 다시 노동조합들의 지지를 받게 되었다.

보수적인 의회는 1947년에서 1948년 초에 이르는 시기에 이기적인 이익 집단들을 공격하였다. 그 때문에 행정부와 의회가 중요한 문제들을 놓고 계속 대립하게 되었다. 트루먼 대통령이 농민에 대한 가격 지원을 지속시키려 하자, 의회는 지원 삭감으로 맞섰다. 또한 트루먼 대통령이 건강보험을 전국적으로 확대하려 하자, 의회는 거부하였다.

대통령과 의회의 대립은 공공 주택의 건설과 공공 교육의 확대에 대한 연방 정부의 지원 문제를 둘러싸고도 일어났다.

또한 대립은 실업 수당의 확대와 증액, 노령 연금과 유가족 연금 지급, 최저임금의 인상과 같은 복지 문제를 둘러싸고도 일어났다. 또한 대립은 토지개간, 관개 시설, 공공 전력 생산과 같은 공공 사업에 대한 연방정부의 지원 문제를 둘러싸고도 일어났다. 또한 대립은 사형 금지(antilynching), 인두세 폐지(anti-poll tax), 공정고용법 제정(fair-employment legislation)과 같은 인종차별 문제들을 둘러싸고도 일어났다.

어느 경우에서나 진보적인 트루먼 대통령은 법안의 통과를 요구하였고, 보수적인 의회는 거부하였다. 그 때문에 의회는 많은 이익 집단들로부터 비난을 받았다.

1948년의 선거와 민주당의 분열

그럼에도 불구하고 공화당은 다가오는 1948년의 대통령 선거에서 승리할 수 있다는 자신감을 가지고 있었다. 그것은 1928년 허버트 후버의 당선 이후 처음으로 공화당이 가진 자신감이었다. 그리고 대부분의 정치 분석가들도 그들의 확신에 동의하였다. "정치적 기적이 일어나지 않는 한, 그리고 공화당이 바보짓만 하지 않는 한, 민주당은 살아 남지 못한다."고 〈타임〉지는 논평하였다.

게다가 공화당은 인구가 가장 많은 뉴욕 주와 캘리포니아 주에서 대통령 후보와 부통령 후보를 지명함으로써 승리의 가능성은 더욱더 커졌다. 공화당의 대통령 후보로는 토마스 듀이(Thomas Dewey), 부통령 후보로는 얼 워렌(Earl Warren)이 지명되었다.

민주당은 패배의 분위기에 젖어 있었다. 우선 1948년의 전당대회에서 분열상을 드러냈다. 대도시의 보스(boss)들과 뉴딜 진보주의자들은 트루만의 당선 가능성이 희박하다고 보고, 전쟁 영웅인 드와이트 아이젠하워 장군을 후보로 영입하려고 하였다. 이 세력의 중심은 민주실천연합(Americans for Democratic Action)이었다. 아이젠하워는 공화당으로부터도 후보영입 교섭을 받았다. 그러나 아이젠하워는 민주당과 공화당의 제의를 모두 사양하였다. "평생 직업군인은 고위 정치직을 추구하지 않아야 된다."고 그는 거부 이유를 밝혔다. 그 때문에 결국 현직 대통령인 트루먼이 다시 민주당 대통령 후보로 지명되었다.

민주당의 내분은 여기서 끝나지 않았다. 지나치게 친공적이고 친소적이라는 이유로 장관직에서 해임된 헨리 월러스가 새로운 제3당인 진보당(Pro-gressive party) 후보로 출마했기 때문이다. 그는 냉전 정책을 비판하고 소련과의 우호 관계를 요구하였다. 그리고 트루먼 선언을 가리켜 "몬로 독트린의 세계화"라고 비난하였다. 나아가 그는 석유 회사와 철도 회사를 비롯한 기간 산업의 국유화(nationalization)를 요구하는 사회주의적인 정강도 내세웠다. 정치 평론가들은 진보당이 500만표 내지 800만의 진보적인 유권자를 획득함으로써 민주당을 패배시키게 될 것이라고 예측하였다.

여기에 덧붙여 민주당에게는 또 하나의 시련이 찾아 왔다. 민주당 지명대회에서 민권 정책이 정강으로 채택되자, 민주당의 남부 세력(Dixiecrats)이 탈당한 것이다. 그들은 제4당인 주권민주당(State Rights Democratic party)을 만들고, 사우스캐롤라이나 주지사인 스트롬 서몬드(Strom Thur-mond)를 대통령 후보로 내세웠다. 그들은 남북전쟁 당시에 사용했던 남부 연합기를 상징으로 내세웠다. 그리고 남부 4개 주의 민주당 세력을 장악하였다. 이제 트루먼의 당선 가능성은 완전히 사라진 듯이 보였다.

트루먼과 민주당의 기적적 승리

그러나 트루먼은 불리한 여론 조사 결과에 개의하지 않고 자기 나름대로 당선을 위해 뛰었다. 그는 의회의 임시 소집을 요구하고, 공화당이 선거 공약으로 내세운 정강을 법안으로 만들어 통과시켜 주도록 요구하였다. 만일 공화당이 진정으로 자신들의 공약을 실천하려는 의사가 있다면, 지금이 바로 그때라고 트루먼은 주장하였다. 그것은 트루먼이 공화당을 궁지에 몰기 위한 고도의 전략이었다.

의회는 2주 동안의 짧은 회기로 열렸으나 이렇다 할 성과 없이 폐회하지 않을 수 없었다. 트루먼 대통령은 그것을 의회 공격의 기회로 잡았다. 그는 3만 마일을 기차로 여행하면서 수십 차례의 즉석 연설을 통해 공화당이 장악하고 있는 의회의 무능을 비난하였다.

그럼에도 불구하고 트루먼에게는 불리한 전세를 뒤집을 만한 반가운 조짐이 나타나지 않았다. 트루먼이 승리할 가능성은 거의 없어 보였다. 그러므로 선거일에 투표함이 모두 개봉되기도 전에 언론은 서둘러 트루먼의 패배를 보도하였다. 따라서 〈시카고 트리뷴〉지는 성급하게도 "듀이가 트루먼을 이기다!"라는 표제를 달고 인쇄에 들어갔던 것이다.

그러나 개표가 거의 끝나가던 아침이 되자, 득표 상황은 정치 전문가들을 당황하게 하였다. 결국 최종 집계에서 트루먼은 예상을 뒤엎고 승리하였다. 그는 일반 투표에서는 2410만 표(49.5퍼센트), 선거인단 투표에서는 304석을 얻었다. 이에 대해 공화당의 토마스 듀이는 2190만 표(45.1퍼센트)와 189석 밖에 얻지 못했다. 헨리 월러스와 스트롬 서몬드의 득표는 각기 100만표를 약간 넘는 선(2.4퍼센트)에 머물렀다. 사회당, 금주당, 사회노동당, 사회근로자당과 같은 군소 정당들도 후보를 냈으나, 일반투표에서의 득표는 모두 합쳐 27만 명 밖에 되지 않았다.

뿐만 아니라 트루먼의 민주당은 의회까지 장악하게 되었다. 민주당은 하원에서는 93석, 상원에서는 12석의 차이로 과반수를 확보하였다.

민주당 지지세력의 건재

이와 같은 이변(異變)이 일어나게 된 데는 그만한 이유가 있었다. 단지 전문가들이 그 사실을 인식하지 못하고 있었을 뿐이었다.

첫째 이유는 대다수의 미국인들이 근본적인 변화를 필요로 하고 있지 않았다는 사실이었다. 왜냐하면 당시 미국은 번영과 평화를 누리고 있었기 때문에, 아무리 트루먼의 대통령직 수행이 문제가 많았다 하더라도, 미국인들은 변혁을 요구해야 할 뚜렷한 이유를 찾지 못했던 것이다. 그러한 태도는 당시 대외 정책에 대해 국민적 합의가 이루어져 있었다는 사실에서 잘 나타났다.

둘째 이유는 루즈벨트 대통령이 만들어 놓은 민주당의 지지 세력, 즉 뉴딜 연합전선(New Deal coalition)이 그대로 존속하고 있었다는 사실이었다. 그들은 대도시의 시민, 흑인, 노동조합, 유태인, 카톨릭 교도 등이 있었다. 또한 소련에 대한 강경 노선을 지지하는 동유럽계 미국인들도 트루먼을 지지하였다.

민주당에서 떨어져 나간 진보당과 남부민주당도 결과적으로는 트루먼의 당선에 도움을 주었다. 왜냐하면 두 당의 극단주의는 민주당을 온건하고 안정된 것으로 보이게 하였기 때문이다. 그에 따라 트루먼의 민주당은 헨리 월러스의 진보당을 용공(容共) 세력으로 몰아 부칠 수 있었다. "나는… 정치적으로 헨리 월러스와 그의 공산주의 세력의 지지를 받아(대통령이 될) 마음은 없다."고 말함으로써 트루먼은 반공(反共)의 의지를 분명히 표현하였다.

그러나 궁극적으로 트루먼의 당선에 가장 큰 도움을 준 것은 농민의 지지였다. 선거 운동 기간에 민주당은 농산물 가격을 높게 유지하기 위해 정부의 지속적인 지원을 농민에게 약속하였다. 이와는 반대로 공화당은 농민에 대한 지원액을 줄이려고 하였다. 실제로 공화당은 대풍작의 해인 1948년에 곡물 비축량을 줄이려고 하였다.

풍년이 들었기 때문에, 농산물 가격은 떨어졌다. 그래서 옥수수 가격은 1948년 가을 한 달 동안에 부셸 당 1.78달러에서 1.38달러로 떨어졌다. 민주당 행정부는 그 책임을 공화당과 의회에게 돌렸다. 그 때문에 농업 지대인 중서부의 주들과 경계주들은 모두 민주당을 지지하였다.

3. 트루먼 행정부와 민권 문제

'페어딜'과 흑인지원 정책

1949년초에 새로운 임기를 시작하는 트루먼 대통령은 자신감에 차 있었다. 그는 루즈벨트 이후 민주당의 이념이 된 뉴딜 진보주의(New Deal liberalism)의 정치 사상을 실현할 기회가 온 것으로 생각하였다. 이제는 정부(政府)가 빈민과 노인에게 경제적 안전(economic security)을 제공할 때가 왔다고 그는 믿었다. 의회에 보낼 연두 교서를 작성하면서, 그는 "우리 국민의 모든 계층에게 공정한 대우(fair deal)가 이루어지기를 기대한다"는 뜻을 표명하였다. 그 이후로 역사가들은 그의 대통령직을 "페어딜"이란 말과 결부시키게 되었다.

트루먼의 "공정한 대우"는 정부가 흑인들의 민권(civil rights)을 보장하려는 움직임으로 나타났다. 그리고 트루먼이 흑인의 민권(民權)을 지지하게 된 데는 일차적으로 정치적인 계산이 작용하였다.

제2차 세계대전이 끝난 다음부터 흑인들은 새로운 정치세력으로 등장하고 있었다. 정치가들은 캘리포니아, 일리노이, 미시간, 오하이오, 펜실베이니아, 뉴욕과 같이 공업이 발달한 주와 도시에서 흑인 표가 늘어가고 있다는 사실에 주목하였다.

실제로 많은 공화당 소속 정치가들은 이미 흑인표를 잘 활용하고 있었다. 토마스 듀이는 뉴욕 주지사 시절에 공정고용행위 조사위원회를 설치하여 흑인들로부터 인기를 얻었다. 그 때문에 1938년의 선거에서 4 대 1로 민주당 우세 지역이었던 뉴욕 시의 흑인 밀집구역이 이제는 공화당 우세 지구로 바뀌게 되었다. 그 결과로 1942년과 1946년의 중간 선거에서 공화당의 토마스 듀이를 지지하게 되었다.

그러나 트루먼은 흑인에 대한 도덕적인 의무감도 느꼈다. 그는 모든 미국인은 인종에 관계 없이 시민으로서의 완전한 권리를 누려야 한다는 신념을 가지고 있었다. 그는 당시 인종적 테러 행위가 다시 등장하고 있는 사실로부터 충격을 받았다. "큐클럭스클랜"(Ku Klux Klan)은 또 다시 길거리에서 불지르고 투표하려는 흑인들을 살해하였다. "미시시피 주의 피끓는 앵글로색슨 족은 모두 일어나 흑인들이 투표하지 못하도록… 모든 수단을 강구해야 한다"고 인종주의자인 어느 상원 의원은 외쳤다. 조지아의 어느 정치가는 "앞으로 4년간 조오지아 주에서는 흑인이 투표하지 못하게 막겠다."는 공약을 내걸고 주지사에 당선되었다.

사우스캐롤라이나의 에이큰(Aiken) 경찰은 군대에서 제대한 지 바로 몇 시간밖에 되지 않은 흑인 상사의 눈을 도려냈다. 이 끔찍한 사건을 계기로 트루먼은 1946년 12월에 대통령 직속의 민권자문위원회(Committee on Civil Rights)를 설치하는 행정 명령에 서명하였다.

민권 문제에 대한 정부 개입

일 년의 작업 끝에 민권자문위원회는 〈민권 보호안〉(To Secure These Rights)이라는 보고서를 제출하였다. 위원회가 제안한 내용 가운데는 다음 20년 동안에 민권 운동의 주요주제가 된 것들이 많았다. 보고서는 사형(lynching), 인종차별, 가혹 행위, 인두세(poll-tax)를 연방 정부가 금지해야 한다고 주장하였다. 또한 그것은 투표권과 평등한 고용기회를 보장하기 위한 법의 제정을 촉구하였다. 그리고 법무부 안에 민권위원회와 민권국을 설치할 것을 촉구하였다.

1948년 2월에 트루먼 대통령은 의회에 특별 교서를 보냈다. 거기서 트루먼은 시민적 권리의 보호야말로 모든 민주적인 정부(政府)의 의무임을 강조하였다. 이러한 트루먼의 행동은 남북 전쟁 직후에 시도되었던 "남부 재건"(Reconstruction) 이후로 연방 정부가 흑인을 보호할 책임이 있다는 것을 최초로 인정한 경우였다. 그의 발언에는 다가오는 선거에서 흑인의 표를 얻으려는 정치적인 계산도 작용하였다. 그러나 민주당 내부의 남부 출신 의원들은 반대하였다.

또한 트루먼 대통령은 연방 기구 안에서의 "공정한 고용"(fair employment)을 실현하기 위해 행정부의 권한을 사용하였다. 그리고 그는 인종 차별의 고발을 접수하기 위해 시정위원회(Civil Service Commission) 안에 고용국을 신설하였다. 또한 그는 군대(軍隊) 안에서의 대우와 기회의 평등을 감시하기 위한 조사위원회도 설치하였다. 그 위원회는 1950년에 〈군복무의 자유〉(Freedom To Serve)라는 보고서에서, 흑백 통합이야말로 "보다 나은 육군, 해군, 공군을 만들게 될 것"이라고 발표하였다. 군대 안에서의 흑백 통합에 대한 반대가 없어진 것은 아니지만, 그럼에도 불구하고 한국전쟁이 일어나기까지 흑백 분리 부대의 편성 관행은 사라져 가고 있었다.

대법원 판결과 민권 신장

다른 한편에서 흑인들은 대법원의 판결로부터도 도움을 얻었다. 민권에 대한 법원의 지원은 이미 1930년대 말부터 시작되었다. 그 당시 민권 단체인 유색인종지위향상협회(NAACP)는 흑인변호사인 서구드 마샬(Thurgood Marshall)을 책임자로 하는 법률구조기금을 설치하였다.

서구드 마샬을 중심으로 한 민권운동가들은 흑백차별을 인정한 1896년의 〈플레시 대 퍼거슨〉 판결(Plessy v. Ferguson)을 거꾸로 이용하려고 하였다. 플레시 판결이 내세웠던 "격리-평등 원칙"(seperate-but-equal doctrine)은 공공 시설(公共施設)에서 흑인을 배제시키되, 흑인에게도 백인의 그것과 동등한 시설을 마련해 주어야 한다는 의미를 포함하고 있었다.

유색인지위향상협회는 바로 이와 같은 플레시 판결문의 문귀를 문자 그대로 해석함으로써 거꾸로 흑인 권리를 신장시키는 데 이용하려고 하였다. 퍼거슨 판결문을 문자 그대로 해석하면, 흑인은 대학에 입학할 수 없었다. 왜냐하면 막대한 비용 때문에 흑인 대학이 세워진다는 것은 현실적으로 불가능했기 때문이다. 그러므로 "한 사람의(흑인) 학생을 위해 값비싼 가속 장치(cyclotron)를 설치할 수는 없는 것이다"라고 오클라호마 대학 총장은 솔직하게 말하였던 것이다. 그럼에도 불구하고 이러한 관행은 플레시 판결에 함축된 흑인의 교육(敎育) 기회를 거부함으로써 법을 어긴 것이 분명하였다.

유색인지위향상협회는 바로 이 점에 착안하여 그것을 민권 신장에 이용하려고 하였다. 그들은 그러한 교육의 기회가 거부된 흑인들에게는 백인대학과 동등한 흑인 대학을 세워 주어야 한다고 주장하였다. 그 결과로, 1940년대말에 이르면 흑인 학생들은 여러 주립대학의 전문 과정과 대학원 과정에 입학할 수 있게 되었다.

1944년에 대법원이 내린 스미스 판결(Smith v. Allwright)도 흑인의 지위를 향상시키는 데 기여하였다. 당시 일부의 남부 주에서는 민주당이 백인만으로 예비 선거(primaris)를 치르고 있었는데, 스미스 판결은 그러한 행위가 수정헌법 제15조에 어긋난다고 판정한 것이었다. 그리고 1946년의 모간 판결(Morgan v. Virginia)에서 대법원은 주와 주를 운행하는 버스에서 흑인과 백인을 차별하는 행위가 헌법에 위배된다고 판정하였다.

1947년의 법무부 행정조치도 민권 운동에 큰 도움이 되었다. 그것은 법정에서 재판이 벌어졌을 때 특정한 문제에 대해 도움말을 주기 위해 자발적으로 출두한 사람들, 즉 법정조언자(friend-of-the-court)의 진술 내용을 요약해서 제출케 한 조치였다. 진술요약서(brief)의 제출은 고등 교육에서의 차별 행위를 막는 데 큰 도움이 되었다. 그리고 그것은 백인 주택소유자들이 흑인에게는 집을 팔지 못하도록 이루어진 사적인 담합(談合)을 깨뜨리는데 도움이 되었다.

〈톰슨 식당〉(Thompson Restaurant) 판결에 제출된 법무부의 한 진술요약서(brief)는 식당에서의 흑백 차별을 폐지하는 데 도움을 주었을 뿐만 아니라, 결국에 가서는 콜럼비아 지구의 호텔에서 흑백 차별을 폐지하는 데도 도움을 주었다. 가장 중요했던 진술요약서는 전국의 공립학교에서 흑백 차별을 폐지하려는 유색인지위향상협회(NAACP)를 돕기 위해 법무장관이 발표한 것이었다.

이와 같은 대법원과 트루먼 행정부의 노력은 모두 〈플레시 대 퍼거슨〉 판결(1896) 이후 미국의 법이 되어 왔던 '격리시키지만 평등한' 시설의 원칙을 무너뜨리는 데 도움이 되었다. 그러나 흑백 차별에 대한 결정적인 법적 조건이 구비되기 위해서는 1954년의 〈브라운 대 토피카 교육위원회〉(Brown v. Board of Education) 판결을 기다려야만 하였다.

흑인문제에 대한 태도 변화

국민의 사회적 태도의 변화도 흑인들의 지위 향상에 도움이 되었다. 군나르 미르달(Gunnar Myrdal)의 〈미국의 딜레마 *American Dilemma*〉(1944), 리차드 라이트(Richard Wright)의 〈토착인 아들 *Native Son*〉(1940)이나 〈흑인 소년 *Black Boy*〉(1945)과 같은 책의 출간은 흑인들을 괴롭히는 사회적 부조리에 대한 백인들의 각성이 커져가고 있음을 보여 주었다.

흑인 중산계급의 성장도 민권 운동에 도움이 되었다. 그들은 대학 졸업자, 제대 군인, 노조 가입 노동자로 이루어져 있었다. 또한 흑인은 산별 노조(CIO unions)에도 가입하게 되었다. 그리고 전국교회협의회, 명예훼손시정연맹(Anti-Defamation League), 전국도시연맹(National Urban League), 전국친우봉사회(American Friends Service Committee)와 같은 기구에도 흑인이 참여하게 되었다. 그리고 1947년에는 뛰어난 흑인 야구선수인 잭키 로빈슨이 브루클린 다저스 팀에 입단함으로써 '메이져 리그'의 오랜 인종차별의 벽을 깨뜨렸다.

흑인의 지위가 향상되는 데는 냉전의 요인도 도움이 되었다. 냉전에서 미국은 자유 세계의 지도자로서 '철의 장막' 뒤에서 벌어지고 있는 공산권의 인권 유린을 비난하고 있었다. 그렇지만 미국은 국내의 흑인 문제로 언제나 소련의 공격 앞에서 수세에 몰리게 되었다. 미국 안에서 흑인들이 차별을 받고 있는 한, 미국은 아프리카와 아시아의 신생국들에게 인권 문제를 거론할 수가 없었다. 그러므로 비동맹국들의 지지를 얻기 위해, 미국은 자유민주주의의 이상에 충실하고 있다는 노력을 대외적으로 과시할 수밖에 없었던 것이다.

1950년대에 흑백격리(segregation)의 관행은 여전히 용인되고 있었지만, 그럼에도 불구하고 제2차 세계대전이 끝난 뒤 10년 동안에 흑인들의 지위는 상당히 개선되었다. 그것은 남북 전쟁 직후의 '남부 재건' 이후로 가장 의미 있는 흑인 지위의 향상이었다. 무엇보다도 인종 격리가 법적 근거를 잃어 가고 있던 사실이 중요하였다.

4. 맥카시즘과 미국적 가치의 재천명

반공주의의 뿌리

미국에서 반공주의(anticommunism)는 이미 제1차 세계대전과 러시아 혁명이 일어나던 당시에 그 뿌리가 형성되었다. 그리고 그것은 1919년의 '빨갱이 소동'(Red Scare)을 거치면서 미국인들의 정치 의식의 한 부분으로서 자리를 굳혀 왔다. 그러다가 제2차대전이 끝나고 냉전을 맞이하면서, 그것은 절정에 이르렀다.

미국 역사에서 공산당이 강력했던 적은 한 번도 없었다. 공산주의는 대공황의 어려운 시기에도 국민의 큰 관심을 끌지 못했다. 1937년과 1938년에 소련에서 스탈린이 많은 정적들을 무자비하게 숙청한 사실이 공산주의에 대한 인상을 나쁘게 만들었다. 뿐만 아니라 1939년에 스탈린이 히틀러와 독-소 불가침 조약을 맺고 폴란드를 분할한 부도덕한 행위도 공산주의에 대한 인상을 나쁘게 하였다. 소련에 대한 인상이 나빴기 때문에, 그나마 미약하게 존재했던 미국 안의 동조 세력까지도 공산당을 떠났다.

그러나 1941년 여름에 소련이 히틀러의 침략을 받아 나치 독일과 전쟁에 뛰어들게 되면서, 소련에 대한 미국인들의 태도는 갑자기 우호적인 것으로 바뀌었다. 왜냐하면 미국과 소련은 나치 독일에 대항하는 동맹국이 되었기 때문이다.

국제공산주의에 대한 두려움

소련과의 동맹 관계에도 불구하고 미국 안에서는 여전히 공산주의에 대한 불신감이 사라지지 않았다. 따라서 1940년에 의회는 공산주의자들을 규제하기 위한 외국인등록법, 즉 스미스 법(Smith Act)을 제정하였다. 스미스 법은 미국 정부를 전복하려는 행동에 동조하거나 또는 체제를 전복시키려는 조직에 가입하는 행위를 불법으로 규정하였다.

또한 반공주의는 정치가들이 정적을 공격하는 도구로도 이용되기 시작하였다. 그것은 특히 공화당이 민주당을 공격하는 수단으로 이용되었다. 자본주의 체제의 수정을 내세우는 민주당의 진보주의(liberalism) 노선은 용공적(容共的)인 것으로 보일 수 있었다. 그러므로 1944년의 대통령 선거전에서 공화당 후보 토마스 듀이는 민주당이 공산주의자들의 품에 빠져 들고 있다고 경고하였던 것이다.

독일의 항복이 임박했던 1945년 3월에 공산주의에 대한 두려움을 확인해 주는 사건들이 일어났다. 전략사업국이 아시아 관계 전문잡지인 〈아메라시아〉(Amerasia)를 발행하는 사무실을 수색하게 된 사건이 있었는데, 그 과정에서 수사관들은 미국 정부의 비밀 문서들이 유출되어 있음을 발견하게 되었다. 그 잡지의 편집인들은 중국 공산당에 동조적인 사람들이었다. 그리고 1946년에는 영국에서 소련 스파이들이 캐나다에서 활동하고 있다는 보고서가 발표되었다. 스파이들 가운데는 영국의 국회 의원과 원자탄 비밀을 소련에게 넘겨 준 과학자도 있었다.

국내 반체제세력에 대한 두려움

이와 같은 폭로 사건들은 미국 국민에게 큰 충격을 주었다. 그것들은 공산주의 세력이 미국사회 내부까지 깊이 침투해 들어왔음을 보여 주었다. 그러므로 트루먼 대통령은 1947년 3월에 300만이 넘는 연방정부 공무원의 신원을 확인할 충성도 심사 사업(Loyalty Program)을 지시하였다. 그리고 심사 결과를 토대로 1950년에 트루먼 행정부는 국가안보를 위협하고 있다고 생각되는 공무원들을 해고하였다.

1951년에 이르기까지 사임한 공무원은 2천 명이 넘었고, 해고된 공무원은 212명이었다. 해고자들 가운데는 공산주의 혐의가 있는 사람은 물론, 공산주의자들의 유혹에 이끌릴 위험성이 있는 알콜 중독자, 동성연애자, 채무자도 포함되어 있었다. 그리고 공산주의 성향의 사람들과 친분을 가지고 있었다는 이유만으로도 피해를 입은 사람들도 있었다.

또한 법무부는 반체제(反體制) 단체들의 목록을 작성하였다. 그리고

1948년에 법무부는 "폭력에 의한 정부 타도를 가르치기 위해 음모를 꾸몄다"는 이유로 11명의 공산주의자들을 기소하였다. 후버(J. Edgar Hoover)가 이끄는 연방수사국(FBI)은 급진파들에 대한 대대적인 사찰을 실시하였다.

반공주의의 열기가 너무나 강했기 때문에, 1950년에는 민주당이 우세한 의회도 시대의 대세를 따르지 않으면 안 되었다. 그래서 의회는 맥카란법(McCarran Act), 즉 보안법(Internal Security Act)을 제정하였다. 이 법은 모든 공산주의 단체들이 정부에 등록하고 문서를 공개하도록 규정하였다.

이제 미국에서는 "혁명을 선동한다"는 이유만을 가지고도 기소할 수 있게 되었다. 공산주의자들에게는 방위 산업체에서 일하는 것이 금지되고, 여권 발급도 중단되었다. 외국의 불순단체 가입자들에게는 입국을 금지하기 위해 비자 발급이 중단되었다. 트루먼 대통령은 맥카란 보안법이 수정헌법 제5조를 위반한다는 이유로 거부권을 행사하였으나, 의회는 다시 그 법을 통과시켰다.

이와 같은 공산주의에 대한 두려움은 냉전의 산물이었다. 왜냐하면 나라 밖에서의 공산주의에 대한 두려움은 나라 안에서의 체제 전복(subversion)에 대한 두려움과 뒤섞여 있었기 때문이다. 그러므로 트루먼 대통령이 공무원의 충성도 심사를 지시한 날짜와 그가 의회의 상, 하 양원 합동회의에서 포위 정책을 선언한 날짜가 거의 일치했었던 것이다.

그와 같은 국민의 두려움을 정치적으로 잘 활용한 세력이 공화당의 보수주의자들이었다. 공화당은 1948년과 1952년의 두 차례의 대통령 선거에서 민주당 후보들을 용공분자(容共分子)들이라고 공격하였다. 그러한 두려움은 민주당 안에도 있었다. 그리하여 민주당 안의 뉴딜 진보주의자들조차도 헨리 월러스 일파를 용공 세력으로 매도하였던 것이다.

반공운동의 확산

반공(反共) 히스테리는 정치의 영역을 넘어 노동조합, 종교계, 연예계 및 사회 단체에서도 나타났다. 거의 모든 사회 조직 속에서 공산주의 세력을 추방하려는 움직임이 일어났다. 어디서나 "빨갱이, 사기꾼, 회색분자"와 같은 말이 유행하였다.

헐리우드 재판 : 영화계의 좌경화를 공격

　헐리우드 영화계에 공산주의자들이 많다고 의심을 받았기 때문에 비밀리에 극좌파의 명단이 작성되었다. 의회는 친공적, 친소적인 영화를 만든 작가들과 감독들을 청문회에 불러 세웠다. 그리고 그들 가운데서 "헐리우드의 10인"(Hollywood Ten)으로 불리는 사람들이 그들의 사상과 친분관계를 묻는 질문에 대해 답변을 거부하자, 의회는 그들을 의회 모독죄로 기소하였다.

　고등학교 교사들과 대학 교수들도 비미국적인(un-American) 사상인 공산주의 이념을 가졌다는 이유로 해고되었다. 어떤 도시에서는 학교 도서관에서 모든 공산주의 서적을 치웠다. 상대방을 빨갱이로 모는 관행은 종교계는 물론 교사-학부모 모임에서도 일어났다.

　반공 히스테리가 가장 심했던 곳은 노동계였다. 그리고 그 결과로 노동운동 자체가 타격을 받았다. 연합자동차노조(UAW)의 주도권 쟁탈전에서 월터 로이터(Walter Reuther)는 반대파를 빨갱이로 몰아 부침으로써 노조 위원장직을 차지하는 데 성공하였다. 그에 따라 노동조합 게시판에는 파업

소식과 파업 노동자에 대한 경찰의 가혹 행위를 고발하는 글 대신, 노동자의 애국심을 강조하는 구호가 더 많이 붙게 되었다. 1949년에 열린 산별노조연맹(CIO)의 대의원회의는 공산주의자들이 장악안 11개의 노조를 추방하였다. 추방된 노조들에 소속된 조합원은 100만이 넘었다.

이와 같은 노조의 보수화(保守化)는 공산당(Communist Party)의 쇠퇴를 의미하였다. 그리하여 공산당의 세력은 1947년에서 1954년에 이르는 사이에 8만3천 명으로부터 2만5천 명으로 크게 줄었다.

지식인의 좌경화와 앨저 히스 재판

1949년에 의회는 전직 국무부 고위 관리인 앨저 히스(Alger Hiss)를 위증죄로 고발하였다. 그는 하바드 법과대학원 출신의 유능한 공무원이었지만, 1930년대 말에 많은 비밀 문서를 소련에 넘겨 주었다는 혐의를 받았다.

의회에서 청문회가 열리자, 공산당 간첩 출신으로 〈타임〉 잡지의 편집인으로 있던 위터커 챔버스(Whitaker Chambers)가 증인으로 출석하여 히스의 유죄를 입증하였다. 챔버스는 집 정원의 호박 속에 숨겨 두었던 문서를 증거로 제출하였다. 그러나 간첩 행위는 7년 전에 일어났기 때문에 공소시효가 지나, 히스는 기소되지 않았다.

그러자 의회는 히스가 의회의 청문회에서 거짓으로 증언했다는 죄로 기소하였다. 앨저 히스는 위증죄로 재판을 받게 되었고, 그 과정에서 아들라이 스티븐슨, 펠릭스 프랑크푸르터, 딘 애치슨 같은 민주당의 진보주의자들이 앨저 히스를 옹호하기 위해 증언대에 섰다. 트루먼 대통령도 앨저 히스를 옹호하였다. 그들은 모두 히스 사건을 공화당의 날조라고 비난하였다.

히스는 유죄 판결을 받아 몇 년 동안 감옥에서 복역하였다. 히스는 계속 무죄를 주장하였다. 그러나 1994년에 러시아 정부가 발표한 정부 문서에서 히스가 소련을 위해 간첩 행위를 했다는 것이 증명되었다.

앨저 히스를 재판하는 과정에서 국민들은 민주당 행정부가 무엇인가를 숨기고 있다고 의심하게 되었다. 이러한 사회 기류를 타고 캘리포니아 출신의 젊은 변호사인 리차드 닉슨(R. M. Nixon)이 히스 사건을 끈질기게 물고 늘어졌다. 그 결과로 그는 국민 대중의 주목을 받게 되었다. 공화당 하원

의원이었던 닉슨은 하원 반역행위조사위원회(House Un-American Act-
ivities Committee)의 위원으로서 명성을 떨쳤다.

민주당 행정부에 대한 의심

앨저 히스가 재판을 받고 있던 바로 그 1949년 9월에 재판에 영향을
준 두 개의 사건이 터졌다. 하나는 소련의 원자탄 실험이었고, 다른 하나는
중국의 내전에서 마오쩌뚱의 공산당이 승리한 사건이었다. 국제 공산주의
앞에서 미국의 국제적 지위는 갑자기 약화된 듯이 보였다. 그리고 그것에
대한 국민의 분노가 폭발하였다. 그에 따라 트루먼 대통령과 애치슨 국무
장관은 수세에 몰리게 되었다.

1950년에는 더 시끄러운 사건이 일어났다. 영국에서 런던 경찰청이 핵
과학자인 클로스 푹스(Klaus Fuchs) 박사를 간첩죄로 체포한 것이다. 푹스
는 '맨해튼 계획'에 참여했던 과학자로 미국 뉴멕시코 주의 로스알라모스에
서 원자탄 제조에 관한 비밀을 빼내 소련 간첩에게 넘겨주었다는 혐의를 받
았다.

이제 미국인들은 국내외적으로 공산주의의 위협을 실감하게 되었다. 이
제는 민주당 스스로도 공산주의의 침투를 경계하지 않으면 안되게 되었다.
"푹스, 애치슨, 히스, 수소탄은 미국의 생명력을 밖으로부터 파괴하고, 뉴딜
주의(New Dealism)는 안으로부터 파괴하고 있다."고 진보적인 트루먼 대
통령도 한탄할 정도하였다. 트루먼 대통령은 소련의 원자폭탄 보유에 따르
는 미국 국민의 충격을 줄이기 위해 수소폭탄 개발을 선언하였다.

국가적 위기감이 커졌기 때문에, 국민들 사이에서는 국가의 진정한 적
(敵)이 무엇인지 명확히 밝히고 그것에 대항해 국민의 단결을 이룩할 필요
가 있다는 감정이 커지게 되었다. 그에 따라 국가의 적들이 미국적 체제의
전복(subversion)을 위해 은밀히 활동하고 있다는 음모 이론(conspiracy
theory)이 나타나게 되었다. 이러한 위기의 분위기 속에서 맥카시즘이 출현
하게 되었다.

공화당과 맥카시의 분노

1950년 2월에 위스콘신 출신 상원 의원 조셉 맥카시(Joseph R. McAr-thy)는 버지니아의 휠링에서 민주당 행정부에 공산주의가 침투해 있음을 맹렬히 비난하는 연설을 하였다. 그의 비난은 특히 국무부에 집중되었다. "우리가 이처럼 속수무책의 상태에 놓이게 된 것은… 이 나라에서 아주 좋은 대우를 받고 있는 사람들의 반역(反逆) 행위 때문이다."고 그는 외쳤다. 국무부는 "공산주의자로 가득 차 있고," 따라서 미국에서 가장 위험한 사람은 국무장관 딘 애치슨이라고 그는 외쳤다.

맥카시 상원 의원은 국무부 안에 205명의 공산주의자들이 있고, 자신이 그 명단을 가지고 있다고 주장하였다. 나중에 맥카시는 그 숫자를 57명으로 줄였다가, 다시 81명으로 늘였다. 그 숫자가 얼마든 간에 맥카시의 진정한 의도는 미국 정부 안의 공산주의 세력과 싸우려는 것이었다. 그는 마샬 장군이나 아들라이 스티븐슨 지사와 같은 아무도 건드릴 수 없는 저명 인사들을 '반역자'(traitors)로 맹렬히 규탄하였다. 그리고 그는 대중을 움직이는 뛰어난 선동의 기술도 발휘하였다.

맥카시즘(McCathyism)은 동부의 명문 대학을 나온 '엘리뜨'에 대한 평민의 반감인 민중주의(populism)의 감정을 나타내고 있었다. 또한 그것은 지역적으로 도시 지역인 동부 기성체제(Eastern establishment)에 대한 농촌 지역인 중서부의 불만도 표현하고 있었다.

때마침 1948년의 선거에서 예기치 않았던 패배로 좌절감에 빠졌던 공화당은 맥카시의 폭탄 선언으로 활력을 얻었다. 그것은 공화당이 루즈벨트의 뉴딜 정책과 그의 유산인 트루먼의 페어딜 정책을 공격할 수 있는 좋은 기회였다. 어느 언론인의 말대로, 루즈벨트로부터 트루먼에 이르는 "한 세대가 심판대 위에 오르게 된 것이다." 심판대에 오

맥카시 : 미국적 전통주의자

른 것은 복지국가를 옹호하는 뉴딜 진보주의와 공산주의의 연루 관계였다.

맥카시와 맥카시즘의 영향력은 1950년 6월에 한국 전쟁이 일어나면서 더욱 큰 위력을 발휘하였다. 어느 누구도 맥카시 상원 의원의 행동을 억제하지 못하였다. 민주당은 물론 공화당도 그를 억제할 수 없었다. 상원의 한 위원회가 그의 국무부 비난을 "기만과 사기"라고 규탄하였음에도 불구하고, 맥카시는 그들의 규탄을 반박할 근거를 가지고 있었다.

그러한 근거 가운데 하나가 1950년의 간첩 로젠버그 부부 사건이었다. 로젠버그 부부(Julius & Ethel Rosenberg)는 공산당원으로서, 로스알라모스의 원자력 연구소에서 일하던 부인의 남동생으로부터 맨해튼 계획에 관한 정보를 빼내 간첩들을 통해 소련에 전달했다는 혐의를 받았다. 두 사람은 1951년 4월에 유죄판결을 받고 1953년 6월에 사형을 당하였다.

당시에 미국에서 반공주의가 폭넓은 지지를 받았다는 것은 1950년에 보안법(Internal Security Act), 즉 맥카란 법(McCarran Act)이 제정된 사실에서 확인된다. 이 법은 누구든지 "전체주의적 독재 체제의… 수립에 공헌하는 것"을 불법 행위로 규정하였다. 그리고 공산주의 조직에 가담한 사람은 정부에 등록해야 하며, 국방 관련 직장에 대한 취업이나 국외 여행이 금지되었다. 1951년에는 드니스 판결(Dennis et al. v. U.S.)로 11명의 공산당 간부가 유죄 판결을 받고 투옥되었다. 그 판결은 스미스 법의 정당성을 확인해 준 것이었다.

5. 진보주의의 쇠퇴

한국전쟁과 호경기

맥카시 선풍이 한창 불고 있던 바로 그 시기에 한반도에서는 냉전이 열전(hot war)으로 바뀌는 심각한 사태가 벌어지고 있었다.

한국 전쟁을 수행하기 위한 국가적 동원이 시작되자, 국민들은 제2차세계대전 당시의 물자 부족을 떠올리게 되었다. 그러므로 대중들은 설탕, 버터, 통조림과 같은 생활필수품을 미리 사두기 위해 식품점으로 몰려 갔다. 디트로이트의 자동차 공장들이 무기생산 체제로 전환될 것으로 예상했기 때문에, 국민들은 서둘러 자동차를 사려고 하였다.

전쟁으로 또 다시 군수 물자에 대한 주문이 쏟아져 왔다. 포드 자동차 회사는 B-36 폭격기 엔진을 제작하기 시작하였다. 공장들은 군화, 배낭, 붕대, 전투복에 대한 주문으로 분주해졌다. 예를 들어, 유에스스틸 철강 회사의 이윤은, 한국전쟁이 일어난 지 6개월이 지난 1950년 말에, 1917년 이후 최대를 기록하였다.

이처럼 연방 정부의 지출이 커짐에 따라, 또 다시 인플레이션이 일어나 경제를 위협하였다. 1948년부터 안정되었던 물가가 다시 뛰기 시작하였다. 그래서 물가는 한국전쟁이 일어난 지 8개월 만에 8퍼센트가 올랐다. 그러므로 1951년 6월에 정부는 임금과 물가를 동결했지만, 통제(統制)는 쉽지 않았다.

그럼에도 불구하고 공장들은 한국 전쟁에 따른 호경기(好景氣)로 분주해졌다. 그에 따라 국민총생산(GNP)과 개인 소득이 늘었고, 실업률도 떨어졌다. 그러나 민주당 행정부의 개혁 의지는 크게 후퇴하였다. 왜냐하면 전쟁 수행을 위한 국가적 동원이 '페어딜'의 개혁 정책보다 우선하고 있었기 때문이다. "국가 비상사태를 맞아 진보적인 활동은 모두 멈추어 버렸다."고 뉴딜 진보주의자인 상원 의원 휴버트 험프리는 불평하였다.

전쟁을 수행하는 과정에서 병무청은 18세에서 25세에 걸친 장정들을 징집하였다. 국민방위군과 예비역은 현역 복무로 전환되었다. 그러나 전쟁에 대한 열기는 제2차대전의 경우와는 전혀 비교될 수 없을 정도로 약하였다. "모두가 제대하려고 했지, 입대하려고 하지는 않는다."고 징집 책임자는 불평하였다. 가정이 있는 남자들은 독신자들을 우선적으로 징집해야 한다고 주장하였다.

1951년에 징집 연령을 18.5세의 어린 나이로 낮추자, 부모들은 항의하였다. 대학생들에 대해 징집 연기의 혜택이 주어지자, 대학에 입학하려는 청년들이 늘어났다. 그러나 전쟁이 빨리 끝날 전망은 없었다. 따라서 징집자만 계속 늘어날 뿐이었다. 그러므로 1950년에서 1952년 중엽에 이르는 시기에 미군 병력은 150만 명에서 360만 명으로 크게 늘어났다.

민주당 행정부의 부패

1952년의 대통령 선거가 다가오면서, 민주당이 정권을 잃을지 모른다는 예측이 강하게 제기되기 시작하였다. 한국전쟁에 대한 염증과 좌절감, 공산주의에 대한 두려움, 그리고 민주당 행정부의 용공성(容共性)에 대한 의심으로 트루먼 행정부에 대한 신뢰감은 크게 떨어져 있었다.

게다가 트루먼 대통령 측근들의 추문으로 사회가 떠들썩하게 되었다. 1933년 이후 장기 집권에 들어간 민주당이 부패상(腐敗相)을 보이기 시작했던 것이다. 트루먼 대통령이 임명한 공직자들 속에서는 정부 계약을 따도록 영향력을 행사해 주는 데 대한 대가로 5퍼센트의 뇌물을 받는 관행이 유행하였다. 그리하여 "5퍼센트 꾼"(five-percenters)이란 말이 생기게 되었다.

"나에게 가진 것이 있다면 그것은 영향력을 파는 일뿐"이라고 어느 공직자가 말하였는데, 이것이 당시 트루먼 대통령 측근들의 부패 의지를 엿볼 수 있는 좋은 실례였다. 따라서 1951년에 오면 트루먼에 대한 지지도는 23퍼센트의 최저치로 떨어졌다. 이제 민주당 행정부는 1948년의 선거처럼 또다시 위기를 맞게 된 것이다.

1952년의 선거와 공화당의 승리

1952년의 대통령 선거 운동이 시작되면서 공화당의 승리가 분명해진 듯이 보였다. 왜냐하면 공화당은 전쟁 영웅인 드와이트 아이젠하워(Dwight D. Eisenhower) 장군을 대통령 후보로서 영입했기 때문이다. 아이젠하워는 몇 년 전까지만 해도 군인이 공직에 출마하는 것이 적합하지 않다는 생각을 가지고 있었으나, 결국 생각을 바꾸어 공화당의 출마 제의를 받아들였다. "아이크"라는 애칭으로 불린 그는 미국인들이 가장 높이 평가하는 침착성, 점잖음, 소탈함, 자수성가의 미덕을 구현하고 있는 듯이 비쳤다. 공화당의 보수파들은 로버트 태프나 더글라스 맥아더를 후보로 내세우려 하였지만, 성공하지 못하였다.

부통령 후보인 리차드 닉슨(Richard M. Nixon)은 아이젠하워만한 인기는 없었지만, 그 대신 강력한 추진력을 가지고 있었다. 선거 운동 기간에 그는 캘리포니아 부자들이 모은 깨끗지 못한 돈을 몰래 받았다는 비난을 받았다. 그러자 그는 대담하게 텔리비전에 나가, 자기 가족이 받은 선물은 개 한 마리뿐이라고 해명하였다. 그리고 자기 딸이 개를 좋아 하기 때문에, 자기는 그것을 그대로 가지고 있을 것이라고 당당하게 주장하였다.

민주당은 아들라이 스티븐슨(Adlai Stevenson)을 대통령 후보로 내세웠다. 그는 일리노이 주지사로서 재담을 할 줄 아는 진보적(liberal)인 정치인이었다. 그리고 그는 벗어진 머리로 지식인을 상징하고 있었기 때문에 "달걀 머리"(Egghead)로 불리게 되었다.

시작부터 선거전은 공격적인 공화당에게 유리하였다. 아이젠하워는 한국전쟁을 끝내겠다는 적극적인 공약을 내세웠다. 그러나 맥카시즘과 같은 곤란한 문제에 대해서는 입을 다무는 애매한 태도를 보였다. 그러나 부통령 후보인 닉슨은 모든 문제에 대해 분명한 입장을 밝혔다. 그는 맥카시의 입장을 지지하고 민주당 행정부를 맹렬히 비난하였다. 그리고 그는 아들라이 스티븐슨을 가리켜 "딘 애치슨이 세운 겁많은 '공산주의 포위 대학'에서 박사 학위를 받은… 유화정책론자(appeaser)"라고 조롱하였다.

투표 결과는 예상대로 공화당의 압도적인 승리였다. 스티븐슨은 일반투표에서 2,700만표, 선거인단 투표에서 89표를 얻은 데 비해, 아이젠하워는 3,400만 표와 442표를 얻었다. 그 당시까지 최대 숫자인 6,150만이 투표장에 나갔다. 이 숫자는 1948년의 선거 때보다 1300만이 더 많은 것이었다.

공화당이 승리한 데는 여러 가지 요인이 작용하였다. 국민들은 2년 이상 지속되고 있는 한국전쟁에 염증을 내고 있었다. 또한 거의 1년 반을 끌어 오고 있는 휴전 협상에 대해서도 싫증을 느꼈다. 게다가 국민들은 백악관의 부패와 국무부의 용공성(容共性) 때문에 분개하고 있었다.

또한 공화당의 승리는 국민적 영웅으로서의 드와이트 아이젠하워의 개인적인 승리이기도 하였다. 아이젠하워 개인에 대한 지지의 감정을 표현하려는 마음에서 투표장에 나간 사람들이 많았다. 그 때문에 아이젠하워는 계층, 교육, 종교를 초월하여 다양한 사회집단들로부터 고르게 표를 얻었다. 심지어는 민주당의 아성인 남부의 4개주까지도 석권하였다. 아이젠하워의 인기에 편승하여, 공화당은 상원과 하원도 모두 장악하게 되었다. 그러나 상원에서의 다수세력 확보는 공화당 48석, 민주당 47석, 무소속 1석으로 이루어진 불안한 것이었다.

민주당 장기 집권의 종식

1953년초에 트루먼은 인기가 떨어진 상태에서 대통령 자리를 물러났다. 그는 대통령직에 취임했을 때도 인기가 없었다. 왜냐하면 국정 경험이 없는 부통령직에서 루즈벨트의 죽음으로 갑자기 대통령직을 계승하였기 때문이다. 그럼에도 불구하고 오늘날의 역사가들은 그를 10명의 훌륭한 대통령 속에 넣고 있다.

8년의 임기 동안에 그는 대통령직(presidency)의 권한을 크게 강화하였다. 냉전이 시작되자, 트루먼은 강경한 반공노선(anticommunism)을 표방하였다. 정부 안의 공산주의자들이 미국의 체제를 전복시키려 한다는 생각을 가지고 있었기 때문에, 그는 공무원의 충성도를 심사하였다. 또한 자신의 대외 정책에 대해 국민들로부터 지지를 얻기 위해, 그는 소련과 공산주의자들의 세계정복 야심을 과장해 알리기도 하였다. 그리고 그는 의회로부터 선전포고를 얻지 않은 상태에서 한국 전쟁에 개입하였다.

그러면서도 불구하고 트루먼은 사회복지(social welfare)를 확충하고 농민과 노동자를 돕기 위한 입법을 위해 투쟁한 뉴딜 진보주의자(New Deal liberal)로 행동하였다. 트루먼은 교육과 국민건강보험에 대한 연방정부의 지원이라는 큰 목표에 도달하는 데는 실패하였지만, 구체적인 문제에 있어서는 상당히 성공하였다.

그의 임기 동안에 최저임금은 시간당 40센트에서 75센트로 올랐다. 사회보장제도도 확충되어 수혜액(benefits)이 75퍼센트 인상되고, 혜택 대상자 속에 1천만 명이 추가되었다. 1949년에 국민주택법이 제정되어 연방정부가 저소득층을 위해 공공주택을 건설하려는 의지를 보였다. 그리고 그의 임기 후반에는 '페어딜' 정책에서 그는 흑인을 1급 시민으로 인정하려는 의지를 보였다.

그러므로 1953년에 그가 백악관을 떠날 때, 그는 앞으로 한 세대 동안 미국이 나가게 될 진보적 개혁(liberal reform)의 길에 큰 이정표를 세워 놓았다는 것이 확실하였다.

제 5 장

번영과 보수의 시기(1953~1960)

1. 아이젠하워와 합의의 정치

순응의 사회분위기

드와이트 아이젠하워(Dwight D. Eisenhower)는 성실히 일하며 살아온 인물이었다. 그는 드러내지 않고 일을 처리하는 스타일을 가졌고, 그 때문에 그는 자신의 정치적 역할을 선전하지 않으면서도 대통령으로서의 역할을 부각시키는 기술을 가지고 있었다.

아이젠하워는 대통령의 임무를 수행하는 과정에서 보좌관들에 대한 자문에 상당히 의존하였다. 그리고 그의 권한을 장관들에게 대부분 위임하고, 입법과정에 너무 깊숙히 개입하지 않으려고 하였다. 그리고 자주 골프장으로 도피하였다. 그리하여 그는 업무를 상세하게 파악하지 못하고 있다든가 또는 정부와 교류가 너무 적다는 비난을 받았다. 그럼에도 불구하고 그는 매우 인기있는 대통령이었다.

아이젠하워 대통령 임기 동안에 미국은 거의 예외 없이 현상유지(status quo)에 집착하였다. 대부분의 미국인들은 미국이 세계에서 가장 위대한 나라이며 그 잠재력은 무한하다는 믿음을 지니고 있었다. 경제적 성공의 상

아이젠하워 : 안정과 번영의 상징

징인 자동차, 텔레비전, 전원주택에 둘러싸인 중산층 미국인들은 미국의 꿈(American Dream)이 현실로 이루어진 듯 느꼈다.

그러면서도 그들은 냉전이 어떻게 치러져야 하는가에 대해 매우 걱정하고 있었다. 그 때문에 미국인들은 반공(反共)의 문제에 있어서는 하나가 되었다. 즉, 그들은 합의 분위기(consensus mood) 속에서 살고 있었다. 그러므로 영국의 어느 기자는 "미국인들은 미국사회의 완벽함에 대하여서는 만족감(complacency)을 보이고, 공산주의의 위협에 대하여서는 편집병(paranoia)을 가지고 있었다."고 묘사하였던 것이다.

이러한 만족스러운 시기에 변화와 개혁을 요구하는 것은 불필요할 뿐만 아니라 비애국적인 일로 생각되었다. 미국은 공산주의에 대항한 '십자군 전쟁'을 치르고 있었으므로, 국민은 정부를 비판하기보다는 지지해야 했다. 그러므로 역사가 헨리 스틸 코메저(Henry Steele Commager)의 말대로 사회의 거의 모든 곳에서 "무비판적으로 의심 없이 미국을 있는 그대로 받아들이는 순응(conformity)"의 태도가 스며 들어 있었던 것이다.

이러한 순응(順應)의 태도는 기성의 권위에 대한 존경심과 신뢰감을 일으켰다. 국민들은 정부, 기업, 노동, 군부, 종교, 교육 등 모든 분야에서 상층부의 지도자들이 결정하는 대로 순순히 따랐다. 그들의 지도자들과 마찬가지로 대다수의 국민들도 대중 운동(mass movements)을 두려워하였다. 그들은 민권운동과 같이 민주적인 목표를 지닌 대중운동조차도 안정을 위협한다는 이유로 꺼려하였다.

그 대신 사람들은 돈을 벌고 가족간의 유대감을 강화하는 데 관심을 가졌다. 그들은 자신이 낸 세금이 이상 사회를 건설하기 위한 개혁 운동에 쓰여지기보다는 강력한 미국을 만드는 데 쓰여지기를 희망하였다.

합의의 역사학

이와 같은 만족감과 순응의 분위기는 역사가들에 의해서도 표현되었다. 왜냐하면 역사가들은 바로 그와 같은 보수주의의 기질이 미국의 고유한 국민성(國民性)이라는 것을 강조했기 때문이다.

20세기 초에 진보적인 역사가들은 미국의 역사를 갈등(conflict)의 역사로 묘사하였다. 즉 그것은 부자와 가난한 자, 북부와 남부, 농민과 기업가 —은행가 사이의 대립의 역사였다. 따라서 그들이 미국의 역사 속에서 부각시키려고 했던 문제는 반란, 파업, 탄압, 전쟁과 같은 어두운 모습이었다. 그리고 그와 같은 어두운 과거상은 제2차대전이 일어나기까지 미국 역사학계를 지배해 왔다.

그러나 1950년대의 보수적인 역사가들은 미국의 과거를 밝게 묘사하기 시작하였다. 미국의 역사는 국민 사이의 합의(consensus)가 있었음을 보여준다고 그들은 주장하였다. 그들은 미국 사회에는 안정, 연속성, 문화적 통일성이 지배해 왔음을 지적하였다.

그들은 미국의 역사 속에는 계급적 대립으로 얼룩진 다른 나라들의 역사와는 다른 독특한 '미국적 경험'과 '미국적 성격'(American Character)이 있음을 지적하였다. 설사 과거의 미국에서 약간의 갈등적 요소가 있었고 그에 따라 이념적 대립이 있었다 하더라도, 1950년대에 이르러서는 무의미하게 되었다는 것이었다. 즉, 그들은 "이념의 종말"(end of ideology)을 주장하였던 것이다.

이러한 주제에 관하여 많은 역사책들이 출판되었다. 그 가운데 유명한 것으로서는 대니얼 부어스틴(Daniel Boorstin)의 〈미국인〉(*The Americans : The Colonial Experience*, 1958), 루이 하츠(Louis Hartz)의 〈미국의 자유주의 전통〉(*The Liberal Tradition in America*, 1955), 리차드 호프스태더(Richard Hofstadter)의 〈개혁의 시대〉(*The Age of Reform*, 1954), 데이비드 포터(David Potter)의 〈풍요한 국민〉(*People of Plenty*, 1954) 등이 있었다.

자유방임주의의 표방

'합의'(合意)의 시대에 아이젠하워 대통령은 "생명력 있는 보수주의(dynamic conservatism)"라는 철학으로 자신의 의무에 대하여 말하였고, 그것은 친기업적(親企業)인 태도로 나타났다.

아이젠하워 행정부가 "기업과 민간기업을 대변하는 행정부"였다는 사실은 한 언론인이 아이젠하워 내각을 "8명의 백만장자와 1명의 배관공"이라고 지칭한 사실에서 잘 나타났다. 이 말은 8명의 부자와 1명의 노동조합 지도자로 구성되어 있는 내각을 정확하게 설명한 것이었다.

아이젠하워와 그의 각료들은 대부분의 정부 예산이 제대군인 연금, 사회복지 혜택, 국가 부채에 대한 이자 지불과 같은 고정된 사회복지 항목에 쓰여지는 데 대해 불만이었다. 그러한 복지지출은 이전의 진보적인 민주당 행정부들이 빈민을 돕기 위해 만들어 놓은 프로그램에 따른 것들이었다. 그러므로 그들은 그러한 지출을 없애려고 하였다.

그럼에도 불구하고 공화당 행정부는 뉴딜(New Deal)과 페어딜(Fair Deal)의 복지 프로그램을 폐지할 수 없었다. 이와 같은 복지 프로그램을 폐지했을 경우에 빈민 대중의 반발을 일으킴으로써 정치적 손실이 올 것이기 때문이다. 따라서 아이크는 복지국가를 폐지하기 위해 어떤 과감히 예산을 삭감하지 않았다. 그 때문에 그는 공화당 우파로부터 "민주당 제2중대"라는 비난을 받았다.

결국 그는 보수적인 공화당의 노선과 진보적인 민주당의 노선 사이에서 중간 위치를 차지하려고 했던 것이다. 그리고 그는 그와 같은 타협을 현대적 공화주의(Modern Republicanism)라고 불렀다. 그것은 자유방임주의에 정부간섭주의를 적절히 배합한 중도적인 정치 노선이었다.

농업 지원금의 삭감 정책

그러나 농업 부문에 있어서 아이젠하워 행정부는 자유시장과 균형 예산의 원칙에 충실하려고 하였다. 따라서 민주당 행정부가 만들어 놓은 연방정부의 농업지원 정책을 철회하고 뉴딜 이전의 자유방임 상태로 되돌리려고 하였다.

1930년대 뉴딜 정책 이후 연방정부는 농민들에게 지원금을 지급해 왔다. 지원액은 농산물의 시장가격과 그보다 더 높은 평형가격(parity price)의 차액에 해당하는 것이었다. 평형가격이란 농민들이 공산품에 대해 유리하다고 생각하는 비율의 농산물 가격이었다. 농민들에게 막대한 지원금을 주는 대가로 정부는 농산물을 받았고, 그렇게 해서 모아진 잉여 농산물은 정부 창고에 저장되었다. 시간이 흐름에 따라 농민들에게 주는 지원금의 액수는 더욱 더 커져 갔다. 그에 따라 정부 창고는 밀을 비롯한 잉여 농산물들로 가득찼다.

게다가 화학비료와 기계의 사용으로 농산물 생산이 더욱 더 증가하면서, 농업 문제는 더욱더 심각해져 갔다. 과잉 생산의 계속됨에 따라 농산물 가격은 계속 하락하였고, 그에 따라 농민들의 구매력도 계속 떨어졌다. 그러므로 수백만에 이르는 소규모 자영농들은 농사를 아예 포기하였다. 그러므로 아이젠하워 행정부는 농산물의 생산을 줄이기 위해 정부 지원금을 줄이려고 하였다.

그러나 아이젠하워 행정부는 정치적인 이유로 농민에 대한 지원금을 크게 줄일 수 없었다. 그래서 1954년의 농업법(Agricultural Act)은 90퍼센트의 평형 가격을 겨우 75퍼센트로 내렸을 뿐이었다. 그리고 1956년의 토지은행법(Soil Bank Act)을 제정함으로써 경작지를 줄이는 농민들에게 또 다시 정부보조금을 주었다. 그 결과로 정부는 농민에게 더욱 더 많은 돈을 지급했고, 그에 따라 잉여산물은 더욱 많아졌다.

이러한 결과는 아이젠하워 대통령에게는 불쾌한 것이었다. 그 때문에 그는 나중에 농업지원 프로그램이 "국가적 수치"였다고 말하였다. 그럼에도 불구하고 공화당 행정부는 선거에서 농민표를 의식한 나머지 이전에 민주당 행정부들이 만들어 놓은 농업지원 정책을 포기할 수 없었다.

공공사업 추진의 계속

그러나 아이젠하워는 다른 문제들에 있어서는 정부 간섭 정책을 당연한 것으로 받아들였다. 1954년에는 몬트리얼과 이리호를 연결하는 운하를 건설하는 거대한 공공사업, 즉 세인트로렌스 수로건설 사업(St. Lawrence Sea-way project)이 의회에서 승인을 받았다. 이 사업은 대서양과 오대호를 운하로 연결함으로써 중서부의 경제 발전을 촉진시키려는 것이었다. 아이젠하워 대통령이 이 사업을 캐나다와 합동으로 추진하려 한 데는 양국의 안보 관계를 강화시키려는 계산이 작용하였다.

1954년에 아이젠하워는 1936년의 사회보장법(Social Security Act)을 보완하기 위한 수정안에 서명함으로써, 750만의 근로자들에게 사회 보장의 혜택이 돌아가도록 하였다. 새로운 수혜자의 대부분은 자영농이었다. 1954년의 주택법(Housing Act)은 도시 재개발 계획으로 집을 잃은 저소득 가정에게 주택건설을 위한 연방정부의 자금을 제공하려는 것이었다.

1956년의 고속도로법(Highway Act)은 4만1,000마일의 주간 고속도로(interstate highway)를 건설하기 위해 13년 동안 310억 달러를 지출할 것을 허락하였다. 그것의 건설 목적은 병력의 이동과 교역의 활성화였다. 이 사업에 필요한 막대한 자금은 휘발유세의 부과로 대부분 충당되도록 하였다. 이와 같은 주간 고속도로 건설 계획은 미국 역사상 가장 큰 규모의 공공사업이었다. 그것은 관광산업을 활성화시키고 교외 지역의 발전을 가속화하였다. 그러나 그것은 이미 병든 철도 산업을 돌이킬 수 없는 지경까지 약화시켰다.

인디언 보호정책의 종식

1953년에 의회는 인디언 보호구역을 철폐하고 연방정부의 혜택을 없애기 위해 새로운 "종료(termination)"정책을 채택하였다. 아이젠하워 행정부는 의회의 이와 같은 정책을 환영하였다. 왜냐하면 그것은 연방정부의 지출을 줄이게 될 뿐만 아니라 인디언 문제를 주 정부에 떠넘길 수 있기 때문이었다.

그러나 대부분의 인디언들은 이 정책이 인디언의 땅을 빼앗으려는 백인들의 음모라고 비난하였다. 이 법의 제정으로 1954년과 1960년 사이에 연방정부로부터 혜택을 받지 못하게 된 부족은 61개에 이르렀다. 그리고 8명 가운데 1명이 적은 재정착금을 받고 보호구역을 떠났다.

  새로운 정책의 시행으로 많은 인디언들이 도시 빈민으로 바뀌었다. 1969년 한 상원 위원회의 보고서는 오레곤 주의 클라마트(Klamath)의 부족들이 이 정책으로 고통을 받고 있음을 보여 주었다. "그들의 대부분은 주가 운영하는 정신치료 기관에 수용되어 있다."고 그 보고서는 지적하였다. 이 정책은 1960년대에 중단되었지만, 그때 즈음에 인디언들은 인간으로서 감당하기 어려운 비극을 맞고 있었다. 아이젠하워 행정부의 예산절감 정책은 인디언 원주민들의 삶을 극적으로 바꾸어 놓았던 것이다.

1956년의 선거와 재정적자 문제

  1956년의 대통령선거를 앞두고 아이젠하워는 심장마비로 고통을 받았다. 그렇지만 그는 수개월내에 다시 기력을 회복하였다. 안심한 공화당은 그를 다시 대통령 후보로 지명하였다. 민주당은 스티븐슨(Adlai E. Stevenson)을 다시 지명하였다.

  1956년의 대통령 선거전에서 두 당은 거의 비슷한 정강을 내놓았기 때문에 열기가 없었다. 최근에 헝가리 봉기에 대한 소련군의 무자비한 진압, 수에즈 운하 위기와 그에 따른 중동 전쟁이 일어났기 때문에, 선거 분위기는 군인 출신의 아이젠하워에게 유리하게 되었다. 아이젠하워는 민주당의 아들라이 스티븐슨에 대해 압도적인 승리를 거두었다. 그러나 그것은 공화당의 승리가 아니라 그의 개인적인 승리였다. 왜냐하면 국회의원 선거에서는 민주당이 계속 다수 의석을 확보하였기 때문이다.

  두번째 임기에 들어가면서 아이젠하워는 연방예산을 늘려야 하고 그 때문에 적자지출(deficit spending)을 각오해야 한다는 것을 알게 되었다. 왜냐하면 해외 문제에 대한 미국의 개입이 더욱더 요구되고 있었기 때문이다.

  그 결과로 1959년에 연방 정부의 지출은 920억 1,000만 달러로 증가하였고, 그 가운데서 거의 절반이 국방비로 나갔다. 이 예산은 평화시의 예산으로서는 미국 역사상 최고의 적자를 기록한 것이었다. 그의 행정부가 적자지출의 방법에 의존하게 된 이유 가운데 하나는 경기불황의 여파를 막기 위한 것이었다. 불경기 기간에 실업이 늘어남으로써 연방정부가 거둬들이는 세금도 감소하였다.

그럼에도 불구하고 대부분의 미국인들은 잘 살았다. 그리고 1950년대 전반에 걸쳐 아이젠하워 행정부는 인플레이션을 억제하는 데 성공하였을 뿐만 아니라 오히려 1퍼센트 내리는 업적까지 남겼다.

1957년에 소련이 인류 최초의 인공 위성인 스푸트니크를 쏘아 올리자, 다음 해인 1958년에 아이젠하워는 국방교육법(National Defense Education Act)에 서명하였다. 이 법으로 대학생들은 학자금 융자를 받게 되었고, 연방정부는 과학과 외국어 교육을 강화하기 위하여 각 주에 재정적인 지원을 할 수 있게 되었다. 이 법은 성공을 거두었다.

그러나 곧 이어 아이젠하워 행정부는 곤경에 빠졌다. 경기침체, 농민들의 불만에 덧붙여, 대통령의 수석 보좌관이 직권을 남용함으로써 사임하지 않을 수 없었다. 게다가 공화당은 1958년의 중간선거에서 의석을 많이 잃는 불운까지 겹쳤다. 그 결과, 이제 민주당은 상원에서 64대 34로, 하원에서는 282대 154로 압도적인 다수파를 형성하게 되었다. 따라서 두번째 임기 마지막 2년 동안 아이젠하워는 통치력을 제대로 행사할 수 없는 어려운 지경에 빠졌다. 민주당이 압도적으로 우세한 의회 앞에서는 어떤 대통령도 버티기 어려웠던 것이다.

민주당이 우세한 의회는 빈민을 돕고 국가 안보를 강화한다는 명분에서 막대한 복지비와 국방비를 지출하게 될 법안들을 통과시켰다. 아이젠하워 대통령은 그러한 법안들이 국가를 빚더미 위에 올려 놓을 "어리석은 제안들"이라고 비난하였다. 그 때문에 그는 의회가 통과시킨 법안들에 대해 여러 차례에 걸쳐 거부권을 행사하였다. 그럼에도 불구하고 1960년 말에 국가 채무는 2,860억 달러라는 엄청난 액수에 이르렀다.

2. 맥카시즘의 쇠퇴

맥카시와 아이젠하워

아이젠하워 대통령의 첫번째 임기 동안 그의 행정부를 가장 곤혹스럽게 만들었던 문제는 공화당 우파인 조셉 맥카시(Joseph MaCarthy) 상원의원의 과격한 반공(反共) 운동이었다. 맥카시 상원 의원은 정부 안의 위험한 용공분자들을 찾아 공격하였다. 그리고 그 과정에서 정치적 공정성, 위신, 인권에 관한 침해 현상이 일어났다.

온건한 성품의 아이젠하워 대통령은 자신과 같은 공화당원인 과격한 맥카시를 좋아하지 않았다. 그러므로 그는 맥카시와 정면으로 대결하려고 하지 않았다. 그와의 대결은 공화당을 우파와 중도파로 분열시킬 것이기 때문이다. 대신에 그는 자기를 대신해서 언론과 국회가 맥카시를 공격해 주기를 희망하였다.

아이젠하워는 간접적으로 맥카시를 쓰러뜨리는 전략을 사용하였다. 그래서 그는 공화당적인(Republican) 것을 앞세우면서 '새로운' 또는 '현대적'이라는 말을 붙이게 되면, 그것에 반대하는 맥카시 일파가 공화당을 탈당하여 제3당을 만들 것이라고 생각하였다. 그렇기 때문에 아이젠하워 대통령은 맥카시의 격렬한 반공 운동을 견제하지 않았다. 맥카시가 정부 안에 용공(容共) 세력들이 있다는 이유로 행정부를 비난하기 시작했는데도 불구하고, 아이젠하워는 그에 대해 아무런 견제도 하지 않았다.

오펜하이머 사건

그럼에도 불구하고 아이젠하워의 공화당 행정부는 맥카시처럼 반공주의(anti-Communism)의 기치를 내걸었다. 그의 행정부는 1953년의 시행령으로 트루만 행정부가 시작한 충성도 심사 계획(loyalty program)을 더욱 더 확대하였다. 아이젠하워 행정부는 정부 안의 "안보적으로 위험한 인물들"을 해고시키고 그 명단을 발표하였다. 아이젠하워는 1953년 6월에 반역죄로 기소된 로젠버그(Julius & Ethel Rosenberg) 부부에 대한 사면을 거부하였다. 따라서 로젠버그 부부는 처형되었다.

1953년말에 아이젠하워는 핵에너지 위원회 의장의 요청으로 오펜하이머(J. Robert Oppenheimer) 박사의 신원보증을 중지하였다. 오펜하이머는 제2차 세계대전 기간에 로스알라모스에서 핵폭탄 제조를 지휘하였던 유명한 물리학자였다. 오펜하이머는 죄목은 국가를 배반하였거나 안보를 위협하였다는 의심을 받았을 뿐만 아니라 전후에 정부의 수소폭탄 개발 계획에 반대하였던 것이다.

아이젠하워 행정부는 1954년에 공산주의자 통제법(Communist Control Act)을 제정하였다. 이것은 사실상 공산당 가입을 불법화한 법으로서, 반공 문제에 관한한 보수주의자든 진보의자(liberal)든 간에 모두가 합의하고 있음을 보여 주었다. 왜냐하면 미네소타 출신의 민주당 상원의원으로서 진보주의자인 휴버트 험프리(Hubert H. Humphrey)마저도 투표하기 바로 전에 동료에게, "모든 통로를 다 막아버렸기 때문에 이제 쥐들(공산당원들)은 함정을 빠져 나가지 못하게 되었다."고 말했기 때문이다. 그 법은 상원에서 만장일치로, 하원에서는 265대 2로 통과되었다.

상원의 맥카시 탄핵

맥카시 상원의원의 반공 운동은 그 정도가 지나쳤음이 드러났다. 그의 과격한 행동은 상원과 국민대중이 참을 수 있는 한계를 넘어서고 말았던 것이다. 그는 수백만의 텔레비젼 시청자들이 지켜보는 앞에서 군부를 공격하는 실수를 저질렀다. 그는 미국 육군이 공산주의자들을 보호하고 승진시키고 있다고 공격하였다.

그 결과로 1954년에 상원 소위원회의 주관으로 육군-맥카시 청문회가 열렸다. 그러나 청문회는 맥카시의 몰락을 재촉하는 결정적인 계기가 되었다. 왜냐하면 그는 청문회에서 용공 혐의에 대한 명확한 증거를 제대로 제시하지 못했을 뿐만 아니라 증인들을 다루는 데 있어서 거칠은 태도를 보였기 때문이다.

마침내 맥카시는 육군 고문 변호사인 조셉 웰치(Joseph Welch)의 반격을 받아 위신을 잃게 되었다. 그것을 계기로 의회는 1954년에 67대 22로 그를 탄핵하는 결의안을 채택하였다. 그가 탄핵을 당한 이유는 헌법의 인권 조항(Bill of Rights)을 위반한 것이 아니라 무례한 행동으로 상원의 위신을 떨어뜨린 것이었다. 탄핵 후에도 그는 계속 상원의원으로 남아 있었다. 그러나 과로로 1957년에 48세로 세상을 떠났다. 아이젠하워 대통령은 맥카시가 제거된 것에 만족해 하였다.

그러나 상원, 민간 단체, 공공기관에 속한 다른 우파들은 공산주의 동조자라고 생각된 진보주의자들을 계속 공격하였다. 예를 들어서 뉴욕 시립대학은 18명의 진보적인 교수들을 해고하였다. 그리고 공산주의자의 혐의를 받은 몇몇 연방정부 관리들도 해고되었다. 이처럼 1950년대의 반공 운동은 헌법의 인권 조항을 침해하는 결과를 가져왔으나, 그것을 대가로 사회 전체에서 합의(consensus)의 분위기는 계속 유지될 수 있었던 것이다.

3. 민권운동의 태동

브라운 판결과 리틀록 위기

아이젠하워는 민권운동이 활발하게 전개되는 것을 환영하지는 않았다. 그는 대통령으로서 트루만 행정부에서 시작된 군대에서의 인종차별 철폐 작업을 마무리지었지만, 그 문제를 더 이상 진전시키기를 원하지 않았다.

그러나 흑인지도자들은 점점 흑인들이 백인 지배 사회에서 2류 시민으로 차별을 받고 가난한 처지에 놓이게 된 데 대해 항거하는 소리를 높였다. 따라서 그들은 더 많은 것을 요구하게 되었다. 전국유색인지위향상협회(NAACP)는 법정에서의 흑백격리를 공격하였다. 그리고 젊은 흑인들은 파업, 연좌농성(sit-in), 시위와 같은 직접적인 행동을 개시하였다.

1954년에 전국유색인지위향상협회(NAACP)는 흑백분리에 대하여 역사적인 승리를 거두었다. 대법원이 〈브라운 대 토피카 교육위원회〉(Brown v. Board of Education of Topeka) 판결에서 학교에서의 흑백차별을 금지하였던 것이다. 그것은 그 판결을 낳게 한 인종차별 사건이 벌어진 캔사스 주뿐만 아니라, 전국에서 일어난 사건들에도 동일하게 적용될 수 있었다.

대법원 판사 얼 워렌(Earl Warren)이 기술한 판결문은 "공공교육에 있어서 '분리하되 동등한'(seperate but equal) 시설을 마련해 주면 된다는 원칙은 더 이상 용납될 수 없다. 분리된 교육 시설은 본질적으로 불평등한 것이다."라고 결론을 내렸다. 왜냐하면 그러한 '분리하되 동등한' 시설은 흑인 아이들에게 "열등감을 느끼게 하고, 그 결과로 그들의 마음과 정신에 파멸적인 영향을 미칠 것이다."고 판결문은 주장하였다. 브라운 판결이 있은 지 1년 후, 대법원은 모든 학교에서 흑백분리를 철폐하도록 요구하였다.

북부와 인접한 몇몇 변경주들은 이 명령을 신속하게 시행하였다. 그렇지만 남부 사회의 대부분은 대법원의 브라운 판결을 무시하였다. 남부의 전문직업인들과 기업인들은 이 명령에 대항하기 위하여 백인시민위원회(White Citizens' Councils)를 조직하였다. 이 조직은 부유한 백인들로 이루어졌기 때문에, 흔히 "부자 동네 큐클럭스클랜"(uptown Ku Klux Klan)으로 불리게 되었다. 이 조직은 경제력을 이용하여 흑인 민권운동가들을 압박하였다. 그들은 흑인들에 대해 대출을 금지하고, 직장에서 쫓아 내고, 외상판매를 거부하였다.

그에 따라 "클랜"(KKK) 자체가 되살아났다. 남부의 주 정부들은 사립학교에 다니는 백인 아이들에게 등록금을 대줌으로써 대법원의 판결에 저항하였다. 그리고 그것은 효과적인 저항수단임이 판명되었다. 또한 주 정부는 대법원의 판결을 거부하기 위해 흑백통합이 이루어진 공립학교를 폐쇄하기도 하였다.

아이젠하워 대통령은 흑백통합 문제를 둘러싸고 남부 주들과 대립할 마음이 없었다. 그는 공화당이 남부에서 지지기반을 확대시켜 가기를 바라고 있었다.

그러나 흑백통합 문제를 회피해 보려는 아이젠하워 대통령의 희망은 무너지고 말았다. 1957년 9월에 아칸소 주지사는 아칸소 주 수도 리틀록에 있는 센트럴 고등학교의 점진적인 흑백통합(desegregation) 계획을 막으려고 하였다. 그래서 주지사는 아칸소 방위군(National Guard)을 동원하여 흑인학생의 입학을 막았다. 그러나 한 달도 못 되어 아칸소 주지사는 연방판사의 명령에 굴복하여 방위군을 학교에서 철수시키지 않을 수 없었다. 그에 따라 8명의 흑인 학생들이 센트럴 고등학교에 입학할 수 있게 되었다.

그러나 그 학생들은 수백 명의 백인들로부터 심한 야유를 받았다. 다음 날 아이젠하워 대통령은 흑인 학생들의 신변을 보호하기 위하여 아칸소 주 방위군을 연방군으로 바꾸어 학교에 주둔시켰다. 그리고 1천여 명의 공수부대를 파견하였다. 연방군은 그해 말까지 학교에 주둔하였다. 그러나 리틀록의 주 정부 관리들은 흑백통합을 회피하기 위해 1958년과 1959년에 모든 공립 고등학교를 폐쇄함으로써 대법원의 판결에 저항하였다.

몽거메리 버스 승차거부와 연좌농성

그 동안 흑인들의 민권운동은 알라바마 주에서 활발히 진행되고 있었다. 1955년 12월에 알라바마 주의 수도 몽메거리에서는 로사 파크(Rosa Park)로 불리는 젊은 흑인 여성과 관련하여 흑백충돌이 일어났다. 그녀는 공영버스에서 백인 승객에게 자리를 양보하지 않았기 대문에 체포되었다. 알라바마의 주법에 따르면, 흑인들은 버스 뒷좌석에 앉아야 했던 것이다.

이에 대한 항의로 흑인들은 1년 동안 시내버스타기 거부 운동(boy-cott)을 벌였다. 흑인들은 걸어 다니거나 승용차를 같이 탔다. 흑인들의 동참 의식은, "내 발은 몹시 피곤하다. 그러나 내 영혼은 평온하다."고 말한 한 흑인 여성의 말 속에서 잘 나타났다. 1년간에 걸친 승차거부로 버스회사는 거의 파산지경에 이르렀고, 상인들도 큰 타격을 입었다.

그러므로 몽거메리 시 관리들은 흑인들을 위협하여 '보이콧트'를 중지시키려고 하였다. 그러나 이 사건에서 흑인 지도자로 떠오른 젊은 목사 마틴 루터 킹(Martin Luther King, Jr)은 흑인들에게 인내와 지속을 요구하였다. "이것은 백인과 흑인의 싸움이 아니라 정의와 불의의 싸움이기 때문이다."고 그는 그 이유를 말하였다.

몽거메리 버스 승차 거부 사건 당시 마틴 루터 킹은 27세의 침례교 목사였다. 그는 애틀란타에서 태어나 보스톤 대학교에서 박사학위를 받은 지 얼마 안 되는 젊은 목사였다. 그는 인도의 지도자인 간디의 정신에 따라 비폭력(nonviolence) 방식의 항의를 주장하였다. 비록 감옥에 잡혀가고 그의 집 바로 앞에서 폭탄이 터졌지만, 그는 평화주의자의 입장을 계속 밀고 나갔다.

그가 흑인에게 가르친 것은 "공포로부터의 해방"(absence of fear)이었다고 흑인 지도자 베이야드 러스틴(Bayard Rustin)은 기억하였다. "킹 박사는 사람들에게 그들이 자신들이 생각한 것보다 더 많이 커지고, 강해지고, 용감해지고, 더 사랑할 수 있다고 느끼게 만드는 놀라운 기술이 있었

마틴 루터킹 : 비폭력 민권운동가

다."고 그는 말하였다. 1956년에 대법원은 알라바마 주의 흑백분리가 위헌이라는 판결을 내림으로써 몽거메리의 흑인들은 승리를 거두었다.

그리고 의회가 1957년의 민권법(Civil Rights Act)을 제정하고 그에 따라 연방민권위원회(U. S. Commission on Civil Rights)가 창설됨으로써, 흑인들은 다시 한 번 승리하였다. 3년후에 의회는 흑인들의 투표권 행사를 강화하기 위한 법을 제정하였다.

마틴 루터 킹은 1957년에는 민권운동을 규합하기 위해 만든 남부 기독교 지도자 회의(SCLC)의 의장이 되었다. 그러나 흑백통합의 추진이 순조롭지 못하였으므로, 흑인들은 연좌농성(sit-in)이라는 새로운 방법을 시도하였다.

그것은 1960년초에 그린스보로에서 시작되었다. 노스캐롤라이나 농업기술대학에서 온 4명의 흑인 학생이 음식점의 백인 좌석에 앉아 커피를 주문하자, 그들은 주문을 거절당했을 뿐만 아니라 심한 욕설과 함께 매를 맞았다. 그렇지만 그들은 자리에서 꼼짝도 하지 않았다. 여기서 시작된 연좌농성 운동은 남부에서 퍼지고, 또한 북부로 번져 나갔다. 그 결과로 많은 공공 장소에서 흑백분리가 폐지되었다.

연좌농성의 결과에 고무된 흑인학생들은 1960년 가을에 비폭력학생 협력위원회(SNCC)를 조직하였다. 이 조직은 성난 백인들에 맞서 "우리 승리하리라(We Shall Overcome)"라는 오래된 찬송가를 부르며 인종차별의 관행에 도전하였다. 그 이후로 그 찬송가는 민권운동가로 자리를 굳혔다. 그 노래 가사 속에는, "두려움이 없네"(We are not afraid)라는 귀절도 있었다.

4. 아이젠하워와 냉전

덜레스의 스타일

아이젠하워는 대통령이 되기 전에 국내문제보다 외교정책에 더 경험 있는 인물이었다. 그는 군인으로서 유럽, 아시아, 남미에 주둔했거나 여행했던 적이 많았다. 제2차 세계대전 기간에는 연합군 총사령관으로서, 유럽에 대해 잘 알게 되었다. 그리고 그는 세계 지도자들과 협상하고, 국제 문제에 관한 어려운 결정을 내렸던 경험도 많았다.

전쟁후 그는 '나토' 최고 사령관으로 일하면서 핵무기개발문제에 대해서도 알게 되었다. 대부분의 미국인들처럼 그는 공산주의의 위협을 잘 알고 있었을 뿐만 아나라, 그것으로부터 미국이 세계를 지켜야 한다는 냉전의 논리를 받아들였다.

그러나 아이젠하워는 늙어가는 영웅이었다. 따라서 그는 대통령이 된 다음 외교 문제에 있어서는 국무장관 존 포스터 덜레스(John Foster Dulles)에게 많이 의존하였다. 아이젠하워와 덜레스의 관계는 상호 협동적이었다. 두 사람은 기본 정책에 대해 의견이 같았다. 따라서 아이젠하워 대통령은 덜레스 국무장관을 믿고 그에게 외교에 관한 권한을 전적으로 위임하였다.

덜레스는 경험이 많고 세련된 사람이었다. 그는 마치 전 생애를 국무장관이 되기 위해 준비하며 살아온 사람 같았다. 그는 프린스턴 대학교에서

공부하였고, 조지 워싱턴 대학교 법과대
학원에서 변호사로 훈련받았다. 일찍이
1919년에 베르사이유 조약이 체결될 당
시에 그는 젊은 나이로 우드로우 윌슨
대통령을 보좌하였다. 그 다음 뉴욕 월
스트리트의 유명한 법률회사의 거물 법
률가로서 근무하면서도, 그는 수시로 국
제 문제에 개입하였다. 그리고 그는 독
실한 프로테스탄트 교도로서 연방교회
협의회(Federal Council of Churches)

덜레스 : 기독교적 반공주의자

의 세계평화를 위한 프로그램에도 관여하였다. 또한 그는 트루만의 민주당
행정부가 일본과 평화 조약을 체결하는 것을 도왔다.

아이젠하워 대통령처럼 덜레스 국무장관도 맥카시 일파(the McCar-
thyites)의 말을 많이 들어 주었다. 그는 맥카시 상원의원의 심복인 스코트
맥레오드(Scott MacLeod)를 국무부의 고위층 안보담당 관리로 임명하였
다. 맥레오드는 국무부가 사회주의자들로 오염되고 있다는 맥카시의 주장을
실제로 증명하고자 하였다. 그래서 그는 공산주의자로서 의심이 가는 관리
들을 국무부에서 쫓아 냈다. 그는 공산주의자와 뉴딜 진보주의자의 차이를
별로 인정하지 않았다.

덜레스의 외교정책

아이젠하워와 덜레스는 트루만의 봉쇄정책(containment policy)을 대
부분 물려받았다. 그러나 그들은 자신들의 공화당 행정부와 트루만의 민주
당 행정부를 구분하기 위하여 몇 가지 새로운 용어를 사용하였다. '봉쇄'라
는 용어가 지나치게 방어적이라고 생각되었기 때문에, 국무장관 덜레스는
'해방'(liberation)이라는 적극적인 용어를 사용하였다. 그러나 동유럽의 나
라들이 소련의 지배로부터 어떻게 해방될 수 있는지 구체적인 방법에 대해
서는 설명하지 않았다.

또한 아이젠하워 행정부는 '대량보복'(massive retaliation)이란 말을

사용하였다. 그 말은 소련이나 중공이 공격적인 행동으로 나올 경우에 핵무기로 대응한다는 것을 의미였다. 그 말은, "만약 그들이 어떤 행동이라도 한다면, 그들을 모두 지옥으로 날려 보내버릴 능력이 있음을 보여주는 것"이라고 아이젠하워는 말하였다. 미국이 이처럼 위협할 수 있었다는 것은 전쟁에 대한 억제(deterrence)의 능력이 있음을 의미였다.

'대량보복'과 '억제'의 개념을 토대로 하여 아이젠하워와 덜레스는 미국 군사 정책의 '새로운 시각'(New Look)을 체계화하였다. 그들은 재래식 무기 대신 공군력과 핵무기를 강조하였다. 그것은 연방정부 예산을 줄이려는 의지와도 관련이 있었다. 이와 같이 막강한 군사력을 가지고 미국은 1950년대에 '벼랑 외교'(brinkmanship), 즉 위기가 왔을 때 미국은 전쟁 직전까지 가지만 결코 물러나지 않는다는 정책을 시행하려고 하였다.

또한 아이젠하워는 '도미노 이론'(domino theory)을 대중화시켰다. 이것은 작고 약한 나라는 미국이 도와주지 않으면 도미노 게임의 패처럼 연쇄적으로 공산주의에 의해 무너진다는 주장이었다. 즉, 그것은 제3세계의 변화에 대해 세계주의적인 관점(globalist perspective)에 입각해서 보고, 소련, 중공, 중립주의, 공산주의, 사회주의, 민족주의, 혁명에 반대하는 외교 노선의 선택을 의미하였다.

1953년에 소련의 스탈린이 죽자, 아이젠하워는 미-소 긴장 관계의 완화를 희망하였다. 그러나 실제로는 해빙과 긴장이 되풀이되었다. 두 강대국은 핵 운반 체계를 개발하였기 때문에, 핵무기 경쟁은 더욱 더 가속화하였다.

1952년 11월에 미국은 최초의 수소폭탄을 폭발시켰다. 그리고 1954년 3월에는 미국이 지금까지 시험한 폭탄중에서 가장 큰 폭탄이 폭발하여 태평양의 비키니 섬이 파괴되었다. 이 수소폭탄의 위력은 15메가톤으로서, TNT 1,500만 톤에 해당하는 것이었다. 그것은 히로시마에 떨어뜨렸던 원자폭탄의 750배에 해당하는 위력을 지니고 있었다.

이 실험으로 비키니 섬 근처에서 고기를 잡던 일본 어선에 방사성 먼지가 쏟아져, 선원들은 구토, 열, 수포 등으로 고통을 받았다. 결국 그 가운데 한 사람이 죽어 수소폭탄에 의한 최초의 희생자가 되었다. 소련은 1953년에 수소폭탄을 개발하였다.

스푸트니크의 충격

1957년 10월에 소련은 스푸트니크(Sputnik)라 불리우는 인공위성을 쏘아 올려 미국을 놀라게 하였다. 그리고 두 달 전에는 소련 기술자들이 최초의 대륙간 탄도 미사일(ICBM)을 발사하는 데 성공하였다. 그에 따라 미국인들은 공중전과 로케트 기술에 있어서 소련에 뒤지고 있다고 느끼게 되었다.

이에 대항해 미국도 곧 대륙간 탄도 미사일을 개발하는 동시에 장거리 폭격기(B-52) 부대를 확장하였다. 그리고 미국은 소련을 겨냥한 중거리 미사일을 유럽에 배치하였다. 또한 미국은 1960년대 말에는 중거리 폴라리스(Polaris) 유도탄을 실은 잠수함을 생산하였다. 그리고 미래의 기술향상을 위하여 국립항공우주국(NASA)이 1958년에 창설되었다.

군사전문가들은 미국이 소련과의 미사일 경쟁에서 뒤떨어지고 있다고 아이젠하워 행정부를 비난하였다. 그에 따라 그들은 이른바 "미사일 격차(Missile gap)"의 문제를 제기하였다. 그럼에도 불구하고 1950년대가 끝날 즈음에 미국은 B-52 장거리 폭격기, 잠수함에 장착된 미사일(SLBM), 및 대륙간 탄도 미사일(ICBM)의 3개 부문에 있어서 우세했기 때문에, 전략적으로 소련에 대해 압도적인 위치에 있었다.

그러면서도 아이젠하워 대통령은 소련과의 핵무기 경쟁의 위험성을 우려하였다. 그는 핵 전쟁을 두려워하였을 뿐만 아니라 무기 개발에 들어가는 막대한 비용으로 정부 예산의 균형이 깨지는 것을 우려하였다. 1953년에 〈평화의 기회〉(Chance for Peace)라는 연설에서 그는, "권총, 군함, 로케트의 생산은 결국 춥고 배고픈 사람들로부터 도둑질한 것이다… 1개의 최신 장거리 폭격기를 만드는 데 드는 비용은 30개 도시에 벽돌건물 학교를 세울 수 있는 엄청난 액수이다."고 말하였다.

핵정책 합리화 연합(Sane Nuclear Policy)과 같은 시민 단체들도 핵무기 경쟁을 끝내기 위한 압력을 행사하였다. 이 단체는 1957년에 조직된 것으로서 흔히 '세인'(SANE)으로 불리었다.

군비축소 회담

그에 따라 아이젠하워 대통령은 신중하게 군비축소안을 제시하였다. 그러나 그는 소련을 믿지 않았기 때문에 군비축소는 결코 제 1순위의 현안이 못 되었다. 실제로 그는 미국의 군사적 우위가 계속 유지되기를 바라고 있었다.

1953년에 아이젠하워는 "원자력의 평화적 이용 계획안"(atoms for peace initiative)을 제시하였다. 그것은 유엔의 감독하에 핵 물질을 산업화에 사용할 것을 촉구한 것이었다. 그리고 1955년에 그는 "공중 사찰 계획 (open skies proposal)"을 내놓았다. 이것은 기습 공격의 기회를 줄이기 위하여 미국과 소련 양국이 서로 상대국의 군사기지를 공중에서 정찰하려는 제안이었다.

또한 미국의 제안으로 제네바에서 수차례 군비축소 회담이 열렸다. 그렇지만 어느 쪽도 충분한 감시 체제의 수립에는 동의하지 않았다. 그 때문에 군비축소 조약이나 핵 실험 금지 조약이 체결되지는 못하였다.

그러나 방사성 낙진에 대한 세계의 항의 여론을 무마하기 위하여, 두 나라는 대기권에서의 핵 실험을 1958년 말부터 중지하기로 선언하였다. 그러나 그러한 합의마저도 1961년 가을에 소련이 핵 실험을 다시 시작함으로써 깨지고 말았다. 미국도 핵실험을 다시 시작하였다. 그러나 이번에는 지하 핵실험의 방법을 사용하였다.

이처럼 핵무기 경쟁이 다시 시작되고 냉전이 계속 벌어지고 있었음에도 불구하고, 1955년에 미국과 소련 사이의 긴장은 약간 완화되었다. 첫째로, 두 강대국은 10년 동안 공동으로 점령하고 있던 오스트리아에서 철수하고 그 나라를 중립국으로 독립시키는 데 동의하였다.

둘째로, 미국과 소련은 제2차대전 이후 10년 만에 처음으로 제네바에서 정상 회담을 열게 되었다. 물론 아이젠하워와 소련의 니키타 흐루시초프 (Nikita Khrushchev) 사이에는 이렇다 할 중요한 합의도 이루어지지 못했다. 어느 기자의 표현에 따르면, 두 정상은 "매우 점잖게 서로의 의견에 반대하는 것"으로 정상 회담은 끝나고 말았다.

동유럽과 냉전

그러나 동유럽에서 일어난 사건들 때문에 미국과 소련의 관계는 다시 보다 험악한 상태로 빠져 들었다.

1956년에 흐루시초프는 자본주의 국가와 공산주의 국가의 "평화 공존"(peaceful coexitence)을 부르짖었다. 그리고 그는 스탈린을 비방하고 격하시키는 동시에, 소련의 방식과 다른 공산주의 노선에 대해서도 인정할 것이라고 선언하였다.

그러나 얼마 지나지 않아 이와 같은 소련의 관용을 시험해 볼 수 있는 사건들이 동유럽에서 발생하였다. 1956년에 폴란드(포즈나니 지역)와 헝가리에서 공산주의 체제의 가혹 행위를 반대하는 폭동이 일어났다. 모스크바는 재빨리 군대를 보내 진압하였다. 소련은 폴란드와 헝가리의 혁명을 진압하는 과정에서 바르샤바 조약기구(Warsaw Pact)를 활용하였다. 그것은 1955년에 동유럽 국가들을 결속시켜 조직한 군사동맹체였다.

아이젠하워 행정부는 동유럽의 해방을 지지하는 선언을 발표하였다. 그러나 미국은 군사적 개입을 포함한 적극적인 지원 정책을 시행할 수가 없었다. 왜냐하면 그것은 소련과의 직접 대결로 이끌어 제3차 세계대전을 일으킬 위험이 있었기 때문이다. 미국이 할 수 있는 일이란, 기껏해야 이민할당법(quota laws)이 허용하는 것보다 더 많은 수의 헝가리 이민을 받아들이는 것뿐이었다.

동유럽 사태가 가라앉자마자, 이제는 베를린 위기가 발생하였다. 소련은 미국이 핵 탄두를 적재할 수 있는 폭격기를 서독에 배치한 사실에 대해 분개하였다. 그리고 서베를린을 통해 동독인들이 탈출하고 있다는 사실에 대해서도 분개하였다. 그러므로 1958년에 흐루시초프는 독일의 통일 문제와 독일의 재무장 문제를 논의하기 위한 동방과 서방의 협상을 요구하였다. 만일 그것이 받아들여지지 않을 경우에는 동독의 서베를린 점령을 용인할 것이라고 대담하게 선언하였다.

그러나 미국은 서베를린을 포기할 마음이 없었다. 미국은 서독을 북대서양조약기구(NATO)에 더욱 더 강하게 묶어 두려고 하였다. 따라서 미국과 소련 사이에는 전쟁의 위험성이 커졌다. 그러나 다행스럽게도 흐루시쵸프는 그 문제를 앞으로 있을 회담에 회부할 것이라고 선언하고 최후통첩을 철회하였다.

U-2기 사건

베를린 문제와 독일 문제는 1960년 5월 파리에서 열리게 될 정상회담에서 다루기로 계획되었다. 그러나 회담이 개최되기 2주 전에 고성능 카메라를 장착한 미국의 U-2 정찰기가 소련 영토 1,200마일 안에서 격추되었다. 모스크바는 이 정찰기가 대공포에 맞아 떨어졌다고 발표하였다. 처음에 워싱턴은 그 비행기가 소련 영토 위를 비행한 사실을 부인하였다. 그러나 소련은 포로로 붙잡힌 조종사 프랜시스 게리 파워즈(Francis Gary Powers)와 비행기, 그리고 그가 찍은 소련 군사기지 사진을 제시하였다. 모스크바는 사과를 요구하였으나, 워싱턴은 거절하였다. 그에 따라 소련 대표들은 파리 정상회담에서 퇴장하였다.

유럽 문제를 둘러싸고 공방전을 벌이고 있으면서도 동방측과 서방측은 모두 꼭같이 또 다른 공산강대국인 중국의 움직임에 대한 경계를 게을리하지 않았다. 그 동안 소련과 중국은 공산주의 종주국의 지위를 둘러싸고 이념 분쟁을 벌이기 시작하였다. 그럼에도 불구하고 대부분의 미국관리들은 세계의 공산주의 운동이 통일된 것으로 생각하고 있었다.

그 때문에 미국은 중국 정부와 공식적인 외교관계를 수립하기를 거부하고, 계속 타이완의 장가이섹 정부를 도왔다. 중국 정부는 타이완을 자기 영토의 일부라고 계속 주장하고 있었다. 워싱턴은 중국의 공산 정권이 인도차이나 반도에서 식민지인들의 반란을 부추기고 혁명가들을 돕고 있는 것에 대해 우려하였다. 그러므로 1954년에 미국은 인도차이나 위기를 해결하기 위하여 중국과 제네바에서 직접 협상하였다. 그럼에도 불구하고 양국의 관계는 더욱더 악화되었다.

타이완 위기

1954년과 1955년에 미국과 중국은 전쟁의 위기까지 이르게 되었다. 위기는 중국 해안에서 몇 마일밖에 안 떨어진 곳에 퀘모이(Quemoy) 섬과 마츄(Matsu) 섬을 둘러싸고 일어났다. 이들 섬은 타이완의 영토로서, 장가이섹 군이 마오쩌뚱 군을 막는 최전선의 군사기지였다. 1954년 가을에 중국은 갑자기 이 섬들에 대해 포탄을 발사하였다.

아이젠하워 행정부는 이들 전진기지를 방어하기로 결정하였다. 그리고 그 목적을 위해 핵무기를 사용할 것도 고려하였다. 따라서 사소한 문제를 둘러싸고 대량보복(massive retaliation)의 정책을 실행해야 하는 문제가 일어났다. 의회는 결국 1955년에 타이완 결의안(Formosa Resolution)을 통과시켰다. 이것은 대통령에게 타이완과 그에 부속된 섬들에 군대를 파견할 권한을 부여하는 결의안이었다. 그리고 1957년에 미국은 타이완에 핵 탄두를 장착한 미사일을 배치하였다.

미국과 중국의 외교관들은 두 섬에 관한 문제를 논의하기 위해 제네바에서, 그리고 다음에는 바르샤바에서 비밀회담을 가졌다. 그렇지만 아무 소득이 없이 1958년에 다시 두 섬을 둘러싸고 전쟁의 위기가 일어났다. 이 위기는 무사히 넘겼다. 그렇지만 그 섬들의 방위 문제는 1960년의 대통령 선거에서 쟁점으로 떠올랐다.

5. 제3세계의 등장과 미국

탈식민지화

제2차 세계대전 이후 가속화한 탈식민지화(decolonization) 추세에 따라 신생국가들의 독립이 계속 줄을 이었다. 그 결과로 1943년부터 1989년까지 모두 96개의 국가가 식민지 상태에서 탄생하였다.

그에 따라 미국과 소련 사이의 경쟁은 제3세계로 확대되었다. 제3세계는 망간, 원유, 주석 등의 전략적 천연자원을 보유하고 있었다. 그것은 1959년에 미국의 민간 해외투자액의 3분의 1 이상이 제3세계 국가에 투자될 정도로 중요하게 되었다. 또한 제3세계는 미국의 공업제품과 기술을 수출할 새로운 시장으로 중요하였다.

또한 미국을 비롯한 서방 열강들은 UN에서 득표전략의 일환으로서도 제3세계의 신생국들에게 관심을 갖게 되었다. 또한 그들은 제3세계에서 군사 기지 및 정보 기지로 가능한 지점을 물색하였다.

그러나 제3세계 국가들은 대부분이 신생국가로서 국가 건설(nation-building)의 문제와 씨름하고 있었다. 그들은 아직 서방 선진국들의 근대적인 국가 형태인 민족국가(nation-state)를 제대로 갖추지 못했기 때문에 정치적으로는 내전과 독재로 시달렸다. 그리고 그 사회는 부족, 인종, 계급들 사이의 갈등으로 불안하였다.

그리고 그들의 경제 구조는 한, 두 가지의 생산물에 전적으로 의존하는 취약한 것이었다. 또한 그들의 정부와 국민은 서방 제국주의 국가들의 잔재와 영향력을 배제하기 위해 민족주의와 자주성을 표방하고 있었기 때문에, 서방 선진국들로부터의 지원도 기대하기 어려웠다.

그러나 무엇보다도 이들 신생국들이 당면한 가장 시급한 문제는 가난이었다. 그리고 많은 경우에 가난의 문제는 소련식의 사회주의 체제를 도입함으로써 해결될 수 있다고 생각되었다. 그러므로 스탈린식 공산주의는 인기가 있었고, 그 때문에 도처에서 사회 혁명의 징후가 일어났다. 그리고 그것은 미국을 두렵게 하였다.

비동맹 운동

많은 제3세계국가들, 그 가운데서도 특히 인도, 가나, 이집트, 인도네시아는 미국과 소련의 편에도 가담하지 않으려고 하였다. 이들 국가들은 중립, 즉 비동맹(non-alignment)을 선언하였다.

비동맹 노선의 표방은 제3세계에서 하나의 국제운동으로 번져 나갔다. 그 결과로 1955년에 아시아와 아프리카의 29개 국가들은 인도네시아의 반둥 회의(Bandung Conference)에서 비동맹국제기구를 창설하였다. "우리는 자유서방세계나 공산세계에 매어 있지 않을 것이다"라고 이집트의 나쎄르(Gamal Abdul Nasser)는 선언하였다.

이와 같은 중립주의의 확산은 미국에게는 불리한 결과를 가져 올 것이라고 국무장관 덜레스는 생각하였다. 그는 신생국의 중립주의(neutralism) 표방이 공산주의의 도입을 위한 첫 걸음이라고 보았다. 아이젠하워 대통령도 모든 국가들이 냉전 구도 속에서 미국과 소련 가운데 어느 한편을 확실하게 선택할 것을 촉구하였다. 그러므로 아이젠하워 행정부에게 있어서 제3세계의 중립주의는 공산주의와 마찬가지로 봉쇄의 대상이었다. 그리고 이와 같은 중립주의에 대한 부정적인 시각은 미국과 제3세계의 관계를 악화시켰다.

미국내 인종주의의 장애

이와 같은 관계 악화는 미국 국내의 인종차별 관행 때문에도 더욱더 가속화하였다. 1955년에 주미 인도대사는 텍사스 주의 휴스턴 국제공항 안에 있는 식당의 백인 전용석에서 서비스를 거절당했다. 이 불미스런 사건은 수백만의 제3세계 사람들에게 깊은 모욕감을 주었다. 덜레스 국무장관은 이 사건이 미국의 우방국가들과의 관계를 악화시킬 것을 우려하였다. 그 때문에 그는 인도대사에게 사죄의 전문을 보냈다.

이와 같은 일은 그렇게 드문 것이 아니었다. 버마의 교육부 장관도 오하이오주 컬럼버스의 한 레스토랑에서 서비스를 거절당했다. 가나의 재무장관은 워싱턴 디씨 외곽지역에 있는 하워드존슨 체인의 한 호텔에서 쫓겨났다. 그 결과로 미국인들은 자신의 평등 이념을 존중하지 않는 사람들이라는 비판을 거세게 받게 되었다. 그러므로 델레스 국무장관은 미국의 인종차별(segregation)이 제3세계 국가들과의 우호 관계를 훼손시키는 "주요한 국제적 걸림돌"이 되고 있다고 불평하였다.

따라서 법무장관은 공립학교에서의 인종격리를 없애기 위해 차별 행위를 연방대법원에 기소했다. 그는 기소장에서 미국 내의 인종차별정책이 국제관계에 미치는 부정적 결과를 지적하였다. 미국의 인종차별은 "마치 제분소에 공급되는 밀처럼 공산주의자들의 좋은 선전거리를 제공하고 있다"고 그는 지적했다. 연방대법원은 법무장관의 기소장을 받아들여 브라운(Brown v. Board of Education) 판결에서 인종분리의 폐지를 결정하였던 것이다.

제3세계의 혁명과 미국

미국인들은 건국 이후 1776년의 미국독립의 혁명정신을 찬양해 왔다. 그러나 제3세계의 혁명에 대해서는 단호히 반대하였다. 왜냐하면 그것은 냉전에 휘말려 있는 미국과 그 동맹국들을 겨냥하는 것이었기 때문이다. 또한 혁명에 따르는 변혁은 미국의 투자, 시장, 군사기지를 위협하는 것이었기 때문이다.

그러므로 미국은 멕시코, 중국, 러시아, 쿠바, 베트남, 니카라과, 이란 등에서 일어난 혁명에 대해 공개적으로 반대하였다. 그리고 이와 같은 혁명을 싫어하는 미국인들의 태도는 미국이 제3세계에 영향력을 확대하는 데 장애물이 되었다.

현실적으로 미국은 강대국으로서 기득권 세력이 되어 있었다. 그 때문에, 미국은 자신의 번영과 안전을 보호하기 위해서는 세계의 안정과 질서를 수호해야 했다. 그러므로 혁명이 일어날 경우에 대체로 미국은 유럽 국가들이나 제3세계의 보수세력을 지원하였다. 예를 들어, 1960년에 탈식민지화를 지지하는 UN의 결의안을 아프리카와 아시아의 43개국이 지지하자, 미국은 투표에서 기권함으로써 백인 제국주의 국가들의 편을 들었던 것이다.

제3세계와 미국의 관계가 우호적인 것이 될 수 없게 만든 또 하나의 장애물은 미국인의 풍요한 생활이었다. 제3세계인들은 많이 소비하는 미국인들을 부러워하였다. 미국의 영화는 그들로 하여금 미국 중산층의 물질주의가 무엇인지를 피상적으로나마 볼 수 있게 해 주었다. 그리고 그것은 대단해 매력을 끄는 것인 동시에 그들을 불쾌하게 만드는 것이었다.

미국인들의 높은 생활수준에 대한 제3세계인들의 태도는 대중소설 〈못난 미국인〉(*The Ugly American*, 1958)에서 잘 나타나고 있었다. 그것은 가난한 이웃을 등지고 세운 높은 담 안에서 생활하는 미국 외교관들의 주거구역을 생생하게 보여주었다.

이러한 이유들 때문에 미국은 제3세계를 위한 발전 '모델'로 인기가 없었다. 오히려 미국은 그들의 혁명적 민족주의가 타도해야 할 대상이 되었다.

소련의 팽창과 미국정보기관

이러한 관점에서 본다면 소련이 미국보다 제3세계에서 동맹국을 확보하기 위한 경쟁에서 더 유리하였다. 실제로 소련은 반식민주의(anticolonialism)를 부추기고 있었다. 소련은 오랜 서유럽의 자본주의적인 제국주의와 관련이 없었기 때문에 반제국주의의 선전을 계속 강도 높게 추진할 수 있었다.

그러나 소련의 공산주의적 제국주의도 제3세계에서는 경계의 대상이 되었다. 소련은 제2차세계대전을 계기로 동유럽의 여러 국가들을 무력으로 정복하였다. 뿐만 아니라 그것은 1956년에 개혁을 시도하고 있던 헝가리를 침공하였던 것이다.

제3세계 국가들이 소련의 팽창에 대해서도 경계하고 있었다는 것은 1950년대 중반 후르시초프(Khurshchev)의 버마와 인도 방문에서 잘 나타났다. 소련의 국가 원수가 직접 방문하여 우호를 요청하였음에도 불구하고, 버마(미얀마)와 인도는 소련의 세력권 안에 들어가기를 거부하였다. 그들은 한 제국주의 국가를 피해서 또다른 제국주의 국가 밑으로 들어갈 마음은 없었던 것이다. 이러한 태도에 대해 소련은 중립국들이 미국과 소련 양쪽으로부터 보다 많은 원조를 얻기 위해 얕은 속임수를 쓰고 있다고 분개하였다.

미국은 1947년에 중앙정보부(Central Intelligence Agency)를 창설하여 제3세계에 대한 미국의 주요 정책을 수행하는 도구로 활용하였다. 중앙정보부(CIA)는 첩보활동을 주요 기능으로 삼고 있었고, 나중에 비밀공작활동이 추가되었다. 그것은 외국정부들이 친미적인 입장을 견지하도록 정치인과 언론을 지원하였다. 그리고 쿠데타의 계획과 수행을 도왔다. 중앙정보부의 정부전복 공작은 이란(1953)과 과테말라(1954)에서는 성공을 거두었다. 그러나 인도네시아(1958)와 쿠바(1961)에서는 실패하였다.

과테말라와 미국의 이해관계

라틴아메리카는 오랫 동안 미국의 영향권 안에 있었다. 그렇지만 가난과 계급간의 갈등, 인구의 폭발적 증가, 국민 대중의 무지, 불경기, 외국인의 착취 등으로 불만에 가득차게 되었다. 그에 따라 강한 반미(反美)감정이 나타나게 되었다.

  1951년에 가난한 국가인 과테말라에서는 사회주의자인 아르벤스(Ja-cobo Arbenz Guzman)가 대통령에 당선되었다. 아르벤스는 토지개혁의 공약을 실천하기 위하여 유나이티드 프루트 회사의 미경작 토지를 몰수하였다. 이 나라의 최대의 토지소유자는 미국인 소유의 유타이티드 프루트 회사(United Fruit Company)였다. 이 회사는 라틴 아메리카에서 3백만 에이커의 토지를 소유하고 있었으며, 철도, 항만, 선박, 전자통신 등의 경제부문을 장악하고 있었다. 이 회사는 라틴 아메리카 전역에 걸쳐서도 경제권을 장악하였다.

  미국 정부관리들은 과테말라에 공산주의 세력이 침투했다고 판단하고, 그 나라에 대한 지원을 중단하는 동시에 미국중앙정보부(CIA)로 하여금 아르벤스 정부를 전복할 계획을 마련하도록 하였다. 아르벤스는 소련에 군사원조를 요청하였다. 아르벤스의 이러한 행동은 미국의 의구심을 더욱 굳히는 결과를 가져왔다.

  미국중앙정보부(CIA)는 과테말라 깊숙히 무기를 비행기로 실어 날랐다. 마침내 1954년 중반에는 미국 중앙정보부의 원조를 받는 우익 과테말라인들이 혼두라스로부터 공격하였다. 미국 공군기들은 친미적(親美的)인 반란군을 지원하기 위해 수도를 폭격하였다. 마침내 아르벤스 정권은 무너지고, 새로운 친미정권이 세워지졌다. 그리고 유나이티드 프루트 회사는 잃었던 토지를 되돌려받았다.

  이 사건 이후 라틴 아메리카 국가들은 미국의 선린외교 정책(Good Neighbor policy)의 진실성을 의심하기 시작하였다. 그리고 그러한 의심은 미국에 대한 적개심의 표출로 나타났다.

  그 결과로 1958년에 베네수엘라를 비롯한 남아메리카 국가들에서는 반미 폭동이 일어났다. 그 때문에 닉슨(Richard M. Nixon) 부통령은 남아메리카 순방일정을 바꾸어야 했다. 그리고 1959년에는 파나마에서도 반미 폭동이 일어났다. 그것은 미국 관리가 미국 보호령인 파나마 운하지역에서 파나마의 국기를 게양하지 못하도록 한 데서 발생하였던 것이다.

중동지역과 미국

미국에 대한 도전은 세계의 화약고인 중동에서도 일어났다. 여기서도 아이젠하워 행정부는 미국의 영향력 행사를 거부하는 아랍 민족주의자들과 대결하지 않으면 안되었다. 중동지역에서 미국이 가지고 있는 분명한 이해관계는 이스라엘의 존속과 석유 자원의 확보였다. 1950년대에 미국의 회사들은 이 지역에서 산출되는 원유의 절반 정도를 차지하고 있었다.

특히 석유가 풍부한 이란은 미국에게 각별한 우방이었다. 그러므로 미국 중앙정보부는 외국 회사들의 석유 생산시설을 국유화하려는 모사데그(Mohammed Mossadegh)를 타도하도록 이란의 국왕을 도왔다. 이란 왕은 그에 대한 대가로 새로운 석유생산연합체(oil consortium)의 40퍼센트의 지분을 미국 석유회사에 제공하였다.

중동지역에서 서방세계의 영향력이 축소된 데는 범아랍운동(pan-Arabic movement)의 지도자로 떠오른 이집트의 나세르(Gamal Abdul Nasser)가 중요한 역할을 하였다. 나세르는 수에즈 운하지역에서 영국을 몰아 내는 동시에, 팔레스타인 지역에서는 이스라엘을 몰아냈다.

미국은 난처한 입장에 놓이게 되었다. 왜냐하면 석유공급이 차단되지 않기 위해서는 아랍인들을 분노케 할 수 없었고, 또한 국내 정치에서 강력한 영향력을 행사하고 있는 유태계 미국인의 요구에 부응하기 위해서는 이스라엘을 소외시킬 수 없었기 때문이다.

그러나 아이젠하워 행정부의 덜레스 국무장관은 아랍인들 대신 이스라엘인들을 선택하였다. 친(親)이스라엘 정책으로 미국이 방향을 굳히게 된 것은 이집트의 나세르가 중립을 선언했기 때문이었다. 냉전시대에 중립은 근본적으로 미국에 대한 적대 행위로 보였던 것이다. 미국과 소련 "양쪽을 이용하여 이익을 추구하는 국가가 미국에 충실히 협력하는 국가보다 더 나은 대우를 받아야 합니까?"라고 국무장관 덜레스는 반문하였다. 아이젠하워 대통령은 나세르의 중립성마저도 의심하였다. 아이젠하워는 그를 공산주의자로까지 생각하였다.

수에즈 운하 위기와 아이젠하워 독트린

나세르에 대한 불만의 의사 표시로서 미국은 1956년에 미국은 애스원 (Aswan) 댐 건설 사업에 대한 자금지원 계획을 취소하였다. 그것은 이집트 농촌에 낮은 가격으로 전기와 물을 제공하기 위한 사업이었다.

분개한 나세르는 영국이 소유하고 있는 수에즈 운하를 국유화(國有化)하고 운하 사용에서 나오는 이익금을 애스원 댐 건설에 사용하려고 하였다. 알렉산드리아의 대규모 군중집회에서 나세르는 "오늘 저녁 우리의 이집트 운하는 이집트인들의 손에 의하여 운영될 것이다."라고 외침으로써 수에즈 운하 국유화를 선언하였다. 나세르의 행동은 제국주의의 과거를 청산하려는 제3세계 국민들의 전형적인 민족주의의 표현으로 보였다.

그러나 서유럽 국가들에게 있어서 수에즈 운하는 포기할 수 없을 정도로 아주 중요하였다. 그들이 사용하는 원유의 75퍼센트는 중동에서 공급되고 있었고, 그 대부분이 수에즈 운하를 통과하고 있었다. 그러므로 수에즈 운하의 국유화는 이러한 중요한 무역의 중단을 의미하였다. 그러므로 영국과 프랑스는 나세르를 타도하기로 결정하고, 이스라엘과 함께 침공 계획을 세웠다. 마침내 1956년 10월 29일에 이스라엘군이 먼저 수에즈운하를 점령하였다. 이틀 후에는 영국군과 프랑스군이 이스라엘군에 합세하였다.

아이젠하워 대통령은 이들의 군사 작전에 맹렬히 반대하였다. 이 작전은 미국과 전혀 논의되지 않은 상태에서 이루어졌을 뿐만 아니라 소련의 헝가리 침공에 대한 국제적 관심을 약화시킬 위험성이 있었다. 결국 나세르는 소련에게 도움을 요청하게 될 것이며, 그 결과로 소련이 중동 문제에 개입하게 될 것이라고 아이젠하워는 우려하였다. 그러므로 아이젠하워는 영국, 프랑스, 이스라엘에게 이집트로부터의 병력 철수를 끈질기게 요구하였다. 결국 미국의 압력에 못 이겨 이들 국가들은 병력을 철수시켰다.

미국의 관점에서 보면, 수에즈 운하 위기는 손해였다. 이집트는 그들이 바라던 대로 수에즈 운하를 보유하게 되었다. 그리고 소련은 애스원 댐 건설 자금을 제공할 수 있게 됨으로써 아랍권에 영향력을 행사하게 되었다.

나세르는 민족주의자로서 제3세계의 영웅이 되었다. 제3세계의 국민들은 서유럽 제국주의자들에게 결연히 저항하였던 나세르를 찬양하였다. 그 결과로 나세르는 중립주의(neutralism)와 범아랍주의(Pan-Arabism)를 더욱더 격렬히 외치게 되었다. 나세르의 영향력을 견제하기 위해 미국은 보수적인 사우디아라비아의 사우드(Saud) 왕을 지지하였으나, 큰 성과는 없었다.

수에즈 위기 이후 미국 정부관리들은 중동 지역에 힘의 "공백 상태"가 일어났다고 보고, 이 공백을 소련이 메꾸지 못하도록 막으려고 하였다. 이에 대해 나세르주의자들은 중동 지역에 '힘의 공백 상태'란 전혀 없으며, 그것은 단지 아랍 민족주의(Arab nationalism)의 확장을 의미할 뿐이라고 응수하였다. 그리고 민족주의야말로 공산주의의 위협에 대처하는 가장 바람직한 방위수단이 될 것이라고 주장하였다.

중동지역에서 미국의 입지가 약화되어 가자, 아이젠하워 대통령은 1957년에 '아이젠하워 독트린'(Eisenhower Doctrine)을 발표하였다. 그것은 미국의 대외문제 개입을 정당화한 선언이었다. 즉, 어느 국가든지 공산주의로부터 전복의 위협을 받게 되고 또한 미국에게 도움을 요청한다면, 미국은 그 지역에 개입할 것이라고 아이젠하워는 선언하였다. 여론은 '아이젠하워 독트린'에 대해 호의적이었고, 따라서 의회는 그것을 승인해 주었다.

그리고 미국은 1958년에 내전 상태에 빠진 레바논에 1만5천의 병력을 파견하였다. 왜냐하면 나세르 지지자들 또는 공산주의자들이 레바논의 정치적 분쟁을 악용할 위험이 있었기 때문이다. 국민 여론과 의회는 공화당 행정부의 대외 정책을 대체로 지지해 주었다.

6. 1960년의 선거

민주당의 존 에프 케네디

1960년의 대통령 선거에서 민주당 후보인 존 에프 케네디(John F. Kennedy)는 보다 활기찬 지도력을 통하여 경제성장의 혜택을 증대시키고 국제분쟁에서 승리할 수 있다고 역설하였다. 또한 40세의 젊은 케네디는 70

세의 늙은 아이젠하워와는 달리 미국 사회에 활력을 불어넣을 수 있을 것으로 생각되었다.

케네디는 부유한 집안에서 태어나 하바드 법과대학원을 졸업한 변호사였다. 제2차대전에 해군 장교로 참전한 다음, 전쟁이 끝나자 하원 의원으로 당선되었다. 그리고 1953년부터는 젊은 나이로 상원 의원이 되었다. 그는 '러닝메이트'로 텍사스 출신의 린든 존슨(Lyndon B. Johnson) 상원 의원을 선택하였다. 민권문제가 열기를 더해가고 있던 시기에 존슨은 민주당에 남부 백인의 표를 몰아다 줄 수 있는 사람으로 생각되었다.

공화당 후보는 아이젠하워 밑에서 부통령으로 있던 리차드 닉슨(Rich-ard Nixon)이었다. 닉슨은 47세의 캘리포니아 출신의 변호사였다. 그는 매사츄세츠 출신의 헨리 캐봇트 로지(Henry Cabot Lodge)대사를 '러닝메이트'로 지명하였다.

선거전은 언론을 최대로 이용한 케네디에 의해 주도되었다. 그러나 케네디의 최대 약점은 카톨릭 교도라는 사실에 있었다. 역사적으로 보아 미국의 국민적 성격을 형성하는 데는 프로테스탄트 교도들의 역할이 결정적으로 중요하였다. 그러므로 미국 사회에서 카톨릭 교도가 대통령이 된다는 것은 상상하기 어려웠다.

게다가 카톨릭 교도들 가운데는 빈민이 많았기 때문에 카톨릭 대통령은 미국의 중산계급에게게 위협이 될지도 모른다는 두려움도 있었다. 그리고 카톨릭 대통령은 로마 교황청의 영향권 안에 들어갈 위험이 있는 듯이 보였다.

케네디는 종교 문제를 정면으로 거론하였다. 그는 프로테스탄트 신앙이 두터운 남부 지역을 방문하였다. 그는 휴스톤의 목사들 앞에서 자기는 교회와 국가의 분리원칙을 지킬 뿐만 아니라, 교황의 명령이 아닌 미국 국민의 명령에 따를 것이라고 약속하였다.

또한 케네디는 흑인들에게도 지지를 호소하였다. 그는 흑인 민권운동 지도자인 마틴 루터 킹 2세(Martin Luther King, Jr.)가 조지아 주의 감옥에서 풀려 나오도록 도움으로써 흑인들의 환심을 샀다. 그는 연방정부의 지원금을 받는 숙박시설에서 흑백차별을 금지하는 명령을 내리겠다고 약속하였다.

외교정책도 두 후보 사이에 주된 쟁점이 되었다. 닉슨은 오랜 외교 경험을 토대로 자신이 공산주의자들을 다룰 자신이 있음을 부각시키는 동시에, 국제관계에 대한 경험이 없는 케네디가 흐루시초프의 적수가 되지 못할 것이라고 주장하였다. 케네디는 이에 대하여 "나는 쿠바의 공산화를 방치한 미국의 부통령이 아니었다."고 응수하였다. 닉슨은 타이완의 퀘모이와 마츄는 방위할 가치가 없다는 케네디의 말을 물고 늘어졌고, 케네디는 쿠바 문제에 있어서 아이젠하워와 닉슨이 미국의 위신을 떨어뜨렸다고 비난하였다.

공화당의 리차드 닉슨

두 후보가 모두 반공주의를 내걸었지만, 이 문제에서는 케네디가 유리하게 되었다. 닉슨은 1960년의 경기불황과 U-2기 사건으로 수세에 몰렸다. 또한 닉슨은 텔리비젼 화면에서 별로 호감이 가지 않는 인상을 보여주었다. 그는 케네디와의 텔레비젼 논쟁에서 완고한 이중턱의 인상을 주었기 때문이다. 게다가 닉슨에 대한 아이젠하워의 지지 표시도 미지근하였다. 부통령으로서의 닉슨이 내린 중요한 결정이 무엇인가를 묻자, 아이젠하워는 "일주일의 여유를 준다면 한 가지 정도는 생각해 낼 수 있을 것이다."고 대수롭지 않게 대답함으로써 닉슨을 곤경에 빠뜨렸던 것이다.

62.8퍼센트의 투표율을 보인 1960년의 선거에서 케네디는 11만 8,000표라는 아주 적은 차이로 닉슨에 승리하였다. 선거인단 표는 303대 219로 더 차이가 적었다. 노스캐롤라이나, 사우스캐롤라이나, 그리고 텍사스에서 케네디가 승리하는 데는 흑인표가 매우 중요하게 작용하였다. 그리고 그는 도시 흑인들로부터도 큰 지지를 얻었다.

카톨릭 신앙 때문에 케네디는 표를 잃었다. 특히 그것은 중서부에서 두드러졌다. 그러나 그는 카톨릭이었기 때문에 카톨릭 표의 80% 퍼센트를 얻는 이득을 보았다. 그러므로 종교적 요인은 1960년의 선거에서 거의 영향을 미치지 못했다. 그 결과로 케네디는 미국 역사상 최초의 카톨릭 대통령이 되었다.

아이젠하워에 대한 평가

　아이젠하워 행정부와 그가 통치했던 합의의 시기(consensus era)를 평가하는 데는 언제나 보수주의, 수동적 스타일, 제한된 업적, 어려운 문제를 정면으로 대결하기를 회피하는 소극적인 태도 등이 지적되어 왔다. 따라서 아이젠하워는 강력하지 못하다든가, 사건을 뒤좇아 간다든가, 개혁의 의지가 없는 것으로 사람으로 지적되어 왔다.

　그럼에도 불구하고 그는 미국 국민들에게 그들이 원하는 경제 성장(economic growth)과 확고한 반공주의(anti-Communism)를 보장해 주었다. 그는 국방 예산을 줄이고 미국이 해외에서 무력분쟁에 말려드는 것을 회피하였다. 국내에서는 그는 인플레이션을 잡았고, 나라를 계속 번영하게 하였다. 그러므로 대통령직의 권위를 높였다. 그러므로 미국 국민들은 그를 존경하였다.

　1961년초에 아이젠하워는 텔레비젼을 통해 국민에 대한 고별연설에서 다음과 같이 경고하였다. 냉전 때문에 미국은 350만의 거대한 군대와 군수사업을 가지게 되었음을 개탄하였다. 군사 체제와 군수산업의 결탁이 미국인들에게 파국을 가져 올 위험성이 있다고 그는 경고하였다. 그는 국가안보에 대한 요구 때문에 자유의 존재 자체를 위협하는 강력한 이익집단이 만들어지게 된 것을 경고하였다.

　그의 경고는 1960년의 의회 보고서에 토대를 둔 것이었다. 그 보고서에 따르면, 100여개의 군수산업체가 소령 이상의 1,400여명의 제대군인들을 고용하고 있었다. 그 가운데는 261명의 장군과 제독이 포함되어 있었다. 그러므로 아이젠하워가 미국 국민들에게 경고한 "군부산업 복합체(military-industrial complex)"는 큰 위험성을 가지고 있었던 것이다.

제 6 장

1950년대의 사회와 문화

1. 전후의 경제적 번영

구매력의 증가

제2차세계대전이 끝나자 미국인들 가운데는 미국 사회가 다시 1차대전 후인 1920년대와 비슷하게 될 것이라고 예상했던 사람들이 많았다. 1946년 뉴욕〈타임즈〉에서 한 필자는 미국이 1920년대와 같은 번영기를 다시 맞이 하게 될 것이라는 낙관적인 미래관을 제시하였다.

그러나 그러한 예측에 모두 동의한 것은 아니었다. 번영의 1920년대가 결국 경제공황과 세계대전으로 끝났던 것처럼, 또다시 불황이 찾아올 것이 라고 미래에 대해 비관적인 생각을 가지고 있는 사람들도 적지 않았다.

실제로, 대부분의 미국인들은 1930년대의 비관적인 상황이 되풀이되리 라고 내다보고 있었다. 그들은 일자리와 번영을 가져다 준 것은 전쟁이었음 을 잘 알고 있었던 것이다. 그 때문에 그들은 전쟁의 종결이 또 다시 공황 이나 경기침체를 가져올 것이라고 믿고 있었다.

그러나 대다수의 예상과는 달리, 미국은 1945년부터 역사상 전례 없이 길고 꾸준한 경제성장과 번영을 이룩하였다. 심각한 공황도 일어나지 않았다. 생산과 수요는 계속 증가하였다. 1945년부터 25년 동안 미국에서는 자동차, 건설, 방위산업의 팽창으로 경제적 번영이 계속되었다. 그 결과로 1945년 이후의 25년 동안 미국의 경제는 연평균 3.5퍼센트의 성장을 이룩했다. 일시적 경기침체가 있었기는 하지만, 그러한 경우에도 국민총생산(GNP)은 거의 줄지 않았다. 그리하여 국민총생산고는 1946년의 2천억 달러에서 1970년의 1조 달러로 늘어났다.

생산력이 커짐에 따라 미국인들의 소비 능력도 늘어났다. 1946년에서 1960년에 이르는 기간에 실제 구매력은 22퍼센트 증가하였다. 그러나 그것은 다음 10년 동안에 무려 38퍼센트나 뛰어올랐다. 미국인들은 20, 30년 전만 해도 꿈도 꾸어보지 못한 물건들을 사들일 수 있게 되었고, 그 결과로 생활수준이 현저히 상승되었다.

이와 같은 지속적인 번영 때문에 수많은 미국인들은 미국의 자유경제 체제에 대한 신뢰감을 더욱 더 강하게 가지게 되었다. 그래서 사회학자 립셋(Seymour Martin Lipset)은 "산업혁명에서 오는 근본적인 문제들이 이제는 해결되었다."고까지 자신 있게 말하게 되었던 것이다.

'베이비붐'과 인구증가

이와 같은 전후 경제적 번영을 가져 온 원인의 하나가 '베이비붐'(baby boom)이었다. 또한 '베이비붐'은 전후 경제적 번영의 중요한 결과이기도 하였다.

전쟁이 끝나자 높아지기 시작한 출산율은 1940년대 말과 1950년대에 걸쳐 계속 유지되었다. 1950년대에 연평균 출생자 수는 400만을 넘었는데, 이것은 그때까지 150년 동안의 출산율 감소 경향을 뒤바꿔 놓은 현상이었다. 1946년에서 1961년에 이르는 기간에 6,300만 명의 아기들이 출생하였다. 그 결과로 '베이비붐' 세대는 미국역사상 가장 인구수가 많은 세대가 된 것이다.

'베이비붐'은 1946년에서 1947년 사이에 첫 아이를 출산한 많은 여자들이 그 이후에도 계속해서 둘째, 셋째, 넷째, 심지어 다섯째까지 낳았다는 사실을 가리킨다. 통계청에 의하면, 1940년에서 1950년 사이에 출생한 아기 가운데서, 증가 부분의 83퍼센트가 첫 아이였다. 그러나 1950년에서 1954년에 이르는 시기의 증가 부분에서 84퍼센트는 이미 아이가 하나 이상 있는 집에서 태어난 아이들이었다. 이처럼 한 가정에서 아이를 여럿 낳기 시작한 데는 독자(獨子)는 사회생활에 적응하기 어렵다는 통속적인 관념도 중요하게 작용하였다.

그러나 이처럼 아이를 많이 낳게 된 것은 미래의 미국경제에 대한 낙관적 전망 때문이었다. 따라서 '베이비붐'을 일으킨 사람들은 전문직 종사자, '화이트칼라' 직장인, 대학졸업자들이었다. 이들은 가족계획을 해 왔던 사람들이었다. 대공황과 제2차 세계대전 기간 중의 출산율의 하락은 이들 도시의 중산층 때문이었던 것이다. 그러나 제2차 세계대전이 끝난 다음부터는 바로 이 계급들이 아이를 더 낳게 된 것이다.

'베이비붐'은 건설, 제조업, 교육과 관련된 사업에서 경기폭발을 일으켰다. "1950년에 태어난 354만 8천명의 아기들을 한 다발씩 묶어서 미국전역에 흩뿌린다고 생각하여 보자. 어떠한 결과가 나오겠는가? 그 결과는 호황, 역사상 유례 없는 호황이 될 것"이라고 어느 신문의 칼럼은 분석했다. 그리고, "이처럼 떼지어 태어난 아이들로 만들어진 새로운 시장에서 얼마나 많은 식량, 의복, 기계, 주택 및 서비스가 필요하게 될 것인가를 생각해 보라. 그들의 수요에 맞추다 보면 미국의 공장은 당연히 팽창하게 될 것"이라고 그 논설은 결론지었다.

자동차의 보급

전후에 경제적 번영을 가져 오는 데는 세 가지 요인이 가장 중요하게 작용하였고, 그 가운데서 두 가지는 출생률의 폭발적 증가와 밀접히 관련되어 있었다. 첫째는 건축 '붐'(construction boom)이었다. 왜냐하면 새로 태어난 어린이들이 살 주택과 다녀야 할 학교가 필요했기 때문이다. 그래서 전국에 걸쳐 사무실, 쇼핑쎈터, 공장, 비행장, 운동경기장이 새로 세워졌다. 그러한 공사가 이루어진 곳은 대부분 교외(郊外)였다.

그러나 이와 같은 미국의 교외화(suburbanization) 현상도 두번째 요인인 자동차 생산의 급증이 없었다면 불가능했을 것이다. 왜냐하면 교외에

무수히 생겨나는 새로운 주거단지에서 자동차는 생활필수품이었기 때문이다.

제2차 세계대전 기간에 자동차 판매는 급격히 줄었다. 자동차 공장이 탱크와 폭격기 생산공장으로 전환되었기 때문이었다. 그러나 전쟁이 끝난 다음 해인 1946년부터 차츰 자동차 판매가 증가되기 시작하여 1950년에는 670만대로 늘었다. 이제 미국인들은 저마다 차를 타고 다시 길거리로 쏟아져 나오기 시작했다. 그 결과로, 등록 차량은 1945년의 2,580만 대에서 1970년의 8,930만 대로 3배 이상 늘었다.

국방비 증가와 전자산업의 발달

전후에 호황을 가져 온 세번째 요인은 대규모의 국방비 지출이었다. 1949년 국방부가 신설되었을 때, 미국의 연간 국방비 지출은 130억 달러가 약간 넘었을 뿐이었다. 그러나 1950년에 한국전쟁이 일어나면서, 국방비는 국내 민간투자를 능가할 정도로 커졌다. 1951년에는 국방부의 예산은 무려 220억 달러를 넘었다. 1953년에 그것은 두 배를 훨씬 넘어 500억 달러로 불어났다. 1954년에서 1958년까지의 일시적인 삭감이 있었던 경우를 제외하고, 국방비는 계속 늘어났다.

1946년초에 펜실베이니아 대학에서 최초의 진공관 컴퓨터인 에니악 (ENIAC)이 제작되어 국방부에 팔렸다. 그것은 1948년의 '트랜지스터' 발명과 더불어 앞으로 올 '컴퓨터 혁명'을 예고하는 것이었다. 그에 따라 전자산업(electronics)에 놀랄 만한 발전이 일어났다. 기업들과 정부 기구들은 정보처리 기계들을 사들이는 데 열을 올렸기 때문에, 그 판매고는 1953년의 2,500만 달러에서 1960년에는 10억 달러로 크게 늘었다. 그 결과로, 1960년대 초에 이르면 판매된 컴퓨터만도 수천 대에 이르렀다. 경제학자 사이몬 (Herbert A. Simon)의 말대로, 컴퓨터는 문자(文字)의 발명만큼이나 인간의 사고(思考) 과정에 혁신을 가져오고 있었다.

그러나 전자산업의 발전에 대해 미국인들은 큰 대가를 치루어야 했다. 컴퓨터는 많은 산업을 자동화시킴으로써 생산성 향상에 크게 기여했지만, 기술자의 실업도 가져왔다. 컴퓨터화된 기술(computerized technology)의 발달로 기계공의 숫자는 1950년의 53만5천 명에서 1970년에는 39만 명으로 감소하였다.

이와 같은 전자기술의 확산은 산업 소유의 집중화(concentration)를 촉진하였다. 왜냐하면 첨단 기술의 확산에는 대기업만이 참여할 수 있었기 때문이다. 첨단기술의 개발이나 구매에는 막대한 비용이 들었다. 그 결과로 중소기업들은 시장에서 밀려났다. 큰 자본이 요구되고 있었기 때문에, 첨단 기술을 확보한 회사들만이 주변의 관련분야로 팽창할 수 있었다.

그러한 현상은 산업의 다양화(diversification)에 성공한 제네랄일렉트릭의 경우에서 잘 나타났다. 1940년 이전에 이 회사의 주력 업종은 전자제품이었으나, 제2차 세계대전을 거쳐 냉전 시기에 이르면서, 그것은 제트엔진, 원자력 발전소, 컴퓨터, 그리고 산업자동화 '시스템'을 생산하는 복잡한 회사로 발전하였다.

경제력 집중

그에 따라 1950년대초에 미국에서는 제3차 기업집중의 물결이 일어나기 시작하였다. 이번의 기업집중 현상은 제1차 시기인 1890년대의 수직적 합병(vertical integration)이나 제2차 시기인 1920년대의 수평적 합병(horizontal integration)과는 달랐다.

그것은 더욱더 발전된 복합기업(conglomerate mergers)의 특징을 보여 주었다. 복합기업의 특징은 주력 산업과 전혀 관계 없는 다른 분야의 기업들이 통합되는 것이었다. 예를 들면 국제전신전화회사(AT&T)는 렌트카회사(Avis), 제과회사, 주택건설및 택지개발회사, 식료품회사, 호텔업과 모텔업을 하는 쉐라톤회사, 그리고 보험회사 등을 사들여 사업을 확장하였다.

새로운 합병의 물결은 사상 유례 없는 기업의 집중화를 가져 왔다. 연방통상위원회(FTC)가 발표한 바에 의하면, 미국 전체의 생산에서 1941년에 1000개의 대기업이 담당하고 있던 역할을 1968년에 오면 200개의 대기업이 맡고 있었다. 그리고 기업 합병은 소수의 대기업들이 주도하였다. 자동차 부문에 제너랄모터스, 포드, 크라이슬러, 그리고 정유 부문에 엑산, 모빌, 텍사코, 그리고 전자·통신 분야에 제네랄 엘렉트릭, 아이비엠, 아이티티, 웨스턴일렉트릭 같은 회사들이 합병 운동의 주역이었다.

노동조합의 통합

합병은 노동운동에서도 일어났다. 그리하여 1955년에 미국노동 운동의 양대 산맥인 미국노동연합(AFL)과 산업노동회의(CIO)는 그들의 차이를 극복하고 미국노동총연합(AFL-CIO)으로 통합되었다. 노조 회원수도 계속 늘어나, 1955년에 1,080만 명이 조금 못되던 것이 15년 후에는 거의 2배가 되는 2,070만으로 늘어났다.

그러나 조합원이 늘어난 곳은 새로운 일자리가 많이 늘어난 '화이트칼라' 근로자들의 서비스 산업이었다. 다시 말해 노조운동에 비협조적인 부문이었다. 그러나 노조 운동에 적극적인 '블루칼라' 근로자들의 중공업 부문에서는 조합원이 늘지 않았다.

이와 같은 결과가 오게 된 것은 노동조합 간부들이 1930, 40년대와 같은 정열을 잃고 안락한 생활에 파묻혀 조직에 대한 열의가 식어 버린 데 그 원인이 있었다. 또한 노동조합 내부의 부패상이 폭로된 사실도 노동조합 운동에 불리하게 작용하였다. 예를 들면, 국내 최대의 조합원 수를 자랑하던, 국제트럭노조(International Brotherhood of Teamsters)는 조직범죄와 관련되어 있었다. 트럭노조 스스로가 정화작업을 못하게 되자, 1957년에 미국노동총연합(AFL-CIO)은 트럭노조를 축출하였다. 그리고 트럭노조의 위원장이었던 베크(Dave Beck)와 호파(James R. Hoffa)는 탈세 및 배심원 매수의 혐의를 받아 실형을 언도받았다.

전후에 호황기가 찾아오면서 노조에 가입한 '블루칼라' 근로자들은 황금 시대를 맞이하였다. 노조에 가입될 정도의 직종은 대부분 급여가 좋았다. 그들의 대다수가 실질임금 상승의 혜택을 누렸고, 따라서 중산계급처럼 여가생활을 즐길 수 있게 되었다. 이제는 부부가 맞벌이를 할 경우, 노동자들도 담보 대출의 장기 상환을 통해 교외에서 자기 집을 마련할 수 있게 되었다.

직장은 2주의 유급휴가를 줄 정도의 안정된 곳이 많았다. 사회보장제도, 노조와 회사의 연금 제도로 그들은 정년퇴임의 날까지 편안한 마음으로 근무할 수 있었다. 그들은 자식들을 대학에 보낼 수 있을 정도로 여유가 생겼고, 인플레이션에 시달리지 않을 정도로 경제도 안정되었다. 1948년에 제네랄 모터즈 회사와 연합자동차 노조는 생활비 인상에 따른 자동적인 임금

인상(automatic cost-of-living-adjustments, ACOLAS)에 합의하였는데,
이 관행은 곧 다른 산업으로도 확산되었다.

농업의 집중화

경제력 집중의 경향은 농업에서도 변화를 가져왔다. 면화 수확기, 담배
수확기, 포도수확기, 살충제 살포 비행기와 같은 새로운 농기계의 출현으로
영농방식이 크게 바뀌었다. 비료와 살충제의 보급으로 1945년과 1970년 사
이에 농업생산은 불변 가격(constant dollars)으로 120퍼센트가 증가하였
다. 노동 생산성도 세 배로 늘어났다.

농업의 수익성이 현저히 커지자, 대규모 투자가들이 농업으로 몰려들었
다. 그리하여 농장의 평균 면적은 1945년의 195에이커에서 1970년의 374
에이커로 거의 두 배로 커졌다. 동시에, 농토의 가치도 1945년의 690억 달
러에서 1970년의 2,660억 달러로 껑충 뛰어 올랐다. 그러므로, 1960년대에
오면 농부가 되기 위해서는 상당한 자금이 필요했다. 따라서 대부분의 경우
에 은행가, 보험회사, 대기업들만이 농토, 농기계, 비료를 구입할 수 있었다.

농업의 집중화 운동은 농민 가정을 위협하였다. 1945년부터 1970년까
지 미국의 농업인구는 2,440만에서 1,000만 이하로 절반 이상 줄었다. 그리
하여 인구 전체에서 농민이 차지하는 비율은 17.5퍼센트에서 4.8퍼센트로
줄었다. 예를 들면, 남부에서 1940, 50년대에 면화수확이 기계화됨으로써,
400만이 넘는 사람들이 일자리를 잃었다.

그에 따라 남부의 빈곤층은 그곳을 떠나 북부의 도시로 몰려들었다.
"트랙터가 들어오자, 우리는 농촌에서 삶의 터전을 잃어버리게 되었다."고
어느 농부는 탄식했다. 농촌에 남게 된 것은 농사를 지을 만해서가 아니라,
너무 늙어서 평생 살았던 집을 버리고 도시로 자식들을 따라나설 용기가 없
었기 때문이었다. 그러므로 기계화 과정의 가장 큰 숨은 피해자는 외딴 곳
에서 가난하게 살았던 시골의 노년층이었다.

2. 풍요한 사회

소비문화와 평균 수명

전후에 산업과 농업에서 일어난 두드러진 변화에 걸맞게 미국인의 구매 습관과 생활방식에서도 변화가 일어났다. 그러므로 수많은 미국인들에게 있어서 전후의 경제적 '붐'은 경제학자 갤브레이스(John Kenneth Galbraith)가 풍요한 사회(affluent society)라고 부른 것을 의미하였던 것이다.

생산력이 현저히 증가하자, 상품과 서비스에 대한 요구도 눈에 띄게 증가하였다. 대공황과 2차대전 때만 해도 주택과 자동차를 산다는 것은 많은 미국인들에게는 이룰 수 없는 꿈이었다. 그러나 전후의 풍요 속에서 그들은 이 꿈들을 이룰 수 있었다.

가정들은 1대도 모자라 2대의 자동차를 사는 경우가 많았다. 그리고 새로 산 집에는 설겆이기계, 텔레비전, 전축과 같은 최신형 가정용품들을 즐비하게 들여 놓았다. 원하는 것을 사는 데 현찰이 모자라면 융자를 받았다. 융자가 국민의 소비열기를 뒷바침해 주었는데, 그 액수는 1946년의 80억 달러에서 1970년의 1,270억 달러로 크게 불어났다. 여기에 바로 소비문화의 토대가 놓여 있었던 것이다.

미국인들은, 너무 많은 산업제품과 서비스 상품을 사들임으로써, 세계의 자원을 모두 고갈시키는 듯 하였다. 1946년에서 1970년 사이에, 석유 소비량이 118퍼센트 증가되었음에도 불구하고, 국내 석유 생산력은 97퍼센트밖에 증가되지 않았다. 나머지 기름은 외국에서 수입했다. 전력 소모량도 증가되어, 발전량은 2,700억 킬로와트시에서 1조 6,000억 킬로와트시로 늘어났다. 그 결과로 1960년대 중반에 오면 미국에는 세계의 5퍼센트 인구가 살고 있었으나, 이들은 전세계의 3분의 1이 넘는 제품과 서비스 상품을 생산하고 소비하였다.

공중보건(public health)은 전후의 번영기에 더욱 진보되어 행복한 결과를 가져다 주었는데, 평균수명이 1945년의 65.9세에서 1970년의 70.9세로 연장되었다. 이는 특히 어린이 사망률의 극적인 감소에 힘입었다. 풍요한 미국인들은 어린이에 대한 부모로서의 관심을 충분히 기울일 수 있었다. 여기에는 의학 연구에 투입된 연방보조금의 증가도 크게 기여하였다.

그 결과로 신생아 사망률은 1945년에는 1,000명 중 38명이었던 것이 1970년에는 20명으로 줄었다. 동시에, 스트렙토마이신(1945)이나 오레오마이신(1948)과 같은 약들이 출현하면서, 독감이나 수술후 감염으로부터 오는 사망률을 대폭 감소시켰다. 1955년부터는 소아마비 '백신'도 사용되어 그것에 따른 사망률은 1962년에는 97퍼센트나 감소하였다. 그리고 결핵, 백일해, 디프테리아 같은 병들도 사라지기 시작했다.

'썬벨트' 지대의 발전

풍요한 사회의 혜택은 따뜻한 '썬벨트'(the Sunbelt) 지대 또는 온난대 지대로의 이주를 의미하기도 하였다. 이러한 대규모의 이동은 2차대전의 기간에서 시작되었다. 군인들과 그 가족들, 그리고 방위산업체 근무자들은 서부의 샌디에이고나 남부의 조선소나 비행기공장으로 옮겨 갔다.

이렇게 남쪽 국경으로 많은 사람들이 이주함에 따라, 캘리포니아 남쪽에서부터 남서부와 남부를 지나 대서양 연안의 버지니아에 이르는 새로운 지대가 형성되었다. 그 결과로 1940과 1950년 사이에 휴스턴의 인구는 38만5천 명에서 59만6천 명으로 늘었다. 바통루즈, 롱비취, 마이애미, 피닉스 같은 도시들도 1940년대에 '붐'을 맞았다.

서남부와 서부로의 이주는 1950년대에 와서도 계속되었다. 휴스턴은 항공우주산업뿐만 아니라 정유, 석유화학공업의 중심지가 되었다. 1950년에만 해도 사막의 작은 오아시스 같던 투산은 1960년에는 인구 20만의 도시로 팽창했다. 캘리포니아는 1950년대의 미국 전체 인구증가의 5분의 1을 흡수하여 1963년에는 연방에서 가장 인구가 많은 주로 성장하였다. "썬벨트 지역"대의 놀라운 성장을 가져온 것은 방위산업을 비롯하여 농업, 우주항공업, 정유업, 토지개발업, 여가산업이었다.

이 지대를 발전시킨 또 다른 요인은 정부의 지원정책이었다. 정부는 정유업, 군사기지건설, 항공우주개발사업에 세금을 대규모로 삭감해 주었다. 남쪽 국경지역은 노동조합에게 유리한 노조원 고용의무제(closed union shop)을 폐지하고 기업가에게 유리한 "일할 권리"의 법(right-to-work laws)을 제정함으로써 기업들을 적극적으로 끌어 들였다.

추운 북부지역, 동부지역에서 따뜻한 남부지방과 서부지방으로 수백만 명이 이동함에 따라, "썬벨트" 지대의 정치적 발언권도 강화되었다. 그 결과로 대통령 후보를 선출하는 데 있어서도 남쪽 지역의 강세 경향이 나타났다. 1968년 이후에 당선된 5명의 대통령들도 모두 "썬벨트" 지대 출신이었다. 그들은 택사스 출신이 1명(부시), 캘리포니아 출신 2명(닉슨, 레이건), 죠지아 출신 1명(카터), 아칸소 출신 1명(클린턴)이었다.

3. 교외 중산층 지역의 발전

교외 중산층 지역(suburbs)의 확장은 '풍요한 사회'의 산물이었다. 1940년부터는 도시로부터 교외 지역으로의 인구이동이 일어났다. 그리하여

교외 중산층 지역

1970년경에는 도시중심부보다는 교외 지역에서 더 많은 인구가 살게 되었다.

사람들이 교외 지역으로 나가게 만든 요인에는 여러 가지가 있었다. 소음과 악취에서 벗어나 자연과 더 가까이 지내려는 이유도 있었다. 교외에는 아이들이 잔디밭에서 뛰어놀며 자랄 수 있는 넓은 뒷마당도 있었다. 그들은 사생활이 보장되는 조용한 곳에서 살고 싶어했고, 넓직한 집에서 거실 이외에도 가족실, 넓은 붙박이장, 작업실을 원했다. 자기들과 비슷한 사고방식을 갖고 있는 사람들이 모여 사는 동네를 바란 사람들도 많았다. 방이 3, 4개 있는 집들이 교외 지역에 대대적으로 세워진 사실은 이들 교외 거주자들의 큰 관심이 자녀 문제였음을 말해 준다.

교외 동네(suburban communities)에서는 정치적인 영향력을 행사하기가 쉬웠다. 왜냐하면 거대한 대도시와는 달리 교외에서 시민들은 가깝고 작은 정부가 하는 일에 쉽게 참여할 수 있었기 때문이다. 특히 자녀들의 교육문제에서 시민의 참여는 대단했다. 그러므로 미국의 교외지역은 개인이 자신의 소망사항을 직접 신속하게 피력할 수 있는 풀뿌리 민주주의(grass-roots democracy)의 마지막 보루로 보였다.

주민들의 나이와 경험이 비슷하다는 것도 교외 지역으로 사람들을 끈 원인이었다. 교외지역에 사는 성인들은 대개 젊은 부모로서, 이들은 대개 25세에서 35세 사이였으며, 대부분 3, 4세짜리 아이를 데리고 있었다. 어떤 동네의 예를 들면, 6천 명의 아이들이 살고 있었는 데, 그 가운데서 고등학교를 갈 만큼 큰 아이는 100여명에 지나지 않았다. 나머지 아이들은 거의 대부분이 어린이 놀이터에 있을 정도의 어린 아이들이었다.

또한 교외지역의 주민들은 대부분 소득수준이 비슷했고 2차대전을 경험했다. 남자들은 출퇴근길에 교통난을 겪어야 했다. 그러나 자동차를 함께 타기 위한 '카풀'(car pool)제로 이웃들은 더욱더 가까워졌다.

주택건설과 고속도로 건설

새로운 가정들이 교외지역에 입주하는 데는 정부의 정책과 재정 지원도 도움이 되었다. 제대군인에 대한 낮은 금리의 융자, 연방주택청(FHA)의 융자는 다른 방법으로는 집을 살 수 없는 사람들에게 혜택을 주었다. 손쉬운 융자와 전후의 호황으로 건축 '붐'이 일어났다. 1944년에는 14만 2천 채가 시공되었는데, 이들은 대부분 군인과 군수공장 노동자의 임시숙소였다. 그러나 1945년에서 1946년에 이르는 사이에 주택 시공은 32만6천 채에서 100만 채 이상으로 크게 증가했고, 1950년에는 200만을 육박했다.

집들을 빨리 짓기 위해서 건축가들은 대량생산의 기술을 개발해 냈다. 아서 레빗 건축회사는 뉴욕, 뉴저지, 펜실베이니아에 레빗타운(Levittown)으로 알려진 계획된 동네를 건설하였다. 레빗은 나무가 없는 평평한 대지에 호환성 있는 규격품 자재와 동일한 설계도를 사용하여 거의 동일한 집들을 지었다. 교외지역이 확산됨에 따라 새 동네의 주민들을 위해 넓은 주차장으로 둘러싸인 슈퍼마켓, 주유소, 쇼핑쎈터가 건설되었다. 이러한 새로운 모습의 주거단지가 여기저기서 농촌지역을 잠식하였다.

농촌 지역을 주거지역으로 변모시키는 데는 고속도로 건설도 큰 역할을 담당하였다. 1947년에 의회는 3만7천 마일의 고속도로 건설을 승인하였다. 1956년에는 아이젠하워 대통령이 고속도로건설법에 서명함으로써 4만1천 마일의 도로망 건설이 시작되었다. 연방정부가 고속도로 건설에 투입한 예산은 1946년에는 7,900만 달러에서 1950년 4억 2,900만 달러로, 1960년에는 29억 달러로, 그릴고 1970년에는 46억 달러로 늘었다. 주정부와 지방정부의 고속도로 건설에 대한 투자도 늘었다. 그 결과로 1970년쯤 전국적으로 주들을 잇는 고속도로망(interstate highway systems)이 대부분 완성되었다.

빠른 속도로 솟아나는 교외지역과 고속도로 건설 '붐'으로 거대도시(巨大都市, megalopolis)가 출현하였다. '메갈로폴리스'란 용어는 1960년대 초에 도시문제 전문가들이 만들어낸 것이었다.

그것은 북동부 해안을 따라 수많은 도시들이 계속되어 혁대처럼 길게 뻗어져 나간 지대를 가리키는 말이었다. 보스톤에서 시작하여 뉴욕, 필라델피아, 볼티모어를 지나 워싱톤에 까지 도달하는 600마일의 긴 지대는 "보스워시"(Boswash)로 불리웠다. 이것은 11개주에 걸쳐 4,900만의 인구를 포함하는 거대한 지대로서, 모두 주간고속도로를 통해 하나의 생활권으로 묶어 놓았다. 메갈로폴리스 안의 교외지역들은 정치적으로 독립적이었으나, 경제적으로는 도시들과 고속도로들에 의존하고 있었다.

그 이외에도 메갈로폴리스로서는 시카고에서부터 중공업지역과 인구조

밀지를 이어가면서 계속 핏츠버그에 이르는 일련의 도시들로 이루어진 '시피츠'(Chipitts), 그리고 샌프란시스코에서 샌디에고에 이르는 "샌-샌"(San-San)이 있었다.

정부의 주택 지원정책과 고속도로 건설 정책으로 가장 혜택을 많이 본 사람들은 백인 중산층이었다. 1948년에 정부는 주로 임대주택 건설에 대한 융자 대신, 개인의 단독주택 건설에 대한 융자를 늘였다. 그 결과로 빈민층이 손해를 보았다. 게다가 연방주택청(FHA)은 빈민, 흑인, 유태인 및 그 밖의 미국사회에 "잘 섞이지 않는 인종집단"에게는 교외주택자금융자 혜택을 주지 않았다.

1949년에 통과된 전국주택법(National Housing Act)의 가장 큰 목적은 "도시 재개발"에 있었다. 그것은 빈민굴을 소탕하고, 저소득층을 위한 공공주택을 4년 동안에 81만 채 건설하고, 주택매입자를 위해 연방 자금을 융자해 주려는 것이었다. 그러나 빈민굴이 있었던 곳에는 저소득층의 주택이 들어선 것이 아니라, 주차장, 쇼핑쎈터, 고층빌딩, 고속도로, 공장들이 들어섰다. 그리고 빈민을 위한 81만 채의 공공주택 건설 계획이 실현되는 데는 4년이 아니라 20년이 걸렸던 것이다.

교외 중산층 지역 생활 방식의 문제점

가족적 유대(family togetherness)를 강조하는 교외지역의 생활은 가정들을 고립시키는 사회적 결과를 가져 왔다. 가정이 주된 집합장소로 떠올랐기 때문에 이제 가족들은 집안에서 텔레비전을 보거나 게임을 하며, 뒷마당에서 가족끼리 불고기를 해 먹었다. 거실 가운데 텔레비전을 놓고 식구들이 항상 모여지내는 생활 스타일은 목장 스타일(ranch-style)의 주택에 적합했다. 가족여행을 할 때도 이제 사람들은 자가용 차를 이용하게 되었기 때문에 가정들끼리 격리되어 있었다.

교외지역 생활은 누구나 할 것 없이 똑같이 개성 없는 사람을 길러내는 순응(conformity)의 분위기를 조성하였다는 비판이 일어났다. 또 교외에서 사는 사람들은 경쟁적으로 새로운 자동차나 가정용품을 들여 놓는 데만 혈안이 되어 있다는 비판이 일어났다.

〈교외의 신화〉(1969)라는 책을 쓴 도날슨(Scott Donaldson)은 교외 지역이라는 말은 숨을 턱턱 막히게 하는 질병과 같이 불쾌한 분위기를 자아 낸다고 지적하였다. 윌슨(Sloan Wilson)은 〈회색양복을 입은 사람들〉 (1955)이란 소설에서 주인공이 도시에 있는 사무실로 매일 출퇴근하며 의 미 없는 생활을 되풀이하고 묘사하였다.

이러한 장점과 단점들을 감안한다 하더라도, '화이트칼라' 계층의 교외 거주자들이 가족 중심의 생활방법을 가장 선호한 것은 확실하였다. 1950년 대에 리스만(David Riesman)은 대학생들을 인터뷰했는데, 그들은 대부분 교외지역에서 살기를 원했던 것이다.

4. 가정과 모성애의 강조

△포크 박사의 육아법

20세기초에 대가족이 함께 살던 시절에 일요일의 저녁식사는 가장 나이 가 어린 아이에게는 견디기 힘든 경우가 많았다. 왜냐하면 나이 순서대로 접시가 채워지는 것이 관행이었으므로 막내는 맨 마지막에 가서야 식사 차 례가 돌아왔기 때문이다. 그러므로 만일 저녁 식사의 주요리가 닭고기라면, 막내 몫으로는 목이나 등뼈가 돌아가는 것이 보통이었다.

그러나 제2차세계 대전이 끝난 다음부터 이와 같은 관행은 깨져 갔다. 이제는 거꾸로 어른이 마지막 차례로 바뀌었다. 시대의 변화는 어느 젊은 아버지의 다음과 같은 한탄의 말 속에서 잘 나타났다. "나는 다섯 남매 중 에서 가장 어렸어요, 그래서 내 차례가 되었을 때는 가슴살은 벌써 다 없어 져 버렸어요, 그래서 내가 어른이 되면 가슴살을 먹고 싶은 만큼 모두 먹어 치우리라 맹세했었어요. 그러나 이제 어른이 되어 아버지가 되었더니, 이제 는 애들이 먼저 우선권을 갖게 되더군요."

스포크(Benjamin Spock) 박사가 1949년 출판한 〈아동 양육법〉이라 는 책은 이러한 변화를 가져오는 데 많은 영향을 미쳤다. 이 책은 아동 양육에 관한 많은 회답을 담고 있었고, 그 때문에 신세대 부모들의 필독서가 되었다. 이 책은 어머니가 어린이를 위주로 생각할 것을 촉구하고 있었다. 어머니는 아이를 우선 생각해야 한다고 권고하였다.

스포크 박사의 책이 나오기 이전에 30년 동안 나온 책들은 아이의 필요 못지 않게 어머니의 필요도 충족되어야 한다고 강조하였다. 다시 말해, 어머니는 자신의 시간을 가져야 했다. 그래서 이전에 나온 양육 서적들은 어린이들이 어려서부터 스스로 대소변을 가리도록 교육시킬 것을 권장하였다. 그리고 "저녁 여섯시가 되면 아이들을 그만 돌보고, 저녁의 조용한 한때를 즐기라. 아기가 울더라도 먹일 시간 외에는 무시해 버리라."고 충고하였다.

그러나 이제 스포크 박사는 어머니들에게, "먹는 것도 배우는 것의 한 과정이다."고 강조하면서, 아기에게 먹이고 아기와 접촉을 계속하라고 권유하였다. 그리고 아이들이 스스로 깨닫고, 스스로 발견하고, 스스로 하도록 유도할 것을 권고하였다.

실제로 어머니가 아이에게 모든 것을 다 해 줄 수는 없었다. 그럼에도 불구하고, 스포크 박사의 육아법을 신봉하는 어머니들은, 그들이 그렇게 못할 경우 어머니로서 실패했다고 죄의식을 느끼게 되었다.

모 성애와 가족적 유대의 예찬

한편 〈기저귀 세대〉라는 책을 저술한 와일리(Phillip Wylie)는 이러한 자식에 대해 헌신적인 행위를 '모성애 찬양'(momism)이라고 비꼬았다. 그는 어린이를 위한 희생은 사실상 어머니 자신의 욕구를 충족시키는 것이라고 비판하였다. 그리고 그러한 어머니의 지나친 사랑과 과보호 행위는 결국 감정적으로 어머니와의 관계를 너무 밀착시킴으로써 어린이의 충분한 성숙을 방해한다고 비판하였다.

이러한 주장에 동의하는 전문가들이 많았다. 육군의 정신과 군의관들은 신병들의 정서불안증이 어머니로부터 기인한다는 분석을 내놓았다. 국방부 장관의 어느 정신분석 자문위원은, "어머니들은 아이들이 정신적으로나, 육체적으로 젖을 뗀다는 가장 기본적인 일을 해 내지 못했다."고 썼다.

교외지역의 아버지들은 대부분이 2차대전에 참전했던 제대군인들이었다. 그들은 자녀들이 잔디가 덮인 뒷마당에서 뛰어 놀수 있고 좋은 공립학교를 다닐 수 있게 하기 위해서는, 교외에 집 마련을 할 수 있을 만큼 잘 살아야 된다고 결심한 사람들이었다. 이 세대는 모두 1930년대의 대공황기에 배고픈 청소년시절을 보낸 불우한 사람들이었다. 또한 이들은 청년시절 초기에 2차대전을 경험함으로써 대부분이 가족과 친구들과 떨어져 살아 본 경험을 가졌다.

바로 이와 같은 남녀들이 '베이붐' 세대의 부모가 되었고, '가족적 유대'(family togetherness)를 가장 중요시하게 되었다. '가족적 유대'는 가족들이 한데 모여 텔레비전을 본다든가, 공원이나 해변으로 소풍을 나간다든가, 어린이 야구 시합을 보러 다니는 과정에서 이루어졌다. 가족여행의 목적지는 주로 1954년에 캘리포니아주 아나하임에 문을 연 디즈니랜드였다.

여권주의의 도전

그러나 이들과는 달리 인류학자인 마가렛 미드(Magaret Mead)는 여성들에게 가정보다도 자신의 생애를 가지도록 권유하였다. "어떠한 분야이건 당신이 좋아하는 일을 택하십시요. 여성들이 무엇을 선택하든 간에 어차피 사람들은 부정하고 거부할 것이니까요."라고 그녀는 1946년에 썼다.

여성들이 빠진 난처한 입장은, 완전히 반대되는 두 가지 역할을 동시에 맡아 주어야 한다고 기대하는 데 그 원인이 있었다. 한편에서 여성에게는 남편과 자녀를 위해 자신을 희생하며 가정을 천국으로 만들어 주기를 기대하고 있었다. 이러한 상황을 1963년에 프리단(Betty Friedan)은 "여성의 신비"(Feminine Mystique)라고 불렀다. 그런가 하면 다른 한편에서는 여성에게 2차대전 기간에 했던 것처럼 집 밖에서 일을 계속해 주기를 기대하고 있었다. 여성노동력은 1946년의 1,680만 명에서 1960년에는 2,330만, 1970년에는 3,160만으로 계속 증가하였다.

여성들이 일을 하는 이유로서는 가정을 혼자 책임지기 위한 경우도 적지 않았다. 그러나 상당수의 근로 여성들은 가계에 도움을 주기 위해, 일을 하는 것이 보통이었다. 남성 지배에 도전하기 위해 일하는 여성들은 극히 드물었다. '어머니다움'에 대한 숭배에도 불구하고, 직업전선에 새로이 뛰어

드는 여성들은 대부분이 기혼자였고 또한 어머니였다. 이러한 경향은 제2차 세계대전 기간에 생긴 것이었다.

제대군인 교육법

제2차 세계대전이 끝나자마자, 대학 캠퍼스 안의 기혼자 학생 기숙사에 살게 된 가정이 늘어났다. 군대에서 제대한 다음 늦게 대학에 들어간 학생들이 부인과 아이들을 데리고 학교 안으로 이주했기 때문이었다.

이것은 1944년에 제대군인교육법(GI Bill)이 제정되어 대학에 들어가는 제대군인들에게 등록금과 생활비를 지급하는 제도가 마련된 데서 생겨난 현상이었다. 거의 100만 명에 이르는 제대군인 학생들이 1946년에 입학하였는데, 이것은 대학생의 거의 절반을 차지하는 많은 숫자였다.

제대군인들은 학생으로서 성공하였다. 이것은 "미국 고등교육 역사상 가장 놀라운 획기적 사건이다.…… 각 대학의 우등 졸업자 명단에는 이들 제대군인 학생들이 상당수를 차지했다. 그리고 그들은 교육상의 문제를 유발시키기는커녕, 오히려 고등교육의 훌륭한 자산이 되었다."고 뉴욕 〈타임즈〉는 논평하였다.

제대군인들이 학업에 충실하게 된 것은 당연하였다. 왜냐하면 그들은 고등교육을 보다 높은 사회적 성취를 이룩하는 지름길로 생각했기 때문이다.

'베이비붐' 세대의 교육

대부분의 미국가정들은 교육에 대한 관심이 높았다. '베이비붐' 세대가 초등학교에 들어 가자, 초등학교 '붐'이 일었다. 그리고 부모들은 학부모-교사 회의에 참석하여 교육과정에 영향력을 행사했다. 그들은 학교가 너무 비좁고, 교사가 모자라고, 교육목표가 없고, 교사들의 지도 방법이 낙후되었음을 지적하였다.

교육자들은 학부모의 참여를 장려하였다. "전쟁이 몇 명의 장군들에게만 맡겨져서는 안되듯이, 글을 가르치는 일도 교육자들에게만 맡기기에는 너무나 중요한 일이다."고 어느 교육학자는 1955년에 〈왜 죠니는 글을 못

읽는가〉라는 베스트셀러에서 역설하였다.

그로부터 2년 후인 1957년에 소련은 인류역사상 최초로 지구궤도를 도는 인공위성 스푸트닉을 발사했다. 그에 따라 교육은 국가안보의 문제로 떠오르게 되었다. 소련의 성공은 미국 군대와 기술의 우위성이 도전받은 것이었고, 또한 그렇게 된 것은 미국의 교육제도에 그 원인이 있다고 분석되었다. 따라서 미국이 기술상의 우위를 다시 갖게 되기 위해서는 수학, 외국어, 과학교육이 필요하다고 주장되었다.

의회는 그와 같은 주장에 귀를 기울여 1958년에 국방교육법을 통과시켜 초등학교와 고등학교에 재정적 지원을 해주었다. 그리고 대학생들에게는 장학금과 학자금융자의 형태로 지원해 주었다. 학부모들은 이 새로운 계획을 즉각 지지하고 나섰다. 왜냐하면 공공교육은 민주주의의 견인차일 뿐만 아니라, 궁극적으로 사회적 지위 향상과 군사적 우위성을 모두 보장해 주는 수단으로 인식되었기 때문이다. 이제 교육은 국가안보와 연계성을 가지게 되었다.

종교와 도덕

종교도 애국심과 동일시되었다. 아이젠하워가 말했듯이, 미국인들에게 있어서는 "최고자인 신에 대한 믿음이야말로 미국정신의 가장 근본적인 특성"이었다. 미국은 무신론자인 공산주의자들에 대항한 전투를 하고 있었다. 신의 존재를 부정하는 소련과의 냉전에서, 미국의 목사, 신부, 유태교 '랍비'들은 모두가 전사(戰士)로 참전하고 있었다.

종교 지도자들은 가족적 유대감을 강조하였다. 1950, 60년대에는 "함께 기도하는 가정은 같은 길을 가게 된다."는 표어가 가장 많이 사용되었다. 성경이 최고의 베스트셀러가 되었으며 종교적 주제를 담은 책들, 예를 들면 피일(Norman Vincent Peale)목사의 〈적극적 사고방식〉(1952)같은 책들이 베스트셀러가 되었다.

한편 복음주의 전도사인 빌리 그레이험(Billy Graham)은 텔레비전을 통해, 또는 거대한 경기장에서 전국의 청중들에게 복음을 가르쳤다. 그 결과로 1945년부터 1970년에 이르는 사이에 교회 신도의 수는 거의 배로 늘어났다. 미국인들은 자신들의 정신과 영혼을 개선하려는 데 열성이었다.

그러나 미국인들은 성적으로 해방될 준비도 하고 있었다. 인디아나 대학 성행위연구소 소장인 킨제이(Alfred Kinsey) 박사가 〈남성의 성행태〉(1948)를 출판하자, 미국의 대중들은 크게 놀랐다. 수많은 남자들과의 인터뷰를 토대로 작성된 킨제이 보고서는 95퍼센트의 남자가 자위행위나 혼전 및 혼외 정사, 또는 동성 연애의 경험이 있다고 주장하였다.

그러나 5년 후에 킨제이는 〈여성의 성행태〉라는 보고서를 발표함으로써 세상을 더욱 더 떠들썩하게 만들었다. 그 책에서 그는 62퍼센트의 여자가 자위 경험이 있고, 50퍼센트가 혼전성교의 경험이 있다고 발표하였다.

분개한 미국인들은 그 보고서는 여성뿐만 아니라 어머니 다움, 가정 자체를 모욕하고 있다고 저주하였다. 뉴욕 출신의 어느 하원 의원은 킨제이가 "우리의 어머니들, 부인들, 딸들과 누이들에게 금세기 최악의 모욕을 주었다."고 흥분하였다. 그리고 그는 그 책이 우편으로 우송되는 것을 금지시키자고 주장하였다. 프린스톤대학교 총장 도즈(Harold Dodds)는 킨제이의 책을 가리켜 "어린 소년들이 벽에다 붙인 불미스런 낙서"와 같다고 혹평하였다.

그 당시 성행위 문제는 젊잖은 대화에서나 품위 있는 출판물에서는 금기시하는 주제였다. 따라서 대부분의 미국인들은 은폐하는 것이 더 좋다고 생각하였다.

5. 놀이 문화

텔리비전 혁명

전후의 번영으로 미국인들은 물질적 가치와 향락을 추구하게 되었다. 전후에 40시간 노동으로 되돌아간 덕분으로 미국인들은 여가 시간을 더 많이 즐기게 되었다. 인간의 기본 욕구인 의식주의 문제가 해결되자, 미국인들은 점점 더 사치품에 관심을 기울이게 되었다. 가정마다 최신의 가정용품을 사려고 열광하였다. 그에 따라 '쇼핑'은 이제 놀이의 한 형태가 되었다.

새로운 사치품 가운데서 텔레비전처럼 혁명적인 변화를 미국인들의 생활에 가져다 준 것도 없었다. 1950년에 이르면서 텔레비전은 미국의 청중을 사로잡고 있던 라디오의 위력을 능가하기 시작하였다. 1946년에 텔레비전 수상기를 보유한 가정은 8천 가구에 지나지 않았다. 그러나 그것은 1950년에는 390만으로, 1970년에는 6,060만으로 늘어났다.

오락물(entertainment)은 텔레비전에서 가장 중요한 프로그램이었다. 씨트컴(Situation Comedy), 폭력물 연속극이 가장 인기가 높았다. 그 가운데서 1950년대에 가장 인기가 있었던 것은 〈말괄량이 루시〉(I Love Lucy)와 추리연속극 드레그넷(Dragnet)이었다. 가족의 화목을 주제로 다룬 것들로는 〈아버지가 최고야〉(Father Knows Best)와 〈비버에게 맞겨둬〉(Leave It to Beaver)가 있었다.

그 결과로 1956년 개인당 1일 평균 텔레비전 시청 시간이 5시간이었다. 그렇게 되자, 사람들은 텔레비전이 단지 오락물만은 아니라는 것을 깨닫게 되고, 바로 거기에 위험성이 있다고 우려하게 되었다. 텔레비전을 통해 왜곡되어 비춰지는 세상이 사람들의 현실감각에 깊은 영향을 미치게 된다는 우려가 커져 갔다.

라디오의 경우처럼 광고는 텔레비전 방송업의 초석이었다. 처음 텔레비전 광고는 1941년에 방영된 불로바 시계광고였는데, 그 비용은 1분 방영에 겨우 9달러였다. 그러나 1949년에 가서 미국 가정의 텔리비전 시청 시간이 하루의 몇 시간대로 늘어나자, 방송국들의 연간 텔레비전 광고수입은 5,000만 달러로 껑충 뛰었다.

옆집이 사는 것을 사야만 되는 교외 지역의 주민들에게 텔레비전 광고는 아주 도움이 되었다. 왜냐하면 그것은 옆집에서 무엇을 사는가를 아는 시각적 정보를 가져다 주었기 때문이다. 거실에 편안하게 앉아 텔리비전을 보면서 미국인들은 어떤 자동차, 담배, 전기기구를 사서 그들의 품위를 높이는가를 구상할 수 있었다.

그리고 프로그램 자체가 시청자들에게 호화로운 생활에 대한 동경심을 유발시켰다. '씨트컴'이나 연속극에 나오는 무대는 언제나 좋은 가구들로 치장된 교외지역의 주택이었기 때문이다. 그리고 주인공들은 언제나 최신 유행을 걸쳐 입고 최신형 자동차를 몰고 있었기 때문이다.

문고판 서적의 보급

텔레비전이 세상의 소식을 안방에 까지 가져다 주게 되자, 미국인들은 신문과 잡지를 덜 읽고, 라디오도 덜 듣게 되었다. 그럼에도 불구하고 독서량은 늘어만 갔다. 그리고 문학서적의 판매가 늘어나게 된 데는 값싼 '소프트카버' 책들이 대량으로 생산된 사실이 작용하였다.

1939년에 문고판(paperbacks)이 도서시장에서 '히트'를 치게 되자, 서부 이야기, 추리문학, 공상과학소설이 신문팔이대나 슈퍼마켓 진열대에 대거 등장하였다. '페이퍼백'이야말로 미국의 독서습관을 민주화시킨 장본인임이었다. '하드카버'의 책을 '소프트카버'로 다시 출판한 책, 원문 내용을 줄인 축소판 책도 잘 팔렸다. 결국, 출판에 쓰여진 자산은 1946년에서 1960년 사이에 220퍼센트 증가했다.

집에서 아주 많은 시간을 보내게 되는 교외(郊外) 지역의 문화생활 때문에 손해를 본 것은 영화산업이었다. 미국인들은 이제 '페이퍼백' 책과 만화를 많이 샀지만 영화관에는 더 이상 가지 않았다. 거실에서 편안하게 텔레비전을 볼 수 있는데 복잡한 시내로 나가 영화를 볼 필요가 없었던 것이다. 영화관에 가기 위해서는 저녁에 아이를 돌볼 사람을 고용할 돈이 들어야 했던 것이다. 그리하여 영화관은 하나 둘 문을 닫게 되었다.

그러나 한 가지 예외가 있었다. 그것은 자동차를 타고 영화를 보게 되어 있는 야외 영화관(drive-in) 영화관이었다. 이 새로운 형태의 영화관은 자동차를 가진 교외 지역의 사람들을 고객으로 하고 있었다.

청년문화의 등장

침체해 가는 영화산업 가운데서도 아주 예외적인 분야가 있었다. 그것은 청소년을 겨냥한 영화였다. 1950년대 후반에 이르면서, 전후에 태어난 '베이비붐' 세대는 사춘기에 들어가기 시작하였다. 이들 청소년들은, 집에서 텔리비전 시청을 더 좋아하는 부모들과는 달리, 영화관으로 몰려들었다.

잭슨 폴락 : 행동주의 화가

1950년대에 영화관에 갔던 사람들 가운데 72퍼센트가 30세 이하였다.

헐리우드는 이 젊고 새로운 관객들의 구미에 맞는 영화를 제작하였다. 그리하여 영화 내용 속에는 젊은이들은 올바른 감성과 지각을 갖고 있는 데 비해, 어른들은 한결같이 야비한 사람들로 나타나게 되었다. 〈더럽혀지지 않은자〉(The Wild One), 〈이유없는 반항〉, 〈칠판정글〉(Blackboard Jungle) 등이 그러한 종류의 영화였다. 젊음에 대한 예찬과 숭배가 시작된 것이다.

백인 가수들이 흑인들의 '리듬 앤드 블루스'(rhythm-and-blues)를 모방하고 있을 때, 흑인 재즈 음악가인 찰리 파커(Charlie Parker)와 디지 글리스피(Dizzy Gillespie)는 '비팝'(bebop)을 실험하고 있었다. 1950년대에 재즈는 고전음악에서 쓰는 운율, 작곡기법, 악기를 점점 많이 받아 들였다.

이전에는 저속하다고 경시했던 지식인들도 이제는 이 음악을 연구하기 시작했다. 그리고 무용에서는 마사 그레이험(Martha Graham)이 국제적으로 찬사를 받는 인물로 떠올랐다.

미술에서는 잭슨 폴락(Jackson Pollock)이 추상미술의 표현주의(expressionism) 운동을 이끌어 갔다. 그 때문에 1950년대에 뉴욕 시가 세계미

술의 중심지로 떠올랐다. 폴락은 전통적으로 화가들이 사용하던 '이젤'을 과감하게 버렸다. 그리고 나서 그는 마루 바닥에 '캔버스'를 놓고, 그 주위를 자유로이 걸어 다니면서 작품을 완성하였다.

폴락을 비롯한 '행동주의 화가들'(action painters)이 사용한 재료도 새로운 것이었다. 그들은 세수 수건, 칼 같은 도구를 사용하여 그림을 그렸으며, 모래나 깨어진 유리조각 혹은 다른 이상한 재료를 혼합하여 만든 걸쭉한 '임파스토'(impasto)를 만들어 물감 대신 사용하기도 했다.

또한 이들 1960년대에 대중미술운동(Pop Art Movement)에 참한 화가들은 상업적 기법을 사용하여 일상적 주제를 표현함으로써 소비자 사회를 풍자하였다. 그리하여 앤디 워홀(Andy Warhol)은 '캠프벨' 수프 깡통을 그렸고, 다른 화가들은 아이스크림과 햄버거 통, 널빤지를 사용하였다.

유행과 취미

2차대전 직후에는 계단을 스스로 튀어 내려가는 똑똑하고 재미 있는 용수철인 1달러짜리 슬링키(Slinky)가 인기를 끌었다. 그래서 1947년에는 그것은 전국의 가정을 휩쓸었다. 1950년에는 자유자재로 모양을 만들고 던지면 튀기도 하는 장난감 고무반죽 썰리푸티(Silly Putty)가 유행하였다. 1950년대에는 입체영화(3-D movies)와 '훌라후프'가 등장했다. 1958년에 훌라후프는 소개된 지 몇 달도 안되어 3,000만 개나 팔렸다. 그리고 카우보이 스타 캐씨디(Hopalong Cassidy)의 사진과 함께 인디안의 문장을 그려 넣은 호피(Hoppy)시계가 인기를 얻었다.

이러한 유행은 대부분 곧 사라지고 말았다. 그렇지만, 그것들은 텔레비전 쇼나 수십 편의 영화를 통한 광고로 수백만 달러를 벌어들였다. 전후의 유행들 가운데는 글자맞추기 놀이인 '스크래블'이나 '바비'인형(Barbie dolls)과 같이 아직 남아 있는 것들도 있다. 바비와 바비 가족들의 인형은 1959년부터 1980년까지 줄곧 1억2천만 점이 팔려왔다. 프리스비 던지기도 아직 남아 있을 뿐만 아니라 옥외 게임으로 계속 사랑을 받고 있다. 이러한 장난감이나 게임들은 가족 모두를 끌어들여 함께 하게 하는 특성 때문에 계속 유지되었다.

2차대전 전에 유행되었던 스포츠 가운데서 몇 가지는 1950년대와 60년대에도 계속되었다. 골프와 볼링이 그러했다. 그러나 미국인들은 이제 낚시나 사냥을 가더라도, 예전같이 농장 주위의 연못이나 동네숲에서 하는 것이 아니었고, 시골로 먼 여행을 떠나서 했다. 경제적, 시간적으로 여유가 많아진 중산층 가족들은 잘 뻗은 고속도로를 타고 전에는 부유한 자들만이 할 수 있었던 여행을 했다. 그들은 국립공원이나 유적들을 돌아보고, 캠핑을 하고, 심지어 외국으로 까지 여행을 떠났다.

1950년의 합의(合意)의 사회에서는 사회적 비판이 잘 받아들여지지 않았다. 영화구경을 잘 가던 세대들은 도리스데이(Doris Day)나 록 허드슨(Rock Hudson), 딘 마틴(Dean Martin), 혹은 제리 루이스(Jerry Lewis) 같은 스타들이 보내는 단순하고 달콤한 메시지들을 좋아했다. 독자들은 탐정물이나 서부이야기 혹은 공상과학소설을 즐겨 읽었다. 사람들은 심각하고 골치 아픈 사회적 문제에는 관심을 기울이지 않았다.

'비트'족과 풍요한 사회의 한계

그 가운데도 예외가 있었다. 엘리슨(Ralph Ellison)의 〈투명인간〉(1952)은 미국백인들에게 미국의 꿈의 실현으로부터 소외당하고 있었던 흑인들의 정신적 고통에 대해 어렴풋이나마 알려 주었다. 〈신사협정〉(1947)과 〈용감한 자의 고향〉(1949)이라는 두편의 영화는 반유태주의와 인종차별을 고발하였다.

1950년대가 되자 일부 문인들이 중산층과 교외 지역 생활의 획일적(劃一的)인 사회를 거부하고 나섰다. 자유분방한 '비트'(beat)족 문인들은 마약을 복용하며 개방된 성생활을 과시했다.

'비트닉'(beatnik) 문인들은 훌륭한 산문과 시를 남겼다. 그 가운데 대표적인 작품으로서는 긴스버그(Allen Ginsberg)의 긴 시 〈외침〉(*Howl*)과 캐로왁(Jack Kerouac)의 〈길 위에서〉(*On the Road*)가 있다. 그들은 미국의 청년들에게 부모들의 물질만능주의와 당당한 자신감을 극복할 대안을 제시해 주었다. 그러나 이들 비트족들은 1950년대에는 대체로 무시되었다. 1960년대에 이르러서야 수백만의 미국 젊은이들이 그들의 작품과 생활 스타

비트족 시인의 모임

일을 찬양하고 모방하였다.

전후시대에 가장 영향력 있었던 책은 경제학자 갤브레이스(Kenneth Galbraith)가 쓴 〈풍요한 사회〉였다. 그의 이론은 경제성장이 누구에게나 번영을 가져다 준다는 그 시대의 신념을 반영하고 있었다. 어떤 사람은 다른 사람보다는 조금 더 가지고 있을지 모르지만, 결국 때가 되면 모두가 충족하게 될 것이라는 주장이었다. "경제적 불평등으로 일어나는 긴장은 생산력의 증가로 해소될 것이다."고 그는 낙관적인 태도를 표명하였다. 빈곤 문제에 대해서는 그는 대수롭지 않게 보았다. 빈곤은 "보편적이고 중요한 문제"가 아니라, 나중에 천천히 생각해도 되는 정도의 문제였다.

이제 많은 사람들에게 미국의 꿈이 실현되는 것 같이 보였다. 결함이 좀 있다 하더라도, 미국은 세계에서 가장 축복받은 기회의 땅이라는 것을 그들은 굳게 믿고 있었다. 미국인들은 선거를 통해 자치(self-determination)제도를 이룩하였고, '인종의 용광로'를 통해 사회적 유동성(social mobility)을 실현해 냈다고 자부하였다. 또한 "민주주의의 원동력"이라고 부르는 공공교육(public education)을 통해 능력 있고 열심히 일하는 자에게 보다 나은 삶을 보장해 주게 되었다고 그들은 자부하였다.

그러나 이렇게 미국의 꿈이 현실화되는 과정에서 소외(疎外)가 된 사람들이 있다는 것을 국민 대다수는 깨닫지 못하고 지냈다. 그리고 여성 차별의 관행은 여성다움, 경건, 가족간의 화목을 강조함으로써 은폐되었다. 그리고 흑인, 소수민족들이 풍요한 사회의 혜택을 받지 못하고 있다는 사실도 은폐되었다.

그러나 1960년대에 들어가면서 미국의 중산층은 미국에도 수백만의 가난한 사람들이 산다는 것에 눈 뜨기 시작했다. 그러므로 1960년대는 비교적 동질적이었던 1950년대와는 정치적으로나 문화적으로 아주 달랐다. 기이하게도 그것은 교외 지역 생활의 산물이었다. 그리고 거기서 자란 '베이비붐' 세대는 부모세대의 중산계급적 가치관 체계를 송두리째 거부하였다. 그러나 이와 같은 결과를 예상한 사람은 아무도 없었다.

제 7 장

진보주의의 절정기(1961~1968)

1. 케네디와 '뉴프론티어'

진보주의 전통의 부활

케네디(John F. Kennedy)는 부유한 정치적 가문에 태어났다. 그의 할아버지는 아일랜드계 미국인으로서 보스톤 시장을 지냈다. 그의 아버지는 백만장자로 영국대사를 역임하였다. 그러나 재산을 모으는 과정에서 적지 않은 의혹을 일으켰다.

2차대전 중에 태평양 전선에 참전했던 존 케네디는 1946년에 미국으로 돌아와 가업(家業)인 정치에 투신하였다. 그는 보스톤에서 연방하원 의원직에 출마하여 쉽게 당선되었다.

이념적으로 존 케네디는 민주당원답게 복지국가의 건설을 내세우는 프랭클린 루즈벨트와 뉴딜 정책의 개혁전통을 계승하였다. 그의 선거구에는 주로 저소득층 '블루칼라' 근로자가 살고 있었다. 그 때문에 그는 입법 과정에서 대부분 노동자에 호의적인 진보 진영에 속하였다.

1956년에 그는 〈용기 있는 사람들〉(*Profiles in Courage*)이라는 책을 써서 퓰리처 상을 받았다. 그것은 신념을 갖고 소신대로 살았던 정치가들에 대한 연구서였다. 그 책은 다른 사람들이 써 준 부분도 있다는 이유로 비난하기도 하였다. 그럼에도 불구하고 그는 1958년의 중간 선거에서 상원 의원으로 당선되었고, 많은 추종자들을 가지게 되었다.

동부 출신 엘리트의 득세

1960년의 대통령 선거에서 그는 공화당의 닉슨에 대항해 아슬아슬한 차이로 당선되었다. 적은 표 차이에도 불구하고 케네디는 독특한 생동감과 스타일로 상당히 인기가 있었다. 침착하고 보수적인 이미지의 아이젠하워 행정부와는 달리, 그의 행정부 안에는 지적이고 활기찬 젊은이들이 많았다. 그들은 미국을 다시 활기차게 만들 신선한 아이디어를 가지고 있다고 주장하였다.

예를 들면, 국방장관이었던 맥나마라(Robert McNamara)는 그 당시 44세였다. 그는 이미 24세에 하바드 대학 조교수가 되었고, 그후 포드 자동차회사 사장으로 부임하였다. 국가안보 특별보좌관이었던 번디(McGeorge Bundy)는 41세였다. 그는 34세에 학사학위만 가지고 하버드 대학에서 학장직을 맡은 경험이 있었다. 케네디 대통령 자신도 43세였고, 법무장관이었던 그의 동생 로버트 케네디(Robert Kennedy)는 35세밖에 되지 않았다. 이처럼 그의 행정부가 젊은 사람들로 신선함을 보여 주고 있었음에도 불구하고, 이상하게도 요직에 임명된 여성은 한 명도 없었다.

케네디의 '뉴프론티어'(New Frontier)는 아주 야심적인 것이었지만, 그 내용 가운데는 성취할 수 없는 비현실적인 것도 많았다. 그 때문에 의회에서 오랫 동안 자리를 지키고 있던 관록 있는 정치인들은 그가 단순히 대중의 인기를 끌려 하고 있는 것이라고 비난했다. 비현실적인 공약 가운데는 인종차별의 철폐, 농민과 교육에 대한 연방정부의 지원, 노인에 대한 의료 혜택, 그리고 정부의 경기활성화 대책이 포함되어 있었다.

케네디 대통령 : 진보주의의 희망

따라서 그의 정책은 보수적인 의회로부터 강한 반발을 샀다. 예를 들면, 반대자들 가운데는 카톨릭 신자인 케네디가 카톨릭 교회가 운영하는 학교에 연방정부의 보조금을 줄지 모른다고 우려하는 사람들도 있었다. 그 때문에 교육에 대한 연방정부의 재정지원은 물론 최저 임금의 인상도 실현되지 못하였다.

그러므로 취임한 지 8개월이 지난 1961년 8월에 이르면, 케네디가 의회를 움직일 수 없다는 사실이 명백해졌다. 왜냐하면 의회는 공화당과 민주당의 보수적인 남부 의원들에 의해 장악되어 있었기 때문이었다.

그럼에도 불구하고 새 대통령은 보수진영의 협력을 얻어 자기 계획을 추진하려고 하였다. 그 때문에 그가 추진한 정책에는 중요한 내용이 빠지게 되었을 뿐만 아니라 통과된 후에도 제대로 시행되지 않았다.

대표적인 경우가 민권 정책이었다. 예를 들면, 케네디는 1960년의 선거전에서 공약했던 사업, 즉 연방정부가 지원하는 주택에서 인종차별을 금지시키기 위한 행정명령은 한참 뒤인 1962년 11월이 되어서야 내려졌던 것이다.

케네디의 후진국 지원 정책

1960년의 대통령 선거전에서 케네디는 냉전에서 제3세계를 미국편으로 만드는 데 실패하였다고 아이젠하워의 공화당 행정부를 비판하였다. 그리고 그는 자기가 집권하면 제3세계에 대한 영향력 행사 경쟁에서도 소련에 대해 승리할 수 있다고 장담하였다.

그와 같은 새로운 정책은 소련의 후르시초프가 선포한 "민족해방전쟁"을 압도할 수 있는 적극적인 것이어야 했다. 그것은 제3세계국가들의 국가건설(nation building)을 돕기 위한 "평화 혁명"(peaceful revolution)을 표방하는 것이어야 한다고 케네디는 외쳤다.

대통령이 된 케네디는 내각에 들어 온 경제학자 로스토우(Walt A. Rostow)의 주장에 따라 미국의 발전 모델(American model of development)을 제3세계 국가들에게 적용하려고 하였다. 미국은 후진국의 농업, 운송, 통신을 향상시키기 위해 유치한 단계에 있는 국가들에게 재정적, 기술적인 지원을 제공하려고 하였다. 그에 따라 케네디는 1961년에 라틴아메리

평화봉사단

카의 경제발전을 촉진시킬 목적에서 수십억 달러를 투자한 발전협력기금
(Alliance for Progress)을 창설하였다.

같은 취지에서 평화봉사단(Peace Corps)도 발족되었다. 그것은 미국의
교사, 농업전문가, 의료전문가를 개발도상국으로 파견하는 계획이었다. 이
계획에 따라 3년 안에 1만 명의 청년들이 자발적으로 해외에서 봉사하였다.
그러나 평화봉사단의 인도주의적 목적은 현지에서 행정부의 정치적인 목적
과 충돌하는 경우도 적지 않았다. 또한 제3세계 국민의 중립 노선을 지지하
는 현지의 평화봉사단원들과 미국의 외교정책에 따르려는 워싱턴의 평화봉
사단 본부가 충돌하는 경우도 적지 않았다. 그럼에도 불구하고 그것은 미국
인들의 자유주의적인 사고 방식과 제도를 제3세계로 확산시키는 데 크게 기
여하였다.

또한 케네디는 제3세계 국가들 가운데서 미국에 호의적인 정부들이 국
내의 혁명세력들에 대항할 수 있도록 도왔다. 그러한 지원 수단의 하나가
반란 진압 활동(counterinsurgency) 계획이었다. 그 계획에 따라 미국의
군사 고문단과 기술고문단은 제3세계에서 폭동과 반란을 진압할 현지의 군

인과 경찰을 훈련시켰다. 그리고 미군 특수부대인 그린베레(Green Berets)
로 하여금 반란군을 직접 진압하도록 하였다.

　　그러한 목적을 수행하는 데 미국 중앙정보부(CIA)도 중요한 역할을 담
당하였다. 그들은 쿠바 탈출자로 이루어진 대규모의 망명부대를 조직하여
훈련시켰다. 또한 미국 중앙정보부는 1960~61년에 내전 상태에 빠진 아프
리카의 콩고에서 루뭄바(Patrice Lumumba) 총리를 제거하려는 계획을 세
우기도 하였다. 왜냐하면 루뭄바 총리는 소련에게 원조를 요청하였기 때문
이다. 결국 루뭄바는 미국 중앙정보부의 지원을 받는 콩고인 정파에 의해
살해되고 말았다.

　　미국 중앙정보부는 브라질 대통령 선거에 개입하여 반미적인 굴라르트
(Joo Goulart) 대통령을 낙선시키려고 하였다. 왜냐하면 굴라르트는 미국
의 국제전화전신회사의 재산을 몰수했을 뿐만 아니라, 아메리카국가기구
(OAS)에서 쿠바를 추방하자는 미국의 제안에 반대했기 때문이다. 그러므
로 미국 중앙정보부는 1962년의 대통령 선거전에서 굴라르트를 낙선시키기
위해 노력하였다. 그러나 미국의 의도와는 달리 굴라르트가 당선되자, 미국
중앙정보부는 방향을 돌려 야당 조직을 지원하였다. 결국 1964년에 브라질
군부는 미국의 도움으로 굴라르트를 축출하였다.

　　그러나 이와 같은 케네디 대통령의 국가건설 지원과 '반란 대처 활동'
은 즉각적인 효과를 가져 오지 못했다. 미국인들은 미국의 자본주의와 미국
의 정치 모델이 외국 땅으로 옮겨지게 되면 거기서도 성공을 거둘 것이라고
믿었다.

　　실제로 제3세계 국가들은 미국의 경제원조를 갈망하고 또한 미국의 풍
요를 찬양하였다. 그러면서도 그들은 자신들의 문제에 대해 이방인들이 개
입하는 것을 용납하지 않았다. 게다가 후진국에 대한 경제 원조는 일반적으
로 이기적인 토착 엘리트의 손을 거쳐야 하기 때문에, 그 혜택이 빈민층에
까지 미칠 가능성은 별로 없었다.

　　더욱이 경제 문제에 대한 즉각적인 처방을 갈망하는 후진국 국민들에게
는 미국의 점진적인 민간기업(private enterprise) 체제보다는 소련의 통제
경제(managed economy)가 더 매력을 끌었던 것이다.

민권운동과 케네디

민권 문제에 대해 백악관이 별로 관심을 가지고 있지 않았는데도 불구하고, 흑인 민권운동가들은 무저항과 불복종의 방법으로 저항운동을 계속하고 있었다. 마틴 루터 킹목사가 이끄는 남부기독교 지도자회의(SCLC)에 의해 조직된 자원봉사자들은 민권 문제를 표면화시키기 위해 고의로 남부 전역에서 인종차별법(segregation laws)을 위반하였다. 그들은 백인에게만 허용된 '런치 카운터', 도서관, 버스 좌석에 앉았다. 체포될 경우에, 그들은 양심수로서 감옥에 갔다.

1961년 5월에는 "자유의 승객들"(Freedom Riders)로 불리는 민권 운동가들은 인종평등회의(CORE)와 힘을 합해 행동에 나섰다. 그들은 주간(州間) 대중 교통수단에서 인종차별을 철폐하기 위해 남부 백인폭도들의 공격을 무릅쓰고 고속버스에 올라탔다.

한편, 남부의 흑인학생들은 비폭력학생협력위원회(SNCC)를 조직하여 민권 운동에 가세하였다. 이들 흑인 학생 행동대는 다른 자원봉사자들보다도 더 어려운 방법을 선택하였다. 그들은 미시시피와 조지아 벽지의 먼지나는 길을 걸으면서 흑인들에게 인종차별 정책에 저항하라고 외쳤다. 그리고 흑인들에게 투표를 하기 위해 선거인 등록을 하라고 촉구하였다.

이들 자원봉사자들 가운데는 백인도 있었으나, 대부분은 흑인이었고 또한 저소득 가정 출신이었다. 그러므로 이들 행동대는 미국 사회의 인종주의, 무기력감, 빈곤이 어떻게 아프리카계 미국인들(Afro-Americans)의 삶을 짓눌러 왔는가를 경험으로 잘 알고 있는 사람들이었다.

민권운동이 호응을 얻게 얻게 됨에 따라, 케네디 대통령도 흑인들이 일등시민이 되도록 노력하겠다고 약속하게 되었다. 1962년 9월에 그는 연방 법원 판사에게 미시시피대학에 처음으로 입학한 흑인 학생 메리디스(James Meredith)를 보호할 것을 명령하였다.

1963년 봄에 그는 연방정부 공무원들에게 법정 명령을 내려, 알라바마 주지사 월러스(George c. Wallace)의 완강한 반대를 무시하고 알라바마 대학의 인종통합 정책을 강행시켰다. 마침내 케네디 대통령은 공공시설에서 흑백 차별이 헌법에 위배된다는 것을 법으로 규정해 줄 것을 의회에 요청하였다.

1963년 8월에 "워싱턴으로의 행진"(March on Washington)으로 알려진 민권 운동가들의 대집회가 열렸는데, 이것도 결국은 케네디가 그들의 편에 서 있었기 때문에 가능하였다. 민권 운동을 지지하는 25만 명의 백인과 흑인들은 워싱턴의 링컨 기념관에 모였다. 그리고 마틴 루터 킹 목사는 "나에게는 꿈이 있습니다. 그것은 나의 네 어린 자녀들이 언젠가는 그들이 피부색이 아니라 그들의 인격에 따라 판단받는 나라에 살게 되리라는 꿈입니다."고 외쳤다.

한편, 텔레비전 뉴스 프로그램은 민권 운동에 관한 소식을 전국의 가정에 속속들이 보도하였다. 방송 내용 가운데는 소름끼칠 정도의 잔학한 것들도 있었다. 예를 들면, 1963년에는 유색인종지위향상협회(NAACP) 미시시피 지부장인 에버스(Medgar Evers)가 자기 집 차고 앞에서 살해된 장면이 생생하게 보도되었다. 또, 같은 해에 알라바마주 버밍햄에서는 황소라는 별명을 가진 치안국장의 명령으로 경찰들이 민권시위를 하는 군중들에게 경찰견을 풀어 놓는 장면도 보도되었다. 그리고 시위대에 소방 호스로 물을 뿌리고, 소떼를 모는 전기 막대기로 군중들을 몰아 붙이는 장면도 생생하게 보도되었다.

또한 텔리비전은 민권 운동에 동조하는 백인 우편배달원 무어(William Moore)가 남부로 행진하다가 피살된 사건도 보도하였다. 그는 "죠의 식당에서 흑인과 백인 같이 식사합시다." 그리고 "모두에게 평등한 권리를…" 이라고 쓴 구호판을 가슴에 걸고 볼티모어에서 미시시피까지 자유의 행진을 실천하고 있었다. 그가 혼자서 알라바마에 발을 들여 놓은 지 얼마 안 되어, 총을 맞고 사망했다.

민권 운동에 대한 호의적인 분위기가 찾아 왔음에도 불구하고, 법 제정을 통한 구체적인 진전은 나타나지 않았다. 그 때문에 공공시설에서 인종차별을 없애려는 케네디의 하찮은 법안마저도 상원에서 의사방해 공작으로 통과가 저지되고 있었다.

그러나 두 가지 사건의 발생으로 갑자기 상황이 바뀌게 되었다. 그에 따라 주저하던 상원 의원들이 방향을 바꾸어 민권운동을 지지하게 되었다.

하나는 1963년 9월의 알라바마 흑인 교회 폭탄폭발 사건이었다. 그것은 백인 테러분자들이 버밍햄 시 16번가의 침례교회에서 일요일에 예배를 보던 흑인 신도들에게 폭탄을 터뜨린 사건었다. 이 폭발 사건으로 주일학교에 참석했던 4명의 흑인 소녀가 사망하였다.

또 하나는 1963년 11월 22일에 케네디 대통령이 텍사스 주의 달라스에서 암살당한 사건이었다.

케네디 대통령의 암살

케네디 대통령의 암살은 아직도 많은 미국인들을 당혹케 하고 있다. 암살범으로 추정되었던 오스왈드(Lee Harvey Oswald)는 단독범행을 한 것인지? 단독 범행이라면 도대체 무슨 동기에서 그렇게 했는지? 아니면 공범이 있었는지? 그렇다면 배후에 어떤 조직이 있었는지? 만일 배후에 조직의 음모가 있었다면 그 조직은 범죄조직인지 아니면 카스트로와 관련이 있는 공산주의 조직인지? 아니면 반 카스트로 계나 중앙정보부가 아닌지? 하는 등의 의문이 끊임 없이 일어났다.

이러한 의문들에 대한 정답이 어떠한 것이건 간에, 케네디의 죽음은 전국에 큰 충격을 주었다. 게다가 이틀 후 수백만의 시청자가 텔레비전을 보는 가운데 피의자인 오스왈드가 피살됨으로써, 국민들의 충격은 더욱 더 컸다. 총을 쏜 사람은 작은 나이트클럽 주인이며 전에 마피아와 관련이 있었던 잭 루비(Jack Ruby)였다. 그리고 루비에 대해서도 오스왈드에 대해서 일어났던 것과 꼭 같은 질문들이 꼬리를 물고 일어났다.

케네디는 법의 제정을 통해 개혁을 실현하는 데는 별로 업적을 남기지 못하였다. 그럼에도 불구하고 그는 미국인들에게 이상주의의 소중함을 깨우쳐 주었다. "국가가 당신에게 무엇을 베풀 것인가를 묻지 말고, 국가를 위해 무엇을 해야 할 것인가를 물으십시요." 라고 외친 그의 취임 연설에 감동하여 수만 명의 미국 청년들이 2년 동안 해외에서 평화봉사단원으로 일할 것을 지원했다.

그리고 케네디는 우주탐험계획을 적극 추진함으로써 국민들에게 국가적 사명감을 불러 일으키기도 하였다. 1962년 2월 20일에 해병대 중령 글렌(John Glenn)이 우주선 캡슐에 탑승하여 지구를 한바퀴 도는 데 성공했을

때, 미국인들의 얼굴은 밝아졌다. 그들은 1960년대가 끝나기 전에 인간을
달에 착륙시키고 말겠다는 케네디의 도전적인 약속에 찬사를 보냈다.

케네디에 대한 회고

그는 국민에게 인기가 있었다. 뉴욕타임즈 지의 어느 기자는 케네디를
"동화책에나 나오는 대통령"으로 묘사했다. "싯귀가 줄줄 넘쳐 흐르고, 그
의 곁에는 빛나는 젊은 여인이 서 있는" 대통령으로 묘사되었다. 그의 부인
이었던 재클린은 케네디 시대는 그녀에게 있어서는 마치 아서 왕의 궁전이
있는 카멜롯(Camelot)의 전설적인 이미지를 불러 일으켰다고 말했다.

바로 이러한 후광 때문에 케네디는 그가 살아있었을 때보다도 죽어서
더 높은 명성을 얻었다. 1960년에 그는 비록 49.7퍼센트의 지지표밖에 얻지
못하고 당선되었지만, 그럼에도 불구하고 여론조사에 의하면 그가 아직 죽
기 3개월 전인 1963년 6월에는 59퍼센트의 사람들이 그때 그에게 표를 던
졌다고 주장했다. 그러다가 암살 직후에는 그에게 표를 던졌다고 주장하는
사람들은 65퍼센트의 압도적인 숫자로 불어나게 되었다.

참으로 기묘하게도 케네디는 살아서 보다는 죽어서 더 많은 것을 이룩
하였다. 그가 암살된 후 침통하고 후회하는 분위기를 이용하여 존슨 대통령
은 '뉴프론티어'가 내걸었던 법안의 거의 전부를 의회에서 통과시켰다. 그러
므로 "케네디 대통령이 만일 살아 있었더라면 해 낼 수 없었던 일들"이 존
슨 대통령에 의해 모두 이루어졌다고 언론인 립프만(Walter Lipmann)은
말했던 것이다.

2. 풍요 속의 빈곤

빈곤의 발견

대부분이 자신을 중산계급으로 생각하던 미국인들은 자기네 사회 속에

빈민이 존재한다는 사실을 알지 못했을 뿐만 아니라, 설사 알게 되었다고 하더라도 인정하기 어려웠다. 그러나 1960년대에 들어 가면서 그들은 자기들과는 다른 또 다른 종류의 미국인들이 적지 않다는 사실에 대해 눈뜨기 시작하였고, 또한 그 사실로 충격을 받았다. '두 개의 미국'이 존재한다는 사실은 평범한 사례를 통해서도 언제나 확인될 수 있었다.

1962년의 노동통계국 발표에 따르면, 전체인구의 거의 4분의 1인 4,250만명의 사람들이 빈민에 속하였다. 빈민은 연간소득 4,000달러 미만으로 생계를 유지하는 4인 가족이나, 또는 연간 소득 2,000달러 미만으로 생계를 유지하는 독신자를 의미하였다.

빈곤의 정도는 지역, 대도시, 교외, 소도시, 시골마을에 따라 그 기준이 달랐다. 예를 들어, 1960년의 노동통계국에 의하면, 도시에서 4인 가족의 연간 최저생활비(minimum comfort budget)는 휴스턴에서는 5,370달러이었고 시카고에서는 6,576달러였다. 빈곤선(poverty line)은 전국적으로 평균 3,000달러였으나, 가난한 5개주에서는 1,600달러밖에 되지 않았다.

이처럼 빈곤이 지속된 데는 진보적인 민주당 행정부의 '뉴딜' 정책과 '페어딜' 정책이 별로 도움이 되지 못했다는 사실도 작용하였다. '뉴딜' 시대에 제정된 와그너법과 연방정부의 농업정책들은 노조가입 노동자들과 대농(大農)에게만 도움이 되었다. 사회보장제도나 최저임금제는 진짜 가난한 병원청소원이나 식당종업원, 철새노동자에게는 아무런 도움이 되지 못하였다. 게다가 빈민들이 받을 수 있는 구호는 대부분이 현금을 직접 주는 직접 구호(direct relief)의 형태를 띄었기 때문에, 빈민들이 자립하는 데는 아무런 도움도 주지 못했다.

빈민의 특징

1962년에 해링톤(Michael Harrington)이 쓴 〈다른 반쪽의 사람들〉(*The Other America*)에 의하면, 미국의 빈민은 인류역사상 특이한 존재였다. 왜냐하면 그들은 사상 전례 없이 강력하고 부유한 사회의 한 가운데에 존재했기 때문이다. 그들의 비참한 생활은 국민 대다수가 자기들의 나라가 풍요하다고 믿고 있는 속에서 계속되었다. 빈민들은 교외지역의 안락한 저택에 가려서 사람들에게 잊혀져 있었다.

그들에게는 상실감(deprivation)과 비관주의가 짓누르고 있었다. 게다가 빈민은 경제적 어려움 때문에 육체적, 정신적 고통도 겪고 있었다. 1950년대 코네티컷주 뉴헤븐에서 조사한 연구는 정신질환을 앓고 있는 사람이 중산층이나 부유층보다는 하위 20퍼센트의 저소득층에서 세 배가 더 많다고 보고하였다. 코넬대학교 의과대학원의 정신과 의사들은 저소득층의 사람들이 의심 많고 고집이 센 특징이 있음을 지적하였다. 그들은 빈민들이 비관적인 생활태도를 가지고, 우울증에 빠져 있고, 자신감이 없고, 소속감이 없으며, 남을 잘 신뢰하지 않는다고 보고했다.

1960년대에 경기가 후퇴하면서 빈곤에서 오는 정서적 불안의 문제는 더욱더 심각하였다. 뉴욕주 로체스터의 한 사회사업가는 빈곤 문제로부터 가정불화, 남성가장의 가정 포기, 정부구호금(welfare)에 대한 의존, 절도나 강도나 납치와 같은 범죄, 및 알콜중독이 늘어나고 있음을 지적하였다. 이러한 참상이 바로 풍요한 사회로 알려진 미국에서 일어나고 있다는 데 문제의 심각성이 있었다.

빈민은 도시 중심부에서 밀집해 살았다. 1940년대의 전시 산업 '붐'이 1960년대까지 계속되는 동안에, 거의 4,500만의 흑인들이 남부 농촌지역에서 동북부와 중서부의 도시로 모여 들었다. 그 결과로 흑인의 도시 거주율은 1940년에는 48.5퍼센트였으나 1970년에 와서는 81.4퍼센트로 높아졌다. 그들의 대부분은 교육을 받지 못했고 또한 기술이 없었다.

라틴아메리카 출신도 도시로 몰려들었다. 그들은 주로 멕시코, 푸에르토리코, 도미니카공화국, 콜롬비아, 에쿠아도르, 쿠바로부터 온 사람들이었다.

유색인종과 여성의 빈곤

빈곤의 원인에는 나이, 인종, 성별, 교육정도, 결혼상태(marital status)와 같은 다양한 요소가 포함되어 있었다. 빈민의 4분의 1은 65세 이상의 노인이었다. 빈민 가운데는 고정된 소득으로 혼자 사는 사람들이 많았다. 빈민의 3분의 1 이상은 18세 이하의 청소년이었고, 5분의 1은 백인이 아닌 사람들이었다. 흑인의 거의 절반, 인디안의 절반 이상이 빈민이었다. 빈민의 3분의 2는 8년 이하의 낮은 수준의 교육을 받은 가장 밑에서 살고 있었다. 그리고 빈민의 4분의 1은 여성가장이 이끄는 가정이었다. 이들은 모두 희망이 거의 없는 생활을 하고 있었다.

흑인 다음으로 도시에 많이 모여 든 집단은 멕시코계 미국인, 즉 '치카노'(Chicanos)였다. 이들은 제2차 세계대전 기간과 그 이후에 농업노동자로서 미국 남서부 지방에 왔다가, 그대로 남게 된 사람들이었다. 이들 수백만의 '치카노'는 미국에서 계속 살려고 하였다. 1953년에 시작된 밀입국자 소탕작전에도 불구하고 멕시코 인들은 대대적으로 계속 미국으로 유입되었다. 이들의 대다수는 밀입국자였고, 또한 대도시에 정착했다. 1960년의 국세조사에 따르면, 1940년 이후 50만의 멕시코계 미국인들이 로스앤젤레스-롱비치 지역의 멕시코인 밀집지역(barrios)으로 모여 들었다. 만일 밀입국자까지도 계산에 넣는다면 숫자는 훨씬 더 많았다.

미국에서 가장 가난한 사람들은 인디언이었다. 그들의 연간 소득은 빈민 소득의 절반밖에 되지 않았다. 1950, 60년대에 이들도 도시로 이주하였다. 그것은 1953년에 연방의회가 동화(termination) 정책을 채택하여, 몇몇 부족들을 연방 보호대상에서 제외시키고 토지매매를 허락한 다음부터 나타난 현상이었다. 인디언 보호구역의 농촌공동체 생활에 익숙했던 그들로서는 도시 생활에 적응하기가 쉽지 않았다.

모든 빈민이 도시에서만 살았던 것은 아니었다. 1960년에 빈민의 30퍼센트는 작은 읍내(town)에, 15퍼센트는 농장에 살았다. 이들은 임차농(tenant farmer)과 소작농(sharecropper)으로서, 흑인, 백인 가릴 것 없이 모두 곤궁한 생활을 했다. 계절 따라 철새처럼 이동하는 농업노동자는 가장 비참한 상태에 있었다. 그리고 노인은 어디서 살든 가난했다.

빈민 가운데서 상당수는 여성이었다. 2차대전이 끝났을 때 많은 여자들이 공장이나 조선소에서 계속 일하고 싶어하였다. 그러나 그들은 전장에서 돌아온 제대군인들에게 자리를 내주어야 했다. 그리고 한 동안 쉬다가 산업현장으로 다시 돌아오려 했던 여성들도 일자리를 얻는 것이 수월치 않았다. 그와 같은 여성들의 실망감을 〈디트로이트 프리 프레스〉지는 다음과 같이 표현하였다. 즉, "노동력이 부족했던 2차대전 중에 여성 근로자들은 '망치를 든 예쁜이'(Rosie the Riveter)로 불렸지만, 지금은 공장에 일거리를 찾으면 '병에 걸린 미운이'(Typhoid Mary)가 된 느낌이다."

1960년에 여성들의 연간 평균소득은 남성들이 벌어들이는 것의 60퍼센트에밖에 못 미쳤다. 그것은 남녀 사이의 직업적 격차에서 나타난 결과였다. 보수가 좋은 직종은 남성들의 전유물이었다. 설사 일자리를 가지고 있다 하더라도, 대부분은 최저임금 수준의 시시한 것들이었다.

게다가 혼자가 된 여자들은 대부분 자녀양육의 책임을 걸머지고 있었다. 그 때문에 그들은 더욱 더 가난하였다. 이혼한 경우에 따로 사는 아버지들이 실제로 자녀양육비를 보내주는 경우는 많지 않았다. 그러므로 혼자 사는 여성과 그의 자녀들은 남성 소득의 60퍼센트밖에 안 되는 적은 소득과 정부구호금(welfare)으로 빈곤에 허덕이는 것이 일반적인 현상이었다.

3. 존슨과 '빈곤에 대한 전쟁'

존슨과 '위대한 사회'

대통령 직을 계승한 부통령 존슨(Lyndon Johnson)은 경험 많은 직업적인 정치가였다. 그는 1954년부터 1960년까지 상원 다수당 원내총무를 역임하였다. 그런데 미국에서는 부통령이 상원의장을 겸임하게 되어 있으므로, 부통령으로서 그가 맡았던 사실상의 직책은 상원의장뿐이었다. 바꾸어 말해 그의 주요 활동무대는 의회, 즉 상원이었다. 의회인이었기 때문에 존슨은 의회에서 목표 달성을 위해 어떻게 사람들을 다루어야 하는가를 잘 파악하고 있었다. 그는 힘의 역학에 정통한 노련한 정치가였다.

존슨은 빈민과 흑인을 돕기 위한 개혁에 착수하였다. 그것은 케네디 대통령이 이루지 못한 입법 계획을 계속 추진함으로써 국민적 분열을 수습하려는 동기에서 출발하였다. 그러나 보다더 근본적으로 그의 개혁 의지는 프랭클린 루즈벨트와 해리 트루만이 '뉴딜'과 '페어딜'에서 세워 놓은 목표들을 실현하려는 진보주의자(liberal)의 그것이었다. 그리고 개혁의 목표는

존슨 대통령 : 빈곤퇴치 정책의 주역

미국을 복지국가로 바꾸는 것이었다. 그는 그러한 계획을 "위대한 사회" (the Great Society)라고 불렀다.

1964년의 민권법

존슨은 민권법(Civil Rights Act)의 제정을 우선순위 제 일번의 입법 사항으로 정했다. 남부출신인 존슨이 대통령이 되었다는 것은 민권운동가들에게는 예기치 못했던 행운이었다. 그러므로 유색인지위향상협회(NAACP)의 어느 간부가 "미국에서 흑인들이 위엄을 갖추고 희망 있는 신분으로 상승하게 된 데에는 링컨, 루즈벨트, 케네디를 포함한 다른 어떤 대통령보다도 존슨 대통령이 공헌한 바가 크다."고 말할 정도로 민권 신장에 있어서 존슨의 공로가 컸다.

1964년의 민권법은 공공시설에서는 물론 고용에서도 인종, 피부색, 종교, 성별, 원래의 국적을 이유로 시민을 차별하지 못하도록 규정하였다. 이 법에 따라 직장에서의 차별 관행에 대한 불만을 조사하고 심판하기 위한 고용기회평등위원회(Equal Employment Opportunity Commission)가 설치되었다. 그리고 정부는 인종차별을 하는 공공기관에 대해 정부 자금의 지원을 중단할 수 있게 되었다. 그리고 법무장관은 흑인의 투표권 행사와 흑백

통합 정책을 시행할 권한을 가지게 되었다.

1964년의 선거

케네디 대통령이 암살된 이듬해인 1964년에 대통령 선거전이 벌어졌고, 존슨은 민주당 후보로 출마하였다. 그리고 그는 압도적인 승리를 거두었다. 존슨은 일반투표에서 61퍼센트의 지지를 얻었고, 선거인단 투표에서 6개 주만을 제외한 전국에서 승리하였다. 존슨의 뻗어가는 기세에 힘입어 민주당은 상, 하 양원에서도 놀랄 만한 승리를 거두었다.

존슨이 압도적인 승리를 거두게 된 데는 상대방 후보인 공화당의 골드워터(Barry Goldwater)의 편협한 시각도 도움이 되었다. 아리조나 출신의 이 공화당 후보는 뉴딜 진보주의와 복지국가의 이론에 정면으로 반대하는 보수주의자였다. 골드워터는 사회복지는 개인의 자발적인 자선을 통해 사적인 차원에서 이루어져야 한다고 주장하였다. 그 때문에 테네시계곡 개발공사(TVA)와 같이 정부가 실업자에게 일자리를 주려는 공공사업은 폐지되어야 한다고 주장하였다.

그리고 반공주의의 입장에서 그는 베트남 전쟁에서 핵무기도 사용할 수 있다는 강경한 태도를 보였다. 이와 같은 외교정책 노선은 무모할 뿐만 아니라 문제를 일으킬 소지가 많은 것으로 보였다. 그러므로 골드워터는 대통령 선거에서 크게 패배하였다. 그를 확고하게 지지한 주는 서남부와 남부의 몇 개 주뿐이었다.

뉴딜 진보주의의 계승

그래서 존슨은 개혁 정책을 한층더 힘차게 밀고 나갈 시기가 왔다고 믿게 되었다. "서둘러 주십시요, 여러분, 한시 바삐 서둘러 주십시요."라고 존슨은 선거가 끝나자마자 그의 각료들을 독촉하였다.

이에 호응하여 의회는 1965년과 1966년에 개혁에 관한 법들을 계속 통과시켰다. 따라서 뉴딜 시기인 1935년 이래로 가장 많은 개혁 조치들이 발표되었다. 의회의 다수파를 형성하고 있던 민주당의 진보파 의원들은 능란한 존슨의 영도력에 힘입어 대통령이 제안한 법안들의 69퍼센트를 통과시키는 실적을 올렸다.

그와는 반대로 공화당과 남부출신 민주당원으로 이루어진 보수파 세력은 쇠퇴하였다. 보수적인 의원들은 1961년에는 하원의 거수투표에서 74퍼센트를 장악할 정도로 막강하였으나, 존슨이 대대적으로 입법을 제안한 1965년에 이르면, 그 비중은 25퍼센트로 형편 없이 떨어졌다.

1965년에 시행된 세 가지 법안은 미국의 진보주의 입법의 역사에서 중요한 이정표가 되었다. 첫째는 연방 정부가 노인들의 치료비와 입원비를 보조하는 노인의료법(Medicare)이었다. 둘째는 연방 정부가 교육에 대해 전체적으로 지원금을 주기 시작한 초중등학교 교육법(Elementary and Secondary Education Act)이었다.

셋째는 연방 정부가 소수민족의 투표권을 보장하는 1965년의 투표법(Voting Rights Act)이었다. 이 법은 투표 자격이 있는 연령의 소수민족 주민들 가운데서 절반 이하만이 투표한 선거구에 대해서는 연방 정부가 투표 업무를 관장하도록 규정하였다. 즉, 그러한 선거구는 소수민족들의 투표방해 행위가 있었던 것이 확실하므로, 법무부가 투표자 등록을 감독하려는 것이었다.

그 결과로 흑인투표율이 급증하였다. 존슨이 대통령에 당선되던 1964년의 선거에서는 남부의 흑인 유권자들 가운데 겨우 4분의 1만이 투표자 등록을 했다. 그러나 그가 백악관을 떠나던 1969년에는 그 숫자가 거의 3분의 2로 증가하였다. 심지어는 흑인 투표에 가장 방해가 심했던 남부 주들에서도 흑인 투표율은 계속 높아졌다. 예를 들면, 1964년에 미시시피는 흑인 시민의 6.7퍼센트만이 투표자 등록을 했었으나, 1981년에는 놀랍게도 70퍼센트로 늘어났다.

이 밖에도 존슨행정부가 정부간섭주의의 원칙에서 이룩한 업적은 많았다. 그것은 내각 안에 주택도시개발부(Department of Housing and Urban Development)를 새로이 설치하였는데, 이 부서의 사업은 빈민에게 도움이 되는 경우가 많았다.

또한 존슨 행정부는 예술-인문학 진흥재단(National Foundation on the Arts and Humanities)을 설립하였다. 그리고 물과 공기의 질을 개선하기 위한 조치, 극빈지역 학교에서 가르치기 위한 교사봉사단(Teacher Corps)의 설치, 대학생을 위한 장학금과 학자금 융자의 확충, 이민의 자유화를 추진할 법들을 제정하였다. 그리고 연방정부 자금을 사용하는 야심적인 연방주택 건설 계획이 수립되었는데, 이 계획에는 저소득층에 대한 월세보조금 지급도 포함되어 있었다.

1968년 존슨은 세번째의 민권법에 서명하였는데, 그것은 주택의 매매와 임대에 있어서 인종적 차별과 종교적 차별을 철폐하였다. 이 법에는 "인디언 권리장전"(Indian Bill of Rights)이라고 불리우는 조항도 포함되어 있었다. 그것은 부족들의 자치지역인 인디언 보호구역에서도 미국 시민이 갖는 모든 헌법적 권리를 보장하려는 조항이었다.

'빈곤에 대한 전쟁'

존슨 대통령이 급선무로 생각한 것은 빈곤 문제였다. "우리 행정부는 오늘 여기서 빈곤에 대하여 무조건 전쟁을 선포하는 바입니다."하고 그는 1964년 1월의 연두교서에서 선언하였다. 그 선언에 따라 여덟 달 후에 그는 1964년의 경제기회법(Economic Opportunity Act)에 서명하였다. 그 법은 빈곤퇴치를 위해 10억 달러를 배정하였다.

그에 따라 '빈곤에 대한 전쟁'(War on Poverty)이 시작되었다. '빈곤에 대한 전쟁'은 모든 사람에게 위엄을 갖추고 살 수 있는 기회를 열어 주겠다는 의지를 담고 있었다. 존슨은 케네디가 노력했으나 이루지 못했던 135억 달러의 자금을 확보하였다. 국민총생산이 늘었기 때문에 존슨과 그의 보좌관들은 행정부가 증가된 세금징수에서 수십억 달러의 예산을 할당받았다. 그들은 바로 이와 같은 여유 자금을 교육(education)과 직업훈련(job training)의 방법을 통해서 빈곤을 퇴치하는 데 사용하려고 하였다.

'빈곤에 대한 전쟁'은 1965년과 1966년을 거치면서 그 모습을 드러냈다. 그 계획을 실천할 사업으로 젊은이들을 돕기 위해 직업봉사단(Job Corps)과 지역청년봉사단(Neighborhood Youth Corps)이 설치되었다. 그것들은 젊은이들에게 취업에 필요한 기술, 근로 경험, 보수 교육, 상담소를 제공하였다.

실직한 아버지와 어머니들을 위해서는 근로경험과정(Work Experience Program)이 설치되었다. 초등학교 입학 이전의 가난한 어린 아이들의 예비 교육을 실시하기 위해 조기교육계획(Project Head Start)이 수립되었다. 그리고 대학에 가려는 저소득층의 고등학교 학생들을 돕기 위해 대학진학계획(Upward Bound)이 수립되었다.

이러한 프로그램들은 각 지역의 시장들과 시의원들의 반발을 샀다. 왜냐하면 전통적으로 빈민 구호는 이들 지역 단체장들의 업무였고, 또한 그들은 그 사업을 통해 선거에서 빈민들의 표를 모을 수 있었기 때문이다. 그럼에도 불구하고 연방 자금을 사용한 지역발전 사업들(Community Action programs)은 빈민들에게 일자리를 마련해 주는 데 기여하였다.

그 밖에도 빈곤퇴치 사업에는 빈민법률구조단(Legal Services for the Poor)과 국내평화봉사단(VISTA)의 설치가 있었다. 그리고 특별히 선정된 구역에서 연방 자금을 사용하여 고용, 주택, 교육, 보건의 수준을 향상시키려는 시범 도시정비 사업(Model Cities program)도 있었다.

그러나 빈곤퇴치 정책은 농촌지역의 어려움을 해소시키는 데는 별로 도움을 주지 못했다. 그 때문에 그것은 농민들이 남부에서 북부로 유입되는 것을 막지 못하였다. 그 결과로 이미 빈곤 문제로 골머리를 앓고 있던 북부의 도시들이 더욱더 어려운 문제들에 부딪히게 되었다.

그러한 문제점은 브루킹스 연구소의 보고서에 의해 지적되었다. "도시의 빈곤 문제를 연구하는 사람들이 그 문제를 해결하기 위한 방법을 찾다가 보면, 대개는 농촌지역의 문제를 소홀히하게 된다. 그 때문에 그들은 농촌 빈곤의 해결은 우선 가난한 농촌 사람들을 도시로 이주시켜 놓은 뒤, 그 문제를 도시 차원에서 처리하는 방법밖에는 없다는 듯이 생각하고 있다."고 그 보고서는 비판했다.

정부의 빈곤퇴치 계획에도 불구하고 빈민은 계속 많이 남아 있었다. 특히 여성 가장이 이끄는 가정의 어린이들의 빈곤의 심각하였다. 그러한 사람들은 전체 빈민의 40퍼센트를 차지하고 있었다. 1963년에서부터 1969년까지 호경기가 계속됨에 따라 남성 가장이 이끄는 가정의 1,200만 명은 빈곤 상태로부터 벗어날 수 있었다. 그러나 같은 기간에 여성 가장이 이끄는 가정의 1,100만 명은 여전히 빈곤의 수렁에 빠져 있었다.

빈민의 감소

그럼에도 불구하고 '빈곤에 대한 전쟁'은 굶주림과 고통을 크게 줄여주었다. 그렇게 된 데는 국민총생산의 증가가 중요하게 작용하였다. 1965년과 1970년 사이에 경제적 번영이 지속되면서 국민총생산은 6,850억 달러에서 9,770억 달러로 늘었고, 그 혜택의 일부는 빈민에게로 돌아갔다. 왜냐하면 그 기간에 연방 정부는 사회복지 예산을 많이 늘리고 여러 가지 사회복지 사업(welfare program)에 자금을 지원할 수 있었기 때문이다. 그 결과로 그 기간에 연방 정부가 사회보장, 보건위생, 사회복지, 교육에 대해 지출한 돈은 두 배로 늘어났다.

빈민의 숫자도 놀랄 만큼 줄어들어, 1962년에 전체 인구의 25퍼센트였던 것이 1973년에는 11퍼센트로 떨어졌다. 특히 혜택을 많이 본 사람들은 노인들이었다. 왜냐하면 그들을 돕기 위한 사회보장(Social Security) 혜택이 훨씬 더 증가되었기 때문이다. 그 결과로 노인 가운데서 빈민이 차지하는 비율은 1960년의 40퍼센트에서 1974년의 16퍼센트로 줄어들었다.

그렇지만 '빈곤에 대한 전쟁'의 추진력이 되었던 진보주의(liberalism)는 짧은 전성기를 맞은 다음 쇠퇴하였다. 그것은 1964년에서부터 1966년까지 진보적인 입법 활동에 영향을 미치고는 곧 사라졌다. 그 이유는 미국이 베트남 전쟁에 더욱더 깊숙하게 개입하게 되었기 때문이다. 존슨의 월남전을 반대한 사람들은 존슨의 진보주의(liberalism)의 대의에 대해서도 반대했던 것이다.

4. 대법원과 진보주의

진보적인 워렌 대법원

그러나 민주당과 존슨 행정부의 진보주의 전통(liberal tradition)을 계속 유지하고 있는 정부의 한 부서가 있었다. 그것은 대법원이었다.

대법원도 격동기인 1960년대의 개혁적이고 진보적인 정치적 분위기로부터 많은 영향을 받았다. 그리고 개혁과 진보주의의 물결이 살아나기 위해서는 사법부가 중요한 역할을 맡아야 한다는 생각도 널리 퍼져 있었다. 당시 대법원에서는 진보파가 다수를 차지하고 있었고, 진보적인 대법관 가운데는 대법원장 워렌(Earl Warren)을 위시해서 블랙(Hugo Black)과 더글라스(William O. Douglas)가 있었다.

진보적인 대법원의 사회개혁 주도는 1962년의 베이커 대 카(Baker v. Carr, 1962) 판결로 시작되었다. 이 판결에서 대법원은 "일인일표"(one person, one vote)의 원리가 연방정부는 물론 주정부에서도 준수되어야 한다고 선언하였다. 이 판결로 모든 주 의회 의원들이 똑같은 숫자의 유권자를 대표할 수 있게 되었고, 그에 따라 선거구가 재조정되었다. 이 판결이 있기 이전에는 선거구마다 인구가 달라, 농촌 지역의 선거구는 인구에 있어서 도시 선거구의 절반밖에 안되는 경우도 있었던 것이다.

또한 진보적인 대법원은 1962년에 공립학교에서 학생들에게 기도를 강요하지 못하도록 판결하였다. 판결의 근거는 학교 기도(school prayer)의 관행이 "종교적으로 소수파에 속하는 사람들에 대한 간접적인 강요"에 해당한다는 주장이었다. 1963년에 대법원은 다시 공립학교에서 매일 성경을 읽어야 한다고 규정한 펜실베이니아 주의 법에 대해 위헌 판결을 내렸다.

이러한 판결에 대해 세속주의적인 성향이 강한 진보주의자들은 환영하였다. 그러나 보수적인 종교 단체들은 비난하였다. 그들은 그것이 양심의 자유를 제약한다는 이유에서 불복종을 선언하기도 하였다.

대법원의 민권법 지지

진보적인 대법원은 맥카시즘의 헌법적 근거도 무너뜨렸다. 1965년의 판결에서 대법원은 국가안보를 해치는 단체에 가입된 자라 할지라도 정부에 등록을 할 의무는 없다고 선언하였다. 반국가단체 가입자라 할지라도 자신을 정부에 신고하는 행위는 개인이 자신의 죄를 스스로 인정하지 않도록 보호한 헌법의 원리에 위배된다는 것이 판결의 근거였다.

진보적인 대법원은 가족 계획도 인정하였다. 1965년의 그리스월드 대

코네티컷(Griswold v. Connecticut) 판결에서 대법원은 혼인한 사람들의 피임도구 사용을 금지한 주 법은 헌법에 위배된다고 선언하였다. 판결의 근거는 피임 도구의 사용금지가 "혼인생활의 사적 성격"(marital life of privacy)을 침해하기 때문이었다. 이와 같은 기도나 피임에 관한 판결은 개인적 삶의 영역을 넓혀 놓는 효과를 가져왔다.

진보적인 대법원은 1964년의 민권법과 1965년의 투표법에 대해서도 법적으로 뒷받침해 주었다. 그것은 수정헌법 제14조를 확대 해석하여, 개인사업체에서 흑백을 차별하는 관행은 헌법에 위배된다고 정의하였다. 또한 대법원은 1968년의 존스 대 메이어(Jones v. Mayer, 1968) 판결에서 주택을 매매하거나 임대할 때 개인을 차별하는 것은 1866년의 민권법에 위배된다고 선언하였다. 이 판결은 1866년의 민권법이 수정헌법 제13조에 따른 합법적인 것이었음을 인정한 것이었다. 이 판결로 미국인들에게는 평등권을 위해 법적으로 투쟁할 수 있는 또 하나의 새로운 길이 열리게 되었다.

또한 진보적인 대법원은 서적, 잡지, 영화 등에서 자율권을 인정함으로써 자유의 영역을 넓히는 데 기여하였다. 왜냐하면 대법원은, "사회적 가치 체계에 전혀 보탬이 되지 않는다는 증거가 없는 이상" 출판물과 영화를 선정적이라는 이유로 금지할 수는 없다고 판결했기 때문이다. 이 판결은, 음란물과 급진주의 사상의 보급을 정당화한 것으로 해석될 수 있었기 때문에, 보수파의 강한 반발을 일으켰다.

가장 많은 논란을 일으켰던 것은 대법원이 형사소송 제도에서 획기적인 전환점을 만들어 놓은 사실이었다. 1963년의 기디온 대 웨인라이트(Gideon v. Wainright)판결에서 대법원은 가난한 사람이 중죄의 혐의를 받을 때는 주에서 선임한 변호인의 도움을 받을 권리가 있다고 선언하였다. 또한 1964년의 에스코비도 대 일리노이 (Escobedo v. Illinois) 판결에서는 피의자는 심문 과정에서 상담인의 도움을 받고, 답변을 거부할 권리가 있다고 선언하였다.

그리고 1966년의 미란다 대 아리조나(Miranda v. Arizona) 판결에서는 경찰이 범죄자를 체포할 때에는 체포 대상자에게 몇 가지 주의사항을 반드시 알려줄 의무가 있다고 선언하였다. 그것은, 피의자가 변호사의 도움을 받을 권리가 있다는 것, 질문에 대해 답변을 거부할 권리가 있다는 것, 그리고 피의자의 말은 그 자신에게 불리하게 이용될 수도 있다는 내용이었다.

이와 같은 판결에 대해 보수파들은 맹렬히 비난하였다. 그러한 대법원의 판결들은 범죄자들의 승리를 의미하는 것이라고 보수주의자들은 비난하였다. 그러므로 우익 단체인 존버치 협회(John Birch Society)는 진보적인 워렌 대법원장을 탄핵하려는 운동을 벌이기도 했다.

워렌 대법원에 대한 시비는 1969년에 대법원장인 워렌이 스스로 은퇴함으로써 끝났다. 그러나 그의 주도로 내려진 진보적인 판결들은 미국 국민의 생활에 깊은 영향을 미쳤다. "워렌이 이끈 대법원은, 민권(civil liberties)을 확장하고 정치적 자유를 넓히고 선거권을 확장하였다는 점에서, 또한 언론, 집회, 결사의 자유를 강화하고 정치인들의 밀실정치를 제한하였다는 점에서, 그리고 경찰력의 한계를 규정하였다는 점에서, 미국 역사상 견줄 상대가 없었다."고 뉴욕대학의 어느 헌법학 교수는 평가하였다.

5. 인종폭동과 흑인운동

민권법과 흑인 행동파

민권운동은 법적, 특히 헌법적인 측면에서 상당한 승리를 가져왔다. 그럼에도 불구하고 민권운동가들은 연방정부의 실천 의지를 믿지 않았다. 1964년의 "미시시피 여름 봉사활동"(Mississippi Summer Project)에 북부로부터 온 수백명의 젊은 자원봉사자들이 참가하였다. 그들은 대부분 비폭력학생협력위원회(SNCC)와 인종평등회의(CORE)의 행동대원들로서, 흑인아동을 위한 "자유학교"(freedom schools)를 운영하였다.

자원봉사자들은 연방수사국(FBI)이 민권운동에 적대적이며, 그 책임자인 후버(J. Edgar Hoover) 국장이 인종주의자라는 사실을 알고 있었다. 또한 그들은 그가 마틴 루터 킹 목사의 사무실을 도청하고 그의 여성 관계 추문을 신문에 퍼뜨렸다는 소문을 듣고 분개했다. 그들은 왜 민권운동에 호의적인 존슨 대통령이 후버를 계속 그 자리에 유임시키고 있는가에 대해 의문을 품게 되었다.

민권운동에 대한 탄압에 자극을 받아 1964년 여름에 남부에서는 흑인 폭동이 일어났다. 폭동은 특히 미시시피 주에서 격렬했다. 6월과 10월 사이에 미시시피 주에서 백인 자경단(vigilantes)에 의해 폭탄 세례를 받고 불에 탄 흑인 교회는 20여 개나 되었다. 그리고 미시시피주의 작은 마을인 필라델피아에서는 세 명의 백인 민권운동가들이 보안관(sheriff) 보조원들을 포함하는 백인 테러집단에 의해 살해되었다. 그러나 남부의 경찰들은 민권운동가들을 보호하기는커녕 오히려 체포하였다.

테러의 소용돌이 속에서 비폭력학생조정위원회(SNCC)의 자원봉사자들은 미시시피주의 흑인들과 협력하여 미시시피 자유민주당(Mississippi Freedom Democratic party)을 조직하고, 민주당 전당대회에 항의단을 파견하였다. 미시시피 자유민주당(MFDP)은 주의 민주당 조직들의 당원들이 열렬한 인종차별주의자들임을 알리고 자신들에게도 민주당 대표권을 주도록 요구하였다.

그러나 존슨 대통령은 그러한 요구 때문에 남부의 백인들이 이탈하지 않을까 우려하였다. 그러므로 그는 민권 문제보다는 합의(consensus)의 문제에 더 관심을 둘 수밖에 없었다. 그러므로 그는 미시시피 자유민주당에게는 단지 두 표의 대표권만을 주었다.

1964년의 흑인 폭동

1964년의 "길고 뜨거운 여름"에 북부에서도 수없이 많은 인종 폭동이 일어났다. 뉴욕의 할렘과 로체스터, 그리고 뉴저지의 뉴왁과 같은 도시에서 흑인들의 분노는 폭동으로 나타났다. 청소부로 일하던 한 흑인 여인은 자신의 분노를 다음과 같이 생생하게 표현하였다. 폭동이 시작되자, "어떤 일이 저에게 일어났어요. 나는 마치 나의 내부에 무엇인가가 꿈틀거리며 기어오르는 것을 느꼈어요. 마치 이 망할 세상이 지겹다고 느껴졌고, 어린 것이나 어른이나 우리 모두가 다 죽게 될 것 같은 기분이었어요. …그러자 백인 순경이 눈에 띄었고, 나는 그냥 울어버렸지요. …그리고는 이 폭발하는 병을 붙잡고… 그것을 경찰에게 던졌어요. 그리고 다시 나는 울다가는 웃어 버렸어요."

왜 흑인들이 자신들의 좌절감을 폭력으로 표현하게 되었는지, 백인들은 이해하지 못했다. 그렇게 된 부분적인 이유로서 남부와 북부에서 흑인들의 불만이 서로 달랐다는 사실이 지적될 수 있다. 성공적으로 진행되고 있던 민권운동은 주로 남부에서 '흑인차별법'(Jim Crow Laws)의 폐지와 흑인투표 방해 관행의 폐지를 목표로 하고 있었다.

그러나 북부에서는 그러한 차별이 없었다. 북부에서 아프리카계 미국인들은 공공 편의시설 사용과 투표권 행사에 있어서 아무런 방해를 받지 않고 있었다. 그러나 북부 흑인들에게는 극심한 가난의 문제가 있었다. 대다수 흑인의 수입은 백인들의 그것의 절반이 조금 넘었을 뿐이었다. 1964년에 백인 고용자가 보통 1달러를 벌고 있을 때 흑인은 대부분 겨우 54센트를 벌었다. 그리고 1960년대 중반에 흑인의 실업률은 백인의 두 배였다. 18세에서 25세에 이르는 흑인 남성에 있어서 실업율은 5배나 높았다.

그리고 북부의 많은 흑인 가정들은 혼자 사는 여성 가장들에 의해 유지되고 있었다. 그러한 가정들은 만성적인 빈곤에 시달렸을 뿐만 아니라 숫자도 계속 불어나고 있었다. 이처럼 남성 가장이 없는 가정이 늘게 된 데는 부양자녀보조금(AFDC)의 지급에 어느 정도 책임이 있었다. 그것은 1935년의 사회보장제도의 일부를 1950년으로 확대한 것으로서, 어머니와 그들이 양육하는 자녀들에 대해 생활 보조비를 주는 빈민지원 수단이었다.

그러나 이 제도는 일할 남자가 없는 가정에만 생활 보조비를 지급하도록 되어 있었기 때문에, 실직한 남자 가장들로 하여금 집을 떠나게 만드는 결과를 가져왔다. 왜냐하면 그들이 집에 가만히 앉아 있음으로 해서 나머지 가족들이 정부로부터 보조 혜택을 받지 못하기 때문이었다. 따라서 그 제도는 빈민 가정, 특히 흑인 가정이 파괴되는 결과를 가져왔다.

그러나 이 제도의 또 다른 중요한 문제점은 생활보조비의 액수가 아주 적었다는 사실이었다. 실제로 정부가 결손 가정에 주는 생활 보조비는 한 가정의 방세, 전기료, 연료비 지불은 물론 식품비 지출에도 크게 모자랐다. 1970년도 식료품 가격의 기준에 의하면, 60퍼센트 이상의 흑인 어린이가 빈곤 속에서 자라고 있었다. 북부의 흑인들은 1960년대에 경제와 민권의 차원에서 성과가 나타나고 있음을 알게 되었고, 그에 따라 "위대한 사회"의 빈

곤퇴치 정책이 그들에게도 혜택을 주게 될 날만을 초조하게 기다렸던 것
이다.

북부의 흑인들은 남부의 흑인들과는 달리 도심지의 특정 밀집구역인
‘게토’(ghettoes)에서 모여 살았다. 그들은 도시인으로서의 자신들의 처지가
점점 더 나빠져 가고, 그에 따라 이웃과 더욱 더 격리되어 가고 있음을 느
끼게 되었다. 왜냐하면 흑인들이 남부로부터 대거 몰려오자 백인들은 교외
지역으로 빠져 나갔기 때문이다.

그 결과로 도심지의 구역들은 모두 흑인 거주구역으로 바뀌고 말았다.
그에 따라 지역 학교들도 흑인전용 학교로 바뀌었다. “햄버거 카운터에서
흑인들에게 자리를 내어 주기 위해 몇 치 물러나 앉는 것은 쉽다. 그러나
50만의 흑인이 살고 있는 ‘게토’를 영원히 없애는 데 드는 경제적, 사회적,
심리적인 비용은 엄청나다는 사실이 이제 명확하게 드러나기 시작했다.”고
어느 필자는 도시문제 해결의 어려움을 개탄하였다.

와츠 구역의 흑인 폭동

1964년의 흥분과 폭력의 분위기는 1965년에 들어와서는 그 정도가 더
욱 더 심해졌다. 1965년 8월에 흑인들은 로스앤젤레스의 한 동네인 와츠
(Watts)에서 재산을 파괴하고 약탈했다. 그 과정에서 34명이 사망했다.

와츠 폭동은 이전의 1919년이나 1943년의 인종폭동과는 달랐다. 그것
은 백인군중들에 의해 조장된 폭력이 아니었다. 그것은 실업과 기회 상실에
대해 분노한 흑인들이 일으킨 폭력이었다. “꺼져라, 백인놈들아!”, “태워
버려라, 다 태워 버려!”라고 흑인들은 외치면서 백인들의 상점을 약탈하고
불지르고 돌을 던졌다.

1966년과 1968년 사이에는 다른 도시에서도 흑인 폭동이 일어났다. 그
들의 불만은 1960년대 기간의 “길고도 뜨거웠던 여름”에 폭발하였던 것이
다. 예를 들면 1967년 뉴저지주의 뉴왁에서 26명의 사람들이 흑인, 경찰,
육군부대 사이의 충돌과정에서 사망했다. 일주일 후에는 디트로이트에서 인
종폭동이 일어나 43명의 사망자를 냈다.

이듬 해인 1968년에 일리노이 주지사 커너(Otto Kerner)를 위원장으

222

로 하는 시민소요에 대한 국가자문위원회가 폭동의 원인에 대해 보고서를 제출하였다. 그것은, "미국이 두 개의 격리된 나라로 빨리 변모하고 있기 때문이다… 백인사회는 교외, 작은 도시, 대도시의 주변부로 자리잡은 반면, 흑인사회는 대도시의 내부에 집중되어 있다."고 커너 위원회는 분석하였다. 그리고 그것은 흑인의 폭동에 백인의 책임도 적지 않음을 지적하였다.

이제 폭도들은 단순히 분노를 표현하는 데서 한 걸음 더 나아가 상점에 진열해 놓은 물품을 약탈하는 데 관심이 있었다. 디트로이트에 사는 한 흑인 주민은 1967년의 폭동에서 나타난 약탈 광경을 다음과 같이 설명하고 있다. "엄마, 아빠, 아이들 모두가 마치 소풍가는 것 같기도 하고 반란을 일으키는 것 같기도 했어요. 모두가 텔레비전 광고 때문이지요. 제가 말하는 뜻은 사람들은 전혀 가질 수 없을 물건들을 매일 텔레비전을 통해 보거든요… 남자 양복, 가구, 주방기구, 칼라 텔레비전 같은 것들을 말이에요."라고 그는 말했다.

흑인들이 폭력적이 된 데는 비폭력적인 민권 운동의 성과에 대해 의문을 가지게 된 사실도 작용하였다. 특히 북부 흑인들 가운데는 과연 비폭력적인 민권운동을 통해 얼마나 흑인들의 요구가 충족될 수 있을지 의아해 하는 사람들이 많았다. 그러므로 흑인들은 1963년에 "나에게는 꿈이 있다."고 외친 마틴 루터 킹 목사의 연설에 감동하기도 했지만, 다른 한편에서는 흑인 과격파(radicals)의 주장에 관심이 쏠리고 있었다. 백인 인도주의자들의 감정에 호소한 킹목사의 연설은 실현성이 없는 듯이 보였다. 그에 따라 흑인들이 "어떠한 수단에 의해서건" 자유를 쟁취해야 한다는 과격파의 주장이 강해지기 시작하였다.

말콤 엑스와 급진주의

이와 같은 급진파의 한 사람이 말콤 엑스(Malcom X)였다. 그는 한때 길거리에서 부랑자로 떠돌고 포주 노릇도 한 적이 있었다. 그러다가 감옥에서 "이슬람 국가"(Nation of Islam)라는 종교로 개종하면서 새로운 인생을 시작하였다. 그들의 조직은 흔히 "검은 회교도"(Black Muslims)로 알려졌다.

작은 종교집단인 '검은 회교도들'은 세계의 모든 악의 근원은 이른바 "백인 악마"(white devil)에게 있다고 보고, 흑인들이 백인사회로부터 떨어져 나올 것을 주장하였다. 그들은 흑인들이 백인 사회와 관계를 끊고 건전하고 검소하게 살 것을 역설하였다. 그들은 마틴 루터 킹 목사의 비폭력 노선과는 달리 정당방위 수단으로서의 폭력을 인정하였다. 1960년대초에 주요 대변자로 떠오른 말콤 엑스의 주장은 아주 직설적인 것이었다. "만일 어떤 사람이 당신을 때리면, 그를 끝장내어 무덤으로 보내시요."라고 그는 과격한 발언을 하였다.

말콤 엑스 : 흑민 민족주의자

그러나 말콤 엑스는 1965년 2월에 총탄세례를 받고 암살되었다. 그의 암살범은 '검은 회교도'에 속한 사람으로서, 말콤 엑스가 그들의 목표를 배반하고 있다고 믿은 것이 그 동기였다. 말콤 엑스의 생각은 죽기 직전에 약간 바뀐 것은 사실이었다. 그는 방향을 약간 바꾸어 '악마'가 아니라고 판단되는 백인들도, 뿐만 아니라 비폭력적인 민권운동에 대해서도 조심스럽게 지지하였다.

말콤 엑스는 살아 있을 때도 영향력 있는 인물이었지만, 죽어서는 더욱 더 큰 영웅이 되었다. 그러면서도 여전히 말콤 엑스는 흑인도 도전할 수 있다는 자신감을 상징하고 있었다. 그에 따라 '검은 회교도'의 신도는 늘어나고, "흑인의 세력화"(Black Power)를 주장하는 사람도 늘어났다.

흑인의 세력화

1966년에 비폭력학생협력위원회(SNCC) 의장 카마이클(Stokely Car-michael)은 흑인들에게 '흑인의 세력화'(Black Power)를 촉구하였다. 백인의 압제에서 완전히 자유로워지려면, 흑인들은 그들 자신의 제도, 즉 그들 자신와 기업체·정치·학교를 가져야 한다고 그는 믿었다. 그러기 위해서는 흑인들은 흑인 정치후보를 선출하고 흑인학교에서 흑인학생을 가르쳐야 한다고 그는 주장했다.

그러므로 인종통합과 비폭력을 내세웠던 조직들이 '흑인의 세력화'를 받아들이게 되었다. 그리하여 비폭력학생협력위원회(SNCC)와 인종평등회의(CORE)도 결국 백인 회원들을 축출하고 흑백 통합에 반대하였다. 왜냐하면 흑인들에게 필요한 것은 힘이지 백인들의 우정이 아니라는 것이 그들의 주장이었기 때문이다.

이처럼 새롭게 흑인들이 과격해지게 만든 근원은 흑인 민족주의(Black Nationalism)였다. 그것은 흑인들은 세계 어느 곳에서건 백인들과는 전혀 다른 그들만의 공통된 역사와 문화적 유산을 가지고 있으며, 따라서 흑인들은 백인들과 분리되어 살 수밖에 없다는 분리주의자들(separatists)의 믿음이었다.

그리하여 흑인 대학생들은 흑인학(Black Studies) 연구과정의 설치를 요구하였다. 그리고 흑인들은 자신들을 '니그로'(Negro)라는 말 대신에 "흑인" 또는 "아프리카계 미국인"(Afro-Americans)라고 부르기 시작했다. 1920년대 이래로 가장 뚜렷하게 아프리카계 미국인들은 그 자신들을 국

혹인민족주의자들의 투쟁본부

민 안의 또 다른 국민(nation)으로 보기 시작했다.

그에 따라 새로운 조직들이 나타났는데, 그 가운데서 백인을 가장 두렵게 했던 것은 "검은 표범당"(Black Panther Party)이었다. 그들의 지도자인 보비 씰(Bobby Seale)이나 휴이 뉴튼(Huey Newton)은 표범가죽 점퍼를 입고 무장을 하였다. 그리고 그들은 자본주의 체제의 타도를 지상의 목표로 삼았다. 이들은 기존의 정당, 대기업, 노동조합, '미국의 풍요', 교외지역의 중산계급적인 생활방식 및 심지어는 '미국의 꿈' 자체를 부정하였다.

이제 '베이비붐' 세대의 시끄러운 소수집단이 "제도를 바꾸기 위하여" 움직이기 시작한 것이다. 그리고 백인 부모들은 자신들의 자녀들이 '검은 표범당'에 동조하지 않을까 우려하였다.

제 8 장

1960년대의 급진주의와 반문화

1. 신좌파와 반문화

대학의 반란

1964 가을 캘리포니아 대학 버클리(Berkeley) 캠퍼스의 철학과 학생인 마리오 새비오(Mario Savio)를 중심으로 자유언론운동연합(Free Speech Movement)이 조직됨으로써 버클리 캠퍼스는 1960년대의 학생 운동과 동의어가 되었다.

1964년의 캘리포니아 대학교의 버클리 캠퍼스는 우수성과 명성에 있어서 세계적인 곳이었다. 그것은 여러 가지 측면에서 다른 대학의 모범이 되었다. 캘리포니아 대학교의 총장인 경제학자 클락크 커(Clark Kerr)는 자신의 저작인 〈대학의 효용성〉(*The Uses of the University*)에서 대학이 대기업과 같은 것이라고 주장하였다. 즉, 대학은 대기업처럼 쓸모가 있고 이윤이 남는 것이어야 한다는 생각이었다.

그러나 이러한 총장의 대학관이 바로 일부의 학생들로부터 불만을 사게 되었다. 그것은 캘리포니아 대학 버클리 캠퍼스가 심각할 정도로 비인간적(impersonal)이 되었음을 의미하였다. 그것은 수만 명의 학생들을 품고 있는 거대한 조직인 멀티버시티(Multiversity)였다. 그리고 학생 개개인은 거대한 대학 조직의 한 작은 부속품이었다. "나는 한 명의 학생일 뿐이다"라는 자유언론운동 연합(FSM)의 어느 학생의 탄식 속에서 개인의 무력감이 잘 표현되어 있었다. 그러므로 "굽히지도, 약해지지도 말라. 그러면 불구가 될 것이다"고 그는 외쳤다.

버클리 캠퍼스의 학생들은 비폭력학생협력위원회(SNCC)의 미시시피 여름 봉사활동(Mississippi Summer Project)에 참여하는 과정에서 권력구조가 흑인들의 삶을 지배하고 있다는 것을 알게 되었다. 그리고 그와 같은 권력구조가 대학의 관료기구도 통제하고 있다는 생각을 가지고 버클리로 돌아왔다.

그러므로 그들은 학교 당국에 대항해 투쟁하였다. 1964년 9월에 학생들이 전통적 집회장소였던 스프라울 광장(Sproul Plaza)에서 정치적 목적을 가진 조직의 신입회원을 모집하려고 하자, 대학 행정당국이 집회를 금지하였다. 이 사건을 계기로 학생들의 투쟁은 시작되었다. 새비오와 다른 학생들은 클라크 커 총장의 금지조치를 거부하였다. 그러자 학교 당국은 그들을 정학시키거나 체포케 하였다. 1964년 10월 1일에 경찰이 한 행동파 학생을 경찰차에 태우자, 수천 명이 에워쌌다. 그 때문에 경찰차는 32시간 동안 움직이지 못하였다.

1964년 12월에 언론자유운동 연합(FSM)은 학교 본부를 장악하였다. 그러자 캘리포니아 주지사는 주 경찰을 버클리 캠퍼스에 파견하였다. 그리고 800명 이상의 학생들을 체포하였다. 분노한 학생들은 수일간에 걸쳐 교실을 폐쇄하였다. 이렇게 버클리에서 탄생한 학생행동주의(student activism)는 1960년대 말에 이르면서 수백개의 다른 대학 캠퍼스로 확산되어 갔다.

신좌파의 형성

버클리 대결이 일어나기 2년 전인 1962년, 일단의 다른 학생들이 미시간의 포트휴런에 모여 민주학생연합(Students for a Democratic Society)을 조직하였다. 톰 헤이든(Tom Hayden)을 비롯한 민주학생 연합(SDS)

총을 든 코넬 대학생들

의 회원들은 대부분이 백인 대학생들이었고 또한 중산계급의 자녀들이었다.

그들은 행동 강령으로서 포트휴런 선언문(Port Huron Statement)을 발표하였다. 선언문 속에서 학생들은 미국사회의 비민주적인 성격을 통렬히 비판하였다. 인종주의의 팽배, 풍요 속의 빈곤, 거대한 기업체들의 비민주적인 성격, 그리고 수소폭탄으로 상징되는 "냉전과 관련된 진실"들이 그들의 비판 대상이었다. 그들은 미국 사회가 표방하고 있는 민주주의의 이상을 말로만 내세울 것이 아니라 행동으로 실천할 것을 요구하였다. 따라서 그들은 국민의 참여가 보장되는 진정한 민주주의,즉 권력을 국민들에게 되돌려 줌으로써 나타나게 될 직접 민주주의(direct democracy) 이상의 부활을 촉구하였다.

자유언론운동연합과 민주사회학생연합(SDS)에 의해 고무된 학생들은 보다더 큰 급진세력인 신좌파(New Left)를 형성하는 데 가담하였다. 신좌파는 하나의 조직도 아니었고, 또한 하나의 운동도 아니었다. 그것은 다양한 세력들의 느슨한 결집체였다. 그들 가운데는 마르크스주의자도 있었고, 흑인 민족주의자도 있었다. 그리고 무정부주의자도 있었고, 또한 평화주의자도 있었다. 또한 협상을 통해 사회변화를 가져 오려는 개혁주의자가 있는가 하면, 타협을 불가능한 것으로 간주하는 혁명가도 있었다.

그 때문에 신좌파는 여러 분파로 분열되어 있었다. 그럼에도 불구하고 그들은 인종주의의 거부와 베트남 전쟁 반대를 공통된 행동 목표로 삼아 단결할 수 있었다. 그리고 점차 무정부주의(anarchism) 또는 신마르크스주의(neo-Marxism)를 중심으로 이념적인 기반을 마련해 가고 있었다.

반문화 혁명

신좌파의 등장과 더불어 반문화 혁명(Counter-cultural Revolution)이라고 불리는 현상도 나타났다. 그것은 미국의 전통적인 체제와 가치를 파괴하고 새로운 가치관으로 대치하려는 문화적 혁명 운동이었다. 그러나 그들은 아직 구체적인 대안을 찾을 단계에 이르지 못했기 때문에, 그들의 직접 행동의 목표는 우선 기성체제(the Establishment)의 타도에 두게 되었다.

그들은 혁명가로 자처했기 때문에 그들의 영웅은 중공의 마오쩌뚱이나 쿠바의 피델 카스트로였다. 그래서 공산주의 혁명가들이 미국 대학 캠퍼스의 우상으로 떠올랐다. "마오쩌뚱 모자"는 의식용 유니폼이 되었고, "당장"(right on)이란 말은 모든 인사에서 사용되었다. 그리고 수백만의 학생들은 마약(LSD)의 예언자인 하버드 대학 심리학 교수인 티모시 리어리

우드스탁 축전 : 반문화의 상징

헤이트-애쉬베리 거리

(Timothy Leary)의 권고에 따라 마리화나(Marijuana), 엠피타민(Amph-
etamimes), 환각제를 사용하였다. 그들이 마약을 사용한 이유는 도취한 상
태에서 진정한 자기를 찾을 수 있다고 생각했기 때문이다.

그러나 무엇보다도 반체제적인 학생들의 심리를 잘 표현했던 것은 음악
이었다. 민주학생연합(SDS)의 창시자들이 포트휴런에 모였던 바로 그
1962년에 비틀즈(Beatles)는 "나를 사랑해줘요"(Love Me Do)라는 노래
를 녹음하였다. 그것은 영국 리버풀 출신의 젊은 가수 4명으로 이루어진 중
창단이었다. "당신은 혁명을 원한다고 한다"(you say you want a revolu-
tion)고 노래하기 오래 전에, 그들의 음악은 이미 혁명을 고취하고 있었다.
그러므로 이제 음악이 바로 기성체제(status quo)를 공격하는 주요 수단이
된 것이다.

다른 가수들도 반문화(counterculture)를 표현하였다. 배리 맥과이어
(Barry McGuire)는 "파괴의 전야"(Eve of Destruction)라는 곡에서 핵
전쟁에 따르는 대량학살을 경고하였다. 밥 딜란(Bob Dylan)은 혁명적 응

답이 "바람에 휘날릴 것"(blowing in the wind)을 약속하였다.

또한 젊은 이들은 마약에 취한 상태에서 삶을 노래했던 지미 헨드릭스 (Jimi Hendrix)에 대해 열광하였다. 그리고 그들은 흑인 음악인 블루스를 백인들에게 소개한 재니스 조플린(Janis Joplin)에 대해서도 열광하였다. 그리고 그들은 젊은이들에게 멈추어 서서 "무엇이 떨어져 가는지 보라" (look what's goin' down)고 한 버팔로 스프링필드(Buffalo Springfield) 에 환호하였다.

1960년대의 록(rock) 음악 스타들은 그 뿌리를 흑인들의 '리듬 앤드 블루스'(rhythm-and-blues)에 두고 있었다. 제니스 조플린은 '볼 앤드 체 인'(Ball and Chain)을 그 자신의 스타일로 바꾸어 불러 관중들을 감동시 킴으로써, 작곡가인 빅 마마 쏜튼(Big Mama Thornton)에 영광을 돌렸다.

록 음악 축제(rock festival)는 문화적 행사가 되었고, 그 중 가장 유명 한 것이 우드스탁(Woodstock) 축제였다. 뉴욕 주 북쪽 지방에서 열렸던 이 축제에는 40만의 젊은이들이 몰렸다. 비와 진흙탕 속에서 몸을 쉴 곳도 없는데도 그들은 평화롭게 며칠을 보냈다. 그들 가운데는 사랑, 마약, 음악 에 토대를 둔 평화로운 "우드스탁 국가"(Woodstock Nation)의 건설을 꿈 꾸는 젊은이들도 있었다. 그것은 비틀즈의 한 사람인 존 레논(John Lenon) 에 의해 가장 잘 표현되었다. "우리가 말하고자 하는 모든 것은 평화에 기 회를 주자는 것이다"라고 그는 말하였다. 그들은 마약과 음악을 통해 대체 경험(alternative experiences)을 얻으려 했던 것이다.

또 다른 젊은이들은 기존 생활방식을 대신할 대체 생활방식(alternative ways of life)을 실현해 보려고 하였다. 이들 가운데 가장 두드러진 예가 히피(Hippies)였다. 자신들을 "꽃의 자녀들"(flower children)이라고 부 른 히피들은 샌프란시스코의 헤이트애쉬배리(Haight-Ashbury)구역 같은 곳에서 독특한 도시 하부문화(subculture)를 창조하였다. "해쉬배리"(Hash-bury)의 실험은 수많은 공동체 생활의 실험을 고무시키는 작용을 하였다. 그러므로 전국에 걸쳐 젊은 방랑자들(hitchhikers)은 공동체(communes), 그리고 '진정한 자기'를 찾아서 방랑의 길을 나섰던 것이다.

마약과 성에 대한 예찬

신좌파가 소수의 젊은이들만을 매혹시켰듯이, 반문화(反文化)도 미국 청년층의 소수만을 대변하였다. 중산계급의 기성 세대는 이들의 삶의 방식에 동조할 수 없었다. 기성세대들은 히피들의 긴 머리, 긴 수염, 사랑의 목걸이(love beads), 누더기 청바지를 불쾌하게 생각하였다. 기성 세대는 "애시드 록"(acid rock) 음악이 시끄럽고, 심지어는 야만적이라며 불평하였다. 그리고 그들은 자신들의 자녀들이 마약 때문에 일생 동안 고통받을 것을 걱정하였다.

그러나 부모들을 가장 괴롭혔던 것은 자녀들이 일시적인 충동으로 자유롭게 성관계를 맺을 수 있다고 생각하는 도덕관이었다. 그러한 자유분방한 성 관계는 부분적으로는 피임약의 보급으로 가능하게 되었다. 이제 많은 젊은이들에게 있어서 혼전의 동거는 죄악시되지 않았다. 그에 따라 음란외설물, 동성애, 남녀의 역할 구분, 그리고 가족관계에 대한 생각도 변하였다.

베트남전쟁이 더 격화되자, 신좌파와 반문화 세력은 반전(反戰) 운동을 위해 공동전선을 펴게 되었다. 학생들은 베트남 전쟁에 대한 토론회(teach-ins), 다시 말해 학생, 교수, 초청연사들의 토론을 위한 공개 '포럼'을 개최하였다. 문화적, 정치적 이유로 "전쟁을 그만두고 사랑을 하자"(Make Love, Not War)는 말이 1960년대 중반에 학생들의 슬로건이 되었다.

수천 명의 청년들이 베트남 전쟁에 대한 항의로 징집을 거부하였다. 징집 거부자의 수효가 늘어나면서, 체포를 피해 외국으로 도망하는 사례도 늘었다. 그래서 1972년 말까지 3만 이상의 징집기피자들이 캐나다로 도망갔다. 1만 명은 스웨덴, 멕시코 등과 같은 나라로 망명하였다. 또 다른 1만 명 정도는 가명을 쓰면서 미국에서 숨어 살았다. 그리고 25만 명이 징병검사 등록을 하지 않든가 징집영장을 불태웠다. 따라서 베트남 전쟁 전체 기간에 병역을 기피한 사람은 모두 50만 명에 이르렀다.

베트남 전쟁에 대한 반전 시위

전쟁에 반대하는 방법으로 행진과 시위가 다반사로 벌어졌다. 1965년

4월에는 2만 5천명의 반전주의자들이 백악관으로 행진했다. 10월에는 전쟁 종결위원회(National Committee to End the War)가 전국적으로 8만 명의 시위대를 동원하였다. 그 다음 2년간 민주학생연합(SDS)의 주도로 뉴욕과 샌프란시스코에서 반전 시위에 참가한 청년은 수십만 명에 이르렀다. 그리고 1967년 10월에는 10만 명의 인파가 국무부로 행진하였다. 존슨 행정부의 관리들은 행동파 학생들, 신좌파, 그리고 반문화세력의 저항으로 베트남 전쟁 수행이 위협받고 있음을 우려하였다.

이때쯤 되면 나이가 많거나 적거나 관계 없이 많은 사람들이 대통령을 신뢰하지 않게 되었다. 존슨 대통령은 미국이 대의명분을 위하여 싸우고 있다고 주장하였지만, 국민들은 어떠한 목적이 과연 베트남에서의 대규모적인 군사행동을 정당화시킬 수 있을 것인가 의아해 하였다.

그 동안 베트남 전선에 파견된 병력의 수효도 계속 늘어나, 1968년에 오면 베트남의 미군은 거의 50만 명에 이르렀다. 그에 따라 존슨 대통령에 대한 신뢰도도 떨어져 갔다. 많은 사람들이 1964년의 대통령 선거에서 존슨에게 표를 던진 것에 대해 후회하였다.

2. 1968년의 대격동

국제 정세의 불안

1963년에서 1967년에 이르는 기간은 폭력의 난무로 혼란스러웠다. 그럼에도 불구하고 많은 미국인들은 이같은 혼란을 대수롭지 않게 보았다. 왜냐하면 그들은 미국이 놓인 어려운 상황은 곧 사라질 것이라는 희망을 가지고 있었기 때문이다. 그러나, 1968년에 들어와서는 꿈속에 빠져 있던 미국인들이 눈을 뜨게 하는 충격적인 사건들이 연속으로 일어났다.

첫번째의 충격은 1968년 1월 하순에 해군 정보함 푸에블로호(U. S. S. Pueblo)가 북한 해군에 의해 나포된 사건이었다. 그 배는 한반도 북쪽의 원산항 인근에서 정찰 활동을 하는 도중에 나포되었다. 끈질기고 힘든 북한과의 1년에 가까운 협상 끝에, 그 해 크리스마스가 지나서야 82명의 선원들이 풀려날 수 있었다.

두번째의 충격은 1968년 1월 30일에 베트남에서 베트콩과 북베트남군이 구정 공습(Tet offensive)으로 알려진 대대적인 기습 공격을 벌인 사건이었다. 음력 1월 1일의 명절에 벌인 이 기습 공격이 있은 다음 많은 미국인들은 미국이 베트남 전쟁에서 패배할지 모른다는 생각을 가지게 되었다. 여기에 덧붙여 베트남에서 미군 병사들의 사상자도 계속 늘어났다. 1968년 7월 4일로 미군 사망자 총수는 3만 명을 넘어섰다. 그에 따라 국내에서는 전쟁에 대한 논란이 더 열을 띄어갔다.

이러한 사건들은 1968년의 대통령 선거전에도 영향을 미쳤다. 존슨의 위신이 크게 떨어졌기 때문에 민주당 안에서는 여러 사람이 대통령 지명전에 도전하려고 하였다. 앨라바마 주 지사인 조지 월러스(George Wallace)는 전쟁 지지자로서, 지명전에 나섰다. 미네소타 출신 상원의원 유진 맥카시(Eugene McCarthy)는 전쟁 반대자로서, 뉴햄프셔 주 예비선거전에 뛰어들었다. 뉴욕 주 출신 상원의원 로버트 케네디도 반전주의자로서 민주당 대통령후보 지명전에 뛰어들었다.

1968년 3월 31일, 존슨 대통령은 전국 TV 방송에 출연하여 북베트남에 대한 폭격을 줄이겠다고 발표하였다. 그리고 나서 존슨은 자신은 대통령후보로 다시 나서지 않겠다는 놀라운 선언을 발표하였다.

마틴 루터 킹의 피살

그 선언이 있은지 일주일도 채 못 된 1968년 4월에, 미시시피 주의 멤피스에서는 마틴 루터 킹이 피살되었다. 범인은 제임스 얼 레이(James Earl Ray)라는 백인이었다. 레이의 동기에 대해서는 아직도 의문이 풀리지 않고 있다. 그가 격분한 인종주의자로서 단독범이었는지 아니면 조직적 음모의 하수인에 불과했는지 아직도 규명되지 않고 있다.

그의 동기가 어떠한 것이었든 간에, 그의 범죄는 전국의 흑인 '게토'에서 분노의 물결을 일으켰다. 흑인들은 168개의 도시들과 마을에서 폭동을 일으켰다. "지난밤 한 백인이 킹목사를 살해하였다. 백인들은 우리에게 전쟁을 선포하였다"고 흑인 과격파인 스타클리 카마이클(Stokley Carmi-chael)은 흥분하였다. 분노한 흑인들은 백인 상점들과 재산을 약탈하고 불질렀다. 그리고 이같은 폭력의 난무 속에서 34명의 흑인들과 5명의 백인들이 사망하였다.

이같은 흑인들의 테러 행위는 백인들의 반발을 일으킴으로써 양쪽에서 증오의 감정이 치솟았다. 백인들은 흑인들을 맹렬히 비난하였다. 메릴랜드 주지사인 스피로 애그뉴(Spiro Agnew)는 볼티모어의 흑인지도자들이 "흑인 대중"을 제대로 통제하지 못하고 있음을 비난하였다. 시카고 시장 리차드 데일리(Richard Daley)는 방화자들을 사살하라고 경찰에 명령을 내렸다.

학생들의 저항은 미국에서뿐만 아니라 파리, 멕시코시티를 비롯한 세계의 곳곳에서 늘어났다. 1968년 1월과 6월 사이에 미국에서는 200건이 넘는 시위로 전국의 대학이 흔들렸다. 학생들은 대학이 군부·산업복합체(mili-tary-industrial complex)와 결탁하고 있는 데 대해 항의하였다. 뉴욕의 콜럼비아대학교 학생들은 총장실을 비롯한 건물들을 10일간 점거하였다. 4월 30일에는 총장의 요청으로 교내에 경찰이 투입되었다. 1천 명의 경찰은 곤봉을 휘두르며 건물에서 학생들을 몰아냈다. 그 과정에서 150명의 시위자와 구경꾼들이 부상을 입었다.

물론 대부분의 미국인들은 이같은 폭력과는 직접적으로 아무런 관련이 없었다. 그러나 국민의 거의 모두는 매일 TV 저녁뉴스를 통해 이같은 광경들을 목격하였다. 따라서 소수 급진파의 활동은 국민 대다수의 생활과 밀접한 관계를 가지게 되었다.

그와 같은 관계는 어느 언론 학자의 글 속에서 지적되었다. "안락한 삶을 누리던 도시의 중산계급, 교외지역 주민, 농촌지역 주민들에게, 다시 말해 강도, 강탈, 시위를 거의 경험한 적도 없을 뿐만 아니라 흑인들의 무력시위나 삶에 대한 호전적인 질문조차도 받아 본 적이 없는 중산계급의 사람들에게 사회적 혼란과 사회적 와해가 실제적인 위협으로 등장하게 만든 것은 바로 저녁뉴스였다"고 그는 썼다.

로버트 케네디의 피살

1968년 4월과 5월의 갤럽 여론조사는 로버트 케네디가 민주당 안에서 가장 유리한 대통령 후보가 될 것임을 알려 주었다. 로버트 케네디는 6월의 캘리포니아 주 예비선거에서 승리를 거두었다. 그는 로스앤젤레스의 앰배서더 호텔에서 승리를 축하하고 있었다. 그러다가 그는 식당을 통하는 지름길을 통해 기자회견장에 가려고 하였다. 그 때 갑자기 아랍 청년 써한 써한(Sirhan Sirhan)이 앞으로 나서서 22구경 권총을 연달아 케네디에 쏘아 댔다. 암살자는 아랍인으로서 케네디의 이스라엘에 대한 지원 발언에 불만을 가지고 있었다.

연달은 암살사건으로 많은 미국인들은 자신들의 사회에 대해 의혹과 우려의 감정을 가지게 되었다. 그것은 '카리스마'를 가진 진보적인 지도자가 나타날 때마다 싹이 잘라져 버린다는 데 대한 우려였다.

로버트 케네디는 흑인들과 멕시코계에 호의적인 정치인이었기 때문에, 그의 암살사건은 빈민들을 크게 실망시켰다. 1965년에 케사르 차베스(Cesar Chavez)가 멕시코계의 농장노동자연합(United Farm Workers)을 동원하여 농장주들에 대한 파업을 일으켰을 때, 로버트 케네디는 캘리포니아로 날라와 그들에게 가담할 정도로 빈민과 소수민족에게 동정적이었다. 또한 로버트 케네디는 베트남 전쟁에 반대했기 때문에, 그의 암살은 반전주의자들에게도 좌절감을 느끼게 하였다.

진보 세력의 쌓인 불만은 마침내 1968년 8월에 시카고에서 열린 민주당 전당대회에서 폭력사태로 폭발하였다. 민주당은 분열되어 있었다. 민주당 안의 보수 세력은 린든 존슨의 후계자인 부통령 휴버트 험프리(Hubert humphery)를 지지하였다. 그러나 민주당 안의 진보 세력은 베트남 전쟁의 종식을 요구하는 진보적인 유진 맥카시(Engene McArthy)를 지지하였다. 진보 세력 가운데서도 죽은 로버트 케네디의 지지자들은 사우스다코타 출신 상원의원인 조지 맥거번을 지지하였다.

이같이 분열된 민주당 지명 대회장은 외부인들이 가세함으로써 더욱 더 혼란해졌다. 대회장에는 빈민운동단체(Poor Peoples' Campaign)에 속한 흑인들이 몰고 온 당나귀 마차들, 수천 명의 반전시위자들, "린든 존슨과 휴버트 험프리의 죽음 예찬" 대신에 '삶의 축제'를 벌이겠다고 몰려 온 이 피들(Youth International Party, Yippies)로 뒤범벅이 되었다.

민주당 전당대회의 혼란

민주당 지명대회가 열리고 있는 시카고의 경찰은 여전히 데일리 시장의 사살 명령에 따라 행동할 준비를 하고 있었다. 1만2천 명의 경찰이 24시간 근무하고 있었고, 또 다른 1만2천 명의 육군와 국민방위군(National Guardsmen)도 소총, 바주카 포, 화염방사기로 무장한 채 대기하고 있었다. 이들은 미시간 애비뉴의 콘라드힐튼 호텔 앞에서 시위자들, 기자들, TV 카메라맨들을 공격하였다. 부상자들을 보호하기 위해 구경꾼들이 몰려들자, 그들 역시 곤봉세례를 받았다.

민주당 전당대회는 미네소타 주 상원의원인 부통령 험프리(Hubert Humphrey)를 대통령 후보로, 메인 주 상원의원인 에드먼드 머스키(Edmund Muskie)를 부통령 후보로 지명하였다. 험프리 후보는 뉴딜주의자였고 따라서 복지국가의 이상을 신봉하는 진보주의자(libearl)였다. 그러므로 그는 북부의 진보주의자들, 대도시의 보스들, 흑인들, 그리고 노동조합의 지지를 받았다. 또한 험프리는 오랫 동안 민권법을 강력히 지지해 왔다.

그러면서도 험프리는 반공주의자로서 소련과 공산주의에 대한 봉쇄 정책과 냉전 독트린을 강력히 지지해 왔다. 따라서 그는 베트남 전쟁을 지지하였다.

한편, 공화당은 리차드 닉슨(Richard Nixon)을 대통령 후보로 지명하였다. 닉슨은 1960년의 대통령 선거에서 케네디에게 패배한 뒤, 1962년의 캘리포니아 주지사 선거에서도 패배하는 불운을 겪었다. 그 때문에 그는 정치 생명이 끝난 듯이 보였다. 그러나 그는 10년이라는 긴 세월 동안 재기를 위해 노력하였다. 그는 동료 공화당원들의 선거 운동을 돕고, 전국의 고정적인 공화당 당원들과 간부들로부터 신임을 쌓기 위한 노력을 꾸준히 해 왔다.

마침내 그는 1968년의 공화당 지명대회에서 그의 신뢰도를 현실화시키는 데 성공하였다. 그는 뉴욕의 넬슨 록펠러 주지사와 캘리포니아의 로날드 레이건을 물리치고 후보직을 얻어 냈다. 그리고 닉슨은 '러닝 메이트'로 매릴랜드 주지사 스피로 애그뉴(Spiro Agnew)를 선택하였다.

1968년의 선거와 닉슨의 승리

유권자들은 민주당의 험프리에 대해서도, 공화당의 닉슨에 대해서도 별로 관심을 보이지 않았다. 전당대회가 있던 시기에 실시된 갤럽 여론조사에 따르면, 미국인들의 66퍼센트는 미국이 베트남에서 군대를 철수시켜야 한다고 믿고 있었다. 따라서 전쟁 수행의 상당 부분은 베트남인들에게 넘겨야 한다는 것이었다. 무소속과 유진 맥카시의 추종자들은 전쟁을 끝내기를 원했다. 험프리와 닉슨의 지지자들도 대다수가 이에 동의하였다.

그러나 파리에서 진행되고 있던 휴전 협상이 지지부진하자, 공화당과 민주당의 대통령 후보자들은 모두 베트남 전쟁의 계속을 지지하였다. 따라서 1968년에 국민은 반전파(doves)와 주전파(hawks)로 갈라지게 되었다. 갤럽 여론 조사에 따르면, 조사대상자 가운데서 반전파와 주전파는 모두 41퍼센트로 같았다.

보수주의자들에게 가장 많은 인기를 얻었던 후보는 아메리카독립당(American Independent party)의 지명을 받은 조지 월러스(George Wallace)였다. 그는 미국이 핵무기로 북베트남을 폭격하여야 한다고 주장하였다. 또한 그는 반체제 세력을 진압하고 법과 질서를 회복시켜야 한다고 주장함으로써 안정을 추구하는 보수세력에게 호소하였다. 그는 만일 민권 운동 시위자가 그의 차 앞에 서 있으면 그를 치어 죽일 것이라고 말할 정도로 무질서에 대해 강경하였다.

투표 결과는 공화당 후보 닉슨의 승리였다. 아메리카 독립당의 월러스는 1천만 표, 즉 총투표의 13.5퍼센트를 차지하여 1924년 이래 제3당으로는 가장 좋은 성과를 거두었다. 월러스의 약진으로 닉슨은 일반투표의 43퍼센트만을 얻는 소수파의 대통령이 되었다. 그러나 의회는 민주당에 의해 계속 장악되었다. 민주당은 하원에서 243석(공화당은 192석), 상원에서는 58석(공화당은 42석)을 획득하였다.

이제 새 대통령의 취임으로 새로운 시대가 등장할 것으로 예상되었다. 그러나 닉슨에게는 전쟁, 빈곤, 인종주의, 성적차별, 흑인들의 분노, 젊은이들의 불만, 그리고 '미국적 꿈'에 대한 약속의 파기와 같은 어려운 문제들이 기다리고 있었다.

3. 여성해방운동의 대두

여성 차별의 관행

1960년대의 직업 여성들은 취업에 있어의 성적 차별, 전문직 획득 기회의 부족, 동등한 일에 대한 동등하지 못한 보수, 자녀들을 위한 탁아시설의 부족, 그리고 낙태 금지 등의 문제에 대해 불만을 가지고 있었다. 그들의 불만에서 핵심을 차지하고 있었던 것은 경제 문제였으므로, 많은 여성들에게 있어서 성 차별은 주로 가난을 의미하였다. 1963년에 여성의 평균 보수는 남성이 받는 보수의 63퍼센트에 불과하였다. 10년 후 이 비율은 57퍼센트로 약간 줄어들기는 하였지만, 차별적인 구조는 근본적으로 변화가 없었다.

여성들이 당면하였던 또 다른 가혹한 현실은 여성들의 취업이 주로 비서직이나 점원과 같은 하찮은 직종에서 이루어지는 "직종별 차별"(occupational segregation)이었다. 또한 여성들은 일이 여성의 영역과 남성의 영역으로 분리되어 있는 직업적 게토(occupational ghetto)에 대해서도 불만이었다.

여성노동자들의 수는 계속 늘어, 1960년에는 2,320만, 1970년에는 3,150만, 다시 1972년에는 3,410만으로 늘어났다. 그러나 "남성들의 일"이 여전히 더 많은 보수를 받는다는 사실은 변함이 없었다. 대학교육을 받은 여성들은 단지 8년간의 교육을 받은 남성들보다도 더 적은 보수를 받았다. 그러므로 1960년대의 여성해방운동이, 급진파건 온건파건 간에, 모두 동등한 취업기회와 '동등한 일에 대한 동등한 보수'를 행동 목표로 삼게 된 것은 당연하였다.

여성해방운동가들의 행동은 강력한 반대에 부딪혔다. 1971년에 닉슨 대통령은 취업여성들의 자녀들을 위한 공립탁아소를 전국적으로 설치하려는 법안에 대해 거부권을 행사하였다. 반대 이유는 공립 탁아소의 설치가 "자녀 양육을 가족중심의 방법보다 공동체 중심의 방법"에 맡기게 됨으로써 "미국 문명의 기반"인 가정을 위태롭게 한다는 것이었다.

개혁적 여성해방 운동

1960년대의 혼란 속에서 또 다른 인간해방 운동인 여성해방 운동(feminism)이 활성화의 계기를 맞이하였다. 그것은 처음에는 조용하게 시작되었으나 얼마 지나지 않아 '피켓'을 들고 시위할 정도의 요란한 운동으로 성장하였다.

여성 해방 운동의 부활은 1963년에 베티 프리단(Betty Friedan)의 〈여성의 신비〉(*Feminine Mystique*)가 출간되면서 시작되었다. 그 책에 따르면, 미국의 가정은 여성에게는 "안락한 집단수용소"나 마찬가지였다. TV광고인들, 잡지 기고자들, 미용사들, 심리치료사들은, 이상적인 여성이란

베티 프리단 : 온건파 여성운동가

242

"침실, 부엌, 성, 아기, 가족의 세계에서 즐겁고 만족스럽게 살고 있는" 여성상을 형성하였다. 그리고 그와 같은 환경에 불만을 가진 여성은 정신적으로 이상이 있는 사람이었다.

그러나, 자녀들을 키우면서 자녀들의 세계 속에서 자신의 삶을 보낸 여성들은 성인으로서의 정체성(identity)을 희생당하고 있다는 느낌을 가지게 되었다. 프리단은 한 젊은 어머니의 말을 인용하여 그리한 느낌을 설명하고 있다. "나는 여성들이 해야 하는 것은 모조리 다 하려고 노력했습니다. 그래서 나는 취미활동, 정원가꾸기, 오이 '피클' 담그기, 통조림 만들기, 이웃과 친하게 지내기 등등 무엇이든지 했읍니다…… 그리고 나는 아이들과 남편, 내 가족들을 사랑합니다…… 그러면서도 나는 절망감을 느낍니다. 나는 아무런 개성도 없는 것 같이 느낍니다…… 그렇다면 도대체 나는 과연 누구입니까?"고 그녀는 말하였다.

프리단의 책에 고무되어 1966년에 전국여성기구(National Organization for Women)가 조직되었다. 전국여성기구(NOW)는 개혁 조직이었다. 그래서 그것은 입법을 위한 '로비' 활동을 벌이고, 법정에서 법의 집행에 호소함으로써 "남성들과 대등한 동반자로서의 여성의 권리"를 획득하기 위해 투쟁하였다.

혁명적 여성해방운동

전국여성기구(NOW)의 조직이 있은 후 얼마 안되어, '베이붐 세대'의 젊은 여성들에 의해 새로운 급진적인 여성해방운동이 일어나게 되었다. 이들은 대부분은 교육을 잘 받은 백인 여성이었다. 그리고 그들은 다수가 취업 여성의 딸들이었다. 또한 그들의 대부분은 피임약과 피임기구들이 당연한 것으로 간주되던 성적(性的) 해방의 시대에 성장하였다.

그들의 등장으로 새로운 지식계가 탄생하였다. 슐라미쓰 파이어스톤(Shulamith Firestone)의 〈성의 변증법〉(*The Dialectic of Sex*), 케이트 밀레트(Kate Millett)의 〈성의 정치학〉(*Sexual Politics*), 로빈 모간(Robin Morgan)의 〈자매애는 강하다〉(*Sisterhood is Powerful*)와 같은 책들이 그들을 대변하였다. 이들 급진적인 여성해방운동가들은 여성의 경제적, 정치적, 법적 불평등을 지적하고, 성에 기반을 둔 사회의 이중구조를 비판하였다. 그리고 그들은 성의 역할에 대한 사회의 고정관념에 대해서도 비판하였다.

급진적 여성해방운동가들은, 온건한 전국여성기구(NOW)의 회원들과는 달리, 변화를 위한 직접 행동에 뛰어들었다. 그들은 1968년에 뉴저지의 아틀랜틱시티에서 열린 '미스 아메리카' 선발대회에서 반대 시위를 벌였다. 이들 여성해방운동가들은 여성을 하녀로 보는 시각에 대해 저항하였다. 또한 그들은 여성이 남성들에 의해 부과된 "아름다움의 기준"에 따라야 한다는 시각에 대해서도 저항하였다. 다시 말해 그들은 여성을 성적 대상으로 보는 시각에 대해 저항하였다.

급진적 여성해방운동가들의 다수는 이전에 흑인 민권운동에 참여했던 사람들이었다. 그 과정에서 그들은 평등을 위해 투쟁하는 민중운동 안에서조차도 여성들이 이등시민으로 간주되고 있음을 알고 분개하였다. 민중운동 과정에서도 여성 투사들은 정책을 만드는 데 참여하기보다는 커피를 끓이고, 의사록을 받아 쓰고, 남성 투사들에게 성적인 호의를 베풀어야 한다는 것을 알고 분개하였다.

1964년에 비폭력학생협력위원회(SNCC)의 임원들이 휴양회를 개최하고 있는 자리에서, 한 여학생 임원은 "민권운동에 있어서의 여성"이라는 주제에 대해 토론할 것을 요구하였다. 그러한 요구에 대해 남학생들은 웃었고, 웃는 그들에게 스타클리 카마이클(Stokely Carmichael)은 "비폭력학생협력위원회(SNCC)에서의 여성들의 지위는 단지 수동적인 것일 뿐"이라고 대답하였다. 여성에 대한 차별은 운동권 세력 안에도 뿌리깊게 남아 있었던 것이다.

동성애 운동

급진적 여성해방운동가들은 동성애(homosexuality)와 같은 민감한 문제를 인정하는 세력도 받아들였다. 그러나 1969년과 1970년에 온건한 전국여성기구(NOW)는 여성동성애자들(lesbians)들을 조직에서 추방하려고 하였다. 이제 동성애 문제로 여성 운동은 분열된 것이다. 이에 대항해 동성연애자들도 1971년부터 맞서 싸우기 시작하였다. 여성동성애 운동은 남성동성 애운동(gay rights movement), 흑인운동, 급진적 여성해방운동, 반전(反 戰)운동과 손을 잡았다.

1950년대와 1960년대에 동성애자들은 대부분이 그들의 성적 성향을 드러내는 것을 두려워하였다. 그들은 직장뿐만 아니라 친구들과 가족들마저도 잃게 될 것을 우려하였다.

그러나 1969년 6월에 들어서면서 그들은 변화하기 시작하였다. 그것은 뉴욕시의 그리니치빌리지(Greenwich Village) 구역에서 일어난 충돌 사건과 더불어 시작되었다. 크리스토퍼 가에 있는 동성애자 전용 술집 스톤월인 (Stonewall Inn)에서 경찰과 고객들 사이에 싸움이 벌어졌다. 아무런 대비책이 없이 술집을 습격했던 경찰들은 동성애자들이 던지는 맥주병들로 곤욕을 치렀다. 폭동은 밤에 까지 계속되었다. 그리고 크리스토퍼 가에는 '동성애의 세력화'(Gay Power)라는 구호가 요란하였다. 그리고 그들의 주장은 존 데밀리오(John D'Emilio)가 1983년에 쓴 〈동성애 소수파의 형성〉(*Sexual Politics, Sexual Communities*)이란 책을 통해 전파되었다.

여성의 지위 향상

진보적인 분위기의 확산과 함께 1960년대에 여성들의 교육적, 법적 지위는 놀라운 정도로 향상되었다. 대학원에 진학하여 전문직을 가지게 된 여성들의 숫자는 놀라울 정도로 늘었다. 1969년부터 1973년까지 법과대학원 (Law School)의 여학생 수는 거의 4배로 증가했고, 의과대학원(Medical School)의 여학생 수는 두 배 이상이 되었다. 1972년의 교육법 개정안 제9항(Title IX of the Educational Amendments)으로, 대학의 여자 운동선수들은 남자선수들과 꼭같은 경제적 지원을 받게 되었다.

1972년에 의회는 남녀평등권에 관한 헌법개정조항(Equal Rights Amendment)을 승인하였다. 그 법안(ERA)은 "미합중국 정부나 어떤 주 정부도 성(性) 때문에 동등권을 거부하거나 빼앗을 수 없게 될 것"이라고 규정하였다. 그 법안은 비준을 받기 위하여 각주에 보내졌으나, 미 합중국 전체 주의 3분의 2 이상의 동의를 얻지 못하여 시행되지는 못하였다.

1973년에 대법원은 낙태(abortion)를 합법화하였다. 낙태를 범죄로 규정했던 주법들이 대법원의 〈로우 대 웨이드〉(Roe v. Wade) 판결과 〈도우 대 볼튼〉(Doe v. Bolton) 판결에서 무효화되었기 때문이다. 낙태를 범죄로 보는 주 법들은 여성의 개인적 권리를 침해하는 것이라고 대법원은 선언하였다.

따라서 여성들은 낙태를 할 것인지 안 할 것인지에 대한 판단을 내릴 개인의 권리를 헌법에서 보장받고 있다고 대법원은 주장하였다. 주정부가 낙태를 절대적으로 금지할 수 있는 경우는 임신 마지막 3개월의 경우뿐이며, 그 밖의 어느 경우에 대해서도 낙태를 금지할 권리를 가지지 못한다는 것이었다. 낙태 여부는 임신부의 건강상태에 따라야 한다고 대법원은 판결하였다.

이같은 법적인 승리로 여성운동은 새로운 자신감을 얻었다. 그러므로 "1960년대가 흑인들의 시대였다면, 그 뒤의 10년간은 우리의 시대이다"라고 한 여성해방운동가는 외쳤던 것이다.

제9장

베트남전쟁과 진보주의의 시련

1. 미국의 베트남 전쟁 개입

베트남과 프랑스 제국주의

미국이 제3세계 국가들의 국내 문제에 영향력을 행사하려는 국제주의적인 태도는 베트남 전쟁을 통해 큰 재난을 가져 왔다. 어떻게 해서 미국이 베트남을 무대로 그 역사상 가장 긴 전쟁(1950~1975)을 벌이게 되었는지, 그리고 어떻게 세계에서 가장 강력한 국가인 미국이 작은 농업 국가인 북베트남을 이기지 못하였는지 하는 데 대한 의문은 현대사에서 가장 궁금한 문제의 하나로 남게 되었다.

인도차이나 반도(베트남, 캄보디아, 라오스)는 19세기말에 프랑스의 식민지가 되었다. 그 이후 수십년간 프랑스는 베트남에서 쌀, 고무, 주석, 텅스텐을 채굴해 갔다. 프랑스인 지배자들에 대해 가끔 농민반란이 일어나기는 하였지만, 모두 진압되었다. 그럼에도 불구하고 베트남 민족주의자들은 더욱더 독립을 향해 세력을 강화해 나갔다.

베트남 민족주의 세력은 호치민(Ho Chi Minh)의 영도력을 중심으로 결집되었다. 그는 1890년에 출생하여 제1차 세계대전 이전에는 프랑스에서

베트남 전쟁의 전황

살았다. 그러나 전쟁이 끝날 무렵 그는 베트남 독립을 위한 방편으로 프랑스 공산당에 가입하였다. 다음 20여년간 그는 중국, 소련 등지에 거주하면서 독립 운동을 계속하였다.

제2차 세계대전으로 프랑스가 독일에게 패배하자, 인도차이나 반도에서 프랑스의 권위는 땅에 떨어졌다. 그러자 인도차이나 반도에는 프랑스를 대신하여 일본군이 진주하였다. 그에 따라 호치민의 베트남 독립동맹(Viet-minh)은 일본군에 대항해 독립 운동을 벌이게 되었다. 그리고 그 과정에서 그들은 미국 전략사업국(OSS) 요원들과 손을 잡았다.

제2차 세계대전이 끝나면서 1945년 9월에 호치민에 의해 베트남의 독립이 선포되었다. 그러나 프랑스 군이 다시 식민지 체제를 부활시키기 위해 인도차이나 반도로 돌아옴에 따라, 1946년에는 베트남 민족주의자들과 프랑스 군대 사이에는 전쟁이 벌어지게 되었다.

미국의 프랑스 지원

트루만의 민주당 행정부는 프랑스가 다시 베트남에 대한 지배권을 회복하기 바랬다. 그 때문에 미국은 베트남의 독립을 승인하지 않았다. 그와 같은 결정을 내리게 된 데는 다음과 같은 이유가 있었다.

그 첫째 이유는 미국이 냉전에서 프랑스의 협력을 필요로 했기 때문이다. 둘째는 동남아시아가 경제적 요충지였기 때문이었다. 이 지역의 쌀은 앞으로 미국의 우방이 될 일본의 주요한 식량 공급지가 될 것이었다. 그리고 이 지역은 세계에서 가장 많은 천연고무를 생산하고 있었을 뿐만 아니라 많은 천연자원을 가지고 있었다.

셋째로 이 지역은 일본과 필리핀의 방위에 전략적으로 매우 중요한 지역이었기 때문이었다. 넷째로 호치민은 공산주의자로서 소련의 팽창주의에 협력하고 있는 것처럼 보였기 때문이다. 따라서 베트남은 공산주의의 팽창을 봉쇄할 수 있는 전략 요충지였기 때문이었다.

그러나 1940년대에 베트남은 근본적으로 프랑스의 문제였기 때문에, 소수의 미국인들만이 관심을 가지고 있었다. 오히려 미국의 주관심은 국민당과 공산당 사이에 내전이 벌어지고 있는 중국 대륙에 쏠려 있었다. 그러나 장가이섹(Chiang Kai-shek)은 3년도 못가서 마오쩌뚱에게 패배하였다. 중국이 공산화되자, 충격을 받은 트루만 행정부는 1950년초에 베트남 문제에 대해 두 가지 중요한 결정을 내렸다. 당시는 한국전쟁이 발발하기 직전이었다.

첫째로 트루만 행정부는 처음에는 프랑스, 나중에는 일본과 손을 잡았던 전 베트남 황제 바오다이(Bao Dai)를 정치적으로 승인하였다. 바오다이 정부는 프랑스의 괴뢰정부였다. 그러므로 베트남인의 관점에서 볼 때, 미국은 식민제국인 프랑스의 편을 들게 되었던 것이다. 둘째로, 트루만 행정부는 베트남과 싸우고 있는 프랑스에게 무기를 공급하고, 결국에는 군사고문단을 파견하기로 동의하였다.

아이젠하워의 공화당 정부가 들어서서도 이러한 정책은 계속 유지되었다. 1954년에 이르기까지 미국은 프랑스에 군사원조로 20억 달러를 제공하였다. 그것은 프랑스 전비의 4분의 3에 해당하는 액수였다.

디엔비엔푸 위기

미국의 원조에도 불구하고 베트남 민족주의자들과의 싸움에서 프랑스군은 점점 패색이 짙어져 갔다. 미국은 프랑스에 자문과 재정지원을 해 주었지만, 직접 전쟁에 개입하지는 않았다.

마침내 1954년초에 호치민의 군대는 베트남 북서지역에 놓인 프랑스군의 디엔비엔푸(Dienbienphu) 요쇄를 포위하였다. 그에 따라 프랑스 군의 주력은 항복과 궤멸의 갈림길에 서게 되었다. 포위당한 프랑스 군의 구출 문제를 놓고 아이젠하워 대통령과 그의 참모들은 고심하였다.

당시 한국전쟁은 휴전 상태에 들어 가 있었다. 미국의 참모들 가운데는 베트남 독립동맹의 요새에 대한 공중폭격이나 심지어는 전술 핵무기 폭격을 제의하는 사람들도 있었다. 왜냐하면 만약 미국의 공군력으로 프랑스 군이 구출되지 못한다면, 그 다음에는 미국의 지상군이 투입되어야 한다는 난처한 문제에 빠질 것이기 때문이었다. 그리고 만일 베트남에 지상군을 파견하게 되면, 소련의 팽창주의에 대항하는 유럽 방어망이 약화될 것이기 때문이었다.

그러나 아시아에서의 현실 상황은 급박한 것이었다. 왜냐하면 중국에 이어 베트남에서도 공산 정권이 들어설 위기에 놓였기 때문이다. 아이젠하워 행정부는 베트남에서 공산주의의 승리 가능성을 크게 우려하였다. 아이젠하워는 취약한 국가들의 운명을 도미노 게임에 비교하였다. 나중에 도미노 이론(domino theory)으로 불리게 될 이 논리에 따르면, 만약 도미노의 한 개가 넘어지면 모든 도미노가 쓸어질 것이었다.

그러므로 아이젠하워는 영국에 압력을 넣어 공동으로 인도차이나의 위기에 대처하고자 하였다. 그러나 영국은 거부했다. 미국 의회 안에서도 미국의 군사적 개입에 반대하는 소리가 컸다. 어떤 의원들은 유럽의 식민주의를 지지하는 데 대한 불쾌감을 토로했다.

그러나 이와 같은 군사적 개입에 관한 논쟁은 흐지부지되었다. 왜냐하면 디엔비엔푸의 프랑스 군은 베트남 독립군에게 항복하고 말았기 때문이다.

제네바 협정

프랑스 정부도 전쟁을 끝내고자 했기 때문에, 아이젠하워 행정부는 베트남 문제를 더 이상 깊이 생각하지 않게 하였다. 1954년 4월에 프랑스는 제네바 회담에서 미국, 소련, 영국, 중국, 라오스, 캄보디아와 평화 협상을 벌였다. 여기에는 바오다이(Bao Dai)와 호치민이 이끄는 두 개의 베트남 정권들도 참여하였다. 미국 국무 장관 덜레스는 공산주의자들과의 평화협상을 불쾌하게 여겼다.

1954년에 프랑스 정부와 호치민의 베트남 민주공화국 사이에 제네바 협약(Geneva Accords)이 체결되었다. 그 결과로 베트남은 북위 17도선을 따라 남북으로 분할되었다. 바오다이 정부는 남쪽에, 호치민의 정부는 북쪽에 자리잡게 되었다. 17도선은 국경이 아니라 잠정적인 군사분계선이었다. 그리고 1956년에 실시되는 전국적인 총선거에서 국가 통일이 이루어지도록 합의되었다. 그때까지는 남, 북의 어느 쪽도 군사동맹에 가입해서는 안되고, 외국군을 주둔시켜도 안된다고 합의되었다.

그러나 실제에 있어서 제네바 협정은 결국 베트남에서 공산주의가 승리하게 됨을 의미하였다. 그러므로 미국과 남쪽의 바오다이 정부는 제네바 협정의 승인을 거부하였다. 그리고 미국은 1954년에 동남아시아조약기구(SEATO)를 결성하였다. 그것은 영국, 프랑스, 오스트렐리아, 뉴질랜드, 필리핀, 타일랜드, 파키스탄이 참여한 반공(反共) 기구였다. 이 기구의 목적 가운데는 분명히 베트남의 남쪽 지역을 공산주의의 침략으로부터 보호하려는 의도가 있었다.

고딘 디엠 정권

베트남의 남쪽 지역을 강화하기 위해 미국은 왕정을 폐지하고 공화제를 도입하려고 하였다. 그래서 미국은 국왕 바오다이를 몰아내고 고딘 디엠(Ngo Dinh Diem) 정부를 수립케 하였다. 그러나 카톨릭 교도인 고딘 디엠은 불교국가인 베트남을 통치하는 데 있어서 큰 어려움에 부딪치게 되었다. 그는 많은 적을 가지게 되었을 뿐만 아니라 국민 대중의 지지도 얻을

252

수 없었다. 그러나 그는 통일된 베트남 국가를 건설하려는 민족주의자였다. 그러면서도 그는 호치민과는 달리 반공주의자였다.

고딘 디엠은 부정 혐의가 짙은 선거에서 98퍼센트라는 놀라운 지지표를 얻어 대통령에 취임하였다. 그러나 베트남 북쪽지역의 호치민은 제네바 협정에 따라 북베트남까지 포함하는 전국적인 총선을 실시하라고 계속 요구하였다. 그러나 고딘 디엠은 그 요구를 들어 줄 수 없었다. 왜냐하면 총선거가 실시될 경우에는 카리스마적인 호치민이 승리할 가능성이 컸기 때문이다.

고딘 디엠 : 미국정책의 희생자

1955년에서 1961년까지 미국 정부는 남베트남의 고딘 디엠 정부에게 수십억 달러의 원조를 제공하였다. 물론 대부분이 군사원조였다. 미국의 군사고문관들은 남베트남의 군인들은 조직하고 훈련시켰다. 미시간 주립 대학의 경찰전문가들은 남베트남의 경호원들을 조직하는 일을 도왔다. 미국의 농업전문가들은 남베트남의 식량증산을 도왔다. 그에 따라 사이공의 디엠 정권은 더욱 미국에 의존적이 되어 갔다.

그러나 갑자기 만들어진 고딘 디엠 정권은 통치력을 제대로 발휘하지 못하였다. 그러므로 중앙의 권력을 강화하기 위해 지방선거를 폐지하였다. 그리고 정적들을 투옥하고 비판적인 신문을 폐쇄하였다.

그에 따라 남베트남에서는 고딘 디엠 정권에 대한 강력한 비판이 일어났다. 비판 세력은 불교 승려들을 포함하여 다양하게 이루어져 있었으나, 그 가운데서도 공산주의자들의 영향력이 가장 컸다. 반정부 세력들은 고딘 디엠의 측근들을 암살하는 테러 활동도 벌였다. 그리고 이들은 북베트남의 호치민 정권으로부터 지원을 받았다.

1960년에 남베트남의 공산주의자들은 흔히 베트콩(Viet-cong)으로 알려진 민족해방전선(National Liberation Front)을 결성하였다. 그리고 베트콩은 남베트남 안의 다른 반정부 세력들과 손을 잡았다. 그들은 국외 제국주의 국가들에 대한 전쟁과 국내 반공주의자들에 대한 내전이라는 이중의 투쟁을 선포하였다. 따라서 고딘 디엠 정권은 남베트남 내부의 베트콩과 그것을 지원하는 북베트남의 호치민 정권과 힘든 싸움을 벌이게 되었다.

케네디의 적극 개입 정책

케네디 대통령은 베트남 내전(civil war)에 대해 적극적으로 개입하려고 하였다. 그에게는 쿠바의 피그즈 만(Bay of Pigs) 침공 실패와 소련의 베를린 장벽 설치로 입은 국가적 수모를 남베트남에서 만회하려는 의도도 있었다. 그는 아시아에서도 물러나게 되었을 때 미국이 받게 될 비판을 두려워했다.

그러나, 보다 중요했던 것은 그가 냉전에서 승리하고 싶었다는 점이다. 그러므로 그는 행동을 원했고, 그에 따라 남베트남에 더욱 많은 미군을 파견하게 되었다. 그리하여 1963년 말까지 "강화작전"(Operation Beef-up)에 따라 1만6천명의 미군이 "고문관" 자격으로 베트남에 파견되었다. 그리고 그 해에만도 489명의 미국인이 남베트남에서 죽었다.

또한 케네디는 고딘 디엠 정권에 대한 원조금도 늘렸다. 그러나 미국의 원조는 효과적으로 사용되고 있지 않았다. 그동안, 남베트남에서는 고딘 디엠의 정적들이 엄청나게 불어났다. 따라서 케네디 행정부는 남베트남의 붕괴와 그에 따른 미국의 패배를 우려한 나머지, 고딘 디엠 대통령에게 개혁을 촉구하였다. 그러나 그것도 이렇다할 성과가 없었다.

고딘 디엠 정권에 대한 저항 세력이 커진 데는 미국의 햄릿 작전(Strategic Hamlet Program)도 기여하였다. 그것은 남베트남에서 농민과 베트콩을 구분하기 위해 농민들을 철조망으로 둘러쳐진 수용소에 이주시기기 위한 작전이었다. 그러나 이 전략은 농민들의 불만을 더욱 더 크게 만들었다. 불교 승려들도 종교적 탄압을 이유로 저항 세력에 가담하였다. 사이공의 길거리에서 항의의 표현으로 가솔린을 몸에 뿌리고 분신자살하는 불교승려들이 늘어났다.

미국 정부관리들은 고딘 디엠을 축출해야 한다고 결론을 내리고, 불만을 가진 월남의 장군들에게 구데타를 일으키도록 부추겼다. 남베트남의 장군들은 미국 대사 롯지(Henry Cabot Lodge)의 도움을 받아 1963년 11월에 구데타를 일으켰다. 고딘 디엠은 체포되어 처형되었다. 그렇게 된지 몇 주가 채 지나지 않아 그것을 지시한 케네디 자신도 댈라스에서 암살자의 총탄에 죽었다. 그리고 사이공과 워싱턴에는 제각기 새로운 정부들이 들어섰다.

2. 존슨과 승리 없는 전쟁

통킹만 사건

남베트남 위기를 해결하는 방법으로 남베트남에 거국 내각을 수립하자는 주장이 대두되었다. 그것은 사실상 남베트남의 공산화를 의미하는 것으로서, 베트콩의 주장이었다. 프랑스와 국제연합에서도 거국내각 수립안을 지지하는 세력이 있었다. 그러나 케네디의 자리를 이어받은 존슨(Lyndon Johnson) 대통령은 그럴 생각이 전혀 없었다. 남베트남에 대한 "공산주의자들의 지배에 어떤 다른 명칭도 붙여 줄" 수 없다고 그는 단호하게 말하였다. 그리고 남베트남에서 미국이 가지고 있는 목적은 승리뿐이라고 그는 선언하였다.

존슨 대통령은 텍사스 주 출신으로서, 옛날 텍사스 인들이 멕시코 인들과 벌인 전쟁에서 얻은 교훈을 마음 속에 새기며 사는 사람이었다. 그는 끝까지 싸워야 한다는 알라모(Alamo) 전투의 교훈을 믿고 있었다. 그리고 그는 정부가 빈민에게 일자리를 주기 위해 공공 사업을 벌인 프랭클린 루즈벨트를 오랫 동안 지지해 온 뉴딜주의자였다. 그러므로 그는 가난한 실업자들에게 정부가 일자리를 주게 된 테네시 계곡 개발공사(TVA)와 같은 사업이 전세계에 걸쳐 추진되어야 한다고 믿는 진보주의자였다.

이와 같은 존슨의 기본 입장이 남베트남 문제에 대한 정책에서도 나타났다. 따라서 그는 남베트남의 공산화를 군사적으로 저지하는 동시에, 거기서 빈곤 퇴치를 위한 경제 발전을 도우려고 하였다. "나는 그곳(남베트남)에 미국의 자취를 남겨놓고 싶다. 나는 그들이 이러한 학교, 병원, 댐은 미국인들이 남겨놓고 간 것이다'라고 말하는 것을 듣고 싶다."고 그는 말하였다.

1964년 8월 2일에 북베트남 해안에서 남베트남군 특공대를 지원하던 미국 구축함 매독스(Maddox) 호가 북베트남군의 초계정으로부터 공격을 받았다. 매독스 호는 가벼운 피해만을 입은 채 북베트남의 영해로부터 무사히 빠져 나왔다. 그러나 미국의 정부와 국민은 분개하였다. 러스크(Dean Rusk)국무장관은 "만약 그들이 다시 공격을 하면, 고통을 받게 될 것이다"라고 엄중히 경고하였다.

이틀 후, 다시 매독스 호는 두 척의 구축함의 호위를 받으며 북베트남으로 올라갔다. 매우 나쁜 날씨에 수중 음파탐지기 조종병은 적군의 어뢰로 여겨지는 물체가 탐지되었다는 보고를 해 오자, 두 구축함은 격렬히 포격하였다.

존슨 대통령은 통킹만에서 있었던 북베트남 군의 "이유 없는"(unpro-voked) 공격에 보복하기 위해 폭격을 실시할 것이라고 발표하였다. 의회는 즉시 「통킹만결의안」(Tonkin Gulf Resolution)을 통과시켰다. 그것은 대통령에게 "미군에 대한 무력공격을 응징하고 이후의 침략을 방지하기 위해서 모든 가능한 수단을 사용"할 수 있는 권한을 부여하였다. 그리고 그것은 하원에서 466 대 0, 상원에서는 88 대 2로 압도적인 지지를 받았다.

「통킹만결의안」은 나중에 존슨이 선전포고라고 주장할 수 있을 정도의 큰 권한을 대통령에게 준 것이었다. 이것은 외교정책 결정을 결정하는 과정에서 의회가 실질적으로 권한을 포기했음을 의미하였다. 존슨 대통령은 자기가 적합하다고 생각되는 방식으로 전쟁을 수행할 수 있는 폭넓은 재량권을 가지게 되었다.

미국의 북베트남 폭격

그 동안 이웃하고 있던 라오스에서는 미국 전폭기들이 "호치민 통로"

를 폭격하고 있었다. 그것은 북베트남이 남베트남의 베트콩에 무기를 공급하는 보급로였다. 라오스 폭격은 미국 의회와 일반국민에게 비밀로 붙여졌다. 1962년에 라오스에서는 공산주의자들과 비공산주의자들을 포함하는 중립 정부를 수립하기로 합의하였다. 1964년 11월의 대통령선거전에서 승리하자, 존슨 대통령은 라오스와 북베트남을 망라하는 확대된 폭격 계획을 수립하도록 군에 지시하였다.

1965년 2월에 이르면 남베트남에서 공산주의자들인 베트콩은 이미 영토의 거의 절반을 장악하고 있었다. 자신감을 얻은 베트콩은 플레이크에 주둔하고 있는 미군 비행장을 공격하여 9명의 미국인을 살해하였다. 그에 대한 보복으로 존슨 대통령은 함공모함에 탑재하고 있던 비행단에게 북베트남을 폭격하도록 지시했다. 곧바로 북위 17도선 이북을 융단폭격하는 번개작전(Operation Rolling Thunder)이 시작되었다. 이 작전은 베트남전쟁이 끝날 때까지 계속되었다. 그리고 그 과정에서 미국은 제2차 세계대전에서 투하한 것보다 더 많은 양의 폭탄을 사용하게 되었다.

그럼에도 불구하고 북베트남은 항복하지 않았다. 그들은 대피소에 숨어 완강히 저항하고, 부서진 도로와 다리를 재빨리 복구함으로써 미국 정책결정자들을 놀라게 하였다.

전쟁의 미국화

1965년 7월의 중대한 결정으로 존슨 대통령은 남베트남에 더 많은 미군을 파견하였다. 1965년에 남베트남 주둔 미군은 18만 4,300명에 이르렀다. 1968년에 다시 그것은 53만 6,100명으로 크게 늘고, 1969년에는 54만 3,000명으로 절정에 이르렀다. 이렇게 하여 전쟁이 주로 미군에 의해 수행되는 베트남 전쟁의 미국화(Americanization)가 이루어지게 되었다.

그러나 호치민의 지휘를 받는 북베트남 군과 남베트남의 베트콩은 미군의 증강에 전혀 개의치 않고 미군과 남베트남 군에게 저항을 계속하였다. 그에 따라 공산 반란군의 화력과 인력은 계속 증강되었다.

양쪽의 전쟁확대 계획으로 전투는 더욱 더 참혹해지고, 그에 따라 전쟁은 소모전으로 바뀌어 갔다. 미국은 진퇴양난의 지경에 빠졌다. "나는 마치 텍사스의 고속도로에서 우박을 동반한 폭풍우 속에 옴짝달싹 못해 갇혀 있는 '방랑자'(hitchhiker)와 같은 기분이다… 나는 달릴 수도, 숨을 수도, 그리고 정지할 수도 없다"고 존슨 대통령은 탄식하였다.

그러나 존슨과 그의 보좌관들에게는 베트남의 공산주의자들이 세계에서 가장 강력한 국가인 미국을 상대로 전쟁을 계속할 수 있다는 사실이 믿어지지 않았다. 그들은 저항이 한계점에 도달했을 것이라고 생각하였다.

베트남 전쟁의 '미국화'는 점차 미국 국민들 사이에서 전쟁에 대한 반감을 불러 일으켰다. 매일 저녁 텔리비전 뉴스 시간에 방영되는 전황을 보면서, 미국인들은 더욱 더 전쟁에 대한 혐오감을 가지게 되었다. 텔레비전에서 나타나는 화면과 이야기들은 어두운 것들이었다. 화면에는 민간인들이 전선에서 갇히고, 피난민들이 이른바 "평화"수용소에 옮겨지고, 공산주의자들에게 동조하는 마을들이 불타는 장면들이 나타났다.

베트콩의 은신처를 파괴하기 위해 식물을 모두 없애는 고사(枯死) 작전도 벌어졌다. 그에 따라 비행기로 '에이전트 오린지'(Agent Orange) 같은 고엽제(chemical defoilants)를 숲에 뿌렸다. 그러나 이와 같은 파괴 작전은 실효가 없었다. 오히려 그것은 농민들의 반미(反美) 감정을 조장함으로써 그들로 하여금 베트콩을 비밀리에 돕게 하였다. 그리고 그러한 반미적인 농민들은 더욱 더 늘어갔다.

밀라이 학살

남베트남 전선의 미군 병사들의 평균 연령은 19세였다. 어린 미군 병사들은 "구크"(gooks)라고 경멸해 부르는 적들과 도처에서 항상 대치하였다. 전선이 따로 없었다. 어디서나 보이지 않게 설치된 부비트랩(booby traps)으로 신체의 일부가 날라갈 위험이 있었다. 정교하게 만들어진 땅굴에 숨어 있던 적들이 갑자기 나타나는 일이 보통이었다. 민간인들 속에 섞여 있던 베트콩으로부터 갑자기 저격을 당하는 수도 있었다.

그러므로 기동중인 보병들은 나무가 빽빽히 들어선 정글 속으로 무거운 배낭을 어깨에 매고 아주 조심스럽게 걸어야 했다. 월남전에 참전했던 소설가 베치초(John M Del Vecchio)는 그의 소설 〈13번째 계곡〉(The 13th

Valley, 1982)에서 그 장면을 잘 묘사해 주고 있다. "곳곳마다 대나무가 5 미터 정도로 높았고… 그 속을 걷는 순찰대의 병사는 그가 마치 철로 만든 스프링의 칼날틈으로 걷는 것 같이 느꼈다. 그의 팔은 곧 칼로 난도질당한 것처럼 피가 흘렀고 그의 얼굴에는 여러 작은 상처들이 생겼다."고 적고 있다. 거머리들이 피로에 지친 몸에 들러붙었다. 장화와 발은 계속 내리는 비에 젖고 내리쬐는 뙤약볕에 썩어들어가고 있었다.

해군장교였던 카푸토(Philip Caputo)도 〈전쟁의 소문〉(A Rumor of War, 1977)에서 "그것은 마치 태양과 대지와 베트콩이 한 통속이 된 것 같았다. 부상당한 병사들은 위생병을 외쳐 불러댔고, 위생병은 의료후송 헬리콥터를 외쳐 불렀다. 그리고 헬리콥터가 적의 사격을 피해 무사히 후송하도록 기도를 해야만 했다. 의료후송 헬리콥터는 부상병들을 몇 분 안에 이동 야전병원(MASH) 혹은 병원선의 수술대 위로 옮겨다 주었다."고 묘사하였다.

따라서 미군 병사들이 아닌 민간인들에게 피해를 주는 경우도 적지 않았다. 전쟁 중에 월남 민간인이 입은 피해에 관해 말해 주는 사건의 하나가 1968년 3월에 일어난 밀라이 학살 사건(My Lai Massacre)이었다.

그것은 어느 미군부대가 베트콩을 지원하고 있다고 생각되는 밀라이의 한 마을을 공격함으로써 대부분 여자와 어린이로 이루어진 200명 이상의 민간인이 학살된 사건이었다. 미군 병사들은 베트콩의 교묘한 공격으로 지쳐 있었을 뿐만 아니라 죽은 동료에 대한 보복심에 불타고 있었다. 이 사건은 군사적 이유로 은폐되었다가 20개월이 지나서야 일반인들에게 알려졌다. 이와 같이 마을 불태우는 사건은 다른 곳에서도 일어났다.

미군 병사들의 사기 저하

전쟁의 끝은 전혀 보이지 않았다. 미국내에서는 전쟁에 대한 비판이 더욱 더 거세게 일어나고, 전선에서는 미국은 베트남에 어떤 이해관계도 없다고 생각하는 병사들이 급속도로로 늘어났다. 미군의 사기는 떨어졌고 훈련의 질도 떨어졌다. 장군들은 명령불복종에 관한 보고를 받거나, 병사들의 철모에 새겨진 평화의 상징을 보고 놀라는 경우가 많았다. 탈영과 무단외출 사건들이 늘어갔다. 그것은 전쟁이 거의 끝나가는 1970년대에, 병사들 사이에서 마지막 희생자가 되길 원치 않는 풍조가 만연하면서 급속도로 증가했다.

병사들 사이에서는 흑백갈등이 극심하였다. 마약복용도 중요한 문제거리가 되었다. 많은 병사들이 값싸고 흔히 구할 수 있는 마리화나(marijuana)를 피웠다. 병력의 약 10퍼센트가 헤로인(heroin)을 복용했다. 병사가 칼로 장교를 살해하는 "상관살해"(fragging)가 자주 일어나, 1969년에서 1972년 사이에 적어도 1만 명의 목숨을 앗아갔다.

미국내에서는 수천명의 젊은이들이 징병을 기피함으로써 반전(反戰)의 사를 드러냈다. 1972년말에 캐나다로 도망가 살고 있던 징병기피자는 3만 명이 넘었다. 그리고 더 많은 사람들이 스웨덴 혹은 멕시코로 도망가거나 미국내에서 신분을 위장한 채로 살았다. 25만 명이 징병기록부에 등록도 하지 않았고, 수천 명이 징집 영장을 태워버렸다. 그러므로 베트남 전쟁 기간에 징병과 관련하여 범법행위를 저지른 청년은 50만 명에 이르렀다.

국내의 반전 운동

베트남 전쟁에 더욱 더욱 깊이 빠져들면서 미국사회에서는 반전 분위기가 더욱 확산되었다. 1965년에는 많은 대학에서 토론회(teach-in)가 시작되었다. 그리고 그해 4월에는 2만5천 명이 백악관으로 몰려가는 항의의 행진이 일어났다. 10월에는 전국베트남전쟁종식위원회(National Committee to End the War in Vietnam)가 8만 회 이상의 전국적인 반전시위를 주도했다.

1967년 10월에는 워싱턴 디씨에서 10만 명이 참가하는 반전 행진이 벌어졌다. 행정부 안에서도 전쟁에 대한 염증이 일어나기 시작했다. 그 때문에 맥나마라(Robert McNamara) 국방장관은 베트남에 있는 미군의 수를 슬그머니 축소하였다. 그리고 그는 존슨 대통령에게 미군 철수를 설득하는 데 실패하자, 장관직을 사직하고 말았다. 맥나마라는 자신의 측근들에게 "호치민은 끈질긴 늙은 개다… 따라서 그는 우리가 아무리 많이 폭탄을 투하하더라도 포기하지 않을 것이다"고 말하였다. 이것은 미국이 승리할 수 없음을 인정한 발언이었다.

그리고 반전주의자인 미네소타 주의 유진 맥카시(Eugene McCarthy) 상원의원은 민주당 대통령 후보 지명전에 나서겠다고 발표함으로써 존슨 대통령의 영도력에 정면으로 도전하였다.

그러나 존슨 대통령은 비판을 용납하지 않았다. 그는 자신을 비판하는 사람들을 "대학 캠퍼스의 보잘 것 없는 놈들"이라고 무시해 버렸다. 전쟁 축소에 대한 지지자보다 전쟁확대 지지자가 더 많다는 여론조사 결과가 나오자, 그는 전쟁 계속의 결의를 더욱 더 굳혔다. 그는 가끔 호치민과 협상하기 위하여 폭격을 중단하곤 하였다. 그러나 그것들은 아무런 소용이 없었다. 그때마다 그는 미군병력을 더욱 더 증강시켜 나갔다. 그는 외교적 타결의 시기가 임박할 때면, 오히려 공중폭격을 다시 시작하거나 더욱 더 강화하였다.

이에 대해 북베트남의 호치민은 폭격이 완전 중단되어야만 평화협상의 자리에 나오겠다고 주장했다. 호치민은 미국의 협상조건을 받아 들이지 않았다. 왜냐하면 미국은 남베트남 안의 베트콩을 합법적인 정치조직으로 인정하지도 않았을 뿐만 아니라 베트콩에 대한 북베트남의 지원 중지를 요구하고 있었기 때문이다. 게다가 미국은 베트남에서 북베트남의 병력을 철수하도록 요구하고 있었기 때문이다. 바꾸어 말하면, 미국이 제시한 평화 조건은 전체 베트남의 통일이라는 호치민의 꿈을 포기시키려는 것이었기 때문이다.

구정 공세

1968년 1월에 매우 충격적인 사건이 발생함으로써, 존슨 대통령은 자신의 기본 정책에 대해 다시 생각하게 되었다. 그것은 음력설인 구정(Tet) 기간 중에 남베트남의 베트콩과 그들을 지원하는 북베트남군이 대대적으로 공격해 온 사건이었다. 구정(舊正) 대공세로 공산군은 사이공 주재 미국 대사관까지 침입하게 되었다. 이 소식을 들은 미국 국민들은 깊은 충격을 받았다. 미군과 남베트남군은 반격에 나서 빼앗긴 지역의 대부분을 탈환하였다. 구정 공세는 미국의 군사적 승리로 끝났다.

그러나 다른 한편으로 이 사건은 미국에게 심리적인 패배를 안겨 주었다. 이 사건은 공산군이 언제 어느 곳에서든지 공격을 할 수 있다는 것을 보여주었다. 또한 그것은 공산주의자들이 자신들의 앞마당에서 전투를 벌이기 때문에 전략상의 우위를 차지하고 있음을 보여주었다.

미국인들은 왜 북베트남인들이 남베트남인들보다 강한지 그 이유를 알 수 없었다. 그리고 미국인들은 왜 미국의 막강한 공군력과 50만의 병력을 가지고 공산군을 일시에 격멸할 수 없는지 알 수 없었다. 따라서 미국인들은 무엇인가에 의해 속고 있는 것이 아닌가 하는 의문을 가지게 되었다. 그러한 의문은 결국 저명한 텔레비전 '앵커맨'인 월터 크롱카이트(Walter Cronkite)가 CBS 저녁뉴스 시간에 전쟁의 의미에 대해 언급하는 과정에서 표면화되었다.

구정 공세와 그에 따른 여론의 변화는 백악관에게 직접적인 영향을 주었다. 군부가 20만6천 명의 새로운 병력의 추가 파병을 요구하자, 새로 국방장관이 된 클리포드(Clark Clifford)는 존슨 대통령에게 거부를 건의하였다. 그는 추가 파병이 승리에 아무런 도움이 되지 않을 것이라고 말했다.

달러 위기

그 동안 미국은 베트남전쟁과 세계의 다른 지역에서 벌어지는 사태로 지출이 많아지고, 그 결과로 심각한 재정난을 겪고 있었다. 그에 따라 달러화의 신용도가 흔들리기 시작하였다. 그리고 그러한 불안한 심리는 일부 외국인들이 그리 유리하지 않은 조건임에도 불구하고 달러를 금으로 바꾼 사실에서 잘 나타났다. 1968년 3월 14일 하루에만도 외국인들, 특히 유럽인들은 3억7200만 달러를 금으로 바꾸었다. 그런데도 미국은 구정 공세 이후 전선에서 주도권을 잡으려는 의도에서 수십억 달러의 전비를 더 지출해야 했다. 그에 따라 재정은 더욱 악화되고 경제는 위축되었다.

존슨 대통령은 보좌관들과의 지루한 논쟁으로 지쳐 있었다. 그리고 그는 전쟁확대에 따른 지출 증가 때문에 심리적 부담을 느꼈다. 또한 병력과 화력의 증강이 승리를 보장하지 않는다는 것도 알게 되었다. 그리고 자신의 정당인 민주당과 자신의 충실한 지지자들 속에서도 반전(反戰) 분위기가 심각하다는 것을 알게 되었다.

그러므로 존슨 대통령은 태도를 바꾸지 않을 수 없었다. 1968년 3월 31일에 존슨 대통령은 텔레비전으로 북베트남의 폭격을 중단하고, 북베트남에 평화협상을 제의하였음을 발표하였다. 그리고 나서 그는 다음 대통령선거에 출마하지 않겠다고 발표함으로써 국민을 놀라게 하였다. 결국 그는 미국이 전쟁에서 승리할 수 없다는 사실을 마지 못해 인정한 것이다.

그러면서도 그는 적어도 전쟁에서 패배는 당하지 않으려고 안간힘을 썼다. 그 때문에 1968년 5월에 파리에서 평화회담이 시작되었음에도 불구하고, 전쟁은 계속 진행되고 있었다. 그리고 존슨은 폭격을 완전중단하는 조건으로 북베트남에게 양보를 요구했다. 그러나 북베트남은 미국의 제의를 거절하였다. 1968년말의 대통령 선거에서 리차드 닉슨이 당선되었다. 그에 따라 베트남 전쟁 문제는 공화당 행정부의 손으로 넘어 가게 되었다.

제 10 장

보수주의의 반격과 좌절(1969~1976)

1. 닉슨의 질서회복 노력

사회혼란의 지속과 달 착륙

리차드 닉슨(Richard Nixon)의 대통령으로서의 첫번째 임기는 혼란 속에서 시작되었다.

1969년에 코넬 대학에서는 수백명의 흑인 학생들이 소총과 권총으로 무장하고 학생회관을 36시간 동안 점거하였다. 하버드 대학생들은 총장실을 점거하였다가 경찰에 의해 연행되었다. 캘리포니아 대학 버클리 캠퍼스, 샌프란시스코 주립 대학, 위스콘신 대학을 비롯한 많은 대학에서도 유혈 사태가 일어났다.

1969년 12월에는 민주학생연합(SDS)의 한 분파인 일기예보자들(Weathermen)에 속한 300여 명의 학생들이 무장계급투쟁을 벌였다. 그들은 시카고의 도심지역을 달리며, 창문을 부수고 경찰관들을 공격하였다. 한달 후인 전투중지일(Moratorium day)에는 50만 명의 인파가 베트남전쟁의 종결을 요구하며 워싱턴 디씨의 워싱턴 기념탑 앞에서 항의 집회를 열었다.

1969년에 닉슨에게 있어서 밝았던 순간이 있다고 한다면, 그것은 유인

우주선 아폴로 11호(Apol-
lo 11)가 달에 착륙했던
때였다. 아폴로 우주선에서
분리되어 나간 달착륙선은
7월 중순 목적지인 달에
도달하였다. 그리고 7월
21일에는 우주인 닐 암스
트롱(Neil Armstrong)이
달 표면에 발을 내딛었다.
암스트롱은 암석과 흙의
샘플을 채취한 후, 그의 동
료인 에드윈 올드린(Edwin
Aldrin)과 함께 아폴로 모
선과 접선하는 데 성공하
였다. 그리고 그들은 지구
로 돌아와, 8월 2일에 하

달 착륙

와이의 남서쪽 950마일 지점에 내려앉았다. 이들의 성공에 대통령으로부터
시작하여 온 국민이 찬사를 보냈다.

켄트 주립대와 잭슨 주립대

　그러나 이것은 일시적인 휴식기간이었을 뿐이었다. 1970년 4월 30일에
닉슨 대통령은 TV에 출연하여 미국이 중립국이었던 캄보디아를 폭격했다
고 발표하였다. 그에 따라 국내의 반전 운동도 더 한층 격화됨으로써, 1970
년은 1969년보다 더 유혈적이고 더 혼란해졌다.

　1970년 5월 4일에는 오하이오 국민방위군이 켄트(Kent) 주립 대학에
서 전쟁에 반대하는 학생들에게 총을 발사하는 사건이 일어났다. 이 사건으
로 4명이 사망하고 11명이 부상을 입었다. 전국의 분노한 학생들이 동맹 휴
학에 들어가고, 250개에 이르는 대학 캠퍼스가 문을 닫았다. 학생들은 반전
시위를 벌이기 위하여 수도로 몰려들었다. 닉슨은 이들을 가리켜 "캠퍼스를

망친 부랑자들"이라며 경멸하였다.

켄트 주립대학 사건이 일어난 지 10일 후 미시시피의 잭슨 주립대학에서도 학살 사건이 일어났다. 그것은 경찰과 고속도로 순찰대원들이 자동화 무기로 무장하고, 흑인 여학생 기숙사를 공격하여 2명을 살해하고 9명을 부상케 한 사건이었다.

이와 같은 경찰과 군인들의 공식적인 폭력 행사에 대항하기 위해, 혁명적인 청년들은 비공식적인 폭력을 사용하였다. 그들은 모빌 석유 회사(Mobil Oil), 아이비엠(IBM), 제네랄 전화전자 회사(GTE), 그리고 여러 은행의 뉴욕 사무소에 폭탄을 던졌다. 1970년 3월에는 뉴욕 시의 그리니치 빌리지 구역에 있는 폭탄제조 공장이 폭발하여, 최소한 3명의 청년혁명가들이 사망하였다. 그리고 정치적 동기에서 항공기를 납치한 사건도 수십 번 일어났다.

길거리 범죄의 증가

국민 대다수에게 가장 큰 두려움이 된 것은 길거리에서 수시로 일어나는 범죄였다. 〈뉴스위크〉지는 범죄에 대해 보도하면서 미국을 가리켜 '요새화한 기지'(Fortress America)로 묘사하였다. 그리고 미국인을 가리켜 문을 안으로 잠그고 사는 국민으로 묘사하였다. 길거리가 무서웠으므로 권총, 경보기, 방탄조끼의 판매량이 급속히 늘었다. 그리고 개인경호원과 특수경찰들에 대한 수요도 급증하였다.

이와 같은 범죄 증가에 대해 보수주의자들은 그 책임을 진보주의자(liberal)들에게 돌렸다. 왜냐하면 진보주의자들은 범법자들에 대해 언제난 관대한 태도(permissiveness)를 가지고 있었기 때문이다.

이같이 긴장된 상황 속에서 주 정부 관리들은 과잉 반응을 보이는 경우가 많았다. 1971년에 애티카(Attica) 뉴욕 주립 교도소에서 수천명의 수감자들이 38명의 간수를 감금하고 감옥을 장악하자, 뉴욕 주지사 넬슨 록펠러(Nelson Rockfeller)는 현지에 도착하여 강경 진압을 명령하였다. 그는 주 방위군, 보안관 보조원들, 그리고 국민방위군을 동원하여 교도소 반란을 진압하도록 명령하였다. 록펠러의 진압군은 최루탄을 터뜨리며 교도소를 탈환하였다. 그러나 그 과정에서 29명의 수감자들과 10명의 인질들이 희생되었다.

이처럼 미국이 폭동과 범죄로 무정부 상태에 빠지게 된 것은 베트남 전쟁 반대자들의 책동이고, 따라서 궁극적으로는 공산주의자들의 조종 때문이라고 닉슨 대통령은 생각하였다. 그래서 닉슨은 1970년 6월에 이와 같은 "내부적 위협"을 제거하기 위해 연방수사국(FBI), 중앙정보부(CIA), 국가안전국(National Security Agency), 그리고 방위전략국(Defense Intelligence Agency)이 공동으로 대처하도록 명령하였다. 목적을 달성할 수단이 되는 것이라면, "어떠한 것도 유효하며", "어떠한 것도 가능하다"고 닉슨의 보좌관은 이들에게 말하였다.

민주당과 진보주의에 대한 비난

닉슨 행정부는 진보 세력이 모여 있는 민주당을 공격하기 위한 공작을 벌였다. 공화당 보수파의 입장에서 볼 때 민주당은 미국적 체제를 거부하는 성향이 짙은 위험한 좌파적인 조직이었다. 그러므로 1970년 9월에 애그뉴 부통령은 미국민들에게 국내안보에 대한 위협 세력이 있음을 경고하고, 다가오는 의회선거에서 미국적 가치를 존중하는 공화당에 투표할 것을 종용하였다. "미국이 국민들에 의해 선출된 대통령에 의해서 움직여야 합니까?" 아니면 "어쩔 수 없이 파괴적이며 과격하고 호전적인 소수에 의해 움직여야 합니까?"라고 그는 전국 순회 연설에서 외쳤다.

같은 달에 백악관 수석보좌관인 핼더먼(J. R. Haldeman)의 비서였던 젭 매그루더(Jeb Stuart Magruder)도 다가오는 1970년의 중간 선거의 쟁점을 정리하면서 민주당과 진보세력을 맹렬히 비난하였다. "민주당원들은 무질서를 용인하고, 범죄에 대해 관대하고, 미국의 부유함에 죄의식을 느끼고, 대통령의 외교정책을 방해하는 급진적 진보주의자들이다"고 썼다.

그러나 민주당을 비애국적(非愛國的)인 불순 세력으로 몰려던 공화당의 전략은 성공하지 못했다. 선거 결과는 공화당의 패배였다. 공화당은 11개의 주지사직을 잃었다. 그러나 민주당은 하원에서 9개의 의석을 더 얻었고, 상원에서는 단지 2개의 의석만을 잃었을 뿐이었다.

국방부 문서 파문

닉슨의 처지는 1971년에 들어오면서 더욱 더 나빠졌다. 6월 13일에
〈뉴욕 타임즈〉지는 베트남 전쟁에 관한 국방부 문서를 게재하기 시작하였
다. 그 문서는 1967년에 국방부 장관이었던 로버트 맥나마라가 지시한 베트
남 전쟁에 대한 극비 연구의 내용을 담고 있었다. 〈뉴욕타임즈〉에 이 문서
들을 제공한 사람은 국방문제 분석가였던 대니엘 엘즈버그(Daniel Ells-
berg)였다. 그는 국방정책을 분석하는 두뇌집단기관(RAND Corporation)
에 속했다가 환멸을 느낀 사람이었다.

이 연구 보고서는 베트남 전쟁에 관해 정부가 국민에게 계속 거짓말을
해 왔다는 것을 폭로하였다. 예를 들면, 1964년 8월, 북베트남의 순찰선이
미국 구축함 매독스(U. S. S Maddox)호와 조이(C. Turner Joy)호를 공
격했다고 존슨 대통령이 발표했을 때, 그는 그 미군 함정들이 남베트남의
특공대를 지원하고 있었다는 사실을 숨겼음을 폭로하였다. 그리고 이 피습
사건을 계기로 존슨대통령이 의회에 긴급 결의안의 채택을 요구하였는데,
그 결의안의 초안은 이미 수개월 전에 작성되어 있었던 것으로 판명되었다.
일부의 분석가들은 이러한 사건들 자체가 베트남 전쟁에 대한 국민의 지지
분위기를 유도하기 위해 만들어낸 거짓말일지도 모른다고 주장하기도 하였다.

자유방임 노선의 일시적 포기

닉슨은 인플레이션의 문제와도 씨름해야 했다. 그는 이미 1969년에 25
억 달러의 세금삭감 하는 등 그 문제를 해결하기 위해 몇 가지 조치를 강구
하였다. 그러나 닉슨의 정책들은 단지 가격상승을 북돋았을 뿐이었다.

인플레이션이 격심해진 것은 전임자인 린든 존슨의 총과 버터(guns
and butter) 정책, 다시 말해 베트남 전쟁과 '빈곤에 대한 전쟁'을 동시에
수행하기 위해 정부 지출을 늘림으로써 막대한 재정적자가 발생했기 때문이
었다. 인플레이션이 심해져 가고 있었는데도 불구하고 존슨 대통령은 1967
까지 정부의 적자와 인플레이션을 줄이기 위한 어떠한 조치도 강구하지 않
았던 것이다.

 겨우 1968년 6월에 와서야 이 문제에 대처하기 위해 의회가 10퍼센트 추징세를 징수했을 뿐이었다. 그리고 존슨 대통령은 겨우 60억 달러의 정부 지출을 삭감하였다. 그러나 지출삭감은 너무 적었고, 또한 너무 늦었다. 그러므로 극심한 인플레이션 문제는 닉슨에게로 넘어갔던 것이다.

 1971년 1월에 미국은 5.3퍼센트의 인플레이션율과 6퍼센트의 실업률로 고통을 겪고 있었다. 그러므로 미국은 침체와 인플레이션을 동시에 겪고 있는 스태그플레이션(stagflation)이라는 최악의 상태에 빠져 있었다.

 경기 침체의 상태를 벗어나기 위해서 닉슨은 공화당이 지금까지 견지해 온 노선을 갑자기 바꾸는 결단을 내렸다. 그는 지금까지 자유방임주의자로서 경제 활동에 대한 정부의 개입을 반대해 왔다. 그러나 이제 그는 방향을 완전히 바꾸어 민주당의 정부간섭주의(interventionism)를 받아 들임으로써 사람들을 놀라게 하였다. 즉, 그는 정부지출을 통하여 경제를 활성화시키려고 하였던 것이다. "이제 나는 케인즈주의자다"고 닉슨은 1970년 1월에 선언하였다.

 닉슨은 1971년 8월에 예산 적자를 줄이기 위해 달러화의 평가절하(devaluation)라는 극적인 처방을 발표하였다. 그것은 달러화의 가치를 국제 자본시장의 상황에 따라 변동시키기 위한 조치였다. 또한 그는 수입품에 대한 관세 부과, 일부 물품세의 폐지, 그리고 새로이 투자하는 산업에 대한 세제 혜택을 의회에 요구하였다. 이러한 것들은 모두 경제를 활성화시키기 위해 정부가 적극적으로 개입하기 위한 간섭주의의 조치들이었다.

 마지막으로, 닉슨은 인플레이션을 완화하기 위해서도 정부의 통제(governmental control) 정책을 사용하였다. 그래서 정부는 가격, 임금, 임대료 등을 90일간 동결시키고, 그것들의 인상폭을 제한하였다.

 이와 같은 닉슨의 "거창한 변신"은 외교 정책에서도 나타났다. 1971년 6월에 닉슨은 오랫 동안 미국이 적성국이라고 비난해 왔던 중국을 방문할 것이라고 발표하였다. 그것은 닉슨이 1972년 대통령 선거전에 대비하려는 전략에서 나온 것이기도 하였다.

2. 닉슨과 보수세력의 결집

의회와 진보주의 입법

닉슨의 첫번째 임기 동안에 민주당에 의해 지배되는 의회는 진보적(lib-eral)인 정책을 계속 추진하였다. 진보적인 민주당은 상, 하 양원을 모두 지배하고 있었다. 따라서 의회는 진보주의 성향이 짙은 젊은 유권자들을 잡기 위해 투표 연령도 18세로 낮추어 놓았다.

의회는 사회보장제(Social Security)에 따른 지불과 식품교환권(food stamp)에 대한 예산도 늘였다. 그리고 직장안전위생청(OSHA)도 설치하였다. 또한 의회는 공기정화법(Clean Air Act), 수질개선법(Water Quality Improvement Act), 그리고 자원재활용법(Resource Recovery Act)을 통과시킴으로써 점차 커져가고 있던 환경운동에 대해서도 부응하였다. 그러나 이와 같은 사회복지, 환경, 참정권 확대에 관한 진보주의적인 법안에 대해 닉슨 대통령은 대부분 거부권을 행사하였다.

닉슨이 이루어낸 혁신적인 조치는 1972년의 국가세입 분배(revenue sharing)였다. 그것은 다 쓰이지 않고 되돌아 온 연방자금을 주정부들이 재량으로 사용하도록 한 조치였다. 그것은 연방 정부의 책임을 부분적으로 주와 지방 정부들에게 이전하려는 시도였기 때문에, 흔히 신연방주의(New Federalism)로 불리게 되었다.

닉슨의 남부전략

1972년의 대통령 선거가 가까워 오면서, 정치 평론가들은 닉슨이 그의 첫 임기 동안의 실적으로는 대통령에 다시 당선되기가 어려울 것으로 믿었다. 닉슨과 애그뉴 부통령의 행동은 모순된 것으로 나타났기 때문이다. 그들은 재정적 측면에 있어 보수주의자로 자처하면서도, 다른 한편에서는 기록적인 예산 적자를 승인하였다. 그리고 그들은 평화를 약속하면서도, 다른 한 편에서는 동남아시아에서 전쟁을 확산시켰기 때문이다.

따라서 닉슨은 1972년의 대통령 선거에서도 공화당과 민주당의 차별성을 뚜렷이 부각시키려는 전략을 세웠다. 그는 공화당을 미국적(美國的) 가치를 구현하고 있는 법과 질서의 정당으로 부각시키려고 하였다. 이와는 반대로 그는 민주당을 비애국적(非愛國的)이고 비도덕적인 정당으로 부각시키려고 하였다. 다시 말해, 방만한 태도, 범죄, 마약, 포르노, 히피적 생활방식, 학생 급진주의, 흑인 급진주의, 여성해방운동, 동성애, 가정 파괴의 정당이라는 것을 강조하려고 하였다.

대통령에 다시 당선되기 위한 전략으로서 닉슨은 보수주의 세력을 결집시키려고 하였다. 그러므로 그는 시끄럽고 과격한 소수에 반대해 조용한 다수(the silent majority), 다시 말해 교외 지역의 백인 중산층에게 호소하려고 하였다.

그 방안의 하나가 남부 보수 세력을 끌어들이려는 남부전략(Southern Strategy)이었다. 닉슨은 캘리포니아 출신이었기 때문에 그 자신이 '따뜻한 지대'(Sunbelt)의 정치적 산물이었다. 닉슨은 보수적 성향을 띤 이 지대가 정치적인 힘에 있어서 점차 커져가고 있는 사실에 주목하였다. 닉슨의 남부 전략은 보수적인 남부 민주당 세력을 진보적인 북부 민주당 세력으로부터 떼어 내어 공화당을 지지케 하려는 전략이었다.

중국을 방문한 닉슨 대통령과 주은라이

그것은 1970년 2월에 닉슨의 도시문제와 사회복지에 대한 고문이었던 대니엘 모이니헌(Daniel Moynihan)의 글이 신문에 실림으로써 활기를 띠게 되었다. 모이니헌은 흑인들의 평등에 대한 요구를 자제시키는 것이 궁극적으로 지위 향상에 도움이 된다고 발언함으로써 남부 백인들로부터 환영을 받았다. 흑인들의 지위가 계속 향상되어야 하지만, "인종문제는 관대한 무관심(benign neglect)의 기간을 두어야만 진전이 있을 수 있다"고 그는 역설하였던 것이다.

게다가 닉슨 행정부의 검찰총장 존 밋첼(John Mitchell)은 미시시피 주에서 학교에서의 흑백통합을 지연시키고, 1965년의 흑인 투표권법이 확대 시행되는 것을 막았다. 그리고 베트남 전쟁 반대 운동가들을 처벌하기 위해 그들의 기소를 강력히 추진하였다. 이러한 조치들은 모두 남부 백인들로부터 환영을 받았다.

남부전략은 닉슨의 대법원 판사 임명에서도 나타났다. 닉슨은 대법원장으로 보수적인 연방 판사인 워렌 버거(Warren Burger)를 임명하였다. 그리고 다른 2명의 대법원 판사도 남부인을 지명하였다. 그들 가운데 한 명은 인종주의자였다. 두 사람의 임명에 대한 인준을 상원이 거부하자, 닉슨은 항의의 노여움을 표현하였다. 그리고 그는 "남부에 살고 있는 수백만 미국인들의 비애를 이해한다"고 말함으로써 남부 백인들의 환심을 샀다.

그러나 1972년에 닉슨 대통령은 3명의 보수주의자들을 대법원 판사로 임명하는 데 성공하였다. 그들은 해리 블래크먼(Harry Blackmun), 루이스 파웰(Lewis F. Powell), 윌리엄 렌퀴스트(William Rehnquist)였다. 그러나 흥미로운 것은 이들 새로이 임명된 보수주의자 대법관들이 나중에 반드시 닉슨이 원했던 대로 판결하지 않았다는 사실이었다. 낙태, 국방부 문서 공개, 사형선고, 도청, 그리고 흑백학생통합을 위한 통학버스에 대한 판결에서 대법원은 닉슨의 정책과는 반대되는 방향으로 나갔던 것이다.

1972년 선거에서 가장 열띤 논쟁을 일으킨 문제의 하나는 흑백버스통학(busing) 문제에 대한 대법원의 태도였다. 1971년의 〈스완 대 샬롯-멕클렌버그〉(Swann v. Charlotte-Mecklenberg) 판결에서 대법원은 흑백통합(desegregation)을 지지하였다. 즉, 그것은 노스캐롤라이나의 교육 기관들에게 흑백 통합을 실현하도록 통학 버스를 도시의 곳곳으로 운행케 만든 판결이었다.

이 판결은 남부에서 대대적인 항의를 불러 일으켰다. 그 영향으로 1972년 3월에 흑백 통합버스를 완강히 반대한 앨라바마 주지사 조지 월러스(George Wallace)가 플로리다 주 민주당 예비선거에서 승리를 거두었다.

3일 후에 닉슨은 남부 백인들을 달래기 위해 의회에 대해 통합버스 시행을 연기하는 법안을 통과시켜 주도록 요구하였다. 그리고 그는 텔리비전에 등장하여 흑백 통합버스의 방법으로는 인종차별 문제를 해결할 수 없다고 주장하였다. 이러한 닉슨의 태도는 남부 백인들의 환영을 받았다. 그리고 그것은 북부의 백인들에게도 인기가 있었다.

1972년의 선거

민주당의 대통령후보 경선자는 많았고, 그들은 모두 상원의원이었다. 험프리(Hubert Humphrey)는 1968년의 선거에서 닉슨에게 패배한 다음 거의 인기를 갖지 못하고 있었다. 에드워드 케네디(Edward Kennedy)도 채파퀴딕 사건 이후 도덕적인 치명상을 입었다. 그것은 그가 1969년에 '마사의 포도원'(Martha's Vineyard)에 위치한 채파퀴딕에서 그의 차에 타고 있던 여성이 물에 빠지자, 그냥 자리를 뜨는 파렴치함을 보인 사건이었다.

상원의원 머스키(Edward Muskie)는 캐나다계의 미국인들을 조롱했다고 비방하는 편지가 뉴 햄프셔 예비선거 기간에 출간되는 책략에 휘말려 곤경에 빠졌다. 그는 이 편지와 또 다른 비난의 소문들에 시달려 공중 앞에서 눈물을 흘릴 정도로 치명적인 타격을 입었다. 그러므로 그는 더 이상은 후보로 나설 수 없었다.

알라바마 주지사 조지 월러스(George Wallace)는 아더 브레머(Arthur H. Bremer)라는 정신이상의 청년이 쏜 총에 맞음으로써 오랫 동안 정치를 쉬지 않을 수 없게 되었다. 결국 그는 불구가 되어 '휠채어'에 의존해 살지 않으면 안되었다. 단지 사우스다코다 출신 상원의원인 조지 맥거번(George McGovern) 만이 몇 주의 예비선거전에서 승리하여 지명에 필요한 표를 겨우 모아 민주당 지명대회에 참석할 수 있었다.

조지 월러스가 총격을 받은 이후, 법(法)과 질서(秩序)를 주장하는 공화당 후보인 닉슨의 인기가 더욱 더 올라갔다. 이제 보수 세력들은 닉슨을 지지하는 도리밖에 없는 듯이 보였다. 게다가 닉슨은 잇달아 외교적 성공을 거두었기 때문에, 세계적인 정치가라는 격상된 위치에서 선거전을 치르게 되었다. 그는 1972년 2월에는 중국을 방문하고, 5월에는 소련을 방문하였다. 이 두 차례의 방문은 최대한의 정치적 효과를 거두기 위하여 텔리비전으로 중계되었다.

그러나 공화당의 닉슨에게 승리를 안겨준 보다 더 큰 원인은 민주당 후보인 맥거번의 실패한 선거 운동이었다. 맥거번은 반전주의자(反戰主義者)로서 국방 예산을 300억 달러 감축하겠다고 약속하였다. 그러나 이 발언은 그가 미국을 2류 국가로 떨어뜨릴 고립주의자가 아닌가 하는 의구심을 불러 일으켰다. 그리고 진보적인 맥거번의 공약들은 민주당 지지세력을 분열시켜 놓았다. 그래서 민주당 지지세력인 흑인들, 여성해방운동가들, 반전운동가들, 청년층 강경파들, 전통적 도시보스들, 노동자들, 소수민족들, 남부인들 사이에서 반목이 일어났다.

베트남 전쟁이 끝나간다는 소문도 닉슨에게는 유리하게 작용하였다. 실제로 미군은 베트남으로부터 철수하고 있었다. 그리고 1972년 9월까지 전선에서 사망은 더 이상 일어나지 않았다. 선거가 2주도 남지 않은 10월 하순에, 키신저(Henry Kissinger)는 베트남 전쟁을 끝내기 위한 평화협정 체결이 임박했음을 발표하였다. "평화는 이제 눈앞에 있다" 그는 선언하였다. 이 발표는 부정확한 것으로 판명되었으나, 닉슨에게 표를 던지도록 하는 데 도움을 주었다.

닉슨의 압도적 승리

1972년 11월에 닉슨은 대통령 선거에서 민주당의 맥거번에 대해 압도적인 승리를 거두었다. 그는 일반투표에서 4,700만표를 획득하여 총투표의 60.7퍼센트를 차지하였다. 민주당의 맥거번은 단지 2,900만표를 얻었다. 맥거번이 승리한 곳은 매사추세츠 주와 콜럼비아 특별구뿐이었다. 남부전략도 맞아 떨어져, 닉슨은 한 때 민주당의 아성이었던 남부 심장부(Deep South)의 모든 주를 휩쓸었다. 또한 닉슨은 오랫 동안 민주당을 지지해 온 육체노

동자들, 카톨릭 교도들, 소수민족들의 표를 얻음으로써 도시 지역의 유권자
도 대부분 획득하였다.

그럼에도 불구하고 여전히 흑인들, 유태인들, 저소득층은 민주당을 지
지하였다. 놀랍게도 민주당은 대통령 선거전에서는 패배했어도 의회를 계속
장악하는 데는 성공을 거두었다. 그들은 상, 하 양원에서 모두 다수파로 남
았을 뿐만 아니라, 오히려 상원에서는 2개의 의석을 추가하였다. 1972년의
선거에서 드러난 사실은 민주당 지지자들 속에서는 유권자들의 독립적인 성
향이 더욱 더 강해져 가고 있다는 것이었다. 그들은 민주당 후보가 마음에
들지 않을 때는 표가 흩어진다는 것을 보여 주었다.

1973년 1월에 닉슨은 대통령으로 다시 취임하였다. 그는 자기 임기 중
에 미국이 건국 200주년을 맞이하게 된다는 사실을 의식하고 있었다. "다가
올 4년간이 미국의 역사에 있어 최고의 4년간이 되도록 함께 맹세하자, 그
렇게 하면 건국 200주년이 되는 해에 미국은 출발했을 때와 마찬가지로 젊
고 생동감이 넘치게 될 것이다. 그리고 전세계에 희망을 주는 횃불과 같이
찬란하게 빛날 것이다."고 닉슨은 외쳤다.

3. 베트남 전쟁에서의 패배

닉슨 독트린

1969년 대통령에 취임한 지 몇 달이 채 지나가지 않아, 닉슨은 닉슨 독
트린(Nixson Doctrine)을 발표하였다. 그것은 미국은 자립의지를 가진 국
가만을 돕는다는 원칙이었다. '닉슨 독트린'이 보여준 것은, 이제 더 이상
미국은 지금과 같이 수많은 해외 문제에 개입할 능력이 없다는 사실, 그리
고 미국이 반공주의적 세계질서를 유지하기 위해서는 각 지역의 우방국에
더욱 더 의존해야 한다는 사실을 미국정부 관리들이 깨닫게 되었다는 것이다.

동남아시아에서 '닉슨 독트린'은 베트남전쟁의 베트남화(Vietna-
mization), 즉 미군이 맡았던 자리를 남베트남군에 맡긴다는 전략으로 나타

났다. 그에 따라 닉슨은 남베트남에서 미군을 점진적으로 철수하기 시작하였다. 그 결과로 1971년 말에는 15만6,800명만이 남베트남에 남아 있게 되었다. 그러나 북베트남에 대한 공중폭격은 더욱 더 강화하였다. 그 목적은 하노이 정부로 하여금 양보하도록 압력을 넣기 위한 것이었다.

북베트남에 대한 폭격이 강화 되자, 미국 국내에서는 반전 운동이 더욱 더 거세졌다. 그리하여 1969년 10월에는 전쟁의 일시적 중지를 요구하는 시위가 전국적으로 벌어졌다. 그리고 11월 15일에는 워싱턴 디씨에서만 25만 명이 넘는 군중이 시위를 벌였다. 그러나 닉슨의 태도는 단호하였다.

캄보디아 개입과 반전 운동

1970년 4월에 닉슨 대통령은 남베트남군과 미군이 중립국인 캄보디아로 진격할 것이라고 발표하였다. 왜냐하면 캄보디아는 북베트남과 베트콩의 은신처일 뿐만 아니라 무기와 병력을 이동시키는 보급로였기 때문이다.

캄보디아로의 전쟁확대는 대학가의 반전 시위를 더욱 더 격화시켰다. 오하이오주의 켄트 주립 대학(Kent State University)에서 방위군(National Guardsmen)은 시위를 진압하는 과정에서 4명을 사살하였다. 이에 항의하여 전국적으로 학생들은 수업 거부에 들어갔다. 분노한 닉슨 대통령은 시위 학생들을 가리켜 건달들(bums)이라고 공개적으로 비난하였다.

그러나 확전(擴戰) 반대의 의사는 의회에서도 나타났다. 그리하여 1970년 6월에는 상원이 1964년의 통킹만 결의안을 폐기함으로써 닉슨의 전쟁확대 결정에 항의하였다.

닉슨 대통령은 또 다른 국내적 사건으로 곤경에 빠지게 되었다. 그것은 1971년 6월 〈뉴욕 타임즈〉지가 〈국방부 백서〉(Pentagon Papers)를 공개한 사건이었다. 그 문서는 베트남 전쟁의 전략에 관한 비밀 문서를 정리한 것으로서, 1967년에 맥나마라 국방장관의 지시로 보존되었다. 이 비밀 문서를 〈뉴욕타임즈〉에 폭로한 사람은 국방 정책을 분석하는 두뇌 집단 기관(RAND Corporation)에서 근무하던 국방부 소속의 엘즈버그(Daniel Ellsberg)였다. 닉슨은 이 문서의 게재를 금지하는 강제명령을 내렸으나, 대법원은 그 명령을 취소하였다.

〈국방부 백서〉의 공개를 통해 미국인들은 그들의 지도자들이 자주 거짓말을 했다는 사실을 알게 되었다. 예를 들면, 존슨 대통령은 북베트남군의 공세가 강화될 때마다 그것에 대한 대응으로 미군을 증강시킬 수밖에 없었던 것으로 발표하였다. 그러나 실제는 그렇지 않다는 것이 이 문서의 공개로 들어났다. 오히려 1967년 중반 이후에 미국이 전쟁을 확대시키게 된 것은 정부관리들이 승리를 위해서는 군사력 증강만이 유일한 방법이라고 믿은 데서 내려진 결정임을 보여 주었다.

이와 같은 논란에도 불구하고 닉슨 대통령과 키신저 국무장관은 전쟁을 계속 확대하였다. 1972년 12월 그들은 북베트남에 대해 "크리스마스 폭격"(Christmas bombing)이라 불리는 대대적인 폭격을 강행하였다. 그에 따라 2만 톤의 폭탄이 북베트남에 떨어졌다. 이 폭격으로 미국은 15대의 B-52 폭격기를 포함해서 26대의 항공기를 잃었다.

휴전 협정

그 동안 파리에서는 1968년부터 평화협상이 진행되고 있었으나, 회의는 아무런 성과 없이 겉돌고 있었다. 패배를 눈 앞에 둔 남베트남 대표는 협상에 대해 부정적인 태도를 가지고 있었다. 그러므로 미국 대표인 키신저는 북베트남의 수석대표인 레둑토(Le Duc Tho)와 비밀리에 접촉하고 있었다. 닉슨은 키신저에게 양보를 지시하였다. 양보의 목적은 미국이 소련, 중국과 관계를 개선함으로써 미국의 국내 안정을 되찾으려는 것이었다.

마침내 1973년 1월 27일, 키신저와 북베트남의 레둑토는 휴전협정에 조인하였다. 미국은 60일 이내에 모든 미군을 철수시키겠다고 약속했다. 베트남인 병력들은 그 자리에서 전투를 중지하도록 하였다. 그리고 남베트남에서는 베트콩도 포함하는 거국내각을 구성하도록 약속하였다. 휴전을 환영한 것은 베트남의 공산주의자들과 미국내의 반전주의자들이었다.

키신저 : 강대국 외교의 신봉자

마침내 미국은 남베트남에 소수의 고문관을 남겨두고 병력을 철수시켰다. 그러나 남베트남에 대한 원조는 계속 제공되었다. 그러나 실제로는 남베트남측이나 북베트남측이나 모두 휴전협정을 위반했다. 그 때문에 전면전이 다시 한번 터졌다. 그리고 이 마지막 전투에서, 오랫 동안 미국의 우방이었던 남베트남 정부는 1975년 4월 29일에 무너지고 말았다. 그리고 그 군대도 항복하였다.

남베트남 영토는 북베트남 군에 의해 신속히 점령되고, 그에 따라 미국에 협력했던 남베트남인들의 운명은 공산주의자들의 손에 놓이게 되었다. 그들 가운데 단지 소수만이 수백 명의 미국인과 함께 사이공 주재 미국 대사관 지붕에서 헬리콥터로 황급히 그 땅을 벗어날 수 있었다. 그리고 사이공은 호치민시로 이름이 바뀌었다.

베트남 전쟁의 대가

베트남 전쟁에 따른 손실은 아주 컸다. 5만8천 명 이상의 미국인과 150만의 베트남인이 죽었다. 전쟁비용으로 미국은 적어도 1,700억 달러를 사용했고, 수십억 달러가 퇴직군인들을 위하여 사용되었다. 전쟁에 막대한 자금이 투입되면서 미국 안에서 사회간접시설과 삶의 질을 위한 투자가 줄어들었다. 그리고 미국인들은 인플레이션으로 고통받아야 했다. 뿐만 아니라 미국인들은 빈민을 위한 사회개혁 프로그램이 중단되는 손해를 입어야 했다.

또한 베트남 전쟁은 미국에게 국제적으로 부정적인 결과를 가져왔다. 전쟁으로 미국은 소련, 중국과 관계를 개선하지 못하고, 우방국들과도 마찰을 빚었다. 그리고 제3세계 국가들과의 관계도 멀어졌다.

1975년에 베트남 전체는 공산화되었다. 뒤이어 공산주의자들은 캄보디아, 라오스에서도 정권을 잡음으로써, 인도차이나 반도에는 연달아 공산독재정부들이 들어섰다. 그러나 미국 정부 안의 주전론자들(hawks)이 예상했던 것과는 달리 공산주의 혁명은 더 이상 확산되지 않았다. 그에 따라 기존정부들이 연달아 무너지는 '도미노' 현상도 일어나지 않았다. 왜냐하면 전쟁으로 황폐화된 토지만 남은 상황속에서 사람들은 심한 굶주림으로 더 이상의 것을 생각할 여유가 없었기 때문이다.

그러나 공산화가 이루어진 지역에서는 반공 세력에 대한 무자비한 숙청이 진행되었다. 그 때문에 많은 피난민들이 파괴된 고향으로부터 도망하였다. 그들은 안전성이 전혀 없는 작은 배를 타고 정착할 곳을 찾아 바다 위를 떠돌아 다녔다. 그러나 그와 같은 선상 난민들(boat people)은 여러 나라에서 입국을 거절당하였다. 궁극적으로 그들의 대부분은 미국에 정착하게 되었으나, 반전주의자들의 따가운 시선을 받아야 했다. 그러나 많은 미국인들은 동남아시아인들의 불행에 책임을 느끼고 그들에게 동정적이었다.

베트남 전쟁의 교훈

미국인들은 미국의 전쟁경험에 분노하기도 하고 당황기도 하였다. 마르크스주의 역사가인 윌리암스(William Appleman Williams)가 통찰한 바와 같이, 미국인들은 미국역사에서 처음으로 "제국의 충격"(empire shock)을 느끼고 있었다. 즉, 그것은 미국의 해외 영향권 안에 들어 와 있는 국가의 반발로부터 느끼는 격렬한 충격이었다.

주전론자들(hawks)은 베트남에서의 패배로 미국의 신뢰성과 국가위신은 땅에 떨어지고 적들인 공산주의자들이 유리한 기회를 가지게 되었다고 주장했다. 그들은 "베트남 증후군"(Vietnam syndrome), 즉 해외 문제에 개입하는 데 대한 불신감이 높아짐에 따라, 미국은 그의 힘을 사용하는 데 주저하게 되었다고 주장하였다. 따라서 앞으로 군대는 변덕스러운 여론, '등 뒤에서 칼을 찌르는' 언론기관들, 쓸데없이 문제만 삼는 정치인들의 간섭과 제약으로부터 벗어날 수 있게 되어야 한다고 그들은 주장하였다.

주전론자들은 미국이 베트남에서 패배하게 된 것은 국내의 언론이 싸우려는 의지를 억제했기 때문이라고 주쟁하였다. 언론에 대한 그와 같은 불만은 어느 대대장의 말 속에 잘 나타나 있다. "우리는 당신들이 풀어 놓은 개, 다시 말해 도둑을 무는 경비견이라는 사실을 기억해야 한다. 우리에게 사람들의 마음과 감정을 걱정하는 도시시장이나 사회학자가 되라고 요구하지 마라. 우리가 우리 방식대로 도둑을 물도록 놓아 두라. 그리고 나서 다시 우리를 매어 놓으면 되는 것이다."고 그는 말했다.

그러나 반전론자들(doves)의 생각은 달랐다. 전쟁에서 패배하도록 만든 원인은 존슨 대통령과 같이 강력한 의지를 가진 지도자가 제멋대로 전쟁을 수행할 수 있도록 만든 막강한 대통령직, 즉 황제와 같은 대통령직(imperial presidency) 때문이었다고 진보주의자들은 주장하였다. 그리고 통킹만 결의안을 채택함으로써 행정부에게 너무 많이 권력을 주었던 무기력한 의회 때문이었다고 주장하였다. 그러므로 미국이 다른 나라 문제에 덜 개입하기 위해서는 대통령이 견제와 균형이라는 헌법의 기본 정신에 충실해야 한다고 그들은 주장하였다. 다시 말해, 선전포고는 대통령이 의회에 요구함으로써만 이루어져야 한다고 그들은 주장하였다.

마르크스주의 성향의 반전주의자들은 보다 더 운명론적인 관점(fatalistic view)에서 베트남 전쟁을 보려고 하였다. 미국이 팽창주의적인 국가로 남아있는 한, 계속 전쟁에 휘말릴 것이라고 그들은 주장하였다. 따라서 미국이 그러한 운명으로부터 벗어나기 위해서는 해외 문제에 적극적으로 간섭함으로써만 그의 욕구가 충족되는 강대국의 지위로부터 벗어나야 한다는 것이었다. 다시 말해, 미국이 해외 문제에 간섭하며, 세계의 경찰, 교사, 사회사업가, 은행가, 상인의 역할을 담당하려는 한, 미국의 불행은 숙명적인 것이 될 것이라고 그들은 주장하였다.

고립주의자들은 베트남에서의 패전의 책임을 봉쇄(containment) 이론에 돌렸다. 다시 말해, 미국은 소련과 공산주의를 봉쇄하려는 생각에 너무나 집착한 나머지 국가안보와 관련하여 중심지역과 주변지역을 구분하지 못하게 되었고, 그에 따라 군사적 방법에만 의존하게 되었다는 주장이었다. 그러한 주장은 정치평론가인 립프만(Walter Lippmann)의 신고립주의(neo-isolationism)로 나타났다.

패전의 후유증

베트남 전쟁의 교훈에 대해 일반국민들이 관심을 가지게 된 것은 돌아온 280만 명의 퇴역군인 가운데 수천명이 착란증(post-traumatic stress disorder)의 치유를 호소하면서부터였다. 그러한 착란증은 주로 병사들이 전장에서 어린이, 여자, 노인을 죽인 데 대한 죄책감에서 오는 것이라고 의사들은 지적하였다. 전선에서 병사들이 양민을 죽이게 된 것은 적과 양민을 구분하지 못한 실수를 저질렀거나 또는 복수심에 불탔기 때문이었다. 이유야 어떻든 간에 그들은 죄책감으로 괴로워하게 되었다. 1990년대 초에 이르기까지, 베트남전쟁에 참가한 약 6만 명의 퇴역군인들이 자살했다. 이 숫자는 실제로 전쟁기간에 죽었던 군인들의 숫자보다 많은 것이었다.

게다가 돌아온 많은 퇴역군인들은 전쟁을 반대했던 미국인들로부터 받은 차가운 시선 때문에 고통을 받았다. 쌀쌀한 분위기 때문에 1982년에 가서야 워싱턴 디씨에 베트남 퇴역군인 기념탑이 세워졌다. 따라서 퇴역군인들은 국가를 위해 싸운데 대한 인정을 받기 위해 단체를 만들고, 자신들의 당연했던 행동을 설명하려고 하였다.

그러나 또 다른 일부의 퇴역군인들은 전쟁의 참상을 글이나 영화로 알리려고 하였다. 그 가운데는 〈귀향〉(*Coming Home*, 1978), 〈디어헌터〉(*Deer Hunter*, 1978), 〈묵시록〉(*Apocalypse Now*, 1979)과 같은 영화가 있었다. 또한 그 가운데는 카푸토(Philip Caputo)의 〈전쟁의 소문〉(*A Rumor of War*, 1977)과 같은 개인 회고록도 있었다. 그리고 웨브(James Webb)의 〈불타는 전장〉(*Fields of Fire*, 1978)과 같은 소설도 있었다.

4. 닉슨과 워터케이트 사건

대통령에 대한 도전세력들

1970년대 초에 살았던 어느 인물보다도 닉슨은 급진주의자들과 반대세력들이 국가에 큰 위협이 되고 있다고 믿었다. 그리고 그러한 상황에서 그가 담당할 임무는 세계 평화체제를 이룩하는 것이라고 믿었다. 그 때문에 그의 정책에 대한 반대는 곧 국가안보에 대한 위협을 의미한다고 생각하게 되었다. 그러므로 닉슨과 그의 보좌관들은 반대세력을 약화시키려고 하였다.

닉슨이 이와 같은 태도를 가지게 된 것은 부분적으로는 지난 수십 년 동안에 대통령직의 성격이 변화했기 때문이었다. 제2차 세계대전 이후 대통령에 대한 국민 대중의 기대는 극적으로 커졌다.

그러나 그것과 동시에 대통령직의 권위를 제약하는 힘도 커져 갔다. 의회의 권한은 대통령이 견제하고 조종하기 어려울 정도로 커졌다. 관료 조직도 대통령이 다루기 어려울 정도로 비대해져 갔다. 또한 베트남 전쟁을 거치면서, 언론은 더욱 더 대통령에 비판적이 되어 갔고, 결국은 적대적이 되었다. 그러므로 대통령들은 이러한 도전 세력들을 회피하기 위해서는 불법행위라는 새로운 방법을 찾게 되었던 것이다.

민주당이 다수를 이루고 있는 의회는 닉슨 대통령에 대해 항상 적대적이었다. 따라서 닉슨 대통령은 가능한 한 의회를 제약할 방법을 찾으려 하였다. 그리고 관료들 가운데서도 그의 정책을 지지하지 않는 경우가 많았으므로, 그는 행정부의 모든 권한이 대통령에게 집중되도록 명령 체계를 갖추려고 하였다. 그 때문에 몇몇의 가까운 각료만이 대통령과 직접 접촉할 수 있었다.

이들 닉슨의 최측근 가운데는 검찰총장 존 밋첼(John Mitchell), 그리고 1973년에 국무장관으로 내각에 들어 온 헨리 키신저(Henry Kissinger)가 있었다. 그리고 닉슨은 그의 권력 행사의 매체가 되는 몇몇 심복들에게 거의 전적으로 의존하였다. 그러한 심복들 가운데는 대통령 비서실장 핼더먼(H. R. Halderman)과 국내문제 담당 보좌관인 엘리크먼(John Ehrlichman)이 있었다.

이같은 전제적인 구조 속에서 대통령은 고립되고, 그에 따라 비판으로부터 멀어지게 되었다. 그리고 그는 대통령직에 부과된 제약을 당당하게 거부하는 대담성을 보이게 되었다. 그러나 1972년 말엽, 닉슨의 불법행위와 권력 남용이 서서히 표면화되기 시작하였다. 그 사례의 하나가 워터게이트 스캔들이었다.

워터게이트 사건의 발단

1972년 6월 7일, 워싱턴 디씨에 있는 워터게이트 아파트-사무실 건물을 순찰하던 한 경비원이 지하주차장과 건물을 연결시키는 두개의 문에 테이프가 붙여져 잠기지 않게 되어 있는 것을 목격하였다. 경비원은 테이프를 제거했으나, 삼십분 후에 다시 돌아 왔을 때 다시 붙여져 있었다. 그는 불법

침입이 있었다고 판단하고 재빨리 경찰에 신고하였다. 그리고 경찰은 새벽 2시 30분에 6층에 있는 민주당 전국 위원회(Democratic National Committee)의 전화기에 도청장치를 설치하고 있던 5명을 체포하였다. 이들은 카메라를 소지하고 있었고, 서류 화일을 들쳐보고 있었다.

체포된 사람들 가운데 한 사람인 제임스 맥코드(James McCord)는 대통령 재선위원회(CREEP)의 안보 담당 조정관으로서, 전직 중앙정보부 요원이었다. 나머지 네 명은 마이애미에서 온 반(反) 카스트로 쿠바인들이었다. 경찰에게도 알려져 있지 않던 다른 두 명은 침입당시 불법적으로 그 건물에 있던 사람들이었다. 한 사람은 하워드 헌트(E. Howard Hunt)로, 대통령 재선위원회의 안보담당관이었으며, 한때는 중앙정보부 요원이었다. 또 한사람은 고든 리디(G. Gordon Liddy)라고 하는 백악관 국내문제담당위원회의 위원으로서, 전직 중앙정보부 요원이었다.

대중의 관심은 다음과 같은 의문에 쏠렸다. 이들은 민주당의 사무실에서 무엇을 찾아 내려고 했었는가? 이들은 전화를 도청하며 무엇을 얻으려 했는가? 가장 중요한 것으로, 과연 누가 이들의 침입을 명령하였는가? 하는 문제였다.

처음에 이것은 단지 시시한 절도 행위로 보였던 사건이었다. 그러나 시간이 지나면서 그것은 자유로운 대통령 선거를 해치려는 음모의 한 부분으로 판명되었다. 그리고 워터게이트에 대한 감춰진 이야기들이 점차 드러나면서, 미국인들의 환멸은 점차 커져만 갔다. 미국인들의 대다수는 그들의 나라가 인류역사에 있어서 가장 강력하고, 가장 정의롭고, 또한 가장 자비롭다고 믿으면서 살아 왔다. 그러나 워터게이트 사건이 표면화되는 과정에서 그와 같은 믿음은 계속 약화되었다.

백악관의 사건 은폐

워터게이트 사건이 실제로 시작된 것은 백악관이 닉슨을 다시 당선시키기 위해 대통령 재선위원회(CREEP)를 설치했던 1971년이었다. 그 때 이 기구와 중복되는 기구로서 특별조사단이 조직되었는 데, 이것은 언론에 정보가 유출되는 것을 막기 위한 기구였다. 그것은 연관공 팀(the Plumbers)

으로 잘 알려져 있었다. 국방부 문서(Pentagon Papers)가 출간된 다음, '연관공 팀'은 대니엘 엘즈버그(Daniel Ellsberg)의 정신과 의사 사무실에 불법으로 침입하였다. 그것은 엘즈버그를 공격할 정보를 얻기 위한 목적에서였다. 민주당 전국위원회에 침입하여 서류들을 촬영하고 도청장치를 설치한 사람들도 바로 이 '연관공 팀'이었다.

대통령 재선위원회의 공식적 임무는 닉슨을 위해 선거전에 필요한 기부금을 확보하는 것이었다. 이 위원회는 6천만 달러를 모금하였는데, 그 중의 상당 부분이 기업체들이 불법적으로 기부한 것이었다. 이 기부금은 반대당인 민주당의 선거전을 방해하기 위한 각종의 책략을 지원하는 데 사용되었다. 바로 이와 같은 상황에서 워터게이트 사건이 일어난 것이다.

재판 과정에서 어느 증인은 검찰총장이었던 존 밋첼이 불법침입을 지시했다고 증언하였다. 그러나 불법침입 사건을 대통령 자신이 알고 있었다든가 승인을 해 주었다는 증거는 없었다. 그럼에도 불구하고 닉슨이 이같은 불법적인 사건의 은폐에 연루되어 있다는 의혹은 계속 커져만 갔다. 그러므로 사건의 본질은 "대통령이 무엇을 알고 있었고, 언제 그것을 알았는가?" 하는 의문에 집중되어 갔다.

워터게이트 불법침입자들의 체포로 백악관은 분주하게 움직였다. 증거가 될 만한 서류들은 폐기되고, 하워드 헌트의 이름은 백악관 전화번호부에서 삭제되었다. 닉슨은 침입 사건에 대한 연방수사국(FBI)의 조사가 국가 안보를 위태롭게 할지도 모른다며 조사를 약화시키도록 비서실장인 핼더먼에게 지시하였다.

침입이 있었던 직후, 피해자인 민주당은 대통령 재선위원회에 대하여 손해 배상을 위한 소송을 제기하고, 침입자들 대해서는 개인 권리 침해에 대한 소송을 제기하였다. 그러자 닉슨 측의 존 밋첼은 이 소송을 무시하였다. 그는 닉슨의 재선을 위한 선거 운동을 지휘하기 위해 검찰총장직을 사임했던 사람이었다. "재선위원회는 거기에서 체포된 다섯 명이 벌였다는 활동을 인정하지도, 허용하지도 않았다."고 존 밋첼은 주장하였다.

닉슨은 행정부의 어느 누구도 이 사건에 연루되어 있지 않다고 말하였다. 그와 동시에 닉슨은 하워드 헌트를 비롯한 다른 사람들이 백악관을 이 사건에 연결시키는 것을 막기 위해 46만 달러를 재선위원회가 지불하도록

승인하였다. 스캔들을 숨기고자 하는 백악관의 노력으로 불법침입 사건은
유권자들에게 잘 알려지지 않았다.

"토요일 밤의 대학살"

그러나 닉슨과 워터게이트 사건과의 관련성은 서서히 드러나기 시작하
였다. 1973년 초, 지방법원 판사인 존 씨리카(John Sirica)가 침입자들을
재판하는 법정에서 피고의 한 사람인 제임스 맥코드(James McCord)는 재
선위원회와 백악관에 자신의 상급자가 있음을 암시하였다. 그에 따라 1973
년 5월부터 11월까지 샘 어빈(Sam Irvin)을 위원장으로한 상원 선거관계
특별위원회는 백악관 보좌관들로부터 증언을 청취하였다. 그 과정에서 보좌
관인 존 딘은 은폐활동이 있었을 뿐 아니라, 대통령이 은폐를 지휘하였다는
것을 인정하였다.

또 다른 보좌관인 알렉산더 버터필드(Alexander Butterfield)는 닉슨
이 백악관에 도청장치를 해 두었고, 워터게이트에 대한 대화가 녹음되어 있
다고 밝혔다. 이와 같은 진술은 상원 특별위원회와 전국을 충격 속으로 몰
아 넣었다. 나중에 밝혀진 것이지만, 대통령 집무실에서의 모든 대화내용이
녹음되는 백악관 녹음장치가 있었던 것이다.

이에 대해 닉슨은 아무것도 알지 못한다고 부인하며 무죄를 주장하였
다. 그러면서도 그는 스캔들에 연루된 행정부 관료들의 사임을 승인하였다.
1973년 4월 30일에는, 백악관 보좌관 존 엘리크먼과 핼더먼의 사임이 발표
되었다. 전국의 텔레비젼 시청자들에게 연설을 통해, 닉슨은 그들에 대한 사
실과 그들이 행한 행위를 밝혀낼 것이라고 공언하고, "백악관에 속임수는
있을 수 없다"고 힘주어 말하였다.

그리고 대통령은 국무장관 엘리엇 리차드슨(Elliot Richardson)을 검
찰총장으로 임명하였다. 그러자 검찰총장 리차드슨은 하바드 법과대학원 교
수인 아치볼드 콕스(Archibald Cox)를 워터게이트 특별검사라는 새로운
직책에 임명하였다. 특별검사 콕스는 법원명령으로 백악관 녹음 테이프를
얻어내려 하였다.

당황한 닉슨은 검찰총장 리차드슨과 검찰차장 윌리엄 럭클하우스를 사

퇴시켰다. 그리고 법무부의 차위직 관리에게 명령하여 특별검사 콕스를 하바드 법과대학원으로 되돌려 보내도록 하였다. 이것이 1973년 10월 20일에 있었던 소위 '토요일 밤의 학살'(Saturday Night Massacre)이었다.

그에 대해 대중의 분노가 일어나자, 닉슨 대통령은 리온 재워스키(Leon Jaworsky)를 새로운 특별검사로 임명하는 데 동의하였다. 그러나 닉슨은 녹음 테이프의 제출을 계속 거부하였다. 그러자 특별검사 재워스키는 닉슨 대통령을 법정에 불러 세웠다.

애그뉴 부통령의 사임

닉슨 행정부는, '토요일 밤의 대학살'이 있었던 같은 달에, 또 다른 스캔들에 휩쓸리게 되었다. 그것은 스피로 애그뉴 부통령(Spiro Agnew)이 소득세 포탈과 뇌물수뢰 혐의로 사직하게 된 사건이었다. 그에 따라 닉슨은 미시간 출신의 하원의원이며, 하원 공화당 지도자인 제랄드 포드(Gerald R. Ford)를 부통령으로 임명하였다. 그것은 케네디 대통령의 암살사건 이후인 1964년에 비준된 헌법 수정조항 25조에 따른 것이었다.

제랄드 포드는 보수주의자였다. 그러나 제랄드 포드는 의회의 분위기에 알맞으며 인기도 있었다. 그 때문에 그의 부통령 지명은 상, 하원에서 모두 신속하게 인준되었다. 선서를 하자마자, 신임부통령은 닉슨이 워터게이트 은폐와는 아무런 관련이 없다고 주장하였다.

1973년과 1974년에도 기자들은 계속해서 워터게이트 사건을 물고 늘어졌다. 그들은 침입부터 시작해서, 입막음을 위한 돈, 닉슨으로부터 은폐사건에 연루된 각종의 인물들에 이르기까지 상세한 내용을 끈질기게 밝혀냈다. 그 결과로 백악관 보좌관들과 대통령 재선위원회의 요원들은 재판에 회부되기 시작하였다. 그리고 닉슨이 공모자임을 은근히 암시하였다.

그 과정에서 〈워싱턴 포스트〉지의 두 기자가 결정적인 역할을 하였다. 칼 번스틴(Carl Bernstein)과 로버트 우드워드(Bob Woodward)의 두 기자는 닉슨과 그의 보좌관들에게 불리한 증거를 제공하는 백악관의 '은밀한 제보자'를 찾아냈다. 그에 따라 닉슨의 발언은 더욱 신빙성이 떨어졌다. 그리고 그는 녹음 테이프를 내놓지 않으려고 더욱 더 안간힘을 쓰게 되었다.

결국 1974년 4월 말경에 닉슨 대통령은 녹음 테이프를 내놓지 않을 수 없었다. 그러나 그것은 편집된 것이었다.

리차드 닉슨의 사임

그러나 녹음 테이프는 공백이 너무 많았다. 그러므로 그것은 대중들로부터, 그리고 대통령 탄핵안을 기초하고 있던 하원 법사위원회로부터 아무런 동정심도 얻지 못하였다. 1974년 7월 24일에 대법원은 〈미합중국 대 닉슨〉 판결에서 만장일치로 완전한 녹음 테이프를 씨리카(John J. Sirica) 판사에게 제출할 것을 요구하였다. 그런데도 닉슨은 여전히 테이프를 내놓으려 하지 않았다.

거의 동시에, 상원 법사위원회는 텔레비전을 통해 전국적으로 중계된 청문회를 시작하였다. 며칠간 증언을 청취한 후, 상원 법사위원회는 다섯 가지 사실을 확인하였다. 즉,그것은 증인들의 입을 막기 위해 뇌물을 제공하고, 거짓말을 했다는 혐의였다. 또한 그것은 증거물 제출을 거부함으로써 법집행을 방해했다는 혐의였다. 그리고 그것은 의회의 녹음 테이프 제출 요구를 거부하고, 또한 중앙정보부(CIA), 연방수사국(FBI), 국세청(IRS)을 이용하여 국민의 사생활과 자유로운 발언에 대한 헌법상의 권리를 박탈했다는 혐의였다.

의회는 다섯 가지 혐의 가운데서 세 가지 경우에 대해 대통령을 탄핵하기로 결의하였다. 이제 닉슨이 상, 하 양원에 의해서 고발될 증거는 충분히 확보된 것이다.

결국 1974년 8월에 들어서서 닉슨 대통령은 완전한 녹음 테이프를 제출하지 않을 수 없었다. 그 테이프 가운데는 닉슨이 워터게이트 사건 은폐에 관련되어 있다는 결정적인 증거가 되는 것도 있었다. 그 결과로, 워터게이트 호텔 침입 사건이 있은 지 수일 후, 닉슨 대통령이 연방수사국에 수사 중지를 명령했다는 것이 밝혀졌다.

이제 대통령에 대한 탄핵과 고발은 불가피한 것으로 보였다. 닉슨 자신도 그가 탄핵될 것을 알고 있었다. 결국 그는 나흘 뒤인 1974년 8월 8일에 사임함으로써 미국 역사상 최초로 도중 하차한 대통령이 되었다.

워터게이트 사건으로 미국은 심각한 헌정상의 위기를 겪었다. 그러나 그것은 한 걸음 더 나아가 강력한 대통령직에 대한 환멸과 정부기관에 대한 부정적 시각을 부추기는 여파를 몰고 왔다. 그에 따라 선거 때 투표하지 말 것을 권유하는 스티커까지 나돌 정도였다. 닉슨의 사임은 국민 사이에서 신뢰감과 자신감의 위기를 가져왔다. 그러므로 닉슨의 후임자들이 당면한 가장 시급한 임무는 실추된 신뢰감과 존경심을 회복시키는 것이었다.

제랄드 포드의 계승

닉슨의 후임자로 부통령인 제랄드 포드가 대통령직을 이어 받았다. 그는 의회 안의 공화당 소속의원과 민주당 소속 의원 모두로부터 지지를 받았다. 그는 점잖고, 선한 사람으로 존경을 받고 있었다. 국민 대다수도 닉슨이 물러나고 권력 승계가 무리 없이 이루어졌다는 사실에 대하여 안도하였다. 포드 대통령은 전 뉴욕 주지사였던 넬슨 록펠러(Nelson Rockfeller)를 부통령으로 선택하였다.

그러나, 이같은 화합의 물결도 워터게이트 위기로 인한 깊은 상처를 감출 수는 없었다. 이미 미국 사회 전역에는 지도층과 권력기관에 대한 불신감이 크게 확산되어 있었다. 그리고 그와 같은 사회에서 리차드 닉슨의 추

포드와 록펠러 : 국민에 의해 선출되지 않은 대통령과 부통령

락은 미국의 공공생활의 성격에 대해 가지고 있던 냉소주의(cynicism)의 분위기를 확산시켰다.

포드가 대통령에 취임하자마자 가장 먼저 실천한 중요한 조치는 닉슨의 사면이었다. 이전에 그는 닉슨을 사면하지 않겠다고 약속한 바 있었다. 사면이 발표되었을 때, 많은 사람들은 닉슨과 포드가 흥정을 하였다고 결론내렸다. 그러나 증거는 없었다. 포드는 의회의 한 위원회에서 "아무런 흥정도 없었다"며 단호하게 말했다. 그럼에도 불구하고 의혹은 여전히 남아 있었다.

1974년 8월에 포드는 최악의 상황에서 대통령에 취임하였다. 워터게이트 사건과 베트남 전쟁은 미국 지도자에 대한 자신감과 신뢰를 잃게 한 것들이었다. 그러므로 포드에게 주어진 과제는 정부 전반에 대한 신뢰감을 회복시키는 일이었다. 그는 미국 전역에 퍼진 냉소적인 분위기 속에서 대통령직에 대한 신뢰감을 다시 구축해야만 했다. 뿐만 아니라 그는 미국 경제에 대한 국내적, 국제적 도전에 맞서서 국가적 번영을 회복해야만 했다.

대통령 권한의 약화

포드가 대통령으로 재직하고 있는 동안에 의회의 권한은 막강해졌다. 워터게이트 사건과 대통령의 권력 남용에 대한 비판의 분위기 속에서 의회는 새로운 자신감을 얻게 되었다.

그와 같은 결과는 미국사상 처음으로 대통령과 부통령이 선거에서 국민에 의해 직접 선출되지 못했다는 사실로부터도 영향을 받았다. 포드는 과거의 대통령이 그랬던 것처럼 의회가 통과시킨 법안에 대해 거의 대부분 거부권을 행사하였다. 그러나 의회는 거의 대부분의 경우에 그의 거부권을 무시하고 다시 법안을 통과시켰다.

프랭클린 루스벨트 대통령 이후 행정부의 권한은 계속 강화되는 경향을 보여 왔다. 그러한 경향은 민주당 행정부가 빈민층을 돕기 위해 복지국가를 건설하려는 노력과도 관련이 있었다. 왜냐하면 정부의 복지정책 시행에는 막대한 예산, 거대한 관료 조직, 막강한 권력 집중이 필요했기 때문이다.

그러므로 자유방임주의자들과 공화당은 루즈벨트 대통령이 로마 공화국을 로마 제국으로 바꾸고 황제가 되려던 줄리어스 씨저와 같다고 비난하였다.

그리고 민주당 행정부의 뉴딜 정책을 가리켜 황제지상주의(caesarism)의 구현이라고 비난하였다. 그 이후로 대통령의 권한 확대는 더욱 더 계속되어, 나중에 역사학자 아서 슐레신저(Arthur M. Schlesinger)는 비대해진 대통령직을 가리켜 "황제직"(imperial presidency)이라고 불렀던 것이다.

예컨대 루즈벨트 대통령은 외국들과 사실상 조약과 다름 없던 행정협정을 체결하면서, 자문과 동의를 얻으려고 상원에 송부한 적이 한 번도 없었다. 또한 존슨 대통령은, 선전포고에 대한 의회의 동의도 없이 미국을 베트남 전쟁에 몰아 넣었다. 그리고 닉슨 대통령은 캄보디아에 대한 극비 폭격을 허용하였다. 또한 닉슨은 의회가 사회복지를 위해 배정한 150억 달러의 지출을 거부하였다.

워터게이트 스캔들을 계기로 대통령의 권력 남용의 관행을 개혁하려는 움직임이 일어났다. 의회는 1973년에 전쟁권한법(War Powers Act)을 통과시켰다. 이것은 대통령이 미국의 군대를 외국의 전쟁에 파병하기 위해서는, "가능한 모든 경우에" 의회와 미리 협의해야 할 의무가 있음을 규정하였다. 이 법은, 의회가 특별히 달리 지시하지 않았을 경우에는, 60일 이내에 대통령이 군대를 철수하도록 규정하였다.

대통령에 대한 의회의 견제는 1974년의 의회의 예산과 압류에 관한 통제법(Congressional Budget and Impoundment Control Act)의 제정으로도 나타났다. 그것은 대통령이 연방 자금을 압류하지 못하게 함으로써 의회의 규제를 받도록 하였다.

의회는 선거자금 조성에 있어서의 권력 남용과 정부조직의 악용도 공격하였다. 그리하여 1972년의 연방 선거운동법(Federal Election Campaign Act)은 선거운동비를 유권자 한 명당 10센트를 넘지 않도록 제한하였다. 그리고 100달러 이상의 개인 기부금은 후보자가 보고하도록 규정하였다. 1974년에 의회는 다시 상원, 하원, 그리고 대통령 선거전에 있어서 선거기부금과 사용액수의 상한선을 설정하였다.

마지막으로, 의회는 1966년의 정보 자유법(Freedom of Information Act)을 제정하였는 데, 그 목적은 옳지 못한 선거운동으로 피해를 입은 시민을 보호하기 위한 것이었다. 이 법은 정부문서의 공개를 허용하고, 정부가 공개하지 않을 경우에 처벌할 수 있도록 하였다.

제 11 장

한계와 불안의 시기(1976~1980)

1. 에너지 위기와 경제 쇠퇴

전후 번영기의 종언

전후 미국인들의 큰 특징이 되었던 국민적 자신감, 즉 낙관주의적인 국민성은 1970년대에 들어 오면서 심각한 타격을 받았다. 그 원인의 하나는 베트남 전쟁과 워터게이트 위기를 거치는 과정에서 대통령직의 위신이 크게 떨어지게 된 것이었다.

그러나 이보다 더 심각한 국가적 위기는 1970년대 초기에 이미 나타나고 있었던 미국 경제의 쇠퇴였다. 그것은 1970년대 후반에 들어서 점차 더 심각한 문제로 떠올랐다. 그에 따라 풍요로움이 미국적 생활의 당연하고, 영구적인 특성이라고 생각하는 국민의식이 크게 흔들리게 되었다.

여기에 덧붙여 미국인들은 국제문제에 있어서도 좌절감이 커져 갔다. 왜냐하면 세계 속에서 미국의 통제능력, 다시 말해 세계 문제의 방향에 대하여 미국이 중요한 영향을 미칠 수 있는 힘의 한계(限界)를 느끼게 되었기 때문이다. 이제 많은 미국인들은 제한적인 기대감을 가지고 살아야만 하는 "한계의 시대"(an era of limits)가 왔다고 생각하게 되었다.

제2차 세계대전 이후 거의 30년 동안, 미국의 번영하는 경제는 세계인들의 부러움과 질시의 대상이었다. 미국은 전 세계 산업생산의 3분의 1을 차지하였다. 그리고 세계무역을 지배하였다. 미국의 달러화는 세계에서 가장 강력한 화폐였고, 다른 나라들이 자기네 화폐의 건전성을 측정하는 기준이기도 하였다.

제2차 세계대전말에 이미 다른 나라들의 생활 수준보다 높아져 있던 미국의 생활 수준은 그 이후에 더욱더 향상을 보였다. 그리고 미국인들은 이같은 번영은 미국사회의 정상 상태라고 당연시하게 되었다.

그러나, 이같은 낙관적 상황은 1960년대 후반부터 급속하게 사라져가고 있었다. 국내에서는 인플레이션 현상이 심각해져 갔다. 그리고 세계 시장에서는 물론 국내시장에서도 미국 제품은 일본과 서유럽 제품과의 경쟁에서 밀리기 시작하였다.

석유 파동과 인플레이션

그러나 미국 경제에 보다 더 직접적으로 치명적인 타격을 입힌 것은 아랍 국가들의 공급 중단이었다. 그것은 바로 미국인들이 "에너지 진주만 기습"(energy Pearl Harbor)이라고 비난했던 1973년의 산유국 국가들의 석유수출 금지 조치였다.

지구상의 어느 국가보다도 미국의 경제는 값싸고 풍부한 연료의 손쉬운 이용에 토대를 두고 있었다. 경제가 팽창해 가면서 연료에 대한 수요는 더 높아졌다. 그럼에도 불구하고 미국인들은 에너지를 보존하기 위한 어떠한 노력도 하지 않았다. 그들은 연료가 많이 드는 대형차를 몰고, 단열처리가 되지 않은 집에서 살았다. 그러므로 1973년에 미국은 필요한 석유공급량의 3분의 1을 수입해야 했다. 그에 따라 미국 경제는 수입석유에 대한 의존도를 더욱더 높여갔다.

이와 같은 약점은 석유수출국기구(OPEC)에 의해 잘 파악되고 있었다. 따라서 산유국들은 석유를 경제적, 또는 정치적 무기로 사용하기 시작하였다. 1973년에 산유국들은 이스라엘을 지지하는 국가들에게 더 이상 원유를 공급하지 않겠다고 선언하고 원유가격을 크게 인상하였다. 그 이후 5개월 동안에 석유 가격은 400퍼센트 올랐다. 수출금지 조치가 내려진 지 5개월이 되는 1973년 3월에 석유수출국기구 회원국의 다수는 수출 금지를 해제하였지만, 그럼에도 불구하고 석유가격은 그 후에도 계속 뛰어 올랐다.

석유 가격의 상승은 경제 전체에 영향을 미쳤다. 인상은 인플레이션이 유발됨으로써, 1972년의 3.3퍼센트에서 1973년 6.2퍼센트로, 1974년의 11퍼센트로 크게 뛰었다. 그리고 그것은 실업률을 높이는 동시에, 경제 성장을 둔화시켰다.

국민 대다수가 급격한 가격 인상의 사회적, 정치적 대가를 치르고 있는 동안에, 다국적 석유회사들은 막대한 이득을 얻었다. 그들의 이윤은 1973년에 70퍼센트로 뛰었고, 1974년에는 또 40퍼센트가 뛰었다. 그 결과로 석유회사들에 대한 대중적 분노가 커졌다. 많은 국민들은 석유회사들이 아랍 국가들과 손을 잡고 있지 않는가 의심하였다.

1973년의 석유파동에 대응하기 위해 의회는 가솔린 사용의 절약과 가솔린 배급제를 촉진하려고 하였다. 그리고 석유회사들의 막대한 이윤에 대해 세금을 부과하려고 하였다. 닉슨 대통령은 에너지 절약계획을 수립하였는데, 그 안에는 겨울철 정부건물의 실내 온도를 낮추고, 항공기 운행을 10퍼센트 감축시키고, 핵발전소의 건설을 앞당기는 내용이 있었다. 몇 달 동안 정부는 일요일의 가솔린 판매를 금지하였다.

자동차 산업의 쇠퇴

석유파동에 따른 경기후퇴는 자동차 산업에 심각한 타격을 주었다. 디트로이트에 있는 제네랄 모터스는 자기 회사 국내노동력의 약 6 퍼센트에 해당하는 3만 8천명의 노동자들을 기한 없이 해고하였다. 그리고 4만 8천명에게 한 번에 10일 정도의 휴가를 주었다. 왜냐하면 소비자들이 연료면에서 효율적인 외국의 소형차를 구매하게 됨에 따라, 휘발유 소비가 많은 미국산 자동차의 판매가 급격히 줄었기 때문이다. 미국 자동차 회사들은 대부분 대형차를 생산하고 있었으므로, 1974년 1/4분기의 기업 이윤은 제네랄 모터스는 85퍼센트로 떨어졌고, 포드는 66퍼센트, 크라이슬러는 98퍼센트로 떨어졌다.

소형차를 사기 위해 소비자들은 일본, 독일과 같은 외국제 자동차 판매 진열장으로 모여 들었다. 그리고 그것은 즉각 미국 자동차 산업의 불황으로 연결되었다. 그리고 자동차 산업의 침체는 즉각 다른 산업부문에 파급되었다. 자동차의 판매가 부진하자, 철, 유리, 고무 또는 판형과 틀 제품도 팔리지 않았다. 그 결과로 공장들은 노동자의 신규 채용을 중지하였을 뿐 아니라, 오랜 경력을 가진 숙련공들도 해고하기 시작하였다.

'스태그플레이션' 현상

제2차 세계대전 이후에 미국에서는 여러 차례 경기침체가 있었다. 그러나 이번의 경우는 이전에 경험했던 경우와는 달랐다. 그것은 1, 2년이 지나도 사라지지 않았다. 그렇게 된 부분적인 이유는 경기 침체와 더불어 인플레이션이 동시에 진행되고 있었기 때문이었다.

이전에는 경기 침체가 일어나면 정부는, 그 가운데서도 특히 민주당 행정부는 신케인즈주의(Neo-Keynesianism) 정책에 의존하였다. 즉, 그들은 연방 정부의 간섭 정책을 통해 문제를 해결하려고 하였다. 따라서 그들은 세금과 정부지출을 통제하는 재정정책, 그리고 이자율과 통화량을 통제하는 금융정책을 이용하여 경기순환의 불안정성을 줄이려고 하였다. 그리고 정부는 통제정책을 통해 취업률을 유지하고, 인플레이션율을 낮추려고 하였다.

경제가 침체에 빠지면 그것을 활성화시키기 위해 연방정부는 지출을 늘이거나 세금을 삭감하였다. 그리고 통화량을 늘이거나 대출 금리를 낮추었다. 경기가 과열될 경우에는 이와 반대되는 정책을 채택하였다. 바꾸어 말하면, 정부의 통제 정책은 실업과 인플레이션 문제에 있어서 한 가지를 희생으로 하여 다른 하나를 해결하려고 하였다. 이러한 정부간섭 정책은 근본적으로 민주당의 정책이었다. 그렇지만 공화당도 채택하는 경우가 많았다.

그러나 1970년대부터 정부는 두 가지 문제 가운데서도 어느 한 가지도 해결할 수 없는 곤란한 지경에 빠졌다. 왜냐하면 실업율과 물가가 동시에 급속히 상승하는 기이한 현상이, 다시 말해 경기침체와 인플레이션이 동시에 진행되는 '스태그플레이션'(stagflation)이 일어났기 때문이다. 그러므로 한 문제를 해결하기 위해 채택된 정책은 바로 또 다른 문제까지를 악화시키는 듯이 보였다. 실제로 1974년에 실업자가 증가하자, 그에 따라 인플레이션도 상승하였다. 그런데도 정부는 인플레이션의 악화를 두려워하여 실업자를 줄이기 위한 대대적인 정부지출 정책을 시행하지 못하였다.

직업구조의 변화

경기가 좋은 경우라 할지라도 1970년대에 매년 노동시장에 합류하는 수백만의 베이비붐 세대(baby boomers)에게 일자리를 마련해 주기는 어려웠다. 1970년대의 10년간에 일자리는 32.3퍼센트의 놀라운 증가를 보였다. 다시 말해 그 기간에 미국 경제는 2천 6백 50만의 일자리를 더 만들어 냈다.

그럼에도 불구하고 1970년대에는 탈산업화(deindustrialization)로 직업구조의 변화가 일어났다. 영스타운과 핏츠버그에 있는 제철공장은 휴업상태였다. 디트로이트의 버려진 자동차 공장 옆의 빈 주차장에는 잡초만 무성하였다.

이같이 중공업이 붕괴하자, 거기서 해고된 노동자들은 패스트푸드 식당(fast-food restaurant), 주유소, 편의점 같은 곳에서 일자리를 찾지 않으면 안되었다. 따라서 그들의 임금은 이전 임금의 절반으로 떨어질 수밖에 없었다. 종전의 일자리를 여전히 유지하고 높은 임금을 받는 노동자들조차도 중산층으로서의 자신들의 생활수준이 낮아져 가고 있음을 느끼고 있었다.

생산성의 하락과 노동조합의 책임

1947년과 1965년 사이에 미국의 산업생산력은 연간 평균 3.3퍼센트의 증가를 보였다. 이것은 산업가들에게는 이윤 증가의 혜택을, 그리고 소비자들에게는 상품가격 인하의 혜택을 가져다 주었다.

그러나 1966년에서 1970년에 이르는 기간에 연간 생산력의 증가는 평균 1.5퍼센트에 불과하였다. 다시 그것은 1971년과 1975년 사이에는 1.4퍼센트로 떨어졌다. 그리고 1976과 1980년 사이에는 0.2퍼센트밖에 증가하지 않았다. 바로 이와 같은 생산력의 둔화, 즉 단위 노동시간당 평균 상품생산성이 크게 떨어진 사실이 1970년대에 미국을 괴롭힌 또 하나의 문제였다.

이처럼 생산성이 떨어지게 된 원인으로서 여러 가지 요인이 지적되었다. 경제학자들은 기업들이 기술개발에 투자하지 않고, 경제가 산업경제로부터 서비스 경제로 옮겨간 사실을 그 원인으로 지적하였다. 또한 그들은 노동자들 속에서 근로윤리(work ethic)가 쇠퇴한 사실을 그 원인으로 지적하였다. 이유가 어떠하든 간에, 그 결과로 미국상품의 가격이 외국의 상품가격보다 높아졌다.

이와는 반대로 1970년대에 일본의 생산성은 자동화(automation)의 확대로 미국보다 4배 정도의 성장을 보였다. 예를 들면, 1979년에 도요타 회사는 생산노동자 1명당 50대의 자동차를 생산하였는데, 이것은 미국의 5배에 해당하는 높은 생산성이었다. 이와 같은 일본 기업의 노동력 절감은 일본 제품의 경쟁력을 높여주고, 그 결과로 미국 시장에서 미국 제품을 몰아냈다.

산업 생산력이 떨어졌음에도 불구하고 노동자들의 기대감은 낮아지지 않았다. 오히려 임금 상승률은 생산증가율을 앞질렀다. 그 때문에 일부 경제학자들은 임금상승이 인플레이션의 가장 큰 원인이라고 보았던 것이다. 그리고 일단 올라간 임금과 가격은 시장의 변동과는 상관 없이 다시 떨어질 줄을 몰랐다.

그 때문에 기업경영자들은 전반적으로 노동조합과의 임금계약에 대해 불만이었다. 특히 철강, 자동차, 고무와 같은 기간 산업의 경영자들은 임금연동제(automatic cost-of-living adjustments, ACOLAS)에 대해 불만이었다. 왜냐하면 그것은 생계비 상승에 따라 자동적으로 임금을 인상하도록 만들어 놓았기 때문이다.

노동조합에 대해 불만을 가지고 있다는 점에서는 정치인들도 마찬가지였다. "미국이 생산력 증가율을 가속시키지 않는다면 1980년대에 가서 보통 미국인들의 평균 생활수준은 급속히 떨어지질 것이다."고 상, 하 양원 합동경제위원회는 경고하였다.

신용대출과 인플레이션

인플레이션이 심해진 데는 1975년과 1979년 사이에 가정과 기업에 대한 신용대출이 쉬워진 사실도 작용하였다. 많은 사람들이 결핍의 시대가 다시 오지 않을까 하는 두려움에서 제품 구매에 열을 올렸다. 그리고 그러한 구매열은 손쉬운 대출로 실현되었다. 따라서 이 기간에 대출액은 940억에서 3,280억으로 세 배 이상 늘었다.

신용카드가 보급되어, 예를 들면 매스터 카드의 소지자는 1974년에 3,200만이었던 것이 5년 후에는 5,700만으로 껑충 뛰었다. 이같은 신용대출의 폭발적인 증가는 금으로부터 시작하여 주택에 이르는 모든 상품의 가격을 올리는 데 영향을 주었다.

사람들이 신용대출을 더욱 더 많이 받으려고 열을 올렸던 것은 이자 비용이 세금공제의 혜택을 받았을 뿐만 아니라, 이자 상승률이 인플레이션 상승률보다 낮았기 때문이었다. 그러므로 자신의 상환 능력을 넘는 많은 액수의 돈을 빌리는 사람들이 늘어나게 되었다. 예를 들면, 농부들은 돈을 빌려 새로이 농토, 값비싼 기계와 개간 장비를 구매하였다. 그 결과로 농부들의 채무는 1971년에 545억 달러였던 것이 1977년에는 1,227억, 1980년에는 1,658억으로 계속 늘어 갔다. 따라서 1980년대에 이르면 파산의 지경에 빠진 농민이 크게 늘게 되었다.

정부 규제와 사회보장제에 대한 반발

이와 같은 경제적 위기의 원인을 설명하기 위해 전문가들은 제각기 비난할 대상을 찾고 있었다. 다시 말해 그들은 자기나름대로 희생양을 찾고 있었다.

노동조합 지도자들은 국내 시장에서 미국 상품을 몰아내고 있는 외국 상품을 적(敵)으로 보았다. 그 때문에 그들은 미국 상품을 보호하기 위해 수입 상품에 대한 관세 부과를 요구하였다.

기업가들은 연방 정부가 보건, 안전, 공해방지에 관한 법을 엄격히 집행하는 것이 미국 기업의 경쟁력을 떨어뜨리고 있다고 비난하였다. 기업에 대한 연방정부의 규제 때문에 미국 제품은 외국 제품에 비해 비싸질 수밖에 없다고 그들은 주장하였다. 규제정책은 기업의 투자 의욕을 떨어뜨릴 뿐 아니라, 산업체들에게 매년 수백만 달러의 추가 비용을 부담시키고 있다고 그들은 주장하였다.

따라서 기업들은 환경청(Environmental Protection Agency), 직장안
전위생청(Occupational Safety and Health Administration)과 같은 규제
기구의 해체를 요구하였다. 특히 치열한 가격인하 경쟁으로 피해를 입고 있
는 석유, 항공기, 운수 산업을 연방정부의 규제 대상에서 제외시켜 주도록
요구하였다.

경기 침체의 원인으로서 가장 큰 비난을 받은 것은 사회보장비 지출을
포함한 연방정부의 대규모 지출 정책이었다. 뉴딜 정책(New Deal) 이래로
민주당 행정부들은 경기침체를 치유하고 빈민을 돕기 위해 정부지출을 늘려
왔다. 그 결과로 국가 채무가 계속 불어났다. 그와 같은 대규모 지출 정책은
결국은 그것을 반대해 오던 공화당 행정부들도 채택할 수밖에 없었다.

그러한 대규모 지출의 부작용은 1960년대의 존슨 행정부에 이르러 드
러나기 시작하였다. 당시 민주당 정부는 빈곤에 대한 전쟁(War on Pover-
ty)과 베트남 전쟁을 동시에 수행하고 있었다. 연방 정부는 두 개의 정책을
추진하기 위해 엄청난 비용을 조달해야 했고, 그 때문에 막대한 채무를 걸
머지게 되었다. 그 결과로 연방정부는 돈을 얻기 위해 민간 기업들처럼 경
쟁하게 되었다. 바꾸어 말해 연방정부와 민간 기업들은 투자 재원을 둘러싸
고 경쟁관계에 놓이게 되었다.

그리고 연방정부는 국가 채무에 대해 막대한 이자를 지불하였다. 이것
은 금리를 올리고 인플레이션을 부추기는 결과를 가져왔고, 그에 따라 기업
들은 사업 확장이 어렵게 되었다.

닉슨의 경제 정책

성장이 둔화되었다는 사실,그리고 인플레이션이 걷잡을 수 없이 진행되
고 있었다는 사실에 대해 리차드 닉슨은 잘 알고 있었다. 또한 그는 존슨의
민주당 행정부로부터 물려받은 경제에 생각보다 더 심각한 문제가 잠재하고
있다는 사실도 잘 알고 있었다.

그러므로 닉슨은 대통령에 취임하자마자 이같은 각종의 상황에 대처하
기 위한 "게임 계획"(game plan)을 발표하였다. 공화당 출신 대통령답게

그는 정부 지출을 줄이겠다고 약속하였다. 그러면서도 다른 한편에서는 세금을 더 많이 거두겠다는 것도 약속하였다. 그러나 이같은 이중적인 정책은 의회와 대중의 반발을 샀기 때문에, 시행에 큰 어려움을 겪게 되었다. 그러므로 닉슨은 보다 손쉬운 방법인 통화량 조절에 의존하게 되었다. 그래서 그는 보수적 경제학자들을 연방지불준비이사회(FRB)에 임명함으로써, 금리를 크게 올리고 통화공급량을 줄이려고 하였다.

그러나, 닉슨의 정책은 인플레이션을 둔화시키는 데 별로 기여하지 못하였다. 그 결과로 생활비는 닉슨이 대통령직에 오른지 2년 반만에 15퍼센트의 상승을 보였다. 더우기 1971년에 들어와 미국은 거의 80년만에 무역적자를 기록하였다. 그러므로 미국은 인플레이션이 극심하면서도 경제성장은 느린, 그리고 물가는 오르면서도 경제는 전반적으로 침체되는 스태그플레이션(stagflation)을 경험하게 되었다. 그것은 자본주의 경제에서 최악의 경우들이 전부 결합된 현상이었다.

1970년에 인플레이션률이 5.9퍼센트에 이르자, 닉슨 대통령은 연방지출을 억제하고 연방지불준비이사회로 하여금 신용대출을 줄이도록 하였다. 그렇게 되자 증권시장이 붕괴하고, 펜센트랄 철도회사(Penn Central Railroad)가 파산하였다. 그러므로 1971년 여름에 닉슨은 악화된 경제 상태를 극적으로 역전시키기 위해 단호한 조치를 강구하라는 강력한 여론의 압력을 받게 되었다.

달러화의 평가절하

따라서 닉슨은 우선 금본위제로부터 이탈하는 고육책(苦肉策)을 사용하지 않을 수 없었다. 이와 같은 달러화의 평가절하는 세계시장에서 달러화의 가치를 떨어뜨림으로써 미국의 수출을 촉진하는 효과를 가져 왔다. 그러나 그것은 미국인들이 해외에서 원자재를 구입하는 데 더 많은 비용을 들이게 하는 불리한 측면도 있었다.

닉슨 대통령은 이보다 더 대담한 정책을 발표하였다. 오랫 동안 자유방임주의자였던 닉슨은 인플레이션을 억제하기 위해 정부가 간섭하는 데 대해 비난하였다.

그러나 1971년 8월 15일에 그는 종전의 입장을 바꾸었다. 그는 1970년의 경제안정법(Economic Stabilization Act)에 따라 대통령이 모든 임금과 가격을 현재 상태대로 90일간 동결시킬 수 있도록 하였다. 그리고 1971년 11월에 가서는 그의 경제정책의 두번째 단계로 연방정부의 기구를 통해 임금과 가격의 인상을 규제하였다. 그 결과로 인플레이션은 일시적으로 둔화되었다. 그러나 경기침체 현상은 사라지지 않았다.

그러나 1972년의 선거가 가까와 오면서 공화당 행정부의 경제정책은 다시 한 번 바뀌었다. 선거에서는 인플레이션보다 경기침체가 더 큰 악재로 작용할 것이라는 정치적인 계산이 작용했기 때문이었다. 그리하여 1971년 후반부터는 경제를 활성화시키기 위해 이자율을 크게 낮추고 정부 지출을 크게 늘리는 정책으로 방향을 바꾸었다. 그 결과로 미국은 제2차 세계대전 이래로 가장 큰 예산적자를 기록하게 되었다. 그리고 그것은 경제적으로 재앙에 가까운 파국을 가져왔다.

그러므로 닉슨은 규제와 축소의 정책을 버리고, 다시 자유방임의 정책으로 방향을 바꾸었다. 그에 따라 임금과 가격에 대한 연방정부의 규제는 풀어졌다. 그러나 인플레이션이 다시 치솟아, 석유수출국기구(OPEC)의 원유가격 인상과 겹쳐, 12퍼센트까지 뛰어올랐다. 달러화의 가치는 계속 떨어졌고, 미국의 국제 무역량은 계속 줄어들었다.

닉슨 행정부가 경제 정책의 수행에서 갈팡질팡했던 사실은 국가의 장래에 대해 미국 국민이 당시에 가지고 있었던 인식의 대혼란을 그대로 나타내고 있었다. 그 당시 미국의 정부와 국민은 경제문제의 원인이 되는 국제적 역학관계를 거의 이해하지 못하였다. 따라서 그들은 모두 눈앞의 문제들을 해결하기 위한 단기적 해결책에만 촛점을 맞추었다. 그리고 이와 같은 닉슨 행정부의 방황은 그것을 계승한 다음의 두 행정부에서도 계속되었다.

포드의 자유방임 정책

제랄드 포드가 대통령이 되었던 1974년에, 석유수출국기구의 석유가격 인상으로 인플레이션율은 11퍼센트로 뛰어 올랐다. 두려움을 느끼게 된 포드 대통령은 기업체, 소비자, 그리고 노동자들이 자발적으로 연료를 절약하도록 촉구하였다. 그리하여 대중 운동의 자발적 구성을 북돋아주기 위해 인플레이션 극복운동(WIN, Whip Inflation Now)을 조직하였다.

그러나 실제에 있어서 포드 행정부의 조치는 인플레이션과 에너지 문제를 다루기 위한 효과적인 정책이 되지 못하였다. 그러므로 포드는 임금과 가격에 대한 통제 정책을 버리고, 자유방임과 자발성의 방법에 호소하였다. 따라서 인플레이션 문제에 대한 포드의 대책은 닉슨의 경우와 같이 연방지출을 줄이고, 연방지불준비이사회로 하여금 신용대출을 줄이도록 하는 것이었다. 그는 이자율을 높게 유지하고, 빈번한 거부권 행사를 통해 연방정부 지출을 줄이려고 하였다.

그러나 1974년과 1975년에는 40년만의 최악의 경기침체 현상이 일어났다. 생산은 거의 10퍼센트 이상 감소하였다. 1975년에 실업률은 8.5퍼센트로 뛰어 오르고, 경제활동이 둔화되었다. 1977년 회계년도의 연방정부 적자는 600억 달러라는 기록적인 숫자에 도달하였다. 그에 따라 포드 행정부의 인플레이션 극복(WIN)계획도 국민에게 아무런 감동을 주지 못하였다.

핵 발전소의 위험성과 도시재정의 파탄

그러나 모든 문제의 중심은 계속되는 에너지 위기에 있었다. 그리고 포드 행정부 역시 닉슨 행정부와 마찬가지로 에너지 문제에 대해 일관된 정책을 수행할 수 없었다. 따라서 그것은 인플레이션 문제에서와 마찬가지로 에너지 위기에서도 단지 미봉책만을 강구할 수 있었을 뿐이었다.

에너지 위기는 원자력 발전소 건설에 대한 논란을 일으켰다. 원자력 사용의 옹호자들은 미국이 에너지 부문에서 자립하기 위해서는 더욱더 핵 에너지에 의존해야 한다고 주장하였다. 그러나 환경운동가들은 핵 사고의 위험이 너무 크고 핵 폐기물을 저장할 안전한 방법이 없다는 이유로 반대하였다.

1975년 3월에 세계 최대의 원자로의 하나가 있는 앨라바마 주 브라운스페리(Brown's Ferry)에서 사고가 일어나자, 환경운동가들의 입장은 더욱더 강화되었다. 그리고 1979년 3월에는 펜실베이니아 주 쓰리마일 아일랜드(Three Mile Island)의 원자력 발전소에서도 사고가 일어났다. 그것은

스리마일 아일랜드

날름판(안전판)이 원자로의 중추를 지나치게 가열시켜 녹혀 버릴 위험성이
있었다. 뿐만 아니라 방사능에 오염된 물이 흘러나왔기 때문에 방사능 유출
의 가능성도 있었다. 그 때문에 수십만의 주민들이 피신하였다. 그때까지
96대의 원자로가 전국에 건설 중이었고, 30대 이상이 주문되어 있는 상태였
다. 그러므로 원자력 발전소에 대한 두려움은 아주 컸다.

또 다른 위기는 전국적으로 나타난 도시들의 재정적 파탄이었다. 그것
은 에너지 위기, 스태그플레이션에다가, 산업체와 중산계급이 교외 지역이
나 남부 지역으로 옮겨감으로써 나타난 결과였다.

1975년 11월에 뉴욕시가 봉급과 채권을 지불하지 못하면서 이 문제는
시작되었다. 그러나 포드 대통령은 파산 직전의 뉴욕시를 구출하려는 연방
정부의 계획에 반대할 것이라고 선언하였다. 그럼에도 불구하고 상, 하 양원
재정분과위원회는 뉴욕 시를 구출하기 위한 대출 보증을 승인하였다. 포드
대통령은 할 수 없이 자신의 주장을 굽혔다.

특히 추운 냉한대(Frost-belt) 지대, 즉 동부와 북부에 재정적으로 곤경
에 빠진 도시들이 많았다. 재정 파탄의 원인은 사회보장 수혜자의 수가 늘
어나고, 탈산업화 현상이 일어나고, 그에 따라 납세자의 수효가 줄어든 데
있었다. 1978년 12월에 클리브랜드시가 처음으로 파산하였다.

2. 카터 행정부의 무능과 실패

1976년의 선거와 민주당의 승리

1976년의 대통령선거가 가까워오면서, 포드의 정책들은 우익과 좌익 양쪽에서 공격을 받기 시작하였다. 공화당 예비선거전에서 포드는 공산주의자들에게 유화적인 태도를 보인다는 이유로 우파로부터 공격을 받았다. 캘리포니아 주지사였던 로날드 레이건(Ronald Reagan)의 공격이 가장 신랄하였다. 그러나 공화당 전당대회에서 포드는 레이건을 누르고 대통령 후보로 지명받았다.

민주당에게는 1976년이 되기도 전에 벌써 후보들이 움직이기 시작하였다. 후보들 가운데는 인디애나의 버치 베이(Birch Bayh), 텍사스의 로이드 벤츤(Lloyd Bentsen), 그리고 워싱턴의 헨리 잭슨(Henry Jackson)이 있었다.

카터 대통령 : 워싱턴의 외톨이

그러나 관심은 그때까지만 해도 거의 알려지지 않았던 지미 카터 (Jimmy Carter)에게 쏠리기 시작하였다. 왜냐하면 정직성과 공개성을 강조하는 그의 태도는 워터게이트 사건을 둘러싼 비밀주의와 부패에 대해 환멸을 느끼고 있던 시대의 분위기와 맞았기 때문이다. "나는 결코 거짓말을 하지 않을 것이다"고 그는 약속하였다. 정치의 도덕성과 행정부의 효율성을 강조하는 그의 태도는 유권자들로부터 신뢰감을 얻기에 충분하였다.

카터는 해군사관학교 출신으로서 핵잠수함에서 근무한 적이 있었다. 제대한 뒤 고향 조지아로 돌아와, 아버지의 뒤를 이어 땅콩 농장주가 되었다. 그리고 정치가로 나서 조지아 주지사가 되었다. 그는 남부의 하층민과 흑인 속에서 많은 신도를 가지고 있는 침례교에 속해 있었다. 또한 그는 "거듭난"(born-again) 기독교인으로 불리는 복음주의자로서 근본주의(funda-mentalism) 신앙을 가지고 있었다.

또한 카터는 정치적 야심도 있었다. 이미 2년 전부터 그 자신과 그의 자문들은 선거전략을 짜고 있었다. 그러므로 1976년에 예비선거가 시작되었을 때, 이미 그는 전국을 순회할 준비가 되어 있었다. 카터는 다른 후보자들보다 더 열심히, 더 오랫동안 유세활동을 벌였다. 그 때문에 그는 전당대회에 참가할 때는 지명권을 얻어내기에 충분한 대의원을 확보하였다. 그는 미네소타주 상원의원인 월터 먼데일(Walter Mondale)을 부통령 후보로 선택함으로써, 북부의 진보주의자, 흑인, 노동조합 및 정치 보스들의 지지를 얻게 되었다.

카터는 빈민, 노인, 유색인종, 노동자, 도시주민, 농민의 이익을 대변함으로써 사회 문제에 관한한 자신이 진보주의자(liberal)임을 부각시키려고 하였다. 그리고 외교에 있어서는 인권(人權), 군비축소, 불간섭주의를 강조하였다. 그러나 무엇보다 그가 강조했던 것은 소박하고 가정적인 농부, 즉 보통 사람(common man)으로서의 상이었다.

그러나 선거전에서 포드나 카터 어느 쪽도 유권자의 많은 관심을 불러일으키지 못하였다. 그 때문에 선거당일 유권자의 53.5퍼센트만이 투표하였다. 경제상황이 나쁘고 그에 따라 포드 행정부에 대한 불만감이 컸기 때문에, 결국은 민주당의 카터 후보가 승리하였다. 그러나 그 차이는 8천만 표 중에서 겨우 170만 표에 지나지 않았다. 카터는 일반투표의 50퍼센트를, 포드는 47.9퍼센트를 획득하였다.

1976년 선거의 의미는 계급적, 인종적 대립(對立)이 뚜렷이 부각되었다는 사실에 있었다. 민주당의 카터는 흑인과 멕시코계 표의 90퍼센트를 획득하였는 데, 이것이 민주당 승리에 결정적으로 기여하였다. 공화당의 포드에 대한 지지는 중산계급, 중상위 계급에서 강하였다.

그러므로 어느 정치평론가의 말대로, 투표 결과는 "유산자와 무산자를 구분하는 선을 따라 상당 정도 나뉘어"졌다. 뉴딜 이후 나타나기 시작한 두 정당의 인상, 즉 빈민계급 정당으로서의 민주당과 중산계급 정당으로서의 공화당이라는 구분이 이제 확연히 드러나게 된 것이다.

카터 행정부의 무기력

지미 카터는 미국이 가장 극심한 혼돈과 난관에 봉착하고 있던 시기에 대통령직을 맡았다. 어떠한 지도자가 나타나더라도 이같은 불리한 상황에서는 대중들의 적대감을 회피할 수는 없었을 것이다. 그러나 카터는 영도력의 부족으로 상황을 더욱 더 악화시켰다. 그는 대통령으로서 정부가 가야 할 방향이나 전체적인 비젼을 전혀 제시하지 못하였다. 그러므로 백악관의 어느 참모는 그를 가리켜 "정열 없는 대통령"이라고 혹평하였다.

선거 운동 기간 중에 카터는 자신을 소외된 국외자(outsider)로 부각시켰다. 그는 미국에서 소외된 지역인 남부 지역 출신으로서, 워싱턴의 중앙 정치 무대에서 활동한 경험이 없었다. 그러므로 그는 자신이야말로 연방정부를 지배하고 있는 각료와 관리들과는 대립되는 보통 사람(commom man)으로 자처할 수 있었다. 그러므로 그는 워싱톤 정가의 중심에서 활동하던 사람들보다는 조지아 시절의 친구들을 등용하였다.

전임자와 마찬가지로, 카터도 에너지 문제와 관련된 경제문제에 모든 노력을 쏟아야만 했다. 심각한 경제 침체의 소용돌이 속에서 카터는 스태그플레이션을 극복하기 위해 노력하였다. 그러나 그 역시 결국 닉슨이나 포드가 걸어갔던 자유방임 정책과 통제 정책 사이에서 갈팡질팡하였다. 단지 전임자들과 다른 것이 있다면, 정책의 순서가 바뀌었을 뿐이었다.

우선 카터는 케인즈 경제학의 이론에 따라 정부통제 정책을 채택하였다. 그래서 카터 행정부는 세금삭감과 정부지출 증가의 방법으로 실업문제를 해결하려고 하였다. 그것은 실업자를 줄이기 위해 공공사업과 공공 서비스 부문에 대한 정부지출을 늘였다. 그 결과로 1976년 후반 거의 8퍼센트에 이르던 실업률이 1978년 말에는 5퍼센트 약간 넘는 수준으로 감소하였다. 그러나 그 대가로 인플레이션이 더욱더 심해졌다. 그에 따라 미국 경제는 카터 행정부의 마지막 2년간에 매년 10퍼센트 이상의 가격상승률을 기록하며 더욱 더 악화되었다.

그러자 카터는 방향을 완전히 바꾸어 긴축재정과 억제정책을 채택하였다. 그는 보수적인 경제전문가를 연방지불준비이사회(FRB)의 책임자로 임명하여, 고금리 정책을 정착시키는 동시에 통화량을 줄이려고 하였다. 그 결과로 1980년에 이자율은 20퍼센트가 넘어 미국 역사상 최고 수준으로 올라갔다. 그리고 실업률은 7.5퍼센트에, 저당률은 15퍼센트에, 그리고, 인플레이션은 평균 12~13퍼센트에 도달하였다. 그에 따라 미국 경제는 아주 어려운 상태에 놓이게 되었다.

카터와 에너지 위기

에너지 문제는 카터의 재임기간 중에 더 골치아픈 문제로 떠올랐다. 카터는 에너지 문제를 극복하기 위해 종합 에너지 계획을 제시하였다. 그러나 그 계획의 구체적인 내용들은 적극성이 없었다. 왜냐하면 그것들은 대부분이 에너지 보존이라는 소극적인 목표에 토대를 두고 있었기 때문이다. 이러한 보수적인 계획마저도 의회를 통과하면서 상당히 약화되었다. 그러므로 1978년에 통과된 에너지 관계법은 아무런 의미도 없었다.

1979년 여름에 이르면서 에너지 전쟁은 새롭고도 더 긴박한 상황에 돌입하였다. 다시 중동 지역의 불안이 커지면서, 석유수출국기구(OPEC)는 또 다시 제2차 가격인상을 발표하였다.

그러므로 카터는 에너지 수입에 대한 의존도를 낮추려고 하였고, 그 방안으로 합성 에너지 산업의 육성을 포함하는 에너지 대책을 발표하였다. 그러나 제안 연설의 내용이 국민을 분노케 하였다. 왜냐하면 카터가 위기의 시대에 대하여 불만을 토로했던 말이 마치 국민 전체에게 책임을 돌리려 했다는 인상을 주었기 때문이다. 따라서 카터에 대한 지지도는 리차드 닉슨이 최악의 상황에 있었을 때보다 더 낮은 26퍼센트로 떨어졌다

그에 대한 비판적인 분위기에도 불구하고, 진보적인 민주당 대통령으로서 카터는 임기 초반에 상당한 업적을 남겼다. 카터 행정부는 과거 그 어느 때 보다도 더 많은 수의 흑인, 히스패닉계, 여성을 공직에 임명하였다. 그리고 빈민과 노인을 돕기 위해 난방연료 구입 보조금을 의회에 요구하였다. 그리고 베트남 전쟁 당시 징집을 거부하고 해외로 망명했던 젊은이들을 사면하였다. 그러나 이 조치는 병역 기피자들의 비애국적인 행동을 정부가 정당화해 주었다는 이유로 큰 반발을 샀다.

또한 카터는 에너지, 운송, 그리고, 자연보존의 정책에서도 업적을 남겼다. 국내의 석유생산을 촉진하기 위해 카터 행정부는 석유가격의 점진적인 자율화를 시작하였다. 그리고 에너지 가격의 자율화로부터 얻어진 막대한 이윤에 대해서는 과다이윤세(windfall profits tax)를 부과함으로써, 에너지 위기의 사회적 충격을 줄이려고 하였다. 또한 카터 행정부는 독립적인 에너지교육부(Departments of Energy and Education)를 행정부 안에 신설하였다.

또한 그는 항공, 트럭 운송, 철도 산업에 자율권을 부여하고, 은행에 대한 연방정부의 감독을 완화하도록 하였다. 그리고 화학 폐기물을 정화하기 위하여 16억 달러의 재원을 확보하였다. 마지막으로 그는 1억 에이커가 넘는 알래스카의 땅을 국립공원, 국유 산림지대, 야생동물 서식처로 지정함으로써, 연방 정부의 보호 밑에 두었다.

카터의 고립

이와 같은 업적에도 불구하고, 지미 카터의 인기는 일찌기 시들어져 갔다. 그는 당당하지 못하고 지도력이 부족한 듯이 보였다. 그는 취임식 직후 펜실베이니아 가를 걸어 백악관까지 행진함으로써, 평민 대통령으로서의 상(像)을 부각시키려고 하였다. 그리고 그는 수행 비서에게 맡기는 것이 관례였던 대통령의 가방을 자신이 직접 들고 다니는 서민으로서의 세심함도 보였다.

그럼에도 불구하고 그는 대중과 가까워지지 못하였다. 그리고 의회 지도자들과 원만한 관계를 유지하지 못했다. 뿐 아니라, 민주당의 전통적인 동맹자인 미국노총(AFL-CIO)과도 친밀한 관계를 유지하지 못하였다. 결국, 카터는 중앙 무대에 끼지 못하는 국외자(outsider)로서 백악관에 들어가, 그의 임기 동안에도 여전히 국외자의 위치를 벗어나지 못했다.

카터의 온건하고 우유부단한 정책은 뉴딜 진보주의의 전통에서 성장한 민주당 의원들의 불만을 일으켰다. 그의 자율화 정책, 다시 말해 임금과 가격에 대한 통제를 거부하고 가솔린 배급에 반대하는 그의 태도는 정부간섭주의적인 민주당의 전통에 위배되는 것이었다. 카터가 이처럼 공화당의 자유방임주의적 정책을 받아 들이게 된 것은, 경기침체나 실업보다 인플레이션이 국가의 건전성을 더 해친다고 생각했기 때문이다. 실업자가 늘어난다 해도 우선 연방지출을 줄여야 한다고 그는 생각했던 것이다.

이러한 정책은 근본적으로 공화당의 그것과 같은 것이었다. 그러므로 민주당의 진보주의자들은 카터가 공화당의 비밀 당원이라고 비난하였다. 그러나 그와 같은 비난을 무릅쓰고 시행한 정책도 효과를 가져 오지 못했다. 왜냐하면 인플레이션 억제 정책에도 불구하고 물가는 계속 올랐기 때문이다.

그러므로 대통령으로서의 그의 권위는 민주당 안에서도 도전을 받았다. 왜냐하면 1979년 11월에 벌써 에드워드 케네디(Edward Kennedy)상원의원이 대통령 지명전에 나갈 것이라고 발표했기 때문이다. 에드워드 케네디는 존 케네디 대통령과 로버트 케네디 법무장관의 동생이었다.

카터가 부딪힌 문제들 가운데는 그 자신의 능력 범위를 벗어나는 것도 많았다. 1979년에 이란에서 회교도 혁명이 일어나 팔레비 왕정이 무너지고 회교 공화국이 수립되었다. 새로 들어선 회교 정부는 미국에 대한 석유공급을 중단하였다. 그리고 과격파 회교도들은 1979년 11월에 테헤란 주재 미국 대사관을 습격하여 66명의 미국인을 인질을 잡았다. 그에 따라 미국의 국가 위신은 크게 떨어졌다.

여기에 덧붙여 석유수출국기구가 1979년에 다시 석유가격을 올림으로써, 원유가격은 거의 두 배로 올랐다. 그 결과로 미국인들은 그해 여름에 다시 주유소에 장사진을 칠 수밖에 없었다. 그에 따라 카터 대통령에 대한 지지도는 또다시 크게 떨어졌다.

그리고 미국의 경제적 곤경은, 크라이슬러 회사(Chrysler Corporation)가 1979년 상반기에 4억 6천 6백만 달러의 손실을 기록함으로서, 다시 확인되었다. 카터 행정부는 크라이슬러 자동차 회사를 구출하기 위한 대책을 마련하고, 그에 따라 의회는 1980년 1월에 15억 달러의 지불 보증을 허가하였다. 그러나 대출에는 조건이 붙었다. 의회는 크라이슬러사에게는 고용인들의 임금 삭감을, 은행에게는 양보를, 주 정부와 지방 정부에게는 지원을 요구했던 것이다.

대통령 권위의 추락

카터가 전임자들로부터 물려받은 문제들 가운데는 정치적인 것도 있었다. 1950년대에 아이젠하워는 8년간 대통령직을 맡았다. 그러나 그 이후로 어느 대통령도 두 임기를 완전히 채우지 못하였다. 그 때문에 이제 미국은 4년마다 바꿔치울 수 있는 "일회용 대통령"(disposable president) 제도를 창출한 것이 아닌가 우려하게 되었다.

이것은 대통령직의 위상이 낮아졌음을 의미하였다. 베트남전쟁과 워터게이트 사건 이후 의회는 대통령을 꼼짝하지 못하도록 만들었다. 선거운동법(campaign laws), 예산집행정지법(impoundment act), 전쟁선포권법(War Powers Act)의 제정은 대통령에게 씌운 올가미들이었다. 그 결과로 권력은 백악관에서 국회의사당으로 넘어갔다.

게다가 의회도 정치 신인들의 진출로 분위기가 크게 바뀌었다. 여성의원들의 진출이 두드러졌다. 그리고 이들 신인 정치가들 가운데는 기성의 권위에 대해 맹목적으로 충성하지 않는 사람들이 많았다. 그에 따라 정당의 기강이나 규율도 느슨해졌다.

상황을 더 복잡하게 한 것은 의사당 주변에 수많은 이익단체들의 로비스트들이 들끓게 된 사실이었다. 이익 단체들은 단일 문제를 중심으로 이루어진 것들로써, 가장 유명한 것이 무역협회, 기업체, 노동조합, 전국총기협회(Rifle Association)였다. 1974년과 1980년 사이에 정치활동후원회(political action committee)의 수도 네 배 이상 늘어 2,765개에 이르렀다. 이처럼 정치 활동 후원단체가 늘어나게 된 데는 1974년의 선거자금법(Campaign Finance Law)이 부분적으로 작용하였다. 이 법은 각 후보자에 대한 정치활동후원회의 기부금 상한액을 5천 달러로 제한하였다. 그러나 정치가가 기부를 받을 수 있는 정치활동위원회의 수는 제한을 두지 않았다. 그 때문에 후원 단체수는 한없이 늘어갔다.

정당의 기강이 무너졌기 때문에, 이익집단들은 제각기 그 자신들의 계획을 실현하기 위한 직접 행동에 나섰다. 한 백악관 보좌관이 말했듯이, 각 이익집단은 자신들이 원하는 법안을 통과시키기 위해 "스스로 나서서 다수표를 확보하는"(roll-your-own majority) 상황이 벌어졌다. 그러므로 법안을 통과시키기 위해서는 대통령 자신도 직접 나서야 할 판이었다. 이와 같은 일을 추진하기 위해서는 여론을 움직이고 정치가들의 체면을 세워 줄 기술이 필요하였다. 그러나 카터에게는 그와 같은 기술이 없었다.

1980년에 이르면서 미국 경제는 최악의 상태에 있었다. 인플레이션은 1979년에 13.4퍼센트로 뛰어 올랐다. 세계의 구매자들 속에서 달러화에 대한 신뢰감이 떨어졌기 때문에, 금의 가격은 유례가 없을 정도로 크게 올랐다. 그러므로 달러화의 가치를 유지하고, 인플레이션을 둔화시킬 필요가 있었다. 그에 따라 연방지불 준비이사회는 은행 대출금의 이자율, 즉 할인율을 인상하였다. 우량기업에 대한 대출금리(prime lending rate)도 20퍼센트라고 하는 최고 기록을 세웠다.

최악의 상태

1980년에는 실업률이 7.5퍼센트에 이르면서 경제는 완전히 침체의 국면에 들어갔다. 카터 행정부의 경제 정책은 혼란에 빠지고, 그에 따라 상황은 최악의 상태에 이르렀다. 2/4분기 기간에 국민총생산은 전혀 증가하지 않았다. 높은 인플레이션율과 높은 실업률이 결합되어 불쾌지수(discom-fort index)는 거의 20퍼센트에 이를 정도로 높았다.

게다가 지미 카터는 정치적 문제로도 상당히 곤란한 상황 속에 놓여 있었다. 이란 인질 사건과 소련의 아프가니스탄 침공은 카터와 미국의 무능함을 더욱 더 돋보이게 하는 것 같았다. 따라서 그의 인기도는 역사상 어느 대통령보다도 낮았다.

1980년 4월에 이란의 미국인 인질들을 구출하기 위한 1차 협상이 실패로 돌아가자, 카터 대통령은 비밀 구출작전을 명령하였다. 그러나 그것도, 작전 과정에서 몇 대의 군용 헬리콥터가 사막에 추락함으로써, 실패로 돌아가고 말았다. 인질구출 작전을 둘러싸고 미국의 외교정책이 호전성을 보이게 되자, 국무장관 사이러스 밴스(Cyrus Vance)가 대통령의 강경 노선에 반발하였다. 그러므로 그는 항의의 표시로 장관직을 사직하였다.

카터의 위상은 민주당 안에서도 흔들렸다. 1980년의 선거에 대비해 대통령 후보를 지명하기 위한 예비선거에서 에드워드 케네디의 강력한 도전을 받았기 때문이다. 케네디는 예비선거 후반에서 카터 대통령에게 일련의 승리를 거두었다. 그러나 에드워드 케네디는 사생활을 둘러싼 잡음에 시달렸다. 그의 스캔들 가운데서 가장 유명한 것이 1969년의 채파퀴딕 사건이었다. 그것은 매사추세츠의 해안에서 에드워드 케네디에의 자동차를 타고 있던 한 젊은 여성이 빠져 죽은 사건이었다.

결국 카터는 도전자를 물리치고, 민주당의 대통령 후보로 다시 지명되었다. 그러나 카터 후보에게는 선거전에서 대중적인 열광을 일으킬 만한 문제의식과 정열이 없었다.

3. 1970년대의 제3세계 문제

닉슨 – 키신저 전략

닉슨과 키신저는 베트남 전쟁을 그렇게 중요한 것으로 보지 않았다. 그들은 그것을 "단기적 문제"나 또는 역사의 지엽적인 사건에 지나지 않는 것으로 무시하였다. 그러므로 두 사람에게 있어서 국제 문제의 핵심은 초강대국인 미국과 소련의 관계였다.

그럼에도 불구하고 제3세계는 미국에게 중요하였다. 따라서 미국은 그들에게 힘을 과시함으로써 견제할 필요가 있었다. 왜냐하면 제3세계 국가들에 대한 견제는 미국이 천연자원과 시장을 얻는 데 필요했을 뿐만 아니라,

미국이 소련과 화해 관계(détente)를 유지한다는 거대한 세계전략을 수행하는 데도 필요했기 때문이다.

따라서 미국은 제3세계에서 혁명과 급진주의를 봉쇄하고, 그에 따라 파생되는 불안정을 막아야 했다. 또한 미국은 국제연합과 같은 국제기구에서 미국의 영향력에 대한 제3세계의 도전도 적절히 막아야 했다. 베트남 전쟁과 같은 제한전쟁(limited war)은 좋은 방법이 아니었다. 왜냐하면 그러한 방법은 미국에게 너무 많은 희생을 요구할 뿐만 아니라 미국과 소련의 직접 대립으로도 이끌 위험성이 있었기 때문이다.

그러나 이와 같은 닉슨-키신저의 거대한 세계전략은 잘 통하지 않았고, 그 사실은 중동전쟁에서 드러났다. 1969년 닉슨이 대통령직에 취임하였을 때, 중동은 닉슨의 말을 빌리자면 하나의 "작은 화약고"에 지나지 않았다. 이스라엘은 미국의 무기를 사용하여 1967년의 6일전쟁(Six-Day War)에서 이집트와 시리아에 대해 승리를 거두었다. 그 결과로 이스라엘은 시리아로부터 요르단강 서안지역과 고대 예루살렘 시, 골란고원을 빼앗았다. 그리고 이집트로부터는 시나이반도를 빼앗았다. 이스라엘의 적이었던 아랍국가들은 소련의 무기를 사용하고 있었다.

중동사태에는 팔레스타인 문제가 중요하게 작용하였다. 그것은 1948년에 이스라엘이 국가로 탄생하면서 팔레스타인에 살고 있던 아랍인들의 대부분이 쫓겨남으로써 발생한 문제였다. 집과 고향에서 쫓겨난 아랍 피난민들은 팔레스타인 해방기구(PLO)를 조직하였다. 그들은 이스라엘을 타도하려는 단호한 태도를 가지고 있었다. 따라서 팔레스타인 해방기구는 유태인거주지역에 대한 습격이나 비행기 납치를 통해 그들의 의사를 표시하기도 하였다. 1972년에는 서독 뮌헨 올림픽에 참가한 이스라엘 선수들을 살해하였다. 그에 대한 보복으로 이스라엘은 팔레스타인 해방기구 지도자들을 암살하였다.

1973년의 중동 전쟁

1973년 10월에 이집트와 시리아는 1967년의 '6일 전쟁'에서 빼앗긴 영토를 찾기 위해 이스라엘을 공격하였다. 미국과 소련 사이에 '데탕트'의 관계가 형성되었음에도 불구하고, 이번에도 소련은 이집트를 후원하고 미국은 이스라엘을 지원하였다. 그리고 미국과 소련은 핵무기를 포함한 무력 경계 태세에 들어갔다.

아랍 국가들은 미국이 이스라엘을 지원하는 데 대해 분개하였다. 그에 따라 석유수출국기구(OPEC)는 미국에 대한 원유 수출을 금지하였다. 그 결과로 미국을 비롯한 서방 석유수입국들은 에너지 위기에 부딪치게 되었다. 그리고 석유가격이 크게 오름에 따라 그들의 경제도 큰 타격을 받게 되었다.

그러므로 닉슨 행정부는 미국에 대한 중동 아랍인들의 적대감을 가라앉힐 수 있는 비상대책을 마련하려고 하였다. 키신저는 이스라엘과 아랍국들 사이의 휴전협정을 주선하기 위하여 이스라엘과 중동국가들의 수도들을 왕복비행하는 "왕래 외교"(shuttle diplomacy)를 펼쳤다. 그 결과로 1974년 3월에 석유수출국기구(OPEC)는 원유수출금지를 해제하였다. 1975년에 키신저는 이집트와 이스라엘을 설득하여, 시나이반도에 국제연합 평화유지군을 주둔시키는 평화안을 받아들이도록 했다.

그럼에도 불구하고 양측에는 여전히 많은 문제들이 남아 있었다. 그러한 문제들 가운데는 고향과 집을 잃은 팔레스타인 피난민의 정착 문제, 이스라엘이 점령한 예루살렘과 요르단강 서안지역의 반환 문제, 점령지역에서 유태인 정착촌을 건설하려는 이스라엘에 대한 견제 문제, 그리고 이스라엘 국가를 파괴하려는 아랍국가들을 억제하는 문제들이 있었다. 특히 휴전 협정을 계기로 이집트가 미국에 더욱 더 접근하게 되었기 때문에, 미국과 소련의 경쟁관계는 더욱더 복잡하게 전개되었다.

칠레 사태와 앙골라 사태

라틴아메리카에서 닉슨의 전임자인 존슨 대통령은 간섭주의(interventionist) 정책을 추진하였다. 존슨은 도미니카 공화국에 좌파(左派) 정부가 들어서지 못하도록 1965년에 2만명의 미군을 파견하였다. '존슨 독트린'에서 존슨 대통령은 공산주의자들이 서반구 국가들에서 정권을 잡지 못하도록 할 것이라고 선언했다.

그러나 1970년에 칠레에서는 마르크스주의자인 아옌데(Salvador Al-lende)가 대통령에 당선되었다. 닉슨은 칠레의 공산화(共産化)를 우려하였다. 미국의 중앙정보부는 칠레의 군부로 하여금 쿠데타를 일으키도록 부추겼다. 마침내 1973년에 군부는 쿠데타를 일으켜 아옌데를 처형하고 새로운 정부를 출범시켰다.

그러나 아프리카에서는 닉슨과 키신저의 책략이 잘 먹혀 들어가지 않았다. 1960년대와 1970년대초에 앙골라에서는 식민지를 계속 보유하려는 포르투갈과 독립하려는 앙골라인들 사이에 충돌이 일어났다. 그리고 그러한 대결 과정에서 미국은 포르투갈을 지지하였다. 그러면서도 미국 중앙정보부는 앙골라 독립군에게 자금을 자원하였다. 결국 1975년에 앙골라는 독립을 얻었다.

그러나 독립된 지 얼마 안되어 앙골라에서는 내전(civil war)이 일어났다. 미국과 남아프리카 공화국은 비밀리에 한 쪽을 지원했고, 소련은 다른 한 쪽을 도와주었다. 닉슨 행정부의 은밀한 지원 사실이 드러나자, 미국 의회는 앙골라의 친미 세력에 대한 지원을 중단시켜 버렸다.

이와 같은 의회의 조치에 대한 키신저는 항의하였다. 그는, 앙골라 내전에서 공산주의 세력이 승리하면, 소련이 아프리카에서 영향력을 행사할 기반을 얻게 될 것이라고 경고하였다. 그렇지만 의회는 미국이 아프리카의 내전에 개입해서는 안된다는 것, 그리고 인종차별정책을 펼치고 있는 남아프리카 공화국과 손을 잡아서는 안된다고 하였다. 결국 앙골라 내전은 키신저가 우려했던 대로 친소파(親蘇派)의 승리로 끝났고, 그 결과로 좌파 정부가 들어섰다.

앙골라의 좌경화에 자극을 받은 미국은 아프리카의 다른 지역에 대해 더욱더 민감하게 반응하게 되었다. 키신저의 말대로 이제 미국은 "아프리카의 급진화를 막아야" 했기 때문이다. 그래서 미국은 친미적인 흑인 국가들과 경제적 관계를 강화하고, 그들에게 무기를 제공하였다. 그 때문에 백인들이 지배하고 있는 로디지아(짐바브웨)와 남아프리카 공화국을 멀리하였다.

미국경제와 다국적 기업

미국의 경제가 유지되기 위해서 미국은 해외 문제들에 대해 간섭주의적 (interventionist)일 수밖에 없었다. 미국은 아연, 주석, 마그네슘과 같은 전략전 천연자원을 수입하지 않으면 안되었다. 게다가 미국의 해외투자는 1970년대 중반에 1,330억 달러에 이르러 있었다. 따라서 무역과 해외 투자는 미국의 높은 생활 수준을 유지하는 데 결정적으로 중요하였다.

그러므로 미국의 지도자들은 해외시장과 해외투자 그리고 천연자원 확보에 대한 외국의 위협에 대해 언제나 대비해야만 했다. 왜냐하면, 예를 들어 1976년에 베네수엘라는 미국의 원유재산을 국유화하였으며, 세계도처에서 테러리스트들은 미국인의 시설을 파괴하고 미국인 기업인들을 납치하거나 암살하고 있었기 때문이다.

1970년대에 미국의 경제가 해외 간섭과 긴밀한 관계를 유지하고 있었음을 상징적으로 보여 준 것은 다국적 기업(multinational corporations)이었다. 엑슨(Exxon), 제네랄 모터즈(GM)와 같이 미국에 본부를 둔 다국적 기업들은 다른 국가에 본부를 둔 다국적 기업들보다 더 많은 수입과 재원을 확보하고 있었다. 이러한 거대기업들은 미국내로 이윤을 들여왔고, 또한 밖으로 미국의 문화를 수출했다.

그러나 다국적 기업은 많은 비판을 불러 일으켰다. 미국 노동자들은 다국적 기업들이 자신들의 일자리를 없애는 데 책임이 있다고 항의하였다. 왜냐하면 그것들은 더욱 값싼 노동력을 확보하기 위해 해외에 공장을 건설했기 때문이다. 제3세계의 지식인들은 다국적 기업들이 자기 나라의 천연자원을 약탈해가고 정치를 부패하게 한다고 비판하였다. 실제로, 국제전화전신회사(ITT)는 칠레에서 아옌데 대통령을 무너뜨리려고 획책하였고, 록히드 (Lockheed) 항공사는 외국 지도자들을 매수하였다.

그러나 미국 정부관리들은 이들 다국적 기업을 옹호하였다. 그들은 다국적 기업의 모험적인 사업(ventures)은 개발도상국들의 경제 발전에 도움이 될 것이라고 주장하였다. 여기에는 기술이전도 포함되어 있었다. 또한 그들은 다국적 기업이 무질서한 세계경제를 합리화하는 역할을 담당하고 있다고 주장하였다. 그리고 민간기업인 다국적 기업은 국영기업보다 훨씬 더 합리적인 경영 방식으로 소비자에게 더 많은 혜택을 주고 있다고 주장하였다.

그럼에도 불구하고 많은 국가에서 다국적 기업은 경계의 대상이 되었다. 그러므로 현지 정부들은 다국적 기업을 규제하려고 하였다. 그리하여 현지 국가의 국민이 다국적 기업 주식의 일정한 비율을 소유하도록 의무화하였다. 예를 들면, 인도는 인도인들이 다국적 기업 주식의 절반 이상을 소유하도록 법으로 정하였다. 다국적 기업을 국유화하는 국가도 있었다.

그러면서도 제3세계 국가들, 특히 지구 남반구의 가난한 나라들은 북반구의 선진국들로부터 낮은 이율로 차관을 얻고, 낮은 가격으로 첨단기술과 공산품을 수입하려고 하였다. 그리고 자기 나라 공산품의 수출을 희망하였다. 그러므로 1974년에 국제연합(UN)은 이러한 문제점들을 해결하기 위해 신국제경제질서(New International Economic Order)를 요구하였다. 그러나 지구 북반부의 선진공업국들은 양보하지 않았다.

지구 북반구와 지구 남반구 사이에 대립을 가져 온 또 다른 중요한 문제는 식량이었다. 남반구의 개발도상국에서는 가뭄, 기근, 높은 출생률, 인구팽창으로 수천만 명이 굶주림으로 허덕였다. 1970년대 초 아프리카에서는 기근으로 매일 수천 명이 죽어갔다. 미국은 정치적으로 우호적인 국가에 대해 식량을 제공하였다. 따라서 미국의 해외원조액은 1970년에 66억 달러, 1977년에 78억 달러에 이르렀다. 그러나 미국은 국제 자선의 방법보다는 이윤 획득이 따르는 판매의 방법을 더 좋아하였다.

카터의 제3세계 문제 개입

1977년에 지미 카터가 대통령이 되었을 때, 그는 다시는 베트남 전쟁과 같은 전쟁에 연루되지 않겠다고 약속하였다. 그 대신 그는 새로운 출발을 약속하였는데, 여기에는 인권에 대한 강조, 선진국과 개도국간의 관계개선 등이 포함되어 있었다. 이것은 카터가 무력 대신 외교(外交)를 통해 세계 문제를 해결하겠다는 의지를 표명한 것이었다. 그렇지만 그것은 결과적으로 자신도 간섭주의자임을 선언한 것이었다. 그는 이전과 달리 제3세계 국가들을 존중하겠다고 약속했다.

그러므로 카터는 제3세계 국가들과 관계를 개선하기 위하여 노력하였다. 미국이 이기적인 제국주의 국가라는 인상을 주지 않도록 하기 위해, 그는 흑인인 앤드루 영(Andrew Young)을 국제연합 대사로 임명하였다. 앤드루 영은 민권 운동가로서 하원의원이었다. 그의 임명은 개발도상국들로부터 환영을 받았다.

앤드루 영은 외국의 내정 문제와 지역 문제에는 미국이 개입해서는 안된다고 생각하였다. 설사 공산주의자들이 연루된 문제라 할지라도, 미국이 개입해서는 안된다고 믿었다. 앤드루 영의 그러한 태도는 1979년에 앙골라와 자이레 사이에 전쟁이 발발했을 때 잘 나타났다. 앙골라에 쿠바군과 소련 고문단이 있었음에도 불구하고, 앤드루 영은 카터 대통령을 설득하여 전쟁이 진정될 때까지 관망하도록 하였다.

캠프데이비드 협정

그러나 카터는 앤드루 영을 사임시킴으로써 제3세계 지도자들을 놀라게 하였다. 왜냐하면 앤드루 영이 팔레스타인 해방기구(PLO)의 대표들과 사적으로 접촉했기 때문이다. 당시 미국은 이스라엘의 권리를 인정하지 않는 팔레스타인 해방기구(PLO)를 합법적인 존재로 승인하지 않고 있었으므로, 팔레스타인 해방기구와의 접촉은 미국과 이스라엘의 관계를 악화시킬 수 있었던 것이다.

중동에서 평화를 가져오는 문제에 있어서 카터는 뚜렷한 진전을 보였다. 1978년에 카터는 워싱턴 디씨에 가까운 캠프 데이비드에서 이집트와 이스라엘 지도자들을 개인적으로 불러 끈질기게 설득하였다. 그 결과로 시나이 반도에서 군대를 철수시키겠다는 이스라엘의 약속을 받아냈다. 캠프데이비드 협정(Camp David Agreements)은 1979년에 최종안으로 확정되었다.

다른 아랍국가들은 그 협정이 무의미한 것이라고 비난하였다. 왜냐하면 그 협정은 이스라엘이 다른 점령지, 즉 요르단강 서안지역과 골란고원으로부터 군대를 철수시킨다는 명확한 규정이 없을 뿐만 아니라, 팔레스타인 피난민을 위한 정착지도 보장해 주지 않았기 때문이다. 그럼에도 불구하고 그것은 적어도 분쟁지역에서 전쟁을 종식시켰다는 것만으로도 의미가 있었다.

파나마 운하 조약과 니카라과 혁명

라틴아메리카에서 카터는 민족주의자들과의 타협을 모색하였다. 파나마 인들은 1903년에 미국에 빌려준 파나마 운하지역을 다시 원상 회복시키려 고 하였다. 그러나 대부분의 미국인들은 그 지역으로부터 물러날 의사가 없 었다. 캘리포니아 주지사였던 레이건과 같은 보수주의자들 파나마 운하지역 이 미국의 주권지역이라고 주장하기까지 했다.

그러나 카터는 협상할 용의가 있었다. 그는 파나마인들이 무력으로 운 하지역을 점령하거나 운하를 파괴할지 모른다고 우려하고 있었다. 또한 그 는 파나마 운하의 가치가 많이 감소했다고 생각하였다. 왜냐하면 운하의 크 기에 비해 드나드는 선박들이 너무나 컸기 때문이다. 그러므로 카터는 1964 년의 반미폭동 이후 시작된 파나마와의 협상을 끝맺으려고 생각하였다.

그래서 미국은 1977년에 파나마와 2개의 조약을 체결하였다. 하나의 조약은 운하 지역을 서기 2000년에 파나마에 되돌려준다는 것이며, 다른 하 나의 조약은 그 이후부터는 미국에게 파나마 운하 방위권을 보장한다는 것 이었다. 두 협정은 다음 해인 1978년에 상원에서 간신히 통과되었다.

1980년에 니카라과에서 좌파에 의한 혁명이 일어나, 미국의 오랜 친구 인 통치자 소모사(Anastasio Somoza)가 쫓겨났다. 소모사 가문은 1930년 중반부터 오랫 동안 통치해 왔다. 나카라과 혁명군은 당시 미국 해군과 싸 움을 벌인 사람을 기리기 위해 자신들을 산디니스타(Sandinistas)라고 불렀 다. 카터는 소모사의 축출을 환영하고 새로운 파나마 정부를 승인하였다.

그러나 미국 정부는 산디니스타 정권의 급진주의에 당황하였다. 산디니 스타들은 인권을 유리하고, 쿠바의 카스트로와 협력하고, 엘사바드로의 좌 파 반란군을 원조하였다. 이에 대한 항의로 카터는 1981년 초에 니카라과에 대한 원조를 중단하였다.

이란 인질 위기

카터는 이란에서 가장 어려운 외교적 시련을 맞이했다. 이란의 비판세 력들은 미국이 1946년의 위기에 이란의 왕(shah)을 지지했으며, 1953년 그를 왕위에 복귀시킴으로써 내정에 깊이 간여했다는 것을 잊지 않고 있었다. 극도의 반미주의자이면서 회교 성직자인 호메이니(Ayatollah Ruhollah Khomeini)가 이끄는 혁명파들은 미국의 중앙정보부(CIA)가 비밀경찰을 훈련시키고 이란에게 막대한 무기를 수출한 데 대해 분개하고 있었다. 미국 무기의 수입은 1973년에서 1978년 사이에만도 190억 달러에 이르렀다.

마침내 1979년에 이란에서는 회교도들의 혁명이 일어났다. 그에 따라 친미적인 팔레비 왕은 축출당하였다. 팔레비 왕이 건강상의 이유로 미국으로 망명하게 되자, 폭도들은 왕의 인도를 요구하면서 테헤란에 있는 미국 대사관을 습격하였다. 그들은 미국 대사관 직원들을 인질로 잡고,이란 왕의 송환과 재산의 반환을 요구하였다. 결국 이란인들은 몇몇의 미국 인질들을 풀어주었으나, 52명은 이란의 포로로서 일년 이상 고달픈 생활을 보내야 했다. 그들은 독방 감금, 고문, 소름끼치는 모의처형을 겪어야 했다.

그러나 카터 대통령은 이란 왕을 이란으로 되돌려 보내지 않았다. 따라서 외교적 통로를 통해 인질들을 석방시키는 일은 불가능하게 되었다.

그러므로 카터는 이란을 경제적으로 고립시키는 정책을 선택하였다. 그는 미국 내에 있는 이란의 자산을 동결하고, 우방국들에게 이란과의 무역 중단을 요청하였다. 이란측은 미국을 모욕하기 위하여 눈을 가리고 묶인 인질들을 카메라로 찍어 테이프를 미국 방송사로 보냈다. 텔레비전 화면을 본 미국 국민은 아랍인들의 만행에 분노하였다.

그러므로 1980년 4월의 여론 조사에서 카터에 대한 인기는 최악의 상태로 떨어졌다. 분개한 카터는 이란과 외교관계를 단절하고 구출작전을 명령하였다. 그러나 구출노력은 이란의 모래사막 상공에서 기계결함으로 실패하였다. 게다가 황급히 철수하는 과정에서 두 항공기가 충돌하여 8명의 미군이 사망했다. 카터는 위험한 작전을 펼쳤다는 이유로 맹렬히 비난을 받았다.

그 결과로 카터 외교는 점차 강경 노선을 밟아 갔다. 그에 따라 카터는 "본능적인 반소련주의"를 내세우는 안보담당 특별보좌관 브르제진스키(Zbigniew Brzezinski)의 의견에 따랐다. 이러한 강경 노선에 항의하여 국무장관 밴스(Cyrus Vance)가 사임하였다.

마침내 미국은 미국내 동결된 이란 자산을 풀고 다시는 이란의 내정문제에 개입하지 않겠다고 약속하였다. 그에 따라 1981년 1월에 이란은 인질들을 석방했다.

카터와 국민적 좌절감

냉전의 격화로 제3세계에 있어서의 카터의 외교적 성공은 빛을 잃었다. 해외에 주둔하고 있는 미군은 카터가 대통령에 당선된 1976년보다 1980년에 훨씬 더 많아졌다. 국방예산은 늘어나고, 해외무기 판매는 1977년의 83억 달러에서 1980년의 153억 달러로 증가되었다.

베트남 전쟁 이후 미국인들은 미국이 전에 세계에서 누렸던 경제적 주도권과 군사적 우세를 다시 찾기를 희망하였다. 그러나 카터의 업적은 미국인들을 만족시켜 주지 못했다. 그리한 국민 감정은 어느 테네시주의 한 여인의 다음과 같은 말 속에서 잘 나타났다. "자라면서 우리는 역사 속에서 미국이 모든 점에서 가장 좋다는 것을 배웠다. 우리는 전세계의 존경을 받았다. 그러나 이제 당신은 미국인이라는 사실 때문에 어디를 갈 수 있고 어디서 존경을 받을 수 있는가?"라고 그 여인은 개탄했다.

많은 미국인들이 그 여인과 생각을 같이 했다. 그러므로 오클라호마주의 어떤 부부는 카터에게 20세기 초에 시오도 루즈벨트 대통령이 들었던 세계경찰의 큰 몽둥이(big stick)를 다시 한번 흔들어보라고 촉구했다.

이것은 과거 미국의 우위성에 대한 향수(鄕愁)가 미국 국민 사이에 널리 퍼져 있음을 의미하고 있었다. 그러한 향수는 1980년의 대통령 선거전에서 크게 일어남으로써, 공화당의 로날드 레이건이 대통령에 당선되는 결과를 가져 왔다.

제 12 장

1970년대의 새로운 사회세력

1. 소수인종과 신이민

흑인 중산계급의 대두

민권 운동을 비롯한 1960년대의 진보주의적(liberal)인 운동들은 미국의 유색인종들에게 서로 반대되는 두 가지 결과를 가져다 주었다.

첫째로 개혁운동은 일부의 유색인종들에게 지위 향상의 기회를 가져다 주었다. 다시 말해, 혜택은 그러한 변화를 제대로 활용할 수 있는 일부의 유색인종에게만 돌아갔다. 그러나 다른 한편에서 개혁 운동은 또다른 일부의 유색인종들에게 절망감을 가져다 주었다. 왜냐하면 정부의 복지 정책이 축소됨에 따라, 많은 유색인종들이 지위 상승에서 제외되었기 때문이다.

1970년대에 놀라운 지위향상을 보인 사람들은 흑인 중산계급이었다. 그들은 전체 흑인의 거의 3분의 1을 차지하였다. 흑인 전문직 종사자들과 백인 전문직 종사자들 사이에는 경제적 격차가 여전히 존속하고 있었다. 그럼에도 불구하고 격차는 상당 정도 좁혀졌다. 그에 따라 보다 더 부유한 지역으로 이주하는 흑인 가정의 수가 늘어났다. 그들은 교외 지역이나 백인 동네로 이사를 갔다. 그러나 흑인이 우세한 교외지역으로 이주하는 경우가 더 많았다.

민권법이 제정된 이후 흑인대학생의 수도 350퍼센트 증가하였다. 같은 기간의 백인 대학생의 증가율이 150퍼센트였다는 사실에 비추어 볼 때, 이 것은 놀라운 향상이었다. 1980년에 오면 고등학교를 졸업하고 대학에 진학 하는 흑인의 비율이 백인의 비율과 거의 같았다. 물론 고등학교를 중퇴한 흑인의 수가 백인의 그러한 경우보다 훨씬 더 많았다는 사실은 여기서 감안 되지 않았다.

그럼에도 불구하고 전체적으로 보아 흑인 중산층은 1970년대에 큰 소 득을 거두었던 것이 사실이었다. 그리고 그러한 성취는 법의 제정, 인종문제 에 대한 사회 분위기의 변화, 소수인종 및 여성 우대 정책(affirmative action program)의 결과였다.

유색인종과 빈곤

그러나 흑인 중산층의 성장은 흑인 하층민과의 격차를 더욱 더 뚜렷하 게 만들었다. 왜냐하면 그것은 1960년대의 개혁 정책의 혜택을 전혀 받지 못한 또 다른 흑인들의 절박한 상황을 더욱 더 뚜렷이 드러냈기 때문이다. 흑인과 히스패닉으로 구성된 하층계급(underclass)은 1970년대와 1980년대 의 경제적 쇠퇴로 더 큰 고통을 당했다. 그리고 그들의 수는 더욱더 늘어 갔다.

닉슨, 포드, 카터가 통치했던 1970년대는 유색인들의 경제적 지위가 더 욱 더 낮아지고 있던 시기였다. 흑인, 인디언, 히스패닉, 그리고 신이민(新 移民) 사이에서 실업 상태는 더욱 더 심각하였다. 빈곤층의 상당 부분은 흑 인이었다. 1970년대에 도심지에 거주하던 흑인들의 빈곤율은 21퍼센트 증 가하였다. 1978년에 백인가구의 6.9퍼센가 빈민인데 비해, 흑인의 경우는 가구의 27.5퍼센트가 빈민이었다.

빈곤의 가장 큰 피해자는 흑인 어린이들이었다. 1981년 아동보호기금 (Children's Defense Fund)의 조사에 따르면, 미국의 흑인 아동들은 빈곤 속에 태어날 확률이 백인 아동들보다 4배, 12학년이 되기 전에 학교를 그만 둘 확률은 2배, 살해될 확률은 5배, 실직자가 될 확률은 3배였다. 1980년에 도심지에 거주하는 10대 흑인남자들 사이에서는 실업률이 50퍼센트에 이를 정도로 높았다.

실업률이 높아지게 된 데는 젊은 독신여성 가장의 증가가 중요하게 작용하였다. 1960년에서 1970년에 이르는 기간에 아버지 없는 흑인 가정은 130퍼센트 증가하였다. 그리고 이러한 가정의 대부분은 정부의 사회복지비(welfare)를 받아 자녀를 부양하는 10대 미혼모들의 가정이었다. 그들 가운데는 가정부, 세탁부 또는 주방보조원의 일자리를 통해 약간의 소득을 얻는 여성들도 있었다.

이들 젊은 흑인 여성들은 젊은 흑인 남성들과 마찬가지로 자신이 쓸모없는 존재라고 생각하였다. 그리고 이들의 대다수는 정부의 사회복지비를 타서 자란 사람들이었다. 사회복지비를 타는 것이야말로 그들이 알고 있는 유일한 생계 수단이었다.

취업기회의 감소와 흑인

백인들은 흑인의 빈곤에 대한 책임이 흑인 자신에게 있다고 생각하였다. 백인들은 자신들이 지금 유복하게 살게 된 것은 선조들이 스스로 일어섰기 때문이라고 생각하였다. 따라서 백인들은 오늘날의 흑인들이 자립(自立)하지 못하는 데 대해 이상하게 생각하였다.

그러나 1970년대의 취업시장은 수십 년 전과는 상당히 달랐다. 산업화가 급속히 진행되고 있던 19세기말과 20세기 초에는 육체노동직이 많았다. 그러므로 유럽에서 갓 건너온 미숙련 노동자나 남부에서 북부와 서부로 이주한 흑인들은 쉽게 일자리를 얻을 수 있었다.

그러나 1970년대에 들어오면서 육체 노동직은 거의 구할 수가 없었다. 왜냐하면 일자리가 많은 자동차, 제철, 고무, 석탄 산업들은 축소되고 있었기 때문이다. 그리고 도심지의 노동직은 점차 사라지거나 교외 지역으로 이전되고 있었기 때문이다. 뉴욕시만 보더라도, 1970년 초와 비교해 1980년에는 육체노동자의 수가 23만 4천 명이 줄었다. 그에 따라 도심지의 빈곤은 더욱더 심해졌다. 그래서 1970년에 중간수준의 교외지역 가정 소득의 80퍼센트에 이르렀던 중간수준의 도시지역 가정의 소득은 1980년에 74퍼센트로 줄었다.

　1970년대에 일자리는 컴퓨터 오퍼레이터, 은행 창구요원, 비서, 사서와 같은 숙련노동자를 필요로 하였다. 노동조합도 비숙련 노동자들을 흡수하는 데 별로 관심을 보이지 않고, 대신에 숙련 노동자들을 조직하는 데 더 많은 열정을 쏟았다. 그결과, 노동조합에 속한 비농업부문 노동자는 1958년의 33퍼센트에서 1978년의 24퍼센트로 줄었다.

　이같은 상황에서 가장 큰 타격을 받은 사람들은 취업시장에 내놓을 만한 기술이 없는 흑인청년들이었다. 어느 흑인 정신과 의사에 따르면, "많은 흑인 어린이들이 자신들이 중요하지 않다고 느끼고 있었고… 이 사회를 움직이는 데 자신들은 없어도 상관 없는 존재"라고 보고 있었다. 이것은 흑인 빈곤층의 어려움이 커져 가고 있음을 보여 주는 말이었다.

백인의 반발과 흑인의 분노

　그러나 다른 한편에서는 흑인 중산층이 성장하고 있었다. 흑인 대학생 수는 1966년의 28만 2천 명에서 1976년의 100만 명으로 증가하였다. 이 시기에 도시 흑인의 30퍼센트 정도가 중산층에 합류하였다. 그리고 그들의 대다수는 도심지를 떠나 교외 지역으로 이주하든가 또는 시내의 더좋은 주택으로 이사를 갔다.

　연방정부의 소수인종 및 여성 우대 정책(federal affirmative action)에 따라, 학교와 기업들은 소수민족들과 여성들에게 일정한 정원을 배정하는 할당제(quota)를 채택하였다. 그리고 할당제의 혜택을 누리는 집단들이 갖추어야 할 요건은 백인들이 갖추어야 할 요건 보다 낮았다.

　1978년에 대법원은 5대 4로 할당제를 불법화시켰다. 그러나 다시 대법원은 배키 대 캘리포니아 대학(*Bakke V. University of California*) 판결에서는 소수민족 여성 우대의 원칙을 확인하였다.

　이와 같은 흑인에 대한 특별대우에 대해 백인들은 분개하였다. 백인들은 자신들이 "역차별"(reverse discrimination)을 당하고 분개하였다. 그리고 그들의 분노는 스태그플레이션의 영향으로 더욱더 커졌다. 그에 따라 "백인의 반발"(White Backlash)로 불리는 현상이 확산되어 나갔다.

백인들의 분노는 다시 흑백 버스 통학(busing)에 대한 반대로 나타나, 1970년대에 다시 인종차별주의를 부활시키는 계기가 되었다. 1975년 켄터키의 루이빌에 등장한 자동차 범퍼 스티커에는 "흑백 버스 통학에 반대하면 경적을 울리라"고 촉구하는 문귀가 붙어 있었다. 이 도시에서는 큐클럭스클랜(Ku Klux Klan)의 활동이 활발해져, 이틀 동안에 100명이 부상당하고 200여 명이 체포되었다.

보스톤에서는 흑백 버스 통학 문제가 연달아 폭동을 일으켰다. 흑백 버스 통학에 대해 항의하고 있던 백인학생들이 시청 옆을 지나가는 흑인을 공격하였다. 한 사람이 "흑인을 죽여라"라고 외치자, 백인들은 성조기에 달려 있던 깃대의 끝으로 그를 공격하였다.

인종 분쟁에 따른 긴장감은 전국적으로 확산되었다. 그리고 큐클럭스클랜의 회원수는 1978년의 약 5천 명에서 1980년의 1만 명으로 증가하였다.

흑인들도 긴장하였다. 그러나 그들은 그 이전과는 달리 긴장감을 보다 공공연하게 표출시켰다. 흑인들은 지난 350년간 백인들을 두려워해 왔지만, 이제는 오히려 백인들이 흑인들에게 위협을 느끼고 있었다. 즉, 공포의 방향이 달라지고 있었다. 그에 따라 흑인의 분노감 표출에 대한 억제가 무너지고, 오랫동안 쌓여온 백인에 대한 증오심이 표출되기 시작하였다.

이같은 분노는 1980년 여름 여러 번에 걸쳐 나타났다. 그 가운데서도 특히 플로리다의 마이애미와 테네시의 차타누가에서 일어난 폭동이 유명하였다. 그것은 백인만으로 구성된 배심원들이 흑인살해죄로 기소된 백인을 무죄로 평결(評決)한 데서 폭발하였다. 마이애미의 피고는 백인 경찰이였고, 차타누가의 피고는 큐클럭스클랜의 일원이었다. 마이애미에서 일어난 폭동은 3일간 계속되어 10명의 사망자와 400명의 부상자, 그리고 1억 달러 이상의 재산피해를 남겼다.

인디언의 조직화와 법적 투쟁

인디언들도 분노하였다. 이들의 새로운 투쟁성이 확연하게 드러난 것은 1969년 11월 작은 집단의 인디언들이 샌프란시스코만의 알카트라즈섬(Alcatraz Island)을 장악했을 때였다. 이 섬은 연방교도소로 사용되고 있었으

326

나 당시에 버려진 상태에 있었다. 인디언들은 1868년의 쑤우(Sioux) 조약으로 사용되지 않고 있는 연방정부 소유의 토지를 차지할 권리가 있다고 주장하였다. 그들은 이 섬을 1971년 여름까지 장악하였다.

그들의 요구는 여기서 머물지 않았다. 인디언들의 대변인이었던 리차드 옥스(Richard Oakes)는 "알카트라즈뿐 아니라 모든 곳에 있어서 인디언들은 문화적 생존을 위하여 일어섰다"고 말하였다. 2년 후 미국 인디언 운동(American Indian Movement)의 회원들은 1890년 미군제 7연대가 쑤우족을 학살했던 사우스 다코타의 운디드니(Wounded Knee)에 모였다. 그리고는 파인릿지 인디언 보호구역(Pine Ridge Reservation)의 교역소와 11명의 인질을 잡았다. "토마호크 아저씨들"로 불리는 이들 과격파 인디언들은 연방경찰과 총격전을 벌이며 71일간 대치하였다. 마침내 연방정부가 오글랄라 쑤우(Oglala Sioux)의 조약상의 권리를 조사하겠다고 약속함으로써 대결은 끝났다.

그러나 백인사회 속의 인디언들은 문화적인 위기보다 더 큰 위협에 시달렸다. 그것은 높은 실업률이었다. 인디언들의 실업률은 1970년 후반 40퍼센트였다. 규모가 큰 인디언 보호구역의 평균 개인소득은 빈곤선 이하였다. 10명의 인디언 중 9명이 수준 이하의 가옥에서 살고 있었다. 그리고 고등학교 중퇴율은 평균 53퍼센트였다. 인디언들은 건강하지도 못하였다. 이들은 미국의 소수 민족들 가운데서 알콜 중독, 결핵, 자살의 비율이 가장 높았다. 제2차 세계대전 이래로 이들의 인구는 계속 늘어나 100만이 넘었다. 그 가운데 65만은 보호구역과 그 근처에 살고, 35만은 도시의 인디언 밀집지구에서 살았다.

1924년 이래로 인디언들은 미국시민이며 동시에 부족국가의 일원이라는 이중적인 법적 신분을 가지고 있었다. 그러면서 그들은 미국과 맺은 특별한 조약에 의해 취급되었다. 그러나 대부분의 경우에 연방정부가 조약의 내용을 준수하지 않았기 때문에, 그들의 이중적 신분은 불리하게 작용하였다. 특히 인디언들의 땅에서 광물자원이 발견되었을 때 문제가 심각하였다.

1946년에 의회는 백인이 빼앗은 땅에 대해 보상해 주기 위해 인디언 손해배상위원회(Indian Claims Commission)를 설치하였다. 이 법의 제정으로 인디언들은 1970년대에 괄목할 만한 승리를 거두었다. 중서부 꼭대기의 치페와(Chippewa), 워싱턴의 푸겟사운드(Puget Sound)지역의 인디언들, 그리고 오클라호마의 샤이엔-아라파호(Cheyenne-Arapaho) 부족들은 사냥권과 수렵권을 보호받고, 또한 토지와 물에 대한 손해를 보상받았다.

1971년에 닉슨 대통령은 뉴멕시코의 블루 레이크(Blue Lake)에 있는 신성한 숲을 타오스 푸에블로(Taos Pueblo)에게 돌려 주었다. 그리고 1980년에 대법원은 1870년의 금광 발견으로 빼앗은 사우스 다코타의 블랙 힐(Black Hill)에 대해서도 보상하도록 판결하였다. 그에 따라 연방정부는 쑤우 인디언들에게 1억 천 7백만 달러와 그 이자를 지불하게 되었다.

이전과 비교하여 1960, 70년대의 법원 판결, 토지분규 조정, 입법들은 인디언들에게 고무적인 것이었다. 그러나 기업들과 정부기구들은 여전히 인디언들의 땅을 탐냈다. 그리고 인디언들의 종교적 신앙을 무시하였다. 1960년대에 한 석탄회사는 모든 생명의 원천으로 믿는 호피신성구역(Hopi Sacred Circle)의 일부 지역에서 석탄을 캐냄으로써 부족의 신앙을 무시하였다. 그리고 사우스 다코타의 블랙힐(Black Hill)에서는 우라늄을 캐기 위해 신성한 구역으로 믿어지는 땅이 파헤쳐졌다.

카톨릭 인구의 증가

히스패닉들(Hispanics)도 투쟁을 위한 조직화에 나섰다. 이들은 대부분이 가난한 카톨릭 교도들로서, 중산계급과 프로테스탄트의 요소들이 우세한 미국 땅에서 설 자리를 찾고 있었다. 이들은 이민자 수가 급작스럽게 늘어나고 높은 출산율을 보임으로써, 1970년대에 가장 빨리 성장하는 소수민족으로 등장하였다.

1970년대에 미국에 거주하는 히스패닉은 2천만이 넘었다. 그들 가운데서 8백만은 멕시코계로서 애리조나, 캘리포니아, 콜로라도, 뉴 멕시코와 텍사스와 같은 서남부 지역에 집중되어 있었다. 수백만의 푸에르토리코계와 1백만의 쿠바계는 동부 해안지역에 모여 있었다. 1980년에 뉴욕시의 200만 히스패닉 가운데 절반 이상이 푸에르토리코 후손이었다.

이같이 공식적으로 인정되어진 히스패닉 이외에도 800만에서 1,200만에 이르는 불법취업자와 불법 체류자가 미국에 거주하고 있었다. 1960년대

중반부터 빈곤한 멕시코인들이 경비가 허술한 긴 국경을 넘어 미국으로 들어 오기 시작하였다. 이같은 불법이주는 1970년대에 계속되어, 치카노(Chicano) 인구는 1980년에 이르면 4명의 텍사스인들 중 1명이, 5명의 캘리포니아인들 중 1명에 이르렀다.

신이주자들의 다수는 미국내 멕시코인들의 가장 큰 거주지인 로스앤젤레스 동부에 정착하였다. 로스엔젤레스의 어느 히스패닉 지도자는, "만약 내가 지금 멕시코에 있다면, 가능한 한 빨리 철망을 넘어 올 것이다. 이곳은 기회의 땅이다."라고 말하였는데, 이것이 바로 히스패닉의 급격한 증가를 설명해 주는 동기였다.

히스패닉의 문화적 자부심

그러나 이들 신이민들을 기다리고 있었던 것은 빈곤이었다. 1979년에 중간에 속하는 멕시코계 가구의 소득은 1만 1421달러였는데, 이것은 비(非)히스패닉 가구의 1만 6284달러에 미치지 못하는 낮은 수준이었다. 그들 가운데 19퍼센트가 빈민에 속하였다. 푸에르토리코인들의 경우는 더 낮아 8,300달러밖에 되지 않았다. 그리고 그들 가운데 30퍼센트가 빈민에 속하였다.

히스패닉들이 부딪혔던 가장 큰 문제는 언어 장벽이었다. 그러므로 그들은 2개 언어 사용을 요구하였지만, 대부분의 도심지 학교들은 그러한 요구를 들어줄 수가 없었다. 그 결과로 히스패닉 고등학생들은 30퍼센트만이 졸업할 수 있었다. 그리고 그 가운데서 7퍼센트 미만이 대학에 진학하였다.

히스패닉에 대한 대한 미국인들의 두려움이 커져갔기 때문에, 그들의 수가 많아지면 많아질수록 차별은 더욱 더 확산되었다. 그와 같은 사회적 분위기는 어느 캘리포니아 주의회 의원의 다음과 같은 말 속에 잘 나타났다. "앵

차베스

글로색슨족들은 두려움에 차 있다. 그들은 자기들이 소수가 되고, 우리가 그들의 적(敵)이 될까봐 두려워하고 있다.”고 그는 말하였다.

카톨릭 교도인 히스패닉계는 프로테스탄트적인 앵글로색슨족들의 개인주의적인 문화를 받아들이기보다는 자신들의 가족중심적인 문화를 보존하려고 하였다. 그 때문에 그들은 미국 문화에 동화되기를 거부하였다.

히스패닉들도 흑인들처럼 자신의 조직을 가지려고 하였다. 따라서 그들은 “갈색인 세력”(brown power)의 조직을 원하였다. 최초로 전국적인 관심을 일으키게 된 히스패닉 단체는 케사르 차베즈(Cesar Chavez)가 이끄는 농장노동자 연합(United Farm Workers)이었다. 또 다른 단체로서 전투적인 “갈색 베레 모자”(Brown Berets)가 있었다. 그들은 취학전의 아동들에게 음식을 제공하고, 나이든 학생들에게는 치카노학의 과목을 가르치고, 히스패닉에게 민족의식을 불러 일으키려고 하였다. 그리고 1970년대에 멕시코계 미국인들의 정당인 라자우니다(La Raza Unida) 당은 남서부와 동부 로스엔젤레스에서 잠재적인 정치세력으로 성장하고 있었다.

그러나 그들은 인구에 비해 정치력이 너무 미약하였다. 그렇게 된 한 가지 이유는 그들의 구성이 너무나 다양하다는 사실이었다. 히스패닉은 스페인어라는 하나의 언어와 카톨릭교라는 하나의 종교를 공유하고 있었다. 그럼에도 불구하고 그들은 멕시코계, 푸에르토리코계, 쿠바계 등으로 수없이 갈라져 있었다. 그러나 그들을 결집시킬 지도자는 없었다.

신이민의 출현

1970년대 후반과 1980년대 초반에 또다른 신이민(新移民)들이 미국의 유색인 인구에 합류하였다. 1970년과 1980년 사이에 미국은 역사상 어느 10년대보다 많은 외국인들을 받아 들였다. 400만이 넘는 이민과 난민, 그리고 그것의 두 배가 넘는 불법 체류자들이 들어왔다. 베트남 전쟁을 계기로 베트남 난민들이 인도차이나로부터 도착하였다. 필리핀, 한국, 타이완, 인도, 도미니카 공화국 및 자메이카로부터는 이민들이 도착하였다. 1980년에는 쿠바와 아이티로부터 16만의 선상 난민(boat people)이 쏟아져 들어 왔다.

신이민에 대해 기업가들은 환영하였다. 왜냐하면 이들은 낮은 임금으로

부릴 수 있는 좋은 노동력이었기 때문이다. 그러나 일자리를 빼앗기게 될 것을 두려워한 미국의 노동자들은 이들에 대해 적대적이었다. 특히 1979년에 시작된 경기침체로 실업자가 늘면서, 유색인들에 대한 차별의 분위기가 더욱 더 강화되었다.

미국 역사상의 모든 이민들과 마찬가지로 이들 신이민들도 미국 문화에 적응하는 데 어려움을 겪었다. 이들은 우선 차별을 당하였다. 백인들은 특히 아시아인들이 경제활동에 있어서 경쟁자가 된다는 것을 알고 두려워하였다. 흑인들은 흑인 동네에서 아시아계 상인들이 성공하는 것에 대해 질투심을 느꼈다.

아시아계 미국인들에 대한 적대감은 부분적으로는 그들의 놀라운 경제적 성공에서 오는 것이었다. 왜냐하면 일본인, 중국인, 한국인, 인도인들 가운데는 백인들보다도 더 높은 소득을 얻고, 그들의 자녀들이 고등학교와 대학에서 좋은 성적을 얻는 경우가 적지 않았기 때문이다.

2. 여성해방 운동의 성공과 좌절

여권의 신장

여러 인종과 민족들이 민권 운동을 벌이고 있던 1970년대에, 여성들도 평등화 운동을 전개하였다. 여성해방론자들은 입법의 측면에서 몇 가지 감격적인 성과를 얻었다. 1974년에 의회는 대출기회평등법(Equal Credit Opportunity Act)를 통과시켰는 데, 이것은 여성들이 남성들과 동등하게 은행으로부터 대출을 받고 신용카드를 발급받을 수 있도록 하였다. 주 의회들은 강간 사건과 관련하여 여성에게 불리한 법을 개정하였다. 예를 들면, 재판 과정에서 가해자 남성의 변호사가 여성 피해자들의 과거 성 생활을 강조하지 못하도록 법을 개정한 것이었다.

여성들은 또한 교육에서도 지위가 향상되었다. 1970년과 1975년 사이에 대학에 등록한 여성의 수는 45퍼센트 증가하였다 그리고 여성들은 각종의 공직에 입후보하고 또한 당선되었다. 1976년에 엘라 그라소(Ella Grasso)는 코넥티컷 주지사로 선출되었고, 1978년에는 캔사스주의 낸시 캐시봄(Nancy Kassebaum)이 상원의원에 당선되었다.

그러나 여성들에게 있어 가장 중요한 승리는 취업에서의 긍정적인 조치였다. 1964년의 민권법(Civil Rights Act)의 제정과 취업기회평등위원회(Equal Employment Opportunity Commission)의 설치로, 여성과 소수민족들은 고용신청을 할 때 백인 남성과 동등한 대우를 받게 되었다. 그것은 법적 강제력이 따른 조치였다. 여성들은 이와 같은 새로운 기회를 잘 활용하였다. 그래서 여성들 가운데는 직장 생활을 하기 위해 30대 후반에 이를 때까지 출산을 연기하는 사람들이 늘게 되었다.

여권주의에 대한 반발

그러나 여성들의 평등권 투쟁에는 장애 요소들이 많았다. 여성해방에 대한 가장 큰 반대 세력은 여성들 자신이었다. 그것은 여성해방 반대운동(anti-feminist movement) 또는 가정 수호(pro-family)운동으로 나타났다. 이들은 가정에서 남성의 주도권과 여성의 순종이라는 가부장제의 전통적인 가치를 강조하였다.

그리고 이들 보수세력들은 점차 강력한 정치적 세력을 형성하기 시작하였다. 그들은 남녀평등권에 관한 헌법개정안(Equal Rights Amendment), 동성애권(gay rights), 낙태권(abortion)에 반대하는 운동을 벌였다. 그들은 이러한 문제들이 모두 모두 미국의 전통적인 가치를 위협하고 있다고 주장하였다.

그와 같은 보수적인 여성 운동을 통해 명성을 얻게 된 사람이 애니타 브라이언(Anita Bryant)과 필리스 슐래플리(Phyllis Schlafly)였다. 이들은 또한 여성해방 운동이 이혼률의 상승에 대해 책임이 있다고 비난하였다. 이들은 여성해방 운동가들이 직업적 성취감과 성적 동등권을 얻기 위하여 남편과 아이들까지 내버리는 부도덕한 사람들이라고 비난하였다. 실제로 이혼률은 1960년에서 1976년 사이에 세 배 증가하였다.

그러나 이에 대한 여성해방 운동가들의 반박도 만만치 않았다. 그들의 주장에 따르면, 가정을 파괴하는 결정은 아내들보다 남편들에 의해 더 많이 이루어진다는 것이었다. 어느 여성운동가에 따르면, 여성해방 운동이 일어 나기 전인 1950년대부터 이미 가정에서 벗어나려는 책임감 없는 남성들이 늘고 있었다. 이미 그때부터 남편들 가운데는 경제적 부양과 가정 평화유지 라는 남성의 전통적인 역할에 싫증을 내는 사람들이 늘고 있었다. 따라서 많은 남성들이 아내를 속박의 근원이라고 생각하며, 탈출 방법으로서 이혼 을 선택하였다는 것이다.

여성해방과 법적 문제

보수적인 여성들은 낙태반대(pro-life)운동 또는 가정수호(pro-family) 운동에 참여하였다. 그것은 1973년에 낙태를 허용한 대법원의 로우 대 웨이 드(*Roe v. Wade*), 판결, 그리고 도우 대 볼튼(*Doe v. Bolton*) 판결이 있은 후에 급작스럽게 성장하였다. 보수적인 여성들은 그러한 판결들에 반대하 고, 인간생명의 시작은 임신부터라고 정의하도록 헌법을 수정하려고 하였 다. 생명권 수호 운동은 카톨릭, 모르몬 및 낙태에 반대하는 일부 프로테스 탄트와 연대하여 전개되었다.

그들은 1976년 일리노이 출신의 하원의원인 헨리 하이드의 법안을 지 지함으로써 첫 성공을 거두었다. 하이드 법(Hyde amendment)은 정부가 지출하는 의료보조금이 낙태에 사용될 수 없도록 막으려는 것이었다. 그리 고 그것은 1980년 여름에 해리슨 대 매크레이(*Harrison v. McRae*) 판결로 뒷받침을 받았다. 그 판결에서 대법원은 의학적 필요성에서 빈민에게 허용 되는 낙태에 대해조차도 정부는 지원할 필요가 없다고 선언하였다.

보수적인 여성운동의 가장 큰 정치적 성공은 남녀평등권에 관한 헌법개 정조항(ERA)을 비준하지 못하도록 저지한 것이었다. 1970년대말에 이르면 서 35개 주가 그 개정조항을 비준하였다. 그러나 비준에 동의한 주가 3분의 2에서 3개주가 모자랐기 때문에, 그 법안은 헌법 조항이 되지 못하였다.

그러한 결과가 나타나게 된 데는 슐래플리(Schlafly)와 그의 반대운동 (Stop ERA campaign)이 중요하게 작용하였다. 그녀는, 그 법이 비준을 받게 되면, 이혼하는 여성들은 위자료를 받을 수 없게 되고 동성간의 결혼이 합법화될 것이라고 주장함으로써 보수적인 여성들의 호응을 얻었다. 슐래플리는 남녀평등법안을 옹호하는 급진파 여성들을 가리켜 "자신들의 개인적 문제를 헌법에 의존해 치유하려는, 원한에 사무친 여성들"이라고 혹독하게 비난하였다.

여성 해방 운동의 한계

평등을 향한 여성들의 투쟁에 있어서 가장 큰 장애물로 나타난 것은 일자리 부족이었다. 소수인종 및 여성 우대 정책(affirmative action)의 시행으로 여성들은 일자리를 찾고 승진하는 데 있어서 분명히 도움을 받았다. 그러나 그와 같은 혜택을 받기 위해서는 무엇보다 먼저 일자리가 있어야만 했다.

그러나 일자리가 생기기 위해서는 경제적인 번영이 있어야 했다. 그러나 1970년대와 1980년대 초의 현실은 경기침체와 좁은 취업시장이었다. 일자리를 가진 여성들이라 할지라도, 대체로 남성들보다 낮은 임금을 받았다. 1970년대 말까지도 여성 노동자들은 남성 노동자들의 59퍼센트에 해당하는 임금을 받았을 뿐이었다. 그리고 그러한 현상은 여성들이 낮은 임금의 직종에 집중되어 있는 직종별 차별 문제로부터 발생하였다.

일자리를 가진 여성들에게 따르는 또 다른 문제는 집에서 살림만 하는 여성들과 꼭같이 가사 노동의 의무까지 져야 했다는 사실이었다. 1980년의 월드워치 연구소의 보고에 따르면, 대부분의 일하는 여성들은, 아내와 어머니로서 가정에서의 무임금 노동을 하고 있었다. 그렇다고 남편들이 집안 일을 적극적으로 돕는 것도 아니었다. 그리고 자녀들을 돌보고 사랑하고 응급상황에 대처하는 것은 돈만 가지고 해결되는 문제가 아니었다.

그러므로 그들은 이중의 임무를 수행해야 했고, 그 때문에 그러한 현상을 가리켜 〈뉴스위크〉지는 "수퍼우먼 스퀴즈"(Superwoman Squeeze)라고 불렀던 것이다. 직장을 가진 여성들의 수는 계속 늘어나, 1990년에 오면 살림에 전념하는 전업 주부는 4명 중의 1명밖에 되지 않았다.

1970년대에 달아 올랐던 여성해방운동의 열정도 1980년 초에 이르면 크게 약화되었다. 많은 여성들은 그 시대에 그들이 여성으로서 누리고 있는 지위를 당연한 것으로 받아들이고, 전통적인 방식으로 살고 있었다. 그러나 다른 한편에서는 직업과 가정을 동시에 가지고 자신들의 삶을 계획해 나가는 여성들도 많았다.

3. 급진주의의 퇴조

자기중심의 시대

1970년대 미국 사회의 분위기는 사회 개혁의 열정으로 불탔던 1960년대와는 달리 무감각하고 냉담하였다. 그와 같이 냉정하게 가라앉은 분위기가 가장 뚜렷하게 나타난 것이 청년층이었다. 1960년대에는 혁명적인 변화를 추구하였다. 그러나 1970년대 중반에 이르면서 그와 같은 기대와 포부는 사라졌다. 그들은 변혁을 위한 혁명 운동이 아무런 결과도 남기지 못한 채 실패로 돌아갔음을 알게 되었다.

그러므로 1960년대의 혁명 세대의 뒤를 이은 1970년대의 새로운 세대는 자기들의 선배들이 밟았던 실패의 길을 다시는 가지 않으려 하였다. 그러한 그러한 좌절과 후회의 감정은 어느 바싸(Vassar) 대학의 어느 여학생의 다음과 같은 말 속에 잘 나타나 있다. "우리는 모든 것을 다 보았다. 우리의 오빠와 언니들이 전쟁에 나가고, 망명을 떠나고, 혁명에 뛰어 들었을 때 우리는 고등학교 1학년이었다. …그리고 우리는 생명이 쓰레기처럼 버려지는 것을 보았다. 따라서 우리는 실패한 명분을 위해 우리 자신을 파멸시키지 않겠다고 굳게 결심하였다"고 그녀는 말하였다.

만일 사회 개혁이라는 거창한 목표를 달성할 수 없다면, 최소한 자신들의 개인적인 잠재력이라도 계발해야 했다. 그러므로 그들은 조깅을 하거나 건강음식을 섭취함으로써 건강을 증진시키고, 자신의 장점을 개발하려고 하였다.

그러므로 1970년대에 미국인들은 내향적이 되어, 자기의 실현과 개인의 향상에 관심을 기울였다. 그것은, "인생은 한 번밖에 오지 않는 것이고, 자

신이 얻고자 하는 모든 것들을 다 손에 쥐어야 한다."는 어느 맥주 회사의
광고 속에서 잘 나타났다. 그들은 자동차로부터 롤러스케이트까지, 디스코
로부터 펑크락까지, 〈대부〉(*God Father*)로부터 〈별들의 전쟁〉(*Star Wars*)
까지 무엇이든지 사고 즐기는 데 열광하였다. 따라서 사회비평가인 톰 울프
(Tom Wolfe)는 1970년대를 자신 중심의 세대(Me Decade), 다시 말해
대중적 혼란의 소용돌이 속에서도 최소한은 견딜 수 있는 개인적 세계를 만
들어 보려는 회피와 소비의 시대라고 정의하였던 것이다.

개인 잠재력 개발 운동

개인의 완전한 잠재력을 실현하려는 노력은 조깅 신발이나 건강음식의
구입 단계를 넘어 인간 잠재성 개발 운동(Human Potential Movement)으
로 발전하였다. 그래서 개인들 사이의 관계를 강조하는 심리요법의 하나인
교류분석(Transactional Analysis, TA)이 유행하였다. 그것은 1969에 출
간된 에릭 번(Eric Berne)의 〈게임하는 사람들의 놀이〉(*Games People
Play*)와 토마스 해리스(Thomas Harris)의 〈만사형통〉(*I'm OK-You're
OK*)으로 널리 보급되었다.

일종의 요가 훈련인 초월적 명상(Transcendental Meditation, TM)
에는 35만 명의 신봉자가 생겨났고, 200여개가 넘는 교습소가 생겨났다. 인
간들이 "자기의 깊은 내면"에 도달할 수 있게 하는 교류 체계(system of
encounters)인 에어드 세미나 훈련(EST, Erhard Seminars Training)은
1975년 한 해에 1천만 달러를 거두어 들였다.

이같은 유행들 외에도 선(Zen)이나 요가(yogic discipline)와 같은 오
랜 전통을 가진 동방종교(exotic religions)와 수양방법들(therapies)이 번
성하였다. 그리고 미국인들은 자신들의 가족의 족보를 찾아 도서관을 헤
맸다.

이 시대는 또한 조깅(jogging)의 시대이기도 하였다. 1977년에 출판된
제임스 픽스(James Fixx)의 〈달리기 완성〉(*Complete Book of Running*)
은 상당한 인기를 누렸고 달리기, 신체단련, 체중조절 그리고 건강에 대한
서적들이 불타나게 팔렸다.

아마 국가는 더 이상 최고의 위치에 올라갈 수 없을지 모르지만, 개인 만은 가장 건강하게 만들려고 온 국민이 결심한 듯이 보였다. 사우나, 온탕, 거품목욕(Jacuzzis)이 인기를 누렸다. 테니스와 락켓볼 클럽, 헬스 센터, 그 리고 체중조절 클리닉이 붐을 이루었다. 그리고 수퍼마켓에서는 "천연적인 것" 또는 "방부제가 없는 것"이 불티나게 팔렸다. 그러는 과정에서 그들은 보통 값비싼 나이키, 푸마, 아디다스 운동화를 신고 다녔다.

1970년대 후반의 가장 대표적인 음악은 디스코였다. 그것은 어떤 작곡 가의 설명대로, "비현실적인 1970년대, 환상, 패션, 가십(gossip), 경박성, 장난스러움의 확인이었다. 그것은 내용보다는 외양을, 의미보다는 감정을 더 강조하는 것이었다." 그 때문에 나이나 배경에 관계 없이 수백만의 미국 인들이 클럽에 춤추러 모여 들었다.

이와 같은 자기 중심의 이기적인 풍조에 대한 비판도 적지 않았다. 1970년대가 거의 끝나갈 무렵에 로체스터 대학교의 좌파 역사가인 크리스토 퍼 래쉬(Christopher Lasch)는 이와 같은 미국인들의 행태가 자아도취적이 며 탈정치적인 것이라고 비난하였다. 래쉬는 1977년에 출판된 〈자기도취의 문화〉(*The Culture of Narcissism*)에서 미국인들을 가리켜 정서적으로 천 박하고 국력의 약화를 외면해 보려고 하는 겁장이들이라고 비난하였다. 그 리고 그는 이와 같은 미국적 질병의 원인이 광고와 인간잠재성 계발운동이 라고 비난하였다.

그러나 이와 같은 외로운 외침에 불구하고, 시대적 대세는 바뀌지 않았 다. 사회에 대한 공공적(public) 열정이 소진된 시대에 개인적(private) 정 열은 계속 우세한 요소로 남아 있었던 것이다.

종교적 열기와 근본주의 신앙

1960년대의 많은 사회비평가들은 미국인들의 생활에 있어 종교의 영향 력이 사실상 사라졌다고 생각하고 있었다. 그러나 1970년대에 들어와 미국 은 19세기 초반의 제2차 대각성(Great Awakening) 이래로 가장 강력한 종교부흥의 시대를 맞이하게 되었다.

한편에서는 수백만이 이교 운동(esoteric movements)을 통하여 영적,

정서적 공허감을 채우려고 하는 동안에, 다른 한편에서는 다른 수백만이 전통적 기독교에 이끌렸다. 1977년의 조사에 따르면, 약 7천만의 미국인들이 자신들을 거듭난 기독교인(born-again Christian)이라고 생각하였고, 1천만 명이 이와 같은 경험을 했다고 주장하였다.

지미 카터 대통령, 인기가수인 팻 분(Pat Boone)과 자니 캐쉬(Johnny Cash), 프로풋볼 선수인 로저 스터박(Roger Staubach), 흑인표범당의 지도자였던 엘드리지 클리버(Eldridge Cleaver), 그리고 워터게이트 사건에 연루되었던 제프 매그루더(Jeb Stuart Magruder)와 찰스 콜슨(Charles Colson)도 자신들을 거듭난 기독교인이라고 생각하였다.

물론 종교적 부흥과 복음주의적인 교파의 등장은 새로운 것은 아니었으나, 1970년대 중반에 이르러 크게 팽창하였다. 1970년대 후기에 복음주의자들은 종교서적의 판매로 매년 2억 달러를 벌어 들였다. 버지니아에 기반을 둔 기독교 방송망(Christian Broadcasting Network)은 네 곳에 있는 방송국과 130개의 가입국으로부터 매년 6천만 달러를 벌어들였다.

신흥종교

그러나 이와는 달리 카리스마적인 지도자들에 대한 추종의 모습을 띤 독특한 종교 운동도 있었다. 1973년과 1974년에 통일교의 창시자인 한국인 문선명은 미국 청년들을 자신의 지지자로 개종시킴으로써 두각을 나타냈다. 그는 기독교 교리, 유교의 가부장제 윤리, 반공주의, 그리고 메시아로서의 자신에 대한 숭배를 흥미롭게 결합시켰다. 흔히 무니(Moonies)불리는 이들 통일교도들은 자신의 소유물을 버리고, 그들의 종교적 공동체로 모여들었다. 그들은 인삼차, 양초, 꽃, 땅콩을 판매하여 교회의 기금을 모았다. 통일교를 비판하는 사람들은 문선명과 그의 제자들이 미국 청년들을 그릇된 생각으로 세뇌시키고 있다고 비난하였다. 그리고 부모들은 그들의 자녀들을 통일교와 그 영향으로부터 빼내오려고 하였다.

독특한 종교 집단으로서는 짐 존스(Jim Jones)의 추종자들이 있었다. 그들의 활동은 캘리포니아에서 인민사원(People's Temple)의 건설로 시작하였다. 그들의 교회는 사회개혁과 민권 운동에 연결되어 있었다. 그러나

1977년에 짐 존스가 살해위협과 재산갈취의 혐의를 받자, 그들은 대부분 남아메리카의 가이아나(Guyana)로 본거지를 옮겼다. 그리고 그들의 정착지를 존스타운(Jone's Town)이라고 불렀다.

그러나 1978년 11월에 미국 의회의 조사단이 파견될 것이라는 소식이 전해지자, 이들은 동요하였다. 그들은 미국이 그들의 정착지를 파괴하고, 그 결과로 세계는 전쟁에 돌입하게 될 것이라고 믿게 되었다. 그러므로 광적인 지도자인 짐 존스는 추종자들로 하여금 자녀들을 독살하도록 하였다. 그리고 그들 스스로도 쿨에이드(Kool-Aid)와 시안(cyanide)의 혼합물을 마시고 집단 자살하였다. 존스타운에서는 학살과 자살로 911명이 죽었다. 그리고 이 무서운 사건은 미국 사회에 큰 충격을 주었다. 그것은 미국 사회가 깊은 병에 걸려 있음을 말해 주는 증거였다.

1970년대에 미국인들은 개인적 정체성(personal identity)도 찾아 나섰다. 이같은 이유로 자신중심(Me-ness)의 또 다른 단면이 나타났는데, 그것은 "뿌리찾기"(Roots) 현상이었다. 알렉스 헤일리(Alex Haley)가 쓴 베스트셀러를 토대로 만든 8부작의 텔레비전 시리즈가 방영되어, 선풍적인 인기를 얻었다. 그 연속극은 작가의 선조인 잠비아의 소년 쿤타 킨테가 노예로 팔려온 것으로부터 시작되는 작가의 가족사(家族史)였다. 그것은 노예와 인종차별주의로 고통을 당하고 있는 수많은 대중들이 자신의 위치를 확인하는 데 큰 도움을 주었다.

4. 자유방임주의 부활

"썬벨트" 지역의 등장

1980년의 대통령 선거가 가까왔을 때, 연방정부는 10년만에 인구조사 결과를 내놓았다. 통계청의 조사에 따르면, 노년층 인구는 24퍼센트 늘었다. 30세 이상의 인구와 30세 이하의 인구는 거의 비슷하였다. 그러나 은퇴한 인구는 1972년 이래로 50퍼센트 이상 증가하였다. 이것은 인구에서 노년층의 비율이 늘었음을 의미하였다. 정치적인 측면에서 보면, 이것은 국민이 점차 보수적이 되어 간다는 것을 의미하였다.

또한 그 통계는 인구가 추운 북동부와 중서부의 냉한대(Frostbelt)에서 따뜻한 남부와 서부의 온난대(Sunbelt)로 옮겨갔음을 보여 주었다. 이것은 정치적으로 인구가 진보적인 지역에서 보수적인 지역으로 이동했음을 의미하였다. 1982년에는 냉한대에서 17개의 하원 의석이 줄었다. 예를 들면, 동북부의 뉴욕주는 5개 의석을 잃었는 데 비해, 남서부의 플로리다는 4개, 텍사스는 3개, 캘리포니아는 2개의 의석을 더 얻었다.

온난대 지역에는 풍부한 에너지 자원과 폭 넓은 납세자도 있었다. 1980년에 남서부의 루이지애나는 그 주의 에너지 필요량보다 4배 이상, 뉴멕시코는 3배 이상, 텍사스는 2배 이상을 생산하였다. 반면에, 북서부의 미시간과 뉴욕은 필요한 에너지의 거의 대부분을 높은 가격에 수입하였다. 세금 부담률도 온난대 지역이 낮아, 예를 들면 텍사스의 한 가정이 부담한 주세와 지방세는 뉴욕에 비해 절반도 되지 않았다.

중산층의 분노

인구조사의 결과는 보수주의가 1970년대말의 미국에서 우세한 힘이라는 것을 보여주었다. 이제 미국인들은 정부가 국민에게 봉사할 능력을 가지고 있다고 생각하지 않게 되었다. 그것은 뉴딜 이후 자리잡아 온 복지 국가(welfare state) 또는 서비스 국가의 개념에 대한 신뢰감이 사라져가고 있음을 의미하였다.

그러므로 복지국가를 폐지하려는 보수주의자들의 노력이 실효를 거두기 시작하였다. 1978년에 캘리포니아 유권자들은 세금 삭감을 청원하는 주민발의안 제13호(Proposition 13)를 주민투표로 승인하였다. 그것은 주 정부 차원에서 재산세를 줄이고 사회복지 정책을 위한 지출을 엄격히 제한하기 위한 것이었다. 보수주의자들은 연방 정부가 적자예산을 편성하지 못하도록 헌법을 개정하기 위해 로비 활동을 벌였다. 그들은 1980년의 선거에서 영향력을 발휘하기 위해 전국 보수정치활동위원회(National Conservative Political Action Committee)를 조직하고, 진보적인 상원의원들을 낙선시키려는 운동을 벌였다.

보수주의적 정치가들을 지원한 세력은 복음주의적인 프로테스탄트교도들이었다. 이들은 낙태 반대, 전통적 가정의 보존, 도덕적 생활의 유지라는 목표를 달성하기 위해서는 정치의 방법이 필요함을 느끼게 된 사람들이었다.

그에 따라 1979년 여름에 도덕적 다수파(Moral Majority)라는 단체가 설립되었다. 이 조직이 탄생하는 데는 버지니아의 린치버그 출신의 라디오-텔리비전 목사인 제리 폴웰(Jerry Falwell)의 역할이 컸다. 그 후 14개월 동안에 〈도덕적 다수파〉는 2~3백만의 새로운 유권자를 등록시키고 150만 달러를 모금하였다. 그리고 그것은 신문 발행을 시작하고, 140개의 라디오 방송국에서 매일 방송시간을 샀다.

〈도덕적 다수파〉는 근본주의적이고 복음주의적인 신앙의 입장에서 정강을 개발하였다. 즉, 그것은 경제적으로 자유방임주의를 역설하고, 정치적으로는 작은 정부를 요구하였다. 또한 그것은 도덕적으로는 낙태 금지를 요구하였다. 그리고 문화적으로는 학교에서 진화론 대신 성경의 창조론을 가르쳐야 한다고 주장하였다. 뿐만 아니라 그것은 대외적으로 소련의 공산주의와 무신론적 전체주의에 대해 강력하게 대항해야 한다고 주장하였다.

이와 같은 대중적인 운동에 대해 보수적인 지식인들도 호응하였다. 그들 가운데는 후버연구소(Hoover Institution)와 같은 보수주의적인 두뇌집단, 〈내셔널 리뷰〉(*National Review*)와 같은 보수적 잡지의 편집인들이 있었다. 그리고 그들은 보수적인 종교인들과 함께 보수주의적 정치가들을 지지하였다.

비관주의적 분위기와 레이건

1980년의 여론조사는 대부분의 미국인들이 현재는 과거보다 못하고, 미래는 더욱 더 어두울 것이라고 생각하고 있음을 보여주었다. "우리는 거의 하루 밤 사이에 낙관론자의 나라에서 비관론자의 나라로 바뀌었다"고 어느 여론조사가는 지적하였다.

1980년의 대통령 선거가 가까이 오자, 미국인들은 경제적으로 어려웠던 지난 10년을 되돌아 보았다. 그들은 인플레이션으로 구매력이 떨어지는 것을 보았다. 또한 그들은 한때 미국 산업의 자랑이었던 자동차 공장과 제철 공장들이 문을 닫는 것을 보았다. 1980년에 어느 제철회사 회장은 과연 "이 산업이 살아남을 수 있을지가 문제"라고 한숨을 쉬었다.

탈산업화의 결과로 많은 직종의 존속 자체가 위태로워졌고, 일부는 영원히 사라졌다. 상점 선반에 늘어만 가는 외국제 수입상품들은 경쟁이 심해지고 있다는 사실을 계속 상기시켜 주었다.

이와 같은 어두운 상황 속에서 로날드 레이건(Ronald Reagan)이 보수주의의 물결을 타고 등장하였다. 레이건은 과거의 전통적 가치관과 균형예산으로 되돌아갈 것을 약속하였다. 그는 미국의 경제적 창조력을 속박하는 것이 거대정부라고 공격하고, 자유방임(自由放任) 체제의 부활을 역설하였다. 그리고 미국은 다시 과거의 좋은 상태로 되돌아 갈 수 있다고 레이건은 공언하였다. "근본으로 돌아가자"(back-to-basics)는 그의 호소는 진보주의에 환멸을 느낀 많은 전통주의자들에게 공감을 불러 일으켰다.

1980년의 대통령 선거를 향해 몇몇의 보수주의적 공화당 정치가들이 움직였다. 그러나 이들 가운데서 선두를 달린 것은 할리우드 영화배우 출신인 로날드 레이건이었다. 그는 캘리포니아 주지사를 두 차례 지닌 경력을 가지고 있었다.

레이건은 일리노이 주의 작은 도시인 딕슨에서 태어나서 지방 방송국의 라디오 스포츠 캐스터로 일했다. 1930년대 중반에 할리우드로 옮겨 성공을 거둔 다음, 영화배우협회의 회장이 되었다. 그 당시 그의 정치적 성향은 진보적인 것이었으나, 1950년대에 보수주의자로 전향하였다. 그래서 그는 1964년의 대통령 선거에서 공화당의 보수적인 대통령 후보였던 배리 골드워터를 지지하였다. 텔리비전에서의 그의 설득력있는 연설은 그를 보수적 정치의 최정상에 올려놓았다. 그는 지금이야말로, "자유기업과 거대정부, 개인적 자유와 전체주의 사이에서 선택을 해야 할 때"라고 말하였다. 1966년에 그는 캘리포니아의 주지사가 되었다. 8년간 두 번에 걸친 주지사로 재직하면서 레이건은 그의 보수주의 노선을 견지하였다.

1980년의 선거

그러나 1980년의 암울한 분위기는 레이건의 시대를 열어 놓았다. 그의 보수주의는 이제 열렬한 호응을 얻게 되었다. 그래서 그는 일리노이 출신의 온건한 노선의 공화당 하원의원인 존 앤더슨(John Anderson)과 전 중앙정보부 부장이었던 조지 부시(George Bush)를 쉽게 제치고 공화당 대통령 후보의 자리를 차지하였다.

대통령 선거전에 있어서 유권자들에 대한 그의 호소력은 관망자들이 전망했던 것보다 더 폭이 넓었다. 그는 연방정부의 지나친 지출에 대해 강력히 비판하였다. 보다 더 중요한 것으로는, 그는 세계에서 미국의 힘과 자존심을 회복시키겠다고 주창하였다. 또한 레이건은 정부기구의 축소와 재정적자의 감축을 약속하였다. 그리고 공급 측면의 경제학, 즉 투자를 증진시키기 위해 기업의 세금을 줄이겠다고 약속하였다. 그리고 국방예산의 증가를 약속하였다.

레이건은 자신이 낙태의 합법화에 반대함을 분명히 밝혔다. 그리고 남녀평등권에 관한 헌법개정조항(ERA)에 반대함으로써 가족수호 운동에 동조하였다. 그러므로 그는 구우파(Old Right)로서 새로이 신우파(New Right)의 주장을 받아들이게 되었다. 원래 레이건과 같은 구우파는 정치적, 경제적인 보수주의자들이었다. 그러나 이제 그들은 생명권 옹호론자들, 남녀평등권 반대자들, 복음주의적인 '거듭난 기독교도들'과 같은 사회적 보수주의자들과 손을 잡았다. 그리고 동성애·반대자들, 교내 기도 옹호론자들 및 영화의 과도한 노출 장면을 거부하는 사람들과도 동맹을 맺었다.

민주당의 후보 지명도 그렇게 어렵지 않았다. 카터 대통령에 대한 에드워드 케네디 상원의원의 도전은 대단한 것이 못되었다. 왜냐하면 케네디의 뉴딜 진보주의는 더 이상 매력을 끌지 못하였다. 그리고 채파퀴딕(Chappaquidick) 여인 익사 사건에 대한 기억으로 그의 도덕적인 결함이 계속 문제가 되었다.

그러므로 카터는 쉽게 후보직을 다시 얻을 수 있게 되었다. 그러나 현직 대통령으로서 그는 힘든 문제들을 안고 있었다. 아직 이란에는 미국인 인질들이 잡혀 있고, 국내 경제는 스태그플레이션으로 몸살을 앓고 있었다.

그리고 후보 예비선거 과정에서 공화당을 탈당하고 무소속 후보로 출마한 존 앤더슨의 위협도 있었다. 그러므로 카터는 선거운동을 자제하고 백악관에 칩거하였다. 그는 국가의 문제들이 너무 심각하여 선거운동을 할 여유가 없다는 명분을 내세웠다.

레이건과 공화당의 승리

1980년의 대통령 선거에서 유권자들은 레이건과 그의 부통령 후보자인 조지 부시에게 총투표의 51퍼센트를, 카터에게 41퍼센트를, 앤더슨에게 6.6퍼센트를 주었다. 선거일은 이란에 인질들이 억류되어 있은 지 바로 1주년 되는 날이었다. 이제 거의 10여년간 미국인들의 생활속에서 힘을 키워 오던 보수 세력이 미국의 정치권력을 획득한 것이다. 레이건은 전국을 휩쓸었고, 카터는 6개주와 워싱턴 디씨에서만 승리했을 뿐이었다.

투표 결과는 부분적으로는 레이건의 보수주의에 대한 지지였다. 그러나 그것은 카터에 대한 깊은 불만의 표현이기도 하였다. 국민 대중이 카터가 위기를 해결할 능력이 없다고 믿는 마음이 바로 레이건을 유리하게 만든 요인이었다. 그것은 10년 이상 계속된 국내적, 국제적 실패로부터 파생된 좌절감이 쌓여 생겨난 결과였다. 그 외에도 공화당은 능률적인 조직과 풍부한 선거자금을 가지고 있었다. 그리고 레이건은 대부분의 미국인들이 관심과 이해관계를 가지고 있는 문제들을 다루었다.

레이건의 승리보다 더 놀라운 것은 공화당이 상원의석을 11개 더 많이 차지함으로써 상원에서 다수당이 된 사실이었다. 보수주의자들의 광고전에 힘입어 조지 맥거번(George McGovern), 프랭크 처치(Frank Church)와 같은 민주당 진보주의자들이 거의 모두 낙선하였다. 공화당은 33개의 하원 의석과 4개의 주지사직을 더 얻었다. 공화당과 보수세력은 1952년 이래 최초로 상원을 장악하게 되었고, 하원에서도 강력한 세력을 구축하게 되었다.

1981년 1월 20일에 로날드 레이건은 근본적인 정부의 변화를 약속하면서 대통령으로 취임했다. 그는 "모든 미국인들에게 동등한 기회를 제공할 건전하고 강력하며 성장하는 경제"를 가져오기 위해 "국가적 쇄신의 시대"를 열겠다고 약속하였다. 같은 날, 이란에서는 444일간 잡혀 있던 미국인

인질들이 미국으로 돌아오기 위해 비행기를 타고 테헤란을 출발하였다. 인
질들의 귀환에 전국이 환호하였다. 어떤 행정부도 이처럼 극적인 분위기에
서 출발한 경우는 없었다.

제13장

미국 사회의 우경화(1981~1988)

1. 레이건 경제학

공급측면 경제학

1980년의 대통령 선거 과정에서 레이건은 선거 운동의 목표를 몇 가지 대원칙에 촛점을 맞추었다. 그는 미국 외교정책에 있어서 더 이상 우유부단한 태도는 없을 뿐만 아니라 군사력에 있어서 미국의 우위성을 회복시킬 것이라고 약속하였다. 그리고 그는 미국인들의 일상생활에 영향을 미치는 정부간섭을 가능한 한 줄일 것이라고 약속하였다. 다시 말해 그는 '작은 정부'를 약속하였다.

그리고 그는 레이건 경제학(Reaganomics)으로 불리는 공급측면 경제학(supply-side economics)의 실천을 통해 미국의 경제를 활성화시키겠다고 약속하였다. 공급측면 경제학의 출발점은 지나치게 많은 세금 부과 때문에 투자할 자본이 부족한 데서 미국 경제가 침체 상태에 빠지게 된다는 생각이었다.

그러므로 경제 활동을 활성화시키기 위해서는 새로운 투자가 필요하고, 따라서 그러한 자본을 확보하기 위해서는 대기업들과 부자들의 세금 부담을 줄여 주어야 한다는 것이었다. 새로운 자본투자가 이루어지면, 새로운 공장, 새로운 일자리, 새로운 제품이 만들어질 것이고, 그 결과로 번영이 다시 찾아오게 된다는 것이었다. 그렇게 되면, 결국 번영의 혜택이 중산층과 하층민에게도 돌아갈 것이라는 주장이었다.

정부 지출의 삭감

이와 같은 공약을 실천하기 위해 새 행정부는 1981년 2월에 두 가지 방향에서 경제문제에 접근하였다.

첫째로 레이건은 정부 지출을 줄이려고 하였다. 공급측면 경제학에 있어서 정부 지출의 삭감은 절대로 필요하였다. 왜냐하면 경제활동을 활성화하기 위해서는 세금 인하가 필요하고, 또한 세금이 인하되기 위해서는 정부

레이건 대통령 : '부강한 미국'의 표방

예산이 줄어들어야 하기 때문이다. 만일 정부 지출이 줄지 않으면 대규모의 예산 적자가 발생할 것이고, 그렇게 되면 정부가 자본 시장에서 돈을 빌려옴으로써 금리가 올라갈 것이기 때문이다. 그것은 투자할 자본이 적어짐을 의미하였다.

그러므로 레이건은 연방예산을 대대적으로 삭감하여 4년내에 정부의 세입과 지출을 균형 상태로 가져 오려고 하였다. 이러한 시도는 1969년의 닉슨 행정부 이래 처음으로 나타난 시도였다.

우선 레이건은 435억 달러의 예산 삭감을 의회에 요구하였다. 삭감은 사회복지 부문에서 이루어졌다. 그 결과로 빈민을 위한 도심지역 지원(urban aid), 노인의료보험(Medicare), 빈민의료비보조(Medicaid), 식품교환권(food stamps), 근로빈민에 대한 보조비(welfare subsidies), 아동무료급식(school meals)과 관련된 예산이 줄어들었다.

1981년 7월에 의회는 레이건의 요구를 받아들여 수용하여 사회 정책, 문화 정책과 관련된 사업에서 352억 달러를 삭감하였다. 그에 따라 1960년대의 '빈곤에 대한 전쟁' 시기에 설치되었던 지역개발청(Community Services Administration)과 같은 복지 기구들이 폐지되었다. 그리고 종합고용 훈련법(Comprehensive Employment and Training Act)의 제정으로 생겨났던 30만 개의 공무원직이 없어졌다.

레이건은 1981년 10월에 두번째의 예산 삭감에 착수하여 130억 달러를 줄였는데, 그 결과로 가장 두드러지게 나타난 현상은 식품교환권(food stamps) 수혜자가 100만 명이 줄게 된 사실이었다.

세금 인하

정부 예산이 줄어들었기 때문에 레이건 행정부는 세금을 인하할 수 있게 되었다. 레이건은 저축과 투자를 늘리기 위해 부유층과 기업체들의 소득세를 줄여 주었다. 이와 같은 공화당 행정부의 세금인하 계획에 대해 민주당의 보수적인 의원들도 동조하였다.

마침내 1981년 8월에 의회는 5년간에 7,500억 달러를 줄인다는 미국 역사상 최대의 세금 삭감을 승인하였다. 이 삭감안의 핵심은 앞으로 3년간에 걸쳐 개인 소득세(income tax)를 25퍼센트 감축하는 것이었다. 그리고 그것은 기업에 혜택을 주기 위해 투자세공제(investment tax credits)와 감가상각허용(depreciation allowances)의 범위를 넓혀 주었다. 그리고 모든 소득에 대한 최고 세율을 70퍼센트에서 50퍼센트로 낮추어 주었다. 이와 같은 세금인하로 가장 많이 혜택을 받은 사람들은 부유층이었다.

환경 규제의 완화

기업의 부담을 덜어주려는 레이건의 경제 정책은 환경, 보건, 그리고 안전에 대한 연방정부의 규제도 완화시키게 되었다. 그는 연방 정부의 규제가 기업의 이윤을 줄임으로써 경제성장을 둔화시키고 있다고 믿었다.

이와 같은 생각을 앞장서서 실천한 사람은 내무부 장관 제임스 와트(James Watt)였다. 그는 자신의 목표는 "단순히 천연자원을 보존하는 것이 아니라 그것을 보다 많이 캐내고, 보다 많이 퍼내고, 보다 많이 잘라내고, 보다 많이 활용하는 것"이라고 말하였다. 제임스 와트는 석유, 개스, 석탄의 개발을 촉진하기 위해 연방정부 소유의 땅과 연안 앞바다를 민간기업에 개방하였다. 그는 또한 2000년까지 8천만 에이커의 미개척지를 개발업자들에게 넘겨 줄 것을 제의하였다.

그리고 환경 보호국장 앤 버포드(Anne Gorsuch Burford)는 환경규제를 완화시키기 위해 지표수(ground water) 보호계획 사업에 관한 법 제정을 지연시키고, 공기정화법(Clean Air Act)의 시행을 약화시켰다.

레이건이 집권한 6개월 동안에 직장안전보건청(Occupational Safety and Health Administration)의 기준을 위반한 데 대한 조사는 16퍼센트 줄었고, 처벌도 40퍼센트 줄었다. 이에 대해 레이건 행정부의 관리들은 환경, 보건 관계 규제법의 시행을 완화함으로써 기업의 비용이 절감되고 그에 따라 미국상품이 세계시장에서 경쟁력을 가지게 될 것이라고 주장하였다. 그러나 환경보호주의자들은 그와 같은 정책은 유독성 쓰레기 중독이나 원자로 사고와 같은 재앙을 인간에게 가져다 줄 것이라고 반박하였다.

인플레이션 억제

레이건은 대통령으로서 처음 2년 동안 두 가지 주목할 만한 경제적 성공을 거두었다. 그것은 인플레이션율(inflation rate)의 하락과 금리(interest rate)의 인하였다.

연방지불준비이사회(FRB)가 할인률(discount rate)을 낮춤에 따라, 1981년 초에 21.5퍼센트의 기록을 세웠던 은행 금리가 1983년 초에는 10.5퍼센트로 떨어졌다. 돈을 빌리는 데 드는 비용이 줄어들었기 때문에, 인플레이션도 1980년의 12.4퍼센트에서 1982년에는 7퍼센트로 떨어졌다.

석유 가격의 하락도 물가 하락에 기여하였다. 1981년에 세계의 1일 석유생산량이 수요량보다 200만 배럴을 초과하면서, 미국의 석유공급에는 어려움이 없어졌다. 8년 만에 석유수출국 기구(OPEC)도 석유가격 인상을 멈추었다. 국민들도 절약하는 마음을 갖게 되었다. 주택보유자들은 실내 온도를 낮추고, 단열재를 설치하였다. 연료비용의 절감 덕택으로 식료품 가격 인상도 1980년의 절반도 안되는 4.3퍼센트에 머물렀다.

그러나 인플레이션율이 떨어진 데는 경기침체의 요인도 작용하였다. 실제로 1981년 중반까지도 미국은 경기침체(recession)에 빠져 있었다. 그것은 지속되었을 뿐만 아니라 더욱더 깊어지고 있었다. 따라서 그 해 마지막 3개월 동안에 국민총생산은 5.3퍼센트 줄어들었다. 자동차와 주택의 판매도 급격히 줄었다. 경제활동이 침체함에 따라, 실업률이 높아져 10월에는 거의 6년 만의 최고치인 8퍼센트에 이르렀다.

레이건 암살 미수

1982년 8월의 〈로스앤젤레스 타임즈〉(Los Angeles Times) 여론조사는 레이건이 개인적인 인기를 계속 누리고 있음을 보여 주었다. 레이건이 대중적인 인기가 있었다는 것은 확실하였다.

1981년 3월에 그를 암살하려는 사건에서 레이건은 대담하게 대처함으로써 인기를 얻었다. 무정부주의자인 예일 대학생 존 힝클리(John W. Hinckley Jr.)가 쏜 총탄은 대통령의 왼쪽을 맞혔다. 그리고 언론담당 보좌관, 비밀 경호원, 그리고 경찰관에게 상처를 입혔다.

그러나 레이건이 그때 보여준 여유 있는 행동은 그에 대한 인기도를 급속히 상승시켰다. 그는 피가 흘러내리는 채로, 총알을 가슴에 그대로 둔 채, 당당하게 걸어서 조지 워싱턴 대학 병원에 들어섰다. 그는 아내에게 "몸을 굽히는 것을 잊었다"고 말하는 유머 감각도 그대로 지니고 있었다.

그럼에도 불구하고 1982년의 중간선거에서 공화당은 하원에서 26개 의석을 잃어 다수당의 자리를 민주당에게 빼앗겼다. 그래서 민주당은 267석, 공화당은 166석을 보유하게 되었다. 그러나 공화당은 상원에서는 54대 46으로 간신히 다수당의 위치를 유지하였다. 그리하여 상원은 레이건에 우호적인 상태로 남아 있었다.

2. 소련과의 군비경쟁

냉전의 부활과 레이건 독트린

레이건은 세계문제에 있어 미국의 국가적 위신과 미국인의 자존심을 되살리려고 하였다. 그는 베트남 전쟁이나 워터게이트 사건 같은 위기들을 통해 미국인들의 행동의지가 마비된 사실을 개탄하고, 카터 행정부의 허약성과 패배주의를 공격하였다.

우선 레이건은 소련을 군사적인 측면에서 압도하기 위해 야심적인 신무기개발 계획인 "별들의 전쟁"(Star Wars)을 제안하였다. 동시에 그는 제3세계에서 미국의 적극적인 역할을 강조하였다. 제3세계 국가들이 국내적으로 어떤 문제를 가지고 있든 간에, 미국에 우호적인 태도를 보이기만 하면, 미국은 그들의 정부를 지원해야 한다고 강조하였다. 특히, 최소한 말로만이라도 공산주의에 대해 반대하는 세력들에 대해서는 전 세계에 걸쳐 지원한다는 원칙을 표명하였다. 이것이 바로 레이건 독트린(Reagan Doctrine)이었다.

이제 미국은 다시 한번 전 세계에서 공산주의와 대결하기 위해 적극적이고 강력한 태도를 보여야 한다고 그는 주장하였다. 그러므로 이미 카터 행정부시대 말엽부터 악화되기 시작했던 소련과의 관계는 더욱 더 악화될 위험이 있었다. 따라서 레이건에 이르러 냉전은 그것이 처음 시작되었던 1950년대 초로 되돌아 가고 있는 듯이 보였다.

레이건 외교의 기본 노선

첫째로, 레이건과 그의 보수적인 보좌관들은 '사악한' 소련이 세계 혼란의 원천이 되고 있다고 믿었다. 그들은 세계의 거의 모든 문제들을 동방과 서방의 대립관계로 보았다. 레이건은 소련이야말로 세계를 공산주의의 체제

로 만들기 위해 어떠한 범죄도 저지를 준비가 되어 있는 나라라고 비난하였
다. 그는 중앙아메리카의 나라들에서 일어나고 있는 내전들도 소련의 간섭
때문이라고 보았다. 그리고 제3세계의 혼란도, 근본적으로는 소련의 음모에
있다고 보았다. 따라서 '데탕트'의 분위기는 레이건의 강경한 반소(反蘇)
구호와 함께 완전히 사라지게 되었다.

둘째로, 레이건 행정부는 미국의 대대적인 군사력 증강이 소련의 위협
을 물리칠 뿐만 아니라 소련을 위협하여 미국에 유리한 협상조건을 이끌어
내게 할 것이라고 믿었다. 따라서 레이건은 소련을 압도하기 위해 8년간의
2조 3,000억 달러에 이르는 막대한 국방예산안을 준비하였고, 의회는 그 대
부분을 승인하였다. 그는 또한, B-1폭격기, 해군의 대대적인 확장, 독가스
의 생산, 혁명진압을 위한 특별부대의 강화, MX 미사일 생산을 추진하였
다. 그리고 우주에서 적의 미사일을 격추시키는 거대한 방위계획도 세웠다.
이것은 흔히 '별들의 전쟁'으로 불리는 전략방위계획(Strategic Defense
Initiative, SDI)이었다. 그것은 미국 역사에서 가장 규모가 큰 평화시의 군
비확장이었다.

이에 대해 소련이 항의하자, 레이건은 드디어 "그들이 뾰죽한 못 위에
올라 앉아 있는 것처럼 비명을 지르고 있다"고 의기양양해하였다. 1985년
에 국방부는 시간당 평균 2,800만 달러의 엄청난 돈을 쓰고 있었다. 그는
군비 축소에는 별로 관심이 없었기 때문에 전쟁광이라는 비난을 받기도 하
였다.

미국적 가치와 이익의 재천명

셋째로, 레이건와 그의 보좌관들은 세계의 모든 나라들이 민간 자본주
의(private capitalism)를 받아들이고 통제경제(managed economy)를 거
부해야 한다고 믿었다. 따라서 그들은 제3세계 국가들에게 민간기업(private
business)의 장점을 역설하였다. 그 때문에 미국은 개발도상국가들에 있어
민간 기업들의 아기 우유 판매를 규제하려 한 국제연합(UN)결의안마저 거
부하였다. 당시는 우유 회사들의 과장된 판매 광고 때문에 많은 어머니들이
모유 대신 인공식을 아기에게 먹이려는 풍조에 대해 의사들이 우려하고 있

던 때였다. 특히 유아식품은 오염된 물과 섞여 만들어짐으로써 질병이 퍼져 나가게 될 위험성이 있었다. 그럼에도 불구하고, 레이건 행정부의 관리들은 민간기업에 대한 어떠한 간섭도 허용하지 않으려 했다.

그리고 이와 같은 입장에서 레이건은 해양조약법(Law of Sea Treaty)에 대한 서명을 거부하였다. 왜냐하면 그 법이 해저 광물 채굴 회사들을 충분히 보호하지 못한다고 생각했기 때문이었다. 그리고 레이건 행정부는 부유한 북반구와 가난한 남반구 사이의 협조에 대해 관심이 없었다.

네번째로, 로날드 레이건은 미국인들이 베트남 전쟁 이래로 품고 있던 자신에 대한 불신감에서 벗어나서, 다시 외국인들에게 미국식 모델(American model)을 전파하는 사명감을 가지게 되어야 한다고 믿었다. 바꾸어 말해 그는 미국 국민이 애국심을 가져야 한다고 생각하였다.

또한 그는 미국이 세계에서 강대국과 지도자의 지위를 계속 잃어 왔다고 생각하였다. 그러한 국력의 쇠퇴는 파나마 운하 반환 조약, 이란 인질 위기, 미국과 대등한 소련의 핵무기 보유에서 입증된 것으로 생각되었다. 그는 이같은 추세를 바꾸려고 하였다. 그래서 그는 소련과 공산주의에 대해 강경한 발언을 하고, 군사력을 강화하였다. 그리고 중앙정보부를 활성화시키고, 해외에서 비밀공작을 확대하였다. 그리고 나서 그는 "미국은 다시 강력한 나라로 돌아왔다"고 1984년에 자랑스럽게 말하였다.

그러나 레이건은 소련에 적대적인 정책을 표방하면서도, 실제로는 소련과의 무역을 계속하였다. 그는 전임자인 카터 대통령이 소련의 아프가니스탄 침공에 대한 보복으로 내렸던 곡물수출 금지를 해제하였다. 그 결과로 즉시 미국과 소련 사이에는 30억 달러에 해당하는 곡물 수출 거래가 이루어졌다. 밀과 옥수수를 수출함으로써, 레이건은 선거전에서 농민들을 위해 내걸었던 선거공약을 실현할 수 있었다.

그럼에도 불구하고 그는 소련의 팽창과 공산주의의 확산에 대해서는 분명히 반대하였다. 1981년말에 소련이 폴란드의 자유노조운동을 파괴하려 하자, 레이건은 소련과의 무역을 어느 정도 제한하고, 모스크바에 대해 맹렬한 비난을 퍼부었다. 그리고 소련군이 아프가니스탄을 완전히 점령하려고 하자, 미국 중앙정보부(CIA)는 그에 대항하는 아프간 반군들에게 원조를 제공하였다.

소련과의 핵무기 경쟁

레이건의 군비 확장, 군비축소 요구에 대한 냉담, 제한적 핵전쟁에서의 승리 발언, 핵 우위성의 추구, 신형 크루즈(cruise) 미사일과 퍼싱 2(Per-shing-II)의 서유럽 배치 주장은, 국제적으로 격렬한 논쟁을 불러 일으켰다. 그에 따라 1981년 가을에는 런던, 로마, 본을 비롯한 수많은 유럽 도시에서 수십만이 참여하는 반핵 시위가 일어났다. 반핵(反核)주의자들은 핵무기로 인한 대학살을 방지하기 위해 미국과 소련이 협상할 것을 요구하였다.

1981년 11월말에 유럽에 배치된 핵무기를 제한하기 위한 중거리 핵무기 제한회담(INF)이 열렸다. 그 회담의 목적은 서유럽을 겨냥한 소련제 SS-20 미사일, 소련을 겨냥한 미국제 '크루즈' 미사일과 '퍼싱 2' 미사일과 같은 중거리미사일(intermediate-range nuclear forces)을 줄이기 위한 것이었다. 미국의 제안은 제로 옵션(zero option)이라고 불리었다. 그것의 골자는, 만일 소련이 그들의 SS-20 미사일을 전부 제거한다면 미국은 서유럽에 미사일을 설치하지 않을 것이라는 내용이었다.

이에 대해 모스크바는 반대하였다. 왜냐하면 미국의 제안은 소련을 공격할 수 있는 미국의 장거리 폭격기와 잠수함에 설치된 미사일을 전혀 고려하지 않은 것이었기 때문이다. 그리고 그것은 소련을 겨냥하고 있는 영국과 프랑스의 핵무기를 고려하지 않은 것이었기 때문이다. 따라서 중거리 핵무기 제한 회담(INF)은 1983년 11월에 결렬되었다. 그리고 미국은 '크루즈' 미사일과 '퍼싱 2' 미사일을 처음으로 서유럽에 배치하였다.

반핵운동

1982년 6월에 레이건은 전략무기제한 회담(SALT)을 대신할 전략무기 감축회담(START)을 시작하였다. 그러나 이듬해인 1983년 12월에 들어서서 그것 또한 비틀거렸다.

이와 같은 핵무기 감축 협상들의 실패는 미국 대중들의 큰 관심을 끌었고, 또한 반핵 운동을 일으켰다. 복음전도사인 빌리 그래함(Billy Graham)과 전국 교회협의회는 평화운동 단체들이나 에드워드 케네디 상원의원과 같은 정치가들과 손을 잡고 핵무기 경쟁의 중지를 요구하였다.

1982년 6월에는 뉴욕에서 100만 명이 핵 동결을 요구하는 시위를 벌였다. 미국 카톨릭교회 추기경은 "우리는 천지창조 이래로 신의 창조물을 실제로 파괴해 버릴 수 있는 힘을 가진 첫번째 세대가 되었다."는 내용을 담은 공개장을 발표하였다. 그들은 핵무기를 비도덕적인 것으로 비난하고, "가난한 사람들과 약한 사람들의 돈을 빼앗아 가는" 군비경쟁을 종식시키라고 촉구하였다.

의사들은 자신들의 도시가 만일 핵 탄두를 맞게 되면, 많은 사람들이 죽고 수천 명이 치명적인 화상과 방사능 중독을 입을 것이라고 주장하였다. 또한 과학자들은 핵 전쟁을 치르고 나면 "핵 겨울"(nuclear winter)이 찾아 올 것이라고 주장하였다. 그것은 지구가 태양광선으로부터 차단되어 추워지고, 그에 따라 먹을 것도 없어지는 사태를 의미하였다.

그러므로 미국의 도시들 가운데는 신형무기의 개발, 생산, 배치를 동결하는 결의안을 통과시킨 도시들이 많았다. 그 때문에 하원은 1983년에, 레이건 행정부의 반대에도 불구하고, 핵 동결안(freeze resolution)을 통과시켰다. NATO동맹국들로부터도 압력이 왔다. 그러므로 레이건 행정부는 1985년 초에 소련과 군비축소 회담을 다시 시작하였다.

대한항공 여객기 격추 사건

핵전쟁에 대한 관심이 보다 높아지고 있던 1983년 9월 초, 소련의 전투기 조종사가 소련영공에 잘못 들어 온 한국국적의 민간 항공기를 따라붙었다. 소련 전투기는 항로를 바꾸지 않는 이 민간 항공기를 미사일로 공격하였다. 항공기는 공중 폭파되어 269명이 사망하였다. 전세계는 소련의 민간기 격추에 분노하였다.

레이건은 텔레비젼에 나와서 소련 전투기의 행동을 "야만적 행위"라고 규탄하였다. 소련 전투기의 민간 항공기 격추는 미국인들의 소련에 대한 부정적인 인상을 확인시켜 준 듯이 보였다. 소련 지도자들은 한국 여객기를 미국첩보기로 오인했다는 이유로 자신들의 행위를 정당화하였다. 실제로 미국 첩보기는 격추된 한국 항공기가 비행한 항로에 가까운 상공을 정기적으로 비행하고 있었다. 그러나 미국은 소련측의 해명을 인정하지 않았다.

소련에 대한 항의의 표시로 레이건은 미국과 소련 사이에 민간 항공기 운행을 중지시켰다. 이와 같은 미국의 조치에 대부분의 서방 국가들이 호응하였다. 그러나 프랑스만은 동참하지 않은 채 소련-프랑스 노선의 운항을 계속하였다.

3. 레이건의 제2차 임기

1984년의 선거

1984년의 대통령 선거에서 공화당은 레이건을 후보로 내세우는 데 있어서 의견이 일치하였다. 공화당 안의 어느 누구도 지도자로서의 그의 지위에 도전하지 못하였다. 그러나 이와는 반대로 민주당은 분열 상태에 있었다. 그러므로 레이건과 공화당의 승리는 선거전 초반부터 명백해진 듯이 보였다.

레이건의 재선 가능성을 크게 만든 첫번째 요인은 경기의 호전이었다. 1984년에 국민총생산은 8.8퍼센트 증가하였는데,이것은 1951년 이래 가장 빠른 상승이었다. 그리고 실업률도 1984년 중반에 이르러 4년 만에 최저선인 7.1퍼센트로 떨어졌다. 경제가 활성화되고 있었음에도 불구하고, 인플레이션도 심하지 않았다. 실제로 1984년에 인플레이션은 4퍼센트를 기록하였는데, 이것은 1967년 이래 가장 낮은 수준이었다.

레이건의 재선 가능성을 크게 만든 두번째 요인은 그가 강력한 지도자라는 인상을 사람들에게 준 사실이었다. 반면에, 민주당 후보인 월터 먼데일(Walter Mondale)은 나약한 인상을 주었다.

레이건의 재선 가능성을 크게 만든 세번째 요인은 전국에 걸쳐 열렬한 지지 세력을 가지고 있었다는 사실이었다. 전국의 정치적 우파는 물론 사회적 보수주의자, 문화적 보수주의자, 종교적 보수주의자들도 레이건을 지지하였다. 그 밖에도 많은 유권자들도 텔리비전 광고를 보고 그를 지지하게 되었다. 그들은 20년간의 혼란과 무기력감을 끝내고 "미국은 자신감을 찾았다"(America is back)는 광고문에 공감하였던 것이다.

민주당의 분열

레이건의 재선 가능성을 크게 만든 마지막 요인은 민주당이 대안을 제시하지 못했다는 사실이었다. 민주당은 내부 분열로 혼란에 빠져 있었고, 그 정강은 진부하였다. 그리고 몬데일 후보는 민주당 안에서도 열렬한 지지를 받지 못하고 있었다.

1984년의 대통령 선거전에서 민주당은 유권자들에게 호소력을 가질 정강을 내놓지 못했다. 민주당의 지지 세력은 노동조합, 흑인, 여성, 유태인, 동성애주의자, 히스패닉과 같은 다양한 집단들이었다. 각 집단은 제나름대로의 계획을 가지고 있었기 때문에 서로 대립하였다. 그들은 민주당 전당대회에서 자기들의 요구가 받아들여지지 않으면 퇴장할 것이라고 위협하였다.

민주당을 분열시킨 또 다른 원인은 이민법을 개정하려는 심슨-마졸리 법안(Simpson-Mazzoli bill)이었다. 노동조합은 이 법안을 지지하였다. 왜냐하면 그것은 멕시코 노동자들의 불법 유입을 막고, 불법 노동자를 사용하는 고용주들을 처벌할 것으로 기대했기 때문이었다. 그러나 히스패닉계는 이 법이 그들을 취업에서 차별할 것이라는 이유로 반대하였다. 그러므로 많은 미국인들에게 민주당은 분열과 대립의 정당으로 보였다. 그리고 국가의 안녕보다는 특수 이익단체들(special interest groups)의 이익에만 관심이 있는 정당으로 보였다.

민주당의 승리를 한층 더 어렵게 만든 요인은 민주당 대통령 후보 지명을 위한 예비선거(primary) 과정에서 후보들이 지나치게 경쟁을 벌였다는 사실이었다.

월터 먼데일 후보는 복지국가의 건설이라는 뉴딜 전통의 실현을 내세웠다. 그 때문에 그는 전국여성기구(NOW), 노총(AFL-CIO), 그리고 다양한 민권단체들로부터 지지를 받았다.

콜로라도 출신 상원의원 개리 하트(Gary Hart) 후보는 "새로운 사고"와 "새로운 세대"를 표방함으로써 인기를 얻었다. 그는 먼데일을 가리켜 노동조합들과 같은 이익단체들의 도구라고 비난하였다. 그는 도시의 젊은 전문직업인들, 즉 '여피'(Yuppies)들의 지지를 얻으려고 하였다. 그리고 그는 유복하게 자란 '베이비 붐'(baby boom) 세대, 다시 말해 1946년에서 1961년 사이에 출생한 6,350만 명에 이르는 20, 30대의 지지를 얻으려고 하였다. 실제로 여론조사에 따르면, 대부분의 '여피들'들은 만일 개리 하트가 민주당의 지명을 얻지 못한다면 레이건에게 투표할 것이라고 밝혔다.

또 다른 후보는 흑인 민권 운동가인 제시 잭슨(Jesse Jackson) 목사였다. 그는 지난 날 마틴 루터 킹과 함께 남부 민권 운동에서 활약했던 인물이었다. 그는 빈민을 위한 경제, 교육 프로그램을 조직하기 위하여 시카고로 활동 무대를 옮겼던 사람이었다. 그는 흑인들이 대대적으로 유권자 등록을 하도록 고무하였다. 그는 유창한 설교를 통해 흑인, 여성, 히스패닉 그리고 신체 장애자와 같은 "거부되어진 자들"(the rejected)을 결속시켜, "무지개 연합세력"(Rainbow Coalition)을 형성하려는 꿈을 가지고 있었다. 잭슨은 주요 정당의 대통령 후보 지명전에서 대중의 지지를 획득한 최초의 흑인 후보였다.

그러나 샌프란시스코에서 열린 민주당 지명 대회에서 대통령 후보 자리는 노총(AFL-CIO) 등의 지지를 받는 먼데일에게로 돌아갔다. 한 때 유력했던 개리 하트는 여성과 관련된 추문으로 도중 탈락하는 불운을 겪었다.

최초의 여성 부통령 후보

민주당의 먼데일 후보는 불리한 전세를 뒤집기 위한 획기적인 방편으로 부통령 후보를 여성으로 선택하였다. 그리하여 뉴욕 주 하원의원인 제랄딘 페라로(Geraldine Ferraro) 여사가 그의 '러닝메이트'가 되었다. 그녀는 전국적인 정치 무대에 등장한 최초의 여성 후보였다. 여성해방론자들은 이와 같은 선택을 환영하였다. 페라로는 열성적으로 선거 운동을 벌임으로써 그녀의 반대자들로부터도 존경을 받을 정도였다. 따라서 그녀는 민주당 선거 운동에 새로운 열기를 불러 일으켰다.

그러나 민주당은 당시 미국의 보수적인 분위기에 맞기에는 너무나 진보적이었다. 1930년대에 민주당은 경제적 진보주의자들의 복지국가 이론을 중심으로 '뉴딜 연합 세력'(New Deal Coalition)을 형성하였다. 그리고 그것은 수십 년간 유지되어 왔다. 그러나 그것은 1984년에는 유지될 수 없었다. 왜냐 하면 민주당이 공식적으로 낙태나 동성애를 지지함에 따라, 그것에 반대하는 보수적인 당원들이 이탈했기 때문이다. 따라서 낙태와 동성애에 반대하는 보수적인 민주당원들은 공화당의 로날드 레이건에게 투표하였다. 그러므로 민주당은 심하게 분열되어 있었고, 따라서 자신감을 잃고 있었다.

반면에 레이건의 성향은 시대의 분위기에 꼭 들어맞는 듯이 보였다. 1984년 여름, 로스앤젤레스 올림픽 대회에 사용될 횃불이 대서양 연안에서 태평양 연안으로 전달되고 있었다. 횃불은 수백 개의 도시를 통과해 밤낮으로 달렸다. 이같이 도시와 도시의 대중들을 연결하는 횃불 봉송 행사는 당시 새로이 떠오르는 낙관주의의 분위기와 조화를 이루고 있었다. 이제 "패배주의(defeatism)는 사라지고 그 대신 미국적 낙관주의(American optimism)와 '하면된다는 정신'(can-do spirit)이 다시 천명되고 있다."고 어느 여론조사 보고서는 보도하였다.

레이건의 그레나다 침공은 대학 교정에서 반대 시위를 일으키지도 않았다. 오히려 그것은 학도군사훈련단(ROTC) 지원자를 급격히 늘게 하는 결과를 가져 왔다. 낙태반대운동과 가정수호운동에 대한 레이건의 지지는 성적 해방에 반발하는 도덕적, 문화적 보수주의자들의 지위를 강화하는 결과를 가져 왔다. 이제 1980년대는 미국 역사의 순환(cycle)의 과정에서 1920년대나 1950년대와 같은 보수성향의 시기를 맞이하게 된 것이다.

선거운동기간 동안, 민주당의 먼데일 후보는 연방정부의 재정 적자, 부자에게 유리한 조세정책, 및 소련과의 핵무기 경쟁과 같은 문제들을 선거쟁점으로 부각시키려고 하였다. 그러나, 공화당의 레이건 후보는 그와 같은 구체적인 문제들보다는 지도력(leadership)이나 전통적 가치(traditional values)와 같은 보다 일반적인 문제를 들고 나왔다. 즉, 그는 감동적인 구호나 "자랑스러운 미국인"(I'm Proud to Be an American)과 같은 선거운동 노래가사에 의존하였다.

종교 문제를 둘러싼 대립

1984년의 대통령 선거전에서 뜻하지 않게 종교가 격렬한 선거쟁점으로 떠올랐다. 민주당 후보인 먼데일은 만일 공화당의 레이건이 재당선되면 대법원 판사 자리에는 낙태 반대(pro-life)를 주장하는 보수주의자들이 임명될 것이며, 그렇게 되면 1960년대에 워렌 대법원(Warren Court)이 세워 놓은 법 집행의 진보주의적인 전통을 무너뜨리게 될 것이라고 경고하였다. 한 걸음 더 나아가 먼데일은 레이건이 임명하게 될 대법원 판사들은 보수적인 목사 제리 폴웰(Jerry Falwell)의 추천을 받은 인물들일 것이라고까지 말하였다. 제리 폴웰은 유명한 라디오-텔리비젼 목사로서 〈도덕적 다수〉(Moral Majority)라는 보수적인 단체를 설립한 인물이었다.

제리 폴웰 목사는 1984년의 공화당 지명대회에서 행한 축도에서 레이건과 그의 '러닝메이트'인 조지 부시를 "미국을 재건할 신의 도구"라고 찬양하였다. 이에 대한 대답으로 레이건 후보는 "종교와 정치가 필연적인 연관성을 가지고 있음"을 지적하고, 공립학교에서 기도 시간(school prayer)을 두는 데 찬성하였다.

이에 대해 민주당 후보 먼데일은 보수적인 폴웰의 〈도덕적 다수〉가 레이건의 선거 운동에 개입하고 있음을 비난하였다. 그럼에도 불구하고 수백만의 종교적 보수주의자들은 레이건에게 투표하는 것을 그들의 도덕적 신념의 확대로, 그리고 "개인적 정치"(personal politics)의 표현으로 생각하였다.

먼데일은 레이건의 외교정책도 공격하였으나, 별로 소용이 없었다. 그 대신 먼데일 후보는 쌍방의 핵 실험 동결, 군비축소 회담, 니카라과에 대한 은밀한 전쟁의 종식, 중미 문제에 대한 협상을 주장하였다. 그러나 레이건은 먼데일의 제안들을 "허약성의 정책"이라고 일축해 버렸다. 레이건은 애국심을 내세움으로써, 군비강화와 반소(anti-Soviet) 자세에 대해 국민의 지지를 얻었다.

레이건의 압도적 승리

레이건은 1984년의 대통령 선거에서 확실한 승리를 거두었다. 그는 49개 주의 지지를 획득함으로써 미국 정치사에서 가장 결정적이며 압도적인 승리를 거두었다. 그리고 그 사실은 미국 정치를 변모시킨 것으로 분석되었다. 그는 새로운 우파 연합(New Right Coalition)을 형성하였고, 또한 그것은 앞으로 당분간 전국 무대의 정치를 지배할 수 있을 것이라고 정치평론가들은 분석하였다. 그것은 1936년에 프랭클린 루즈벨트 대통령이 48개 주 가운데서 46개 주를 휩쓸음으로써 진보연합(New Deal Coalition)을 형성했던 사실에 비유되기도 하였다. 공화당은 1984년의 선거가 공화당에 대한 충성심이 결집되었음을 확인해 주었을 뿐만 아니라 이제 부터는 공화당이 미국 정치를 주도하게 되었다고 생각하였다.

그러나 이러한 현상은 대통령 선거에서만 뚜렷하였다. 의회 선거에서는 이렇다할 큰 변화가 없었다. 민주당은 대통령 선거에서는 크게 패배하였지만, 하원에서는 약간의 의석을 잃었을 뿐이었다. 오히려 민주당은 상원에서 1석을 더 얻었다.

그럼에도 불구하고 레이건의 재선으로 프랭클린 루즈벨트가 만들어 놓은 진보연합이 흔들린 것만은 사실이었다. 실제로 레이건은 그의 두번째 취임연설에서, 50년에 걸친 민주당 진보주의(liberalism)의 과도한 행위들을 청산함으로 경제적 장벽을 무너뜨리고, 기업의 정신을 해방시킬 것이라고 선언하였다.

제 14 장

1980년대의 사회문제와 제3세계 문제

1. 레이건 보수주의에 대한 반발

여성들의 불만

1984년의 대통령 선거를 치르는 동안에 로날드 레이건의 정책을 비판하는 세력들은 그의 재선을 필사적으로 막으려고 하였다. 그 가운데서도 특히 여성, 유색인종, 노동조합의 각오가 가장 단단하였다.

1983년 후반에 발표된 〈뉴욕 타임스〉의 여론 조사에 따르면, 레이건의 업적을 평가하는 데 있어서 여성들과 남성들 사이에는 큰 의견차이(gender gap)가 있었다. 레이건은 당연히 재선되어야 하다고 생각한 남성은 53퍼센트였으나, 여성은 그 보다 훨씬 적은 38퍼센트였다. 이것은 여성들 가운데 레이건을 반대하는 사람이 많았음을 의미하였다.

여성해방운동가들이 레이건의 재선에 반대한 이유는 레이건이 남녀동등권에 관한 헌법개정조항(ERA)과 낙태에 대해 반대하였기 때문이었다. 그러나 대부분의 여성들이 레이건에 반대했던 이유는 그가 사회복지, 보건 및 교육에 대한 연방정부의 지원금을 크게 줄였기 때문이었다.

여성들 특히 근로 여성들은 레이건 행정부가 아동복지에 대해 무관심한 데 대해 분개하였다. 실제로 굶주리는 아동은 많았다. 그것은 1984년에 아동, 청소년, 가정에 대한 하원 특별조사위원회가 내놓은 보고서에서 나타났다. 그 위원회는 "1980년에서 1982년 사이에 빈곤 아동의 수는 200만 명 증가했고, 따라서 2명 가운데 1명의 흑인 아동이 빈곤 속에서 살고 있다"고 보고했던 것이다.

1983년 5월의 노동부 발표에 따르면, 20세 이상의 여성 가운데서 직장을 가진 사람은 전체의 절반을 넘는 50.5퍼센트였다. 1970년 이후로 여성 육체노동자들의 수가 늘어났는데, 그들 가운데는 9,000명의 여성 목수들과 2만 9,000명의 여성 트럭 운전사들도 있었다.

그럼에도 불구하고, 여성들이 가지고 있는 직종은 제한된 부문에 한정되어 있었다. 1985년의 통계에 따르면, 근로 여성들의 절반은 총 441가지 직업 가운데서 단지 20가지 직업에만 집중되어 있었다. 여성 근로자의 80퍼센트가 점원, 판매직, 교사, 간호직, 그리고 미용사와 같은 이른바 "여성적인"(female) 직업에 종사하고 있었다. 그리고 여성 근로자의 대부분은 낮은 임금수준대에 속해 있었다.

여성들의 소득도 남성들의 그것에 비해 여전히 낮았다. 그것은 남성 수입의 60퍼센트 정도였다. 이러한 사실이 부분적인 이유가 되어, 여성 빈민의 수는 1981년과 1983년 사이에 200만이 더 늘었다. 그러므로 레이건의 정책은 "빈곤의 여성화"(feminization of poverty)를 막지 못하였다. 오히려 그것은 식품교환권(food stamps)과 학교급식(school meals)의 삭감으로 빈민 여성과 그들의 자녀들에게 더욱 큰 고통을 가져다 주었던 것이다.

또한 여성해방운동가들은 레이건 행정부가 "동등한 가치의 일에 대한 동등한 보수"(equal pay for jobs of comparable worth)에 반대하는 데 대해 분개하였다. 여성해방운동가들의 주장에 따르면, 예를 들어 초등학교 여교사의 보수가 남성 전기기술자의 보수보다 적은 것은 부당한 일이었다. 왜냐하면 그 두 가지 일에는 서로 동등한 기술(comparable skills)과 서로 동등한 정도의 책임이 따르기 때문이었다. 그러므로 여성해방운동가들은 1984년의 선거전에서 그들의 목표인 '동등한 가치'(comparable worth)의 개념을 받아들이는 후보를 지지하려고 하였다. 그 결과로 전국여성기구는 대통령후보 예비선거전에서 민주당의 월터 먼데일(Walter Mondale)을 지지하였다.

민권운동의 후퇴

혹인 민권운동가들도 1984년에 레이건의 재선에 반대하였다. 혹인들은 레이건 대통령의 공직임명에서 혹인이 적은 비율을 차지하고 있는 데 대하여 분개하였다. 민주당의 카터 대통령이 지명했던 고위 공직자들 가운데는 혹인이 12퍼센트였고, 여성이 12.1퍼센트였다. 그러나 공화당의 레이건 대통령의 경우에는 혹인이 4.1퍼센트, 여성이 8퍼센트에 지나지 않았다. 레이건은 그의 각료로 3명의 여성을 임명하였다. 그리고 오코너(Sandra Day O'Connor) 여사를 첫 여성 대법원 판사로 임명하였다. 그러나 레이건은 혹인들에 대해서는 이렇다 할 배려가 없었다.

그러므로 미국민권위원회(U. S. Commission on Civil Rights)가 레이건이 혹인들, 여성들 그리고 히스패닉들을 고위직에 많이 임명하지 않은 것에 대해 비판하는 보고서를 발표하였다. 그러자 레이건 대통령은 민권위원회의 위원들 가운데서 시끄러운 진보주의자들을 해임하였다. 그리고 그 자리에는 취업과 고용에서의 소수인종 및 여성 우대 정책(affirmative action)을 반대하는 보수주의자들을 임명하였다.

레이건은 1982년초에 근본주의 기독교인들이 운영하는 학교(funda-mentalist Christian school)에게 세금 면제의 혜택을 주는 행정명령을 발표하였다. 이들 학교에서는 성경을 인용하여 인종차별과 백인 전용 입학을 정당화하고 있었다. 그러나 대법원은 1983년 중엽에 8대 1로 레이건의 행정 명령에 반대하는 판결을 내렸다. 그리고는 사우스 캐롤라이나의 밥존스 대학(Bob Jones University)과 노스캐롤라이나의 골즈보로 기독교대학(Goldsboro Christian Institute)에 대해 국세청(IRS)이 세금 면제의 혜택을 주지 못하도록 명령하였다.

레이건은 민권 보호에 소극적인 입장을 지니고 있다는 비난도 받았다. 그의 행정부가 민권 문제에 있어서 부정적인 태도를 가지고 있었음은 분명하였다. 민권 문제 최고 책임자인 법무부 민권국장은 실제로 1965년의 투표권법(Voting Rights Act)을 그대로 갱신하는 것을 반대하였다. 또한 그는 흑백버스통학(busing)과 소수인종 및 여성 우대 정책(affirmative action)에 대한 반대 의사를 표명하였다. 또한 그는 주거에 있어서 유색인종에 대한 차별을 금지한 공정주거법(fair-housing laws)의 시행을 느슨하게 운영하였다. 그리고 그는 연방정부의 지원을 받는 교육 프로그램에 있어서 여성과 소수인종에 대한 차별을 금지하는 법의 시행도 느슨하게 운영하였다. 그 때문에 그는 여성과 유색인종들로부터 비난을 받았다.

히스패닉과 인디언들도 레이건 행정부에 대해 불만이 많았다. 따라서 라틴계시민연합(League of United Latin American Citizens)과 전국추장협회(National Tribal Chairman's Association)는 레이건 행정부가 라틴계 미국인과 인디언에 대해 공정하지 못한 정책을 시행했다고 비난하였다.

노동조합의 시련기

미국노총(AFL-CIO)도 여성들과 유색인종들과 같이 레이건에 반대하였다. 레이건이 대통령이 되지 않았다 하더라도, 노동조합은 시련기를 맞이했을 것이었다. 왜냐하면 당시 미국은 경기침체와 실업의 문제로 시련을 겪고 있었고, 그에 따라 노동조합은 임금 교섭에서 불리한 위치에 놓여 있었기 때문이다.

레이건이 취임한 지 처음 3개월 동안에 임금 협상을 끝낸 노동조합들은 평균 2.2퍼센트의 임금인상밖에는 확보하지 못했다. 이것은 1년 전의 평균 9.8퍼센트 임금 인상과 비교해 형편 없이 떨어진 수준이었다. 그와 같은 하락폭은 1954년 이래로 가장 큰 것이었다. 게다가 "굴뚝 산업"(smokestack industries), 즉 중공업에 실업의 바람이 불어 닥침에 따라, 노동조합은 많은 조합원을 잃었다. 그러나 고도성장을 기록하고 있는 새로운 전자산업과 서비스 산업에서는 노동자들을 조직화하지 못하였다.

1984년 2월의 대법원 판결은 노동조합에게는 더 불리한 것이었다. 그것은 파산을 선언한 회사들이 노동조합과의 계약을 일방적으로 파기할 수 있게 하였다. 그리고 일방적인 파기는 청문회 없이도 가능하게 하였다.

레이건의 직접 행동도 노동조합의 어려운 상황을 더욱더 어렵게 만들었다. 1981년에 항공기 유도 관제사들의 파업으로 항공기 운항이 마비되자,

레이건은 연방정부의 주도로 전문항공관제사기구(PATCO)를 해체시켰다. 또한 그가 임명한 전국노동관계위원회(National Labor Relations Board)의 위원들도 노동자측에 반대해 경영자측을 지지하였다.

이제 레이건이 노동자들에게 적대적이라는 것이 분명한 사실로 드러났다. 그럼에도 불구하고 노동조합 지도자들은 레이건의 재선을 막기 위해 노조원들의 힘을 결집시키지 못하였다. 왜냐하면 1980년의 대통령 선거에서 노동조합들의 약 44퍼센트가 레이건에 지지표를 던졌을 뿐만 아니라 1984년에도 그에 대한 지지도는 여전히 높았기 때문이다. 많은 노동자들이 레이건의 스타일품, 전통적 가치관의 옹호, 반공주의에 호감을 보이고 있었다.

그러나 공식적으로 미국노총(AFL-CIO)의 지도부는 전국여성기구(NOW)의 뒤를 따라, 1984년의 대통령 선거에서 공화당의 레이건을 반대하고 민주당의 먼데일을 지지하기로 공식적으로 선언하였다.

레이건 행정부의 외혹사건

레이건이 임명한 공직자들 가운데 여러 사람이 불법적이거나 적절하지 못한 행위를 했다는 비난을 받고 사임하였다. 중앙정보부 부국장과 국방부 차관은 의혹이 가는 주식거래에 관여했다는 신문기사 때문에 사퇴하였다. 국방부 차관 폴 태이어(W. Paul Thayer)는 법 집행을 방해하고 증권거래위원회(SEC)에 거짓 정보를 준 혐의로 유죄 판결을 받았다. 그리고 연방교도소에서 4년간 복역할 것을 선고받았다.

국가안보자문이었던 리차드 앨런(Richard Allen)은 대통령 부인 낸시 레이건과의 인터뷰를 주선해 준 댓가로 일본 언론인으로부터 돈과 시계를 포함한 선물을 받았다는 신문 기사 때문에 사임하였다. 환경보호청(Environmental Protection Agency)의 부국장이었던 리타 러벨(Rita Lavelle) 여사는 위증 혐의로 기소되었다. 그리고 그녀는 환경보호국(EPA)이 그녀가 전에 근무했던 애로젯제네랄 회사에 대한 의회의 조사를 방해했다는 죄목으로 기소되었다.

그리고 1984년에 레이건은 자신의 친구인 에드윈 미즈(Edwin Meese)를 검찰총장으로 임명하였는데, 미즈는 나중에 레이건 행정부의 중요 위치에 임명된 사람들로부터 선심성 대출(sweetheart loans)을 받았다는 비난을 받았다.

그러나 개인적인 인기 때문에 레이건은 공화당 행정부의 실책에 대한 개인적 책임을 면제받았다. 왜냐하면 그러한 스캔들은 1984년의 선거에서 거의 영향을 주지 못했기 때문이다.

2. 빈곤과 사회문제

탈산업화와 불균형의 심화

1980년대에 들어오면서 부터는 경기침체와 인플레이션이 동시에 나타나는 '스태그플레이션'(stagflation) 현상은 사라져 가고 있었다. 그 대신 1970년대에 시작된 또 다른 불리한 경제적 경향들이 새로운 문제로 등장하고 있었다.

그러한 새로운 문제들의 하나가 탈산업화(deindustrialization) 현상이었다. 그것은 철강업, 직물업, 자동차 공업, 제화공업 같은 제조업이 쇠퇴하는 현상이었다. 그에 따라 일자리 시장(job market)의 성격도 바뀌어 가고 있었다. 즉, 보수가 높고 노동조합에 가입된 '블루칼라' 직종(blue-collar jobs)이 줄어들고, 그 대신 보수가 적은 '서비스' 직종(service jobs)이 늘어나고 있었다. 그에 따라 패스트푸드(fast-food) 식당과 같은 임금이 낮은 일자리가 많이 늘어났다.

그러나 이것은 근로자들의 생활수준이 낮아지고, 그에 따라 미국 사회에서 빈부의 차이가 더욱더 심각해짐을 의미하였다. 1980년대에 부유한 자는 더욱 부유해졌고, 가난한 자는 더욱 더욱더 가난해졌다. 소득불균형이 커졌기 때문에, 부유한 백인과 가난한 소수인종들 사이의 격차는 더욱더 커졌다.

또한 양부모가 있는 가정과 부모의 한쪽만 있는 가정 사이의 격차도 더욱더 커졌다. 또한 유복한 교외와 가난한 도심지역 사이의 격차, 엄청나게 큰 국방비와 보잘것없는 사회복지비 사이의 격차, 그리고 진보적인 개방적

생활방식과 종교적 보수주의 사이의 격차도 더욱더 커졌다. 간단히 말하면 1980년대의 미국은 점점 더 분열된 사회(polarized society)가 되어 가고 있었던 것이다.

빈곤의 심화

빈곤의 정도가 심해짐에 따라 폭력형 범죄, 특히 살인과 조직폭력배 사이의 싸움(gang warfare)이 크게 증가하였다. 동시에 범죄율, 청소년의 학교 중퇴, 어린이 학대 같은 문제도 급증했다. "오늘날 빈곤층들이 밀집해 살고 있는 게토(ghetto)는 2차대전 후 대도시 지역에 생겼던 빈민가보다 빈민들에게는 더욱더 위험하고, 더욱더 격리되고, 더욱더 많은 피해를 주는 장소가 되었다… 그리고 이들 '게토'의 주민들은 '미국의 신 도시빈민층'(America's new urban underclass)이라는 새로운 이름으로 불리고 있다"고 1988년의 한 보고서는 결론지었다.

1980년대에 빈곤이 급증하게 된 데는 여러 가지 이유가 있었다. 우선 경기침체가 빈곤의 원인이 되었다. 빈곤율(poverty rate)은 1981년에 14퍼센트였는데, 그것은 1969년부터 1980년에 이르는 동안의 어떤 해보다도 높은 숫자였다. 그러다가 그것은 1983년에는 15.3퍼센트로 증가했다.

빈곤율은 백인보다는 흑인에게서 훨씬 더 높았다. 예를 들면, 1983년에 그것은 백인의 경우에는 12.2퍼센트였으나, 흑인의 경우에는 무려 35.7퍼센트였다. 또한 빈곤율은 남성보다는 여성에게서 더 높았다.

그러나 그 동안 여성들의 소득은 많이 상승하였다. 따라서 그것은 1979년에 남성의 62퍼센트에 불과하던 것이 1980년대에 남성의 70퍼센트로 상승하였다. 이처럼 남녀간 소득격차의 간격이 좁혀진 것은 대부분 20대 여성들의 공로였다.

그럼에도 불구하고 전체적으로 보아 여성들과 남성들의 소득격차는 아직도 매우 컸다. 그리고 이러한 남녀간의 소득 불균형을 가져온 주범은 직업적 차별(occupational segregation)이었다. 1985년에 직업여성의 절반은 통계청이 분류한 441가지 직업 가운데서 단지 20가지 직업에만 종사하고 있었다. 그리고 그러한 직종의 대부분은 급료가 낮은 것들이었다. 여성의

80퍼센트는 이른바 '여성직'이라고 할 수 있는 사환, 판매원, 교사, 간호사, 식당 종업원으로 일하고 있었다.

고용시장의 변화와 빈곤

노동시장의 구조적 변화도 빈곤 증가의 원인이었다. 이제 경제는 서비스와 정보가 더욱더 중요해지는 구조를 갖추어 가고 있었다. 그 결과로 유명한 공업 도시들이 사라지고, 그에 따라 3차산업의 제조업에 관련된 직장도 없어져 가고 있었다. 1974년에 육체노동직(blue-color jobs)은 20세와 24세 사이의 흑인 남성들의 일자리 가운데서 절반을 차지하였는데, 1984년에 와서는 4분의 1밖에 되지 않았다.

이와 같은 고용 시장(job market)의 변화를 잘 보여 주는 곳의 한 가지 예가 시카고 서부지역의 어느 흑인 구역이었다. 전성기에 이 구역의 경제는 웨스턴 전자회사의 호손 공장이 제공하는 4만 3,000개의 일자리에 의존하고 있었다. 그러나 이 공장은 1984년에 문을 닫고 말았다. 그러자 사원들의 급료에 의존하던 은행과 상점들도 줄줄이 문을 닫았다.

일자리를 잃은 사람들은 빈민굴로 몰려 들었다. 그 결과로 전국적으로 빈곤의 집중화 현상이 심화되었다. 빈곤층은 뉴욕, 시카고, 디트로이트, 필라델피아 같은 대도시에서 현저히 증가하였다. 그리고 일자리를 잃은 제철노동자들은 "미국의 꿈"(American Dream)이라고 새겨진 관을 들고서 펜실베이니아 주의 맥키스포트(McKeesport)에서 시위성의 행진을 벌였다. "나는 내 자신에 대하여 큰 계획을 갖고 있었다." "그러나, 이젠 그렇지 않다. 마치 지옥에 떨어져서 어느 누구도 나를 끌어내 주지 않는 것 같다."고 어느 실직한 제철노동자는 말하였다. 웨스트버지니아의 어떤 탄광촌의 실업률은 90퍼센트에 육박하였다.

농업도 비틀거리며 붕괴 직전에 있었다. 농부들은 홍수와 한발은 물론 높은 이자율의 부채로부터도 큰 고통을 받고 있었다. 압류와 경매로 농토를 잃는 농부들도 많았다. 파산신청을 낸 농부들도 많았다. 농민의 곤경은 아이오와 주의 데모인에 있는 연방 파산법정의 어느 판사의 말 속에 잘 나타나 있다. "지난 2년 동안 나는 법정의 증인석에서 어른들이 우는 것을 보았다.

그들은 모두 농부들이었다. 경영개편(reorganization)에 손을 댈 것이 남아 있지도 않은데도, 개조를 바라는 사람들도 있었다. 그들은 아무것도 없는 파산지경에 놓여 있었다."고 그는 말하였다.

아동의 빈곤과 '집 없는 사람들'

빈민 문제를 다루는 데 있어서 유의해야 할 또 다른 현상은 가난한 어린이의 문제였다. 1980년대 중반에 어린이는 미국 국민의 27퍼센트를 차지하고 있었으나 빈곤층의 40퍼센트를 형성하고 있었다. 1985년에 18세 이하 청소년의 22퍼센트가 빈곤층에 속하였다. 빈곤의 정도는 흑인 청소년층에서 더욱더 심하여, 그 수치는 48퍼센트로 뛰어 올랐다.

특히 여성의 빈곤은 아동의 빈곤으로 나타났다. "오늘날의 빈곤은 고령자나 농촌지역에서보다는 단일 부모와 같이 살고 있는 어린이들에게서, 말하자면 젊은 어머니를 가장으로 하여 살고 있는 가정에서 더욱 현저히 나타난다."고 사회과학 연구위원회(Social Science Research Council)가 1988년에 제출한 한 보고서는 설명하였다.

가난한 어린이들의 대다수는 부모의 보호를 받지 못한 데서 발생하였다. 그러한 환경에서 태어난 아기들은 생후 1년 이내에 사망하는 비율이 보통 아기들보다 3배나 높았다. 그리고 그러한 환경은 대부분이 기술이 없는 홀어머니(single parents)에 의해 운영되는 결손 가정을 의미하였다. 혼자서 가정을 꾸려나가는 여성 가장들은 최저임금을 버는 것이 보통이었기 때문에, 생활 수준은 당연히 빈민층의 그것이 될 수밖에 없었다.

1980년대에는 두 가정 가운데 한 가정이 이혼하였다. 그리고 10대와 20대의 미혼모도 늘어났다. 따라서 양부모가 있는 가정에서 자라는 어린이들의 숫자는 점점 더 적어졌다. 1985년의 통계청 보고에 의하면, 홀어머니 밑에서 자라고 있는 어린이는 백인 어린이의 경우는 전체의 18퍼센트, 히스패닉 어린이의 경우는 29퍼센트였다. 그러나 흑인의 경우는 전체의 절반이 넘는 54퍼센트에 이르렀다.

빈곤은 이러한 하층민(underclass)에게만 한정된 것이 아니었다. 불안한 삶은 근로자빈민(the working poor)에게도 마찬가지였다. 1980년대 초반에 근로자빈민의 수는 3분의 1이 증가되었다.

1988년에 '집 없는 사람들'(the homeless)의 숫자는 35만 명에서 100만 명 정도로 추산되었다. 그들 가운데 3분의 1은 정신질환자였다. 그들은 이른바 "수용 제도의 폐지"(deinstitutionalization)로 정신병원들이 더이상 그들을 보호하지 않음으로써 길거리에 나오게 된 사람들이었다. 그 결과로 1985년에는 1955년에 주립 정신병원들에서 정신질환자들이 차지하고 있던 병실 침대의 80퍼센트가 없어졌다. 그 이유는 정신질환의 치료는 규모가 큰 주립병원보다는 작은 동네 치료 계획이 더 효율적이라는 주장 때문이었다. 그 결과로 이전의 환자들은 합숙소 신세를 지거나, 길거리 모퉁에 나앉을 수밖에 없었다. 그리고 '집없는 사람들' 가운데는 개인 단위뿐만 아니라 가족 단위도 점점 늘어가고 있었다.

실업의 증가

1982년 초 미국 경제는 1930년대 이래로 최악의 경제침체에 빠져 있었고, 실업률은 거의 10퍼센트에 육박하고 있었다. 어떤 지역들은, 특히 중서부는 사실상 공황상태에 있었다.

1982년 10월에 실업률은 10.1퍼센트로, 실업자는 1,130만에 이르렀다. 전일제 일자리를 구하지 못하여 시간제 일을 할 수밖에 없는 사람은 610만에 이르렀다. 특히 흑인들은 19.8퍼센트의 높은 실업률로 고통받고 있었다. 실직자들의 다수가 자동차, 제철, 고무와 같은 중병을 앓고 있던 중공업, 즉 "굴뚝 산업"(smokestack industries)에 소속된 노동자들이었다. 이러한 현상은 사무직 노동자들의 실업률 4.8퍼센트와 비교하여, 산업노동자는 15.6퍼센트, 건설노동자는 20퍼센트의 높은 실업률을 보였다는 사실에서 나타났다.

1982년에 경기침체가 더 깊어지면서, 빈곤은 1965년 이후 최고수준으로 상승하였다. 도시의 4인 가족은 연간 현금수입이 10,178만 달러에 이르지 못하면 빈곤층으로 분류되었다. 통계청의 보고를 따르면, 1979년에 인구의 11.7퍼센트였던 빈곤층이 1982년에는 15퍼센트로 늘었다. 특히 빈곤율(poverty rate)은 흑인과 히스패닉의 경우에 가장 많이 높아져, 흑인의 35.6

퍼센트, 히스패닉의 29.9퍼센트가 빈곤층에 속하였다. 빈민가정의 최대 범주인 여성 가장이 이끄는 가정은 36.3퍼센트를 차지하였다.

그러나 한 가지 예외가 있었는데 그것은 노년층이었다. 65세 이상 노인의 빈곤율은 14.6퍼센트로서, 인구 전체의 빈곤율 보다 낮았다. 이것은 정치가들이 이 급속히 커 가는 노인층의 요구에 관심을 기울이고 있었음을 보여 주는 것이었다.

빈곤의 심리적 영향

빈곤은 문자 그대로 고통스러운 것이었다. 1982년 10월의 연방관리들의 발표에 따르면, 실업 때문에 1,600만 이상의 미국인들이 건강 의료 보험 혜택을 받지 못하게 되고, 또한 많은 사람들이 치료를 최악의 상태에 도달할 때까지 미루고 있었다.

실업에 따르는 후유증은 코네티컷 주 하트포드 근처의 항공기 노동자들에 관한 어느 사회학자의 연구에서 나타나고 있다. 그의 보고에 따르면, 실업자들은 알콜중독, 흡연 증가, 고혈압, 불면증 그리고 신경쇠약 등을 포함하는 "심각한 육체적, 정서적 긴장"을 보여 주고 있었다. 그들 가운데 일부는 자기들이 "불경기로 인한 우울증"(recession depression)이나 "해고 통지 우울증"(pink slip blues)로 고통을 받고 있다고 말하였다.

1982년의 존스홉킨스 대학의 어느 사회학 교수에 따르면, 실업률이 1퍼센트 상승할 때마다 자살률은 4.1퍼센트 증가하고, 살인은 5.7퍼센트, 정신병원 입원은 여성이 2.3퍼센트, 남성은 4.3퍼센트 증가한다는 것이었다.

사회복지, 보건지원 사업을 줄이고 있던 레이건 대통령은 최소한의 복지 사업은 남겨 두겠다고 약속하였다. 그의 표현을 빌리자면, "정말로 가난한 사람들"(the truly needy)이 최악의 상황에 빠지지 않도록 "안전망"(safety net)은 그대로 유지할 것이라고 발표하였다.

그러나 그는 약속을 어겼다. 왜냐하면, 그는 5년에 걸처 1조 7,000만 달러를 투입하게 될 군비확장 계획을 추진하려 했기 때문이다. 그래서 레이건은 노인의료보험(Medicare), 빈민의료지원(Medicaid), 식품교환권(food stamps), 연방연금, 정부보장의 주택자금융자(home mortgage) 부문에서 3년간에 걸쳐 272억 달러를 더 삭감하도록 의회에 요구하였다.

여성근로자의 증가

여성들은 빈곤에 허덕이는 또 하나의 집단이었고, 빈곤을 가져 오는 원인의 하나가 이혼이었다. 예를 들면, 켈리포니아에서 이혼녀와 그의 자녀들은 이혼으로 생활수준이 종전보다 73퍼센트 떨어져 고통을 겪고 있었다. 반면에 남성들은 이혼으로 생활수준이 42퍼센트나 상승하는 이득을 보았다.

1980년대에 이와 같은 많은 이혼녀들은 직장을 가져야만 했다. 그리고 남편이 있는 가정의 여성들도 소득을 늘리기 위해 일을 해야 했다. 그 결과로 1983년에는 미국역사상 처음으로 성인 여성의 과반수인 50.5퍼센트가 직장을 가지게 되었다.

1987년에는 또하나의 기록이 갱신되었는데, 그것은 출산후 1년 이내에 직장으로 돌아갔거나 또는 돌아가기를 희망하는 여성의 수가 50.8퍼센트로 상승한 사실이었다. 그들 가운데서 첫 아이를 낳은 여성들이 무려 50퍼센트를 차지하였다. 그런데 1976년에는 그 숫자가 31퍼센트에 불과했던 것이다. 이제 '일하는 어머니'는 미국에서는 보통 있는 일이 된 것이다.

마약의 비극적 영향

마약은 도시 하층민(urban underclass)을 형성하게 된 주요 원인인 동시에 또한 그 결과였다. 아무런 희망도 없이 가난에 찌든 빈민들은 '코케인'(cocaine)이나 그것에서 추출한 '크랙'(crack)과 같은 독한 마약으로 삶의 고통을 잊으려고 하였다.

'크랙'은 1985년에 처음으로 뉴욕시의 빈민가에 나타나기 시작하였다. 그것은 11, 12세의 어린이나 혼자서 아이를 낳아 키우는 어린 소녀들에 의해 사용되면서 급속도로 퍼져갔다. "여성들의 '크랙' 사용은 놀랄 만큼 증가되고 있다. 그에 따라 어린이를 돌보지 않거나 어린이를 학대하는 현상도 늘어가고 있다."고 뉴욕 시의 부르클린 병원 마약 과장은 개탄하였다. 뉴욕의 또 다른 의사도 "그것은 아주 파괴적인 중독을 가져온다. 일단 중독되면, 그들은 '크랙' 사용 습관을 유지하기 위해 식료품, 물, 심지어는 아기까지 버릴 정도가 된다."고 지적하였다.

'크랙' 사용의 급증이 가져오는 또 하나의 심각한 결과는 어린이나 청소년들이 마약거래자로 타락해 버린다는 사실이었다. 그들은 '크랙하우스' 안에 앉아서 벽의 갈라진 틈으로 마약을 건네주며 팔았다. 이 어린 마약거래자들은 너무 어려서 운전면허증 조차도 없는 경우가 보통이었다.

그럼에도 불구하고 그들은 자동소총을 비롯한 고성능 무기들을 잘 다룰 수 있는 능력을 가졌다. 그리고 그러한 깡패들의 총격전으로 무고한 사람들이 희생되는 경우가 많았다. 이러한 깡패들의 패싸움으로 로스앤젤레스에서는 1987년에   387명의 사망자가 생겼는데, 그들 가운데는 절반 이상은 사건 현장 근처에 있거나 또는 그 곁을 지나가다가 억울하게 피해를 당한 사람들이었다. 이러한 무서운 상황은 "크랙, 코케인, 총, 젊은이의 네 가지 요소가 결합되면 지극히 위험한 상황이 벌어진다."고 말한 디트로이트의 어느 검사에 의해 잘 설명되고 있는 것이다.

에이즈 공포

1980년대에 마약 사용의 확산으로 나타난 또 다른 부작용은 치명적인 질병인 '에이즈'(AIDS)의 만연이었다. '에이즈'는 1981년에 미국에 처음으로 나타나기 시작하였다. 그 병의 전염은 남녀간 성교시에 체액을 통하거나 또는 마약 사용자들이 함께 돌려가며 사용하는 혈관주사기를 통해 이루어졌다. 그 병이 무서운 것은 '에이즈 바이러스'가 인간 세포의 면역 기능을 파괴함으로써 바이러스 감염자가 치명적인 염증이나 암에 걸릴 위험이 크기 때문이었다.

처음에 '에이즈' 피해자는 남성동성연애자들(male homosexuals)에 국한되었다. 그러나 그 피해는 점차 남녀 모두를 포함하는 양성연애자들(heterosexuals)에게로 확대되었다. 1981년부터 1988년 사이에 5만 7,000명의 '에이즈' 환자가 있는 것으로 보고되었는데, 그 가운데서 3만 2,000명이 사망하였다. 그러나 '에이즈'는 바이러스에 감염된 후 약 7년 정도가 지나야 병의 증상이 나타나기 때문에, 발병자는 더욱 더 늘어날 전망이었다.

1988년에 출판된 한 연구서의 추산에 따르면, 샌프란시스코의 남성동성연애자들(gay men) 가운데 약 절반이 '에이즈'에 감염되었고, 또 다른 25퍼센트가 9년 안에 '에이즈'와 관련된 증상을 보일 가능성이 있었다.

'에이즈'의 만연, 그리고 생식기 포진(genital herpes)이나 나 '클라미다아'(chlamedia)와 같은 새로운 성병의 확산으로 미국인들의 성 생활은 큰 변화를 겪게 되었다. 이제 사람들은 1960년대와 1970년대에 일어난 "성혁명"(sexual revolution)에 따른 자유분방한 성 생활의 습관을 버리고, 다시 조심스러운 성 생활의 습관을 가지려고 하였다. '안전한 성행위'(Safe Sex) 운동은 '콘돔'의 사용을 권장하였다.

'에이즈' 감염 정도는 지역에 따라 큰 차이가 있었다. 예를 들면, 가장 심한 곳은 마약 사용의 중심지인 뉴욕시 북부의 브롱스 구(區) 남단이었다. 그 곳에서는 활발한 성 생활을 하는 남자들 5명 가운데 1명이 '에이즈' 감염자였다.

수년 동안 미국인들은 '에이즈'의 존재를 인정하지 않으려고 하였다. 그러나 유명한 작가, 미술가, 배우, 그리고 가까이는 친척이나 친구들이 이 병으로 죽기 시작하자, 미국인들은 이 무서운 전염병과 싸우기 시작하였다. 그리고 그것에 대한 공포 때문에 미국 사회는 분열하게 되었다.

보수적인 프로테스탄트 교단들은 '콘돔' 사용을 권장하는 텔리비젼 광고에 반대하였다. 왜냐하면 그것은 피임과 문란한 성 생활을 조장할 것으로 생각되었기 때문이다. 그들은 학교에서의 성 교육에 대해서도 반대하였다. 왜냐하면 그들은 남성과 여성의 혼인에 입각한 일부일처제(heterosexual matrimonial monogamy)에 따른 정통적인 성교 외에는 어떠한 성 행위도 잘못된 것이라고 굳게 믿었기 때문이다.

보수적인 종교 지도자들이나 정치가들 가운데는 '에이즈' 피해자들을 맹렬히 비난하는 사람들도 있었다. "자신이 뿌린 씨는 스스로 거두어들이는 법이다."(A man reaps what he sows.)라고 〈도덕적 다수파〉(the Moral Majority)의 제리 폴웰 목사는 외쳤다.

보수적인 레이건 행정부는 동성연애자들에게 적대적이었다. 그 때문에 정부의 조치는 사회 안녕을 위한 최소한의 행동에 그칠 수밖에 없었다. 그래서 레이건 행정부는 1988년에 보건부 장관(Surgeon General)의 주도로

〈에이즈 이해법〉이라는 소책자를 발간하여 1억700만 가정에 우송하는 정도로 그쳤다.

이민 규제를 위한 이민법 개정

1986년에 의회는 심슨-로디노 법(Simpson-Rodino Act)으로 알려진 이민개혁규제법을 통과시켰다. 그것은 1982년 이전에 미국에 들어와 불법체류하는 외국인 노동자들을 사면함으로써 합법적으로 거주하게 하려는 법이었다. 이 법은 불법체류자를 고용하는 기업주들을 규제함으로써 앞으로의 불법이민을 억제하려는 의도를 가지고 있었다. 그러나 그것은 멕시코인들이 계속 국경을 넘어 미국으로 유입되는 것을 막는다는 본래의 취지를 달성하지 못했다.

멕시코로부터 미국에 들어오는 불법 이민은 이제 개인 단위를 벗어나 가족 단위로 이루어지고 있었다. "국경을 넘는 것은 어렵습니다, 그러나 첫번째 실패하면, 두번째 시도하고, 두번째도 잘 안되면, 세번째, 네번째 계속하여 기필코 들어오고야 말지요."라고 한 멕시코인은 설명하였다.

1988년에 멕시코에서 새로 유입되는 이민의 숫자는 1986년의 이민개혁법이 시행되기 바로 직전에 최고치를 기록했다. "이민을 유발시키는 근본적 동인에 변화가 오지 않는 이상, 이러한 법이 이민의 흐름에 영향을 줄 수는 없습니다."라고 어떤 멕시코 학자는 말하였다.

3. 제3세계와의 대결

엘살바도르 내전 개입

소련에 대한 레이건의 강경책은 제3세계에서 미국의 적극적 간섭정책으로 이끌었고, 그러한 변화의 뚜렷한 예는 라틴 아메리카에서 나타났다. 레이건의 소련에 대한 부정적 시각에는 소련의 추종 세력인 쿠바가 중미 지역

(Central America)에서 혼란을 부추기고 있다는 신념과 관련이 있었다.

과테말라, 온두라스, 엘살바도르, 니카라과, 코스타리카로 이루어진 이 지역은 풍부한 천연자원 때문에 전통적으로 미국의 세력범위 안에 있었다. 미국은 이 지역을 오랫 동안 자신의 '뒷 뜰'로 생각해 왔다. 따라서 미국은 이 지역에 정치적 영향력을 행사하고, 내정에 대한 간섭을 반복해 왔다.

중미 지역에서 레이건 행정부가 최초로 부딪힌 문제는 엘살바도르 내전이었다. 레이건에게 있어서 엘살바도르는 공산주의자들의 침략을 교과서처럼 보여주는 전형적인 경우였다. 이 나라는 매우 가난했고, 또한 군부와 소수의 지주들에 의해 지배되고 있었다. 그러므로 마르크스주의자들로 구성된 급진파들이 정부에 대항해 혁명을 일으키자, 토지를 갖지 못한 농민들과 반정부 세력들이 혁명에 호응하였다. 그리고 농민들 속에서 일하고 있던 미국의 선교사들과 수천의 반정부 세력들도 가담하였다.

레이건은 엘살바도르 정부가 빠른 시일 안에 혁명을 진압할 수 있을 것으로 전망하였다. 그 때문에 레이건은 사태를 관망하며 엘살바도르 정권에 대한 군사 원조를 늘였다.

이처럼 미국이 엘살바도르 내전에 간접적으로 개입하게 되자, 수십년 전 베트남 전쟁 때와 비슷한 논쟁이 일어났다. 미국인들 가운데서 개입을 반대하는 세력들은 레이건이 엘살바도르 내전을 냉전, 다시 말해 미국과 소련의 경쟁 문제로 보는 잘못을 저지르고 있다고 생각했다. 그들의 주장에 따르면, 엘살바도르 정부에 대항하여 총을 들게 만든 것은 공산주의자들의 음모가 아니라 지배계급의 억압적 통치와 뿌리 깊은 빈곤이라는 것이었다.

그러나 이와는 반대로 레이건과 같은 간섭주의자들은 '도미노' 이론에 입각하여 엘살바도르 내전을 보았다. 만일 엘살바도르에서 공산주의자들의 행동을 멈추게 하지 못한다면, 그들은 곧 멕시코와 미국의 국경으로 밀려올 것이라고 레이건은 경고하였다. 또한 레이건은 엘살바도르 문제를 전략적인 문제로 보았다. 중미 지역은 "바깥 세계와 연결된 우리의 생명선"인 카리브해를 품고 있으며, 따라서 전쟁이 일어나면 소련은 카리브해의 기지에서 미국 선박의 항해를 방해할 수 있다고 레이건은 주장하였다.

어떻든 의회는 엘살바도르에 대한 미국의 개입을 위한 자금을 승인해 줌으로써, 레이건 행정부를 뒷받침해 주었다. 그렇지만, 매 6개월마다 엘살바도르 정부가 인권 문제에 있어서 향상을 확인해야 한다는 조건에서였다. 그렇지 않다고 판단될 경우에 자금지원은 중단되도록 하였다. 미국 관리들은 지원이 계속 되도록 인권 문제에 대한 긍정적인 보고서를 매 6개월마다 발표하였다.

마침내 엘살바도르에서는 1984년 5월에 실시된 선거에서 인기 있는 호세 나폴레옹 두아르테(Jose Napoleon Duarte) 정부가 수립되었다. 이 선거에서 미국은 영향력을 행사하였고, 그에 따라 레이건 행정부의 위신도 올라갔다.

그러나, 새 정부가 들어섰음에도 불구하고 게릴라들은 싸움을 계속하였고, 그 숫자도 늘어갔다. 그에 따라 민간인들의 사망은 계속 늘어났다. 미국은 엘살바도르 정부에 대한 군사적, 경제적 원조를 크게 늘렸다. 그렇지만 사태는 그렇게 좋아질 조짐이 없었다.

니카라과에 대한 경제봉쇄

중미 지역의 또 다른 나라인 니카라과에서도 레이건 행정부는 전쟁을 무릅쓰고 개입하였다. 내전을 겪고 난 니카라과는 산디니스타들(Sandinistas)이 세운 좌익정부에 의해 지배되고 있었다. 좌파적인 니카라콰 정부는 쿠바인 고문들의 도움으로 군대를 재정비하고, 소련제 무기를 주문하였다.

레이건은 니카라과 정부를 소련의 꼭두각시로 보고 있었기 때문에, 좌파적인 니카라과 정부를 전복시키려고 하였다. 미국은 해안에서 대대적인 군사기동훈련을 실시하는가 하면, 주요한 미군 기지가 있는 이웃 나라 온두라스에서 모의 전쟁(war game)을 벌였다.

한편 미국의 중앙정보부(CIA)는 1982년에 산디니스타 정권에 반대하는 우파적인 니카라과 인들을 조직하고 훈련시키기 시작하였다. 이들은 콘트라파(contras)로 불렸고, 그 수도 수만 명에 이르렀다. 이들은 대부분이 1979년에 산디니스타 파에 의해 전복된 소모사(Somoza) 정권을 지지했던 사람들이었다. 그들은 온두라스로부터 침투하여 니카라과 관리들을 살해하고, 정유소와 운송시설을 파괴하였다.

1984년 봄에 미국 중앙정보부가 니카라과의 항구들에 기뢰를 설치하고 그 때문에 상선들이 파괴되었다는 사실이 알려지게 되었다. 그에 따라 국내 외에서 미국을 비난하는 소리가 높아 졌다. 그 결과로 프랑스는 항구에서 기뢰를 제거하는 데 도움을 제공하였고, 국제재판소(World Court)는 니카 라과가 피해에 대하여 미국에 소송을 걸 권리가 있다고 판정하였다.

의회의 상하 양원은 기뢰 설치를 중단하라는 결의안을 통과시켰다. 그리 고 1984년 중반에 의회는 '콘트라'파에 대한 미국의 지원을 중단할 것을 결 의하였다. 그러나, 니카라과에 대한 미국의 선포되지 않은 전쟁은 계속되고 있었다. 그에 따라 니카라과는 더욱더 뚜렷이 공산주의 진영으로 빠져 들어 갔다.

그에 따라 콘타도라 그룹(Contadora Group)의 나라들, 즉 멕시코, 베 네수엘라, 콜롬비아, 파나마가 중재에 나섰다. 그들은 중미 지역에 있어서 외국 군사기지와 외국 고문단의 축소를 포함하는 평화안을 제시하였다. 그 러나 1985년에 레이건 행정부는 '콘타도라' 평화안의 승인을 거부하였다. 레이건 행정부는 니카라과에서도 군사적 해결 방법을 사용하려고 하였다. 레이건의 목적은 산디니스타 정부를 제거하는 것이었다. 따라서 그는 곧 니 카라과에 대한 경제봉쇄를 시행하였다.

중동 문제와 테러리즘

레이건은 중동 지역에서도 군사력을 사용하려고 하였다. 미국은 85억 달러에 해당하는 첨단 항공기들을 사우디아라비아에 판매하였다. 이 거래에 대해 이스라엘이 불쾌감을 표시하였고, 그에 따라 이스라엘과 미국의 관계 는 냉랭해졌다.

두 나라의 관계가 멀어진 데는 이스라엘이 레바논 영토 안의 팔레스타 인 해방기구(PLO) 기지를 계속 폭격하여 수백 명의 민간인들을 살해한 사 실도 작용하였다. 1981년 12월에 이스라엘은 경고도 없이 시리아 영토인 골란 고원을 합병하였다.

이와 같은 이스라엘의 침략행위에 대해 미국 국민들은 분개하였다. "우리 가 얼마나 오랫 동안 이스라엘을 미국의 원조로 달래야 하는가? 이스라엘인 들에게 아무런 보복을 하지 못한다면, 그들의 행위를 멈추게 할 아무 것도 없게 될 것이다."고 국방부 장관 캐스퍼 와인버거(Caspar Weinberger)는 분개하였다.

이스라엘에 대한 응징의 방법으로 레이건은 전략적 협조를 위한 미국과 이스라엘의 협정 체결을 연기하였다. 그러자 이스라엘 총리 메나헴 베긴(Menachem Begin)은 자기 나라를 중미 지역의 "바나나 공화국"(banana republic)처럼 취급한다고 미국에 대해 불만을 표시하였다.

한편 1980년대의 중동은 여전히 양편으로 갈라서 있었기 때문에, 미국의 해결책은 전혀 도움이 되지 못했다. 이란-이라크 전쟁에서 미국은 이라크를 지원했기 때문에, 미국의 페르시아만 수송이 위협을 받았다. 레바논은 붕괴되어 가고 있었다. 미국의 지도자들은 요르단, 사우디아라비아와 같은 미국의 우방들이 중동지역을 안정된 지역으로 만들려는 미국의 노력에 협조하지 않는 데 대해 불만이었다. 요르단과 사우디아라비아는 미국으로부터 상당한 원조를 받고 있었다.

또한 중동은 전세계에 걸쳐 미국의 시민과 재산에 대해 이루어지고 있는 '테러' 행위의 주요 원천이었다. 1985년에는 레바논 출신의 쉬아파 이슬람(Shiite Moslem)교도가 미국 여객기를 납치한 사건이 일어났다. 이 사건으로 한 승객은 사살되고 다른 승객들은 폭행을 당했다. 그리고 39명의 미국인들은 17일 동안 감금되었다.

1988년에는 팬암 여객기가 스코트랜드 상공에서 폭파된 사건이 일어났다. 그것은 카셋트 녹음기에 장착한 폭탄을 숨긴 아랍 '테러리스트'의 소행으로 판정되었다.

레바논 파병

심지어는 미국의 지원을 받는 이스라엘까지도 미국에 말썽을 안겨 주었다. 레바논에 기지를 둔 팔레스타인 해방기구(PLO)가 이스라엘을 공격하자, 이에 대한 보복으로 이스라엘은 레바논 안에 있는 팔레스타인 해방기구의 거점들을 계속해서 폭격했다. 그에 따라 무고한 수백 명의 시민이 사망하였다. 그리고 1981년에 이스라엘은 전혀 경고 없이 골란 고원의 시리아 영토를 합병했다.

　미국 국민은 이스라엘의 침략 행동에 대해 분개하였다. 미국인들은 이스라엘이 적개심으로 불타는 아랍인들과 대립 관계에 있다는 현실을 잘 이해하고 있었지만, 이스라엘의 도전적인 행위에는 참을 수 없었다.

　여기에 덧붙여 1982년 6월에 이스라엘 군은 팔레스타인 해방기구 기지를 소탕한다는 이유로 내전에 휩싸인 레바논을 침공하였다. 그들은 수도인 베이루트에 이르는 길을 차단하고, 막대한 피해를 입혔다. 민간인 사망은 최소한 1만 명에 이르렀고, 피난민은 100만 명이 되었다. 공격을 당한 팔레스타인 해방기구와 레바논의 여러 내전 분파들은 시리아에게 원조를 요청하였다.

　결국 1982년 8월에 미국은 해병대를 평화유지군의 일부로 레바논에 파견하였다. 미군은 베이루트 주위에 주둔하였다. 그러나 미군의 수는, 파병에 반대한 어느 의원의 말대로, "싸우기에는 너무 수가 적고 죽기에는 그 수가 너무 많은" 어정쩡한 규모였다. 그리고 미군의 임무도 뚜렷이 규정되지 않았다. 그 때문에 미군은 레바논 정부를 장악하고 있는 분파와 손을 잡게 되었다. 따라서 다른 분파들이나 시리아와는 적대관계에 놓이게 되었다. 그 때문에 1983년 10월에 '테러리스트'의 폭탄이 미군 막사를 파괴하여 240명의 해병대원이 사망하는 사건이 일어났다.

　그 다음해인 1984년 2월에 레바논의 내전은 진정되어, 시리아 군과 이스라엘 군이 철수하였다. 그에 따라 레이건은 미군 해병대를 철수시켰다.

　레바논 내전 이후, 미국 지도자들은 중동 사태에 대하여 보다 신중해졌다. 국무장관 죠지 슐츠(George Schultz)는 온건한 아랍국가들인 요르단이나 사우디아라비아가 이 지역의 안정을 위해 아무 행동도 하지 않는 사실에 대해 실망하였다.

　그러나 중동 지역에서 미국의 행동은 몇 가지 기본 원칙으로 제약을 받을 수밖에 없었다. 왜냐하면 미국은 이스라엘에 대해서는 방위의 신의를 지켜야 했고, 사우디아라비아에게는 우방으로서의 지위를 보장해야 했고, 이란과 리비아에 대해서는 적성국으로 뚜렷이 분류해야 했기 때문이다. 그리고 무엇보다도 미국은 이 지역에서 원유공급을 확보해야 했기 때문이다.

　레바논 내전에서 나타난 새로운 사실은 제3세계 국가들이 새로운 투쟁 방식을 사용하기 시작하였다는 것이다. 즉, 힘없는 집단들은 그들의 정치적 목적을 달성하기 위해 '테러리즘'의 방식에 더욱더 의존하게 되었다는 것이다. 그것은 항공기와 선박의 납치, 상업적, 외교적 거점에 대한 공격, 미국인을 포함한 서방인의 납치와 같은 방법이었다. 그러한 '테러리스트'적 활동은 서방세계를 두렵게 하였다.

그러므로 레이건 행정부는 테러리즘을 응징하겠다는 단호한 결의를 보였다. 그래서 그는 1986년에 테러리즘을 지원하고 있는 카다피의 리비아를 공중 폭격하도록 명령하였다. 그러나 실제로 테러리스트들을 견제하는 일은 어려웠다.

그레나다 침공

레바논의 미군 막사에서 '테러리스트'의 폭탄이 터진 사건이 나기 바로 직전에, 레이건의 한 보좌관은 "우리가 외교정책을 수행할 능력이 있다는 것을 보여주기 위해서는 어디에선가 중요한 승리가 필요하다."고 말한 적이 있었다. 레바논 폭탄 사건이 일어난 직후인 1983년 10월 25일에 레이건 대통령은 해병대에게 그레나다 공격을 명령하였다.

이 자그마한 카리브해의 섬 나라는 정치적 분쟁으로 혼란을 겪고 있었다. 그레나다 정부는 쿠바에 우호적인 마르크스주의자에 의해 움직이고 있었다. 그러므로 그레나다에 침공한 미군은 좌파 정부를 무너뜨리고 새로운 정부를 수립하는 동시에, 쿠바인들을 추방하였다. 미군의 개입은 거기에 있는 수백 명의 미국인들을 보호하고 소련의 위협을 제거한다는 명분에서 이루어졌다. 미군의 침공 과정에서 사망자는 100명에 이르렀다.

국제연합은 이와 같은 미국의 그레나다 침공을 포함외교(gunboat diplomacy)의 부활이라고 비난하는 결의안을 통과시켰다. 그럼에도 불구하고 대부분의 미국인들은 레이건의 행동을 환영하였다. 어느 상원 의원의 표현대로, 미국인들은 "그레나다 승리 도취증"(Grenada High)에 걸렸던 것이다.

이란 – 콘트라 사건

니카라과에서 공산주의의 침투를 막으려는 미국의 '십자군' 운동은 "이란게이트"(Irangate) 혹은 "콘트라게이트"(Contragate)라고 불리는 스캔들로 더욱 더 깊은 수렁에 빠지게 되었다.

1986년에 대통령 안보담당 특별보좌관인 포인덱스터(John M. Poindexter)와 보좌관인 노스(Oliver North) 중령은 적대국인 이란에 비밀리에 무기를 판매하고, 그 이익금을 니카라과의 '콘트라'파에게 돌려줌으로써 무기를 구입할 수 있도록 했다는 사실이 알려졌다. 무기판매 대금의 전환은 중앙정보부(CIA)부장 케이시(William J. Casey)의 협조 아래 이루어졌다. 이 행위는 불법적인 것이었다. 왜냐하면 당시 미국은 급진적인 회교국인 이란을 '테러리스트'의 국가로 규정하고, 미국의 우방국들에게 이란과 교역하지 말 것을 요구한 상태였기 때문이다.

이 스캔들은 레이건의 명성을 심하게 훼손시켰다. 만약 레이건이 국가 안보자문회의(National Security Council)가 무기를 이란과 '콘트라'파에 판매한 것을 몰랐다면, 그는 무능한 대통령일 것이다. 만약 그가 이란으로 무기가 판매되었다는 사실을 알고 있었다면, 대통령은 '테러리스트'를 돕는 국가에게는 원조하지 않겠다는 그의 약속을 어긴 것이다.

그리고 만약 그가 노스 중령이 불법적으로 '콘트라'에게 원조를 제공하고 있었다는 것을 알았다면, 대통령은 이란-콘트라 사건의 조사 과정에서 위증한 결과가 되는 것이다. 그리고 자신이 서명함으로써 입법화된 '콘트라'파에 대한 의회의 무기원조 금지법을 어긴 것이 되는 것이다.

이 사건에 연루된 정부 관리들은 의회에 거짓말을 했다는 이유로 유죄 판결을 받았다. 그러나 1992년 말, 대통령직에서 물러나기 직전에 부시(George Bush) 대통령은 이들을 사면하였다. 그 때문에 부시 자신도 의심을 받게 되었다. 왜냐하면 당시 그는 부통령으로서 '이란-콘트라' 거래와 관련된 고위층 회의에 참석했기 때문이다.

이란 여객기 격추

중동문제는 미국의 외교정책에서 중요한 안건으로 남아 있었다. 이 지역에 미국은 우방국과 적국을 모두 가지고 있었다. 중동에서 미국의 대표적인 적대국은 이란과 리비아였다. 우방 가운데는 이스라엘과 사우디아라비아가 있었다. 이스라엘은 세계 어느 국가보다 많은 미국의 해외원조를 받았다.

예를 들면 미국의 이스라엘 원조액은 1985년에 30억 달러였다. 또 다른 정치적 우방은 사우디아라비아로서, 1981년에 미국은 85억 달러에 해당하는 군사 장비를 판매하였다.

이와 같이 불확실한 지역적 상황에도 불구하고, 중동의 석유는 미국을 포함한 서방세계 경제의 원동력이었다. 그러므로 미국은 전함들을 파견하여 페르시아 만을 지나가는 세계의 상선들을 보호하였다. 일부 외국 선박들도 이라크나 이란의 공격을 막기 위해 미국국기로 바꾸어 달았다. 그 과정에서 우발적으로 일어난 사건이 1988년 미국 전함의 이란 여객기 격추 사건이었다. 그것은 첨단 무기를 탑재한 어느 미국 전함의 함장이 최신 장비를 시험하려는 경박한 행동에서 이루어진 실수였다. 이 사건으로 수백 명의 민간인 승객이 사망하였다.

미국은 공개적으로 이스라엘을 지지하면서도, 중동에 평화를 정착시키기 위해 이스라엘에 압력을 넣었다. 미국 평화안의 골자는 이스라엘이 점령 지역을 반환 대신, 아랍 국가들은 중동 지역에서 유태인을 몰아내려는 노력을 포기한다는 것이었다. 그것은 한 마디로 '땅과 평화의 교환계획'(land-for-peace formula)이었다.

그럼에도 불구하고 평화협상이 진전을 보이지 않자, 1987년에 요르단강 서안지역의 팔레스타인들이 이스라엘에 대해 봉기하였다. 그 땅은 1967년부터 이스라엘이 점령하고 있었다. 이스라엘 군은 돌을 던지며 시위하는 아랍 젊은이들을 무자비하게 진압하였다. 그리고 이스라엘은 '불도저'를 보내 봉기에 가담한 사람들의 가옥을 파괴했다. 그에 따라 팔레스타인 지역의 사회 불안은 더욱 심각해졌다.

그동안 팔레스타인 해방기구(PLO)는 요르단강 서안지역과 가자 지구(Gaza Strip)를 영토로 하는 팔레스타인 독립국을 선포하였다. 그리고 팔레스타인 해방기구 의장인 아라파트(Yasser Arafat)는 '테러리즘'을 배격하고, 이스라엘이 평화롭게 살 수 있는 권리와 안전을 인정하였다. 그 때문에 미국은 정책을 바꾸어 팔레스타인 해방기구 지도자들과 대화하려고 하였다. 그러나 이스라엘은 협상하기를 거부하였다.

남아프리카의 인종갈등과 미국

아프리카에서 레이건 행정부는 남아프리카 공화국에 대한 외교정책을 결정하는 데 어려움을 겪고 있었다. 이 나라는 소수 백인들이 총인구의 85퍼센트를 차지하고 있는 흑인들에게 엄격한 흑백분리 체제(apartheid)를 강요하는 인종차별국가였다. 흑인들은 가난했고, 지리적으로 분리된 감옥같은 지역에서 살고 있었다. 그리고 참정권도 부여되지 않았다.

레이건 행정부는 "건설적 약속"(constructive engagement)이라고 불리는 신중한 정책을 추구하였다. 그것은 남아프리카 공화국 정부에게 억압 체제의 개혁을 촉구하는 것이었다. 그러나 많은 미국인들은 경제적 제재를 요구하였다. 그들은 미국이 그 나라로부터 수입을 중단하고, 텍사코, 제네랄모터즈, 포드, 굿이어(Goodyear) 등과 같은 350개의 미국 기업에 압력을 넣어 그곳에 공장을 세우지 말도록 요구하였다.

1985년에 이르면 11개의 도시와 5개의 주정부가 투자회수법(divestment laws)을 통과시켰는데, 이것은 남아프리카 공화국에 진출한 미국기업들의 주식을 사기 위해 사용된 연금 기금 등을 기관투자자들이 빼내 가도록 한 조치였다. 그리고 여론의 반발과 의회의 입법에 못 이겨, 레이건 행정부는 1986년에 남아프리카 공화국에 대해 경제적 제재를 부과하였다. 그 결과로 2년 동안에 남아프리카 공화국에 진출했던 미국 기업의 거의 절반이 철수하였다.

해양조약법

또한 레이건은 제3세계 국가들의 보호무역 정책으로 애를 먹고 있던 미국 기업들을 돕기 위해 약소국가들에게 자유경쟁의 경제체제를 채택하고, 경제에 대한 정부통제를 줄이라고 압력을 넣었다. 이러한 레이건 정책의 하나가 해양조약법(Law of the Sea Treaty)이었다. 그것은 오랜 협상과 타협을 통하여 1970년대에 가까스로 마련되었다.

이 조약은 개발도상국과 산업선진국의 반대되는 입장을 조정한 것이었다. 개발도상국들은, 석유와 광물 같은 해양자원은 "인류의 공동유산"이므로, 국제적 감시 아래 모든 국가들에 의해 공동으로 사용되어야 한다고 주장했다. 그러나 파고 뚫을 수 있는 자본과 기계를 독점하고 있던 산업선진국들은, 최소한의 국제적 감시 아래, 민간 기업에 의해 사용되는 것이 더욱더 바람직하다고 주장했다.

레이건 행정부는 이 조약을 거부하였다. 그 이유는 이 조약이 미국의 민간기업을 보호해 주지 않고 있다는 것이었다. 이에 대해 제3세계 국가들은 분노하였고, 그러한 미국의 결정을 가리켜 이기적인 경제 제국주의라고 비난하였다.

제 15 장

보수주의 분위기의 지속(1989~1992)

1. 레이건의 퇴장

레이건의 인기 하락

로널드 레이건의 정치적 어려움은 1986년의 중간 선거에서 나타나기 시작했다. 중간 선거 결과로 공화당도 상원에 대한 지배권을 잃음으로써, 대통령의 중요한 권력 기반이 사라졌다. 게다가 '이란-콘트라' 사건의 자세한 내막이 곧 밝혀지기 시작함으로써, 레이건의 지위는 더욱더 약화되어 갔다.

개인적인 차원에서도 레이건 대통령은 지배력을 상실하였다. "이 위대한 지도자"는 피곤하고 무능한 노인이 된 듯이 보였다. 그 때문에, 〈타임즈〉지는 "이제 나라를 책임지고 있는 사람은 누구인가?"하는 제목을 머리 기사로 실을 정도였다.

이란-콘트라 사건의 청문회가 열리면서, 레이건 대통령의 "떠넘기기" (hands-off) 방식의 운영 스타일이 문제가 되었다. 일부 관측자들은 레이건이 국정과 관련하여 너무 일을 하지 않았을 뿐만 아니라 너무 알지 못하고 있다고 주장하였다. 재무장관이었던 도날드 레이건(Donald T. Regan)의 다음과 같은 말 속에 잘 나타나고 있다. "지난 4년 동안 나는 레이건 대통령이 혼자 있는 것을 본 적이 없으며, 경제철학이나 재정과 금융정책을 그와 일대일로 토론한 적이 없었다"고 그는 말하였다.

대통령의 자세에 대해 정치 평론가들은 맹렬히 공격하였다. 어느 평론가는, 문제의 핵심은 "대통령이 무엇을 알고 언제 그가 그것을 알았는가?"에 있는 것이 아니라 "대통령이 무엇을 알지 못하고, 왜 그것을 모르는가?"에 있다고 말했는데, 이것은 대통령의 무관심과 무지를 비꼬는 전형적인 발언이었다.

어떻든 간에 이란-콘트라 사건은 레이건의 적들에게는 희망을 안겨 주었다. "이제는 아무도 더이상 그를 두려워하지 않는다."고 한 정치 평론가는 말하였다. 그러므로 1987년 초에 레이건이 대규모 고속도로 건설법안에 대해 거부권을 행사하자, 의회는 그것을 무시하고 다시 통과시켰던 것이다.

레이건의 정치적 약점

레이건의 문제점들은 1987년과 1988년에도 계속되었다. 대통령이 대법원 판사로 추천한 사람들이 두번씩이나 상원에서 인준을 받지 못하였다. 첫번째로 추천된 연방 판사 로버트 보크(Robert Bork)는 자신이 보수주의자가 아니라는 것을 상원에 확신시키지 못함으로써 인준을 받는 데 실패하였다. 두번째로 추천된 연방 판사는 하버드 법과대학원의 교수로 재직할 당시 '마리화나'를 피웠다는 사실이 폭로되어 인준을 받지 못하였다. 여기에 덧붙여 백악관의 위신을 손상시키는 추문이 계속 터져 나왔다. 그리고 1987년 10월 19일에는 주식 시세가 폭락하여 508포인트까지 떨어졌다.

1988년 초에 실시된 여론조사에 따르면, 국가의 정치적 분위기는 "표류와 불확실"(drift and uncertainty)이었다. 레이건은 집무실에서 임기 마지막 해를 정리하며 시간을 보내고, 국정 운영에는 전혀 주도권을 행사하지 않았다.

그럼에도 불구하고 민주당은 1988년의 대통령 선거에서 성공을 낙관할 수 없었다. 첫째, 레이건은 소련에 대한 비판의 연설을 자제하는 동시에, 1988년에 소련을 방문함으로써 외교적인 성과를 거두고 있었기 때문이다.

그것은 1972년에 최초로 모스크바를 방문한 리차드 닉슨 이후 처음 있는 미국 대통령의 소련 방문이었다.

두번째로 미국 경제는 1981년과 1982년의 불황 이후 6년 동안 계속 회복세에 놓여 있었다. 1970년대와 1980년대 초반에 놀랄 만큼 올라갔던 불쾌 지수(discomfort index)가 1980년대 후반에 이르러 보다 안정적인 수준으로 떨어졌다. 그리고 실업률도 1988년 4월에 10년 만에 5.4%로 낮아졌다. 그런데도 인플레이션은 발생하지 않았다. 이 사실은 유권자들에게는 중요한 의미를 가졌다.

현실적으로 레이건 행정부의 공급측면 경제학(supply-side economics)은 성공적인 듯이 보였다. 평범한 국민들은 경제회복이 찾아 온 것에 대해 만족해 하였다. 여전히 경제회복의 혜택을 누리지 못하는 가난한 사람들도 많았다. 그리고 미국 경제의 미래를 불확실하게 보는 미국인들이 많았다. 그럼에도 불구하고 1980년대에 대부분의 미국인들이 일자리를 가지고 있었으며, 매우 편안하게 살았던 것도 사실이었다.

국민 생활의 안락함을 측정하는 기준의 하나는 가전제품의 보급이었다. 가정용 컴퓨터, 비디오 카세트 녹화기(VCR), 전자레인지, 캠코더, 그리고 캠팩트 디스크 플레이어의 판매가 1980년대에 크게 늘었다. 편안한 가정생활의 수단으로 VCR 구입이 인기를 끌었다. 그 결과로 1980년부터 1984년에 이르는 4년 간에 집에서 영화를 보기 위해 비디오테이프를 빌려 간 미국인의 숫자는 2600만 명에서 3억400만 명으로 크게 늘었다.

회사들은 좀더 빠른 변화의 속도로 기술 시장에서 경쟁하였다. 1985년에는 새로운 컴퓨터가 캘리포니아의 로렌스 리버모어(Lawrence Livermore) 연구소에서 국민에게 소개되었다. 거기서 어떤 과학자는 "1952년에는 1년 걸려 할 수 있었던 일을 이제 우리는 순식간에 할 수 있다"고 설명하였다. 1981년에 미국에서 개인용 컴퓨터를 사용하는 수는 200만 명 정도였다. 그러나 그것은 1988년에는 450만 명으로 늘었다.

1988년의 선거

헌법이 대통령의 세번째 임기를 허용하기만 했다면, 레이건은 아마 경제적 호황의 덕택으로 1988년에 또 다시 대통령에 당선될 수 있었을 것이다. 그러나 레이건은 그의 후계자를 내세우지 않으면 안되었다. 후보자로는 부통령인 조지 부시(George Bush), 상원 소수파인 공화당 원내총무인 밥 도울(Bob Dole), 그리고 텔레비전 복음전도사인 팻 로버트슨(Pat Robert-son)이 유력하였다. 결국 부시가 공화당 후보로 지명되었다.

부시는 코네티켓 출신으로서 예일 대학을 졸업한 다음 제2차 세계대전에 해군 전투기 조종사로서 참전하였다. 그는 석유 사업에 참가하기 위해 텍사스로 자리를 옮긴 다음, 정계에 입문하게 되었다. 또한 부시는 하원 의원, 중국 대사, 그리고 중앙정보부(CIA) 부장을 거치면서, 폭넓은 정치 경험을 쌓았다는 장점을 가지고 있었다. 1980년의 대통령 후보 지명전에 뛰어들었으나, 레이건에게 패배하였다. 그는 레이건의 '러닝메이트'로 부통령에 당선되어 8년 동안 근무하였다. 부시는 확고한 신념은 없지만 원만하게 정치를 이끌어갈 무난한 사람으로 보였다.

민주당의 대통령 후보 지명은 6명의 후보자들이 난립하는 가운데서 이루어졌다. 그러나 예비선거 과정에서 두 사람이 유력한 후보로 떠올랐다. 한 사람은 흑인 목사인 제시 잭슨(Jesse Jackson)이었다. 그는 마틴 루터 킹 목사의 동료로 가난한 사람들을 위해 경제와 교육 프로그램을 추진하기 위해 시카고로 활동 지역을 옮긴 진보적인 개혁자였다. 잭슨은 감동적인 웅변에 능하였다.

그는 "거부당한 사람들의 무지개 연합"(Rainbow Coalition of the Rejected)을 형성하려는 꿈을 가지고 있었다. "거부당한 사람들"이란 흑인, 여성, 그리고 히스패닉을 의미하였다. 비록 잭슨은 지명에는 실패하였지만 양대 정당의 대통령 후보 자리에 도전하여 대중적 지지를 얻은 최초의 흑인이었다.

또한 사람은 매사추세츠 주지사인 마이클 듀카키스(Michael Dukakis)로서, 경제회복과 복지개혁의 모델을 제시하였다. 결국 듀카키스가 민주당 후보가 되었다.

죠지 부시의 승리

1988년의 선거에서 공화당의 부시와 민주당의 듀카키스는 모두 중요한 문제들을 피해 갔다. 따라서 그들은 아동보호, 마약, 환경파괴, 정부의 부패, 빈곤, 의료비와 교육비의 증가, 재정과 무역의 적자와 같은 심각한 문제들에 대해서는 논쟁을 기피하였다. 그 때문에 양당 후보들은 낡은 문제들에 매달렸고, 그에 따라 선거전은 소극적인 것이 될 수밖에 없었다. 그 결과로 텔레비전이 유례 없이 대통령 선거를 좌우하는 데 결정적인 역할을 하게 되었다.

부시는 "애국심"의 강조와 사형 제도의 도입과 같은 감정적인 문제들을 내세움으로써 "레이건 민주당 세력"(Reagan Democrats)에 호소하려고 하였다. 그들은 민주당 지지세력이면서도 공화당의 레이건에게 표를 던졌던 보수적인 사람들이었다. 또한 공화당의 텔리비젼 광고는 인종주의와 두려움에 호소하였다. 즉, 공화당은 듀카키스가 흑인 죄수 윌리 호톤에 대해 휴가를 허용함으로써 범죄에 대해 관대하다고 비난하였다.

1988년 선거전의 특징은 부시의 홍보 자문위원이 그에 다음과 같이 권고한 말 속에서 잘 나타나고 있었다. "텔레비전에 나타나는 것에는 세 가지가 있습니다. 그것은 눈에 보이는 것, 비난 및 실수입니다. 그러므로 당신은 가능한한 실수를 하지 않도록 노력하고, 그 대신 많이 비난하고 많이 보여주도록 하십시오."라고 그는 권고하였다. 그러므로 선거전은 인신공격으로 혼탁할 수밖에 없었다.

그러나 1988년 당시 미국은 평화로웠고 인플레이션율과 실업률은 모두 낮았기 때문에, 미국 국민들은 변화의 필요성을 별로 느끼지 못하였다. 따라서 공화당 승리는 거의 확실하였다.

결국 부시는 두카키스에 대해 일반투표에서 53퍼센트 대 46퍼센트로 승리하였다. 부시는 전임자 레이건의 노선에 따라 국가를 끌고 갈 것을 약속함으로써 레이건 지지세력의 85퍼센트를 확보할 수 있었다. 1988년의 선거에서 나타난 첫번째 사실은 "레이건 민주당 세력"이 공화당을 계속 지지했다는 사실이었다. 그들의 지지는 우세지역인 미시간, 펜실베이니아, 오하이오 같은 중요 공업주에서 공화당이 승리할 수 있게 해 주었다.

부시 대통령 : 온건한 보수주의자

1988년의 선거에서 나타난 두번째 사실은 민주당의 근거지였던 "남부 심장부"(the Solid South)가 공화당의 근거지로 바뀌었다는 것이다.

그리고 세번째 사실은 1964년의 선거 이후 남부에서나 북부에서나 모두 인종 문제가 대통령 선거전에서 중요한 요소로 남아 있었다는 것이다. 그러므로 백인들은 주로 공화당에 투표를 하였고, 거의 모든 흑인들은 민주당에 투표하였다.

1988년의 대통령 선거에서 나타난 네번째 사실은 투표율이 낮았다는 것이었다. 1960년대에 63퍼센트였던 투표율은 계속 떨어져 1988년에는 50퍼센트로 떨어졌던 것이다. 단지 예외가 있었다면 그것은 53퍼센트로 약간 상승했던 1984년뿐이었다.

2. 부시 행정부와 레이거니즘

1980년대의 유산

조지 부시는 1989년 1월 20일에 제 41대 미국 대통령으로 취임하였고, 미국 국민들은 새 대통령의 취임과 함께 1990년대를 맞이할 준비를 하고 있었다.

첫째, 1980년대는 가난한 사람은 더욱 가난해지고 부유한 사람은 더욱 부유해짐으로써 심각한 불평등의 문제를 남겨 놓았다. 그 중에서도 가장 불쌍한 미국인은 어린이들이었다. 게다가 경제 문제와 인종주의 문제는 인종 간의 격차를 더욱 더 크게 만들어 놓았다.

둘째로, 일부 기업에서 발생한 실수와 속임수의 결과들을 연방정부가 치유하기 위해 대대적인 특혜 조치를 강구하게 됨에 따라, 재정 적자의 위기가 더욱 더 커져 갔다. 따라서 1989년에 의회는 지불이 불가능한 저축은행(savings-and-loan associations)을 구제하기 위해, 1,570억 달러를 조달하는 문제를 논의하였던 것이다.

셋째로, 국가는 경제적 운명에 대한 통제력을 잃고 있었다. 1983년과 1989년 사이에 외국인들은 미국에 7,000억 달러를 투자하였는데, 이것은 미국인들이 해외에 투자한 것보다 많은 액수였다. 따라서 앞으로 미국인들이 경제적, 정치적, 외교적, 사회적인 문제에 있어서 어려운 선택을 해야 할 지경에 놓인 것은 분명하였다.

그러므로 다가오는 1990년대에 대해 많은 미국인들은 별로 기대감을 갖고 있지 않았다. 대학생들은 체제에 저항했던 1960년대의 선배들과는 달리 체제 안에 참여하기를 열망하였다. 그들은 세상을 구출하기보다는 사회라는 사다리에서 승진하기를 갈망하였다. 그 때문에 교육받은 젊은이들 가운데는 오랜 시간 동안 일하는 사람들이 많았다. 그래서 〈뉴스위크〉지는 "1970년대가 '자기 중심 시대'(Me Decade)라고 한다면 1980년대는 '일하는 시대'(Work Decade)라고 말할 수 있다"고 썼던 것이다.

베이비붐 세대나 그들보다 어린 세대들은 부모의 생활수준을 한 단계 높이려고 노력하였다. 그러나 그들의 노력은 좌절되고 말았다. 그럼에도 불구하고 1989년의 여론 조사는 미국인들이 일반적으로 그들의 삶의 방식에 만족하고 있음을 보여 주었다.

경제 위기에 대한 부시의 태도

부시 대통령은 불쾌지수가 높은 경제를 레이건으로부터 물려 받았다. 불쾌지수란 높은 인플레이션과 실업률이 복합적으로 나타난 현상이었다. 부시가 취임한 다음 4년 동안 경제는 나빠졌다. 연간 국민총생산(GNP) 성장율은 0.7퍼센트에 지나지 않았는 데, 이것은 1930년대 대공황 이래 가장 느린 것이었다.

1992년에 실업수당을 타는 실업자의 수는 수백만에 이르렀고, 공장의 일자리는 빠른 속도로 줄어 들었다. 일자리를 갖고 있는 사람들조차도 소득은 늘어나지 않았다. 그 결과로 1991년에 중산층의 소득은 3.5퍼센트 떨어졌는데, 이것은 1973년의 경기후퇴 이후 가장 심각했던 하락이었다. 1992년에 이르러 빈민은 1964년이래 가장 많은 숫자에 이르렀다.

그럼에도 불구하고 부시는 부자들을 위한 세금 감면을 줄이지 않았을 뿐만 아니라, 장기 실업자에 대한 구호 기금의 확대에도 반대하였다. 그러므로 어느 기자의 말대로 부시 행정부는 "사회보장으로부터의 후퇴를 지휘하고 있었던 것이다."

그런데도 연방정부의 재정적자는 계속 늘어갔다. 1990년에 2,200억 달러였던 재정적자는 1992년에 2,900억 달러로 늘었다. 그에 따라 연방정부의 채무는 1992년에 4조 달러에 이름으로써, 엄청난 이자를 지불하게 되었다. 1992년에 파산한 금융산업을 돕기 위해 연방정부가 지출한 돈만도 1,300억 달러에 이르렀다.

여기에 덧붙여 시 정부와 주 정부들은, 연방 정부의 보조비가 줄고 경제가 쇠퇴함으로써, 파산지경에 빠지게 되었다. 따라서, 1992년 중엽의 캘리포니아 주는 주 정부 공무원들과 채권자들에게 어음(IOU)으로 지불해야만 했다. 캘리포니아에서는 인구가 크게 늘고 있었음에도 불구하고, 1978년부터 계속된 "조세 저항"(tax revolts)으로 재산세 징수가 줄었기 때문이다.

또한 기업들도 무거운 채무를 짊어지고 있었다. 부동산, 주택건설, 그리고 보험회사들은 너무 과도하게 사업을 확장함으로써 부채에 허덕이고 있었다. 경기후퇴가 심각해짐에 따라 기업들은 노동자들을 해고하였다. 또한 많은 기업가들은 비용을 절감하고 생산성을 높이기 위해 노동자들 대신 컴퓨터와 다른 기계들로 바꾸었다. 그리고 일부 기업들은 공장을 다른 나라로 옮겼다. 왜냐하면 그 나라들은 상대적으로 임금이 낮고 환경규제가 약할 뿐만 아니라 종업원 복지제도(benefits packages)가 강요되지 않고 있었기 때문이다.

게다가 냉전이 끝남에 따라 많은 무기생산 계약이 취소됨으로써, 방위산업체의 많은 종업원들이 일자리를 잃게 되었다. 그러나 부시 행정부는 그들에게 일자리를 줄 새로운 사업을 시작하지 않았다.

부시행정부는 경제위기를 해결할 방안이 없는 듯이 보였다. 대통령은 "무엇보다도, 손해를 입히지 말라"는 좌우명을 내세웠는데, 이것은 그가 오랫 동안 정부가 경제와 사회문제를 해결하기 위해 적극적인 행동을 하지 않고 있음을 잘 표현하였다. 따라서 부시의 인기는 떨어졌다.

세금 인상과 환경규제 완화

부시는 1988년의 공화당 전당대회에서 "내 말을 들으십시오. 새로운 세금의 부과는 없을 것입니다."고 선언하였다. 그러나 그는 1990년에 의회와 예산 문제를 다루는 과정에서 연방정부의 적자를 줄이기 위해 세금을 인상하기로 합의하였다. 이와 같은 합의는 민주당 지도부가 예산삭감에 동의하는 대신 공화당 대통령은 세금인상에 대해 동의함으로써 이루어진 타협이었다.

이와 같은 세금인상안을 비판하기 위해 TV 뉴스방송은 부시가 선거 당시 "세금을 올리지 않겠다"고 말한 화면을 틀어 주기 시작했다. 그에 따라 부시는 과연 일관성 있는 태도를 가지고 있는가 하는 데 대한 의심의 목소리가 높아지기 시작하였다.

1988년의 대통령 선거전 유세에서 부시는 "환경 대통령"과 "교육 대통령"이 되겠다고 약속하였다. 그러나 그는 두 가지 모두 이루지 못하였다. 부시는 공장에서 방출하는 아황산가스와 산화질소를 규제하려는 공기정화법(Clean Air Act)을 1990년에 다시 연장함으로써 환영을 받았다. 그러나 그는 경쟁자문위원회(Council on Competitiveness)를 임명함으로써 공기정화법의 효력을 무시해 버렸다. 왜냐하면 부통령 댄 퀘일(Dan Quayle)을 위원장으로 하는 경쟁자문위원회는 경제 성장을 방해하고 생산비용을 올린다는 이유에서 환경규제를 완화하였기 때문이다. 그리고 환경청(Environmental Protection Agency)이 대기업의 환경오염을 처벌하기 위해 기업체들을 고소하려 하자, 법무부가 방해하였다.

교육 개혁을 약속하면서, 부시 대통령은 서기 2000년까지 미국 학생들의 과학 실력과 수학 실력을 최고의 위치로 올리겠다고 약속하였다. 그러나 부시는 부모들이 공립학교나 사립학교에서 스스로 등록금을 납부해 운영할 수 있다는 정부의 입장을 밝힌 것 외에는 교육 향상을 위해 별로 한 것이 없었다. 고등학교 중퇴자들은 늘어갔고, 도시 학교들은 불량배 단체들과 마약판매업자들의 전쟁터가 되어 가고 있었다. 그리고 노동자들 가운데는 문맹자들이 늘어갔다. 그런데도 부시행정부는 이렇다 할 조치를 강구하지 않았다.

이처럼 부시가 교육과 문화에 대한 지원을 주저하고 있는 데 대해, 일부의 비판자들은 부시 행정부의 보수적인 우파들이 진보적인 지식인들에 대항해 문화 전쟁(cultural war)을 벌이고 있다고 비난하였다. 왜냐하면 대학, 인문학진흥재단(National Endowment for the Humanities), 예술진흥재단(National Endowment for the Arts)은 급진적인 지식인들에 의해 장악되고 있었기 때문이다.

토마스 판사 인준과 성희롱 문제

1991년에 부시 대통령은 흑인으로서 대법원 판사직에서 은퇴한 서구드 마샬(Thurgood Marshall)의 후임자로 클라렌스 토마스(Clarence Thomas)를 임명하였다. 토마스는 젊은 흑인법조인으로서 보수주의자였다. 따라서 그는 고용에서의 소수민족과 여성을 우대하는 정책과 낙태 허용에 반대하였을 뿐만 아니라 학교에서의 기도 시간(school prayer)을 부과하는데 찬성하였다.

부시 대통령이 이처럼 보수적인 흑인을 대법원 판사로 임명하려는 것은 정치적인 계산의 산물이었다. 즉, 그것은 보수주의자를 임명했을 때 예상되는 반발을 무마하기 위해 치밀하게 계산된 것이었다.

토마스는 상원의 비준이 확실할 것처럼 보였다. 그러나 1991년 10월, 흑인 여성으로서 오클라호마 법과대학원 교수인 애니타 힐(Anita Hill)이 전국을 깜짝 놀라게 할 발언을 함으로써, 비준은 암초에 부딪혔다. 그녀는 1980년대 초 토마스의 부하로 근무할 때 성적 희롱을 당했다고 비난하였다. 그녀는 상원 법사위원회에서 그녀가 받은 고통에 대하여 증언하였다.

공화당 상원의원들은 애니타 힐 교수의 증언 내용을 믿지 않았고, 따라서 토마스는 대법원 판사로 인준을 받는 데 성공하였다. 그러나 애니타 힐의 증언은 전국적인 반향을 일으켰다. 특히 직장에서 비슷한 성폭행을 경험한 여성들을 분노하게 하였다. 그 결과로 공화당은 1992년의 대통령 선거에서 불리한 위치에 놓이게 되었다.

로스앤젤레스 폭동과 사회문제

1980년대에 미국을 괴롭혔던 사회적 병은 1990년대에도 계속되었다. '에이즈'(AIDS), 집 없는 사람, 마약 중독자와 알코올중독자, 인종차별과 불평등, 어린이의 가난, 남편 없는 가정의 가난, 아동 학대, 10대 청소년의 자살, 부자와 빈자의 소득 격차, 건강보험 혜택의 부족과 같은 문제들이 계속 심각하게 대두되었다.

과거에는 가난한 사람들만을 괴롭혔던 사회·경제적 문제가 지금에 와서는 중산층에게까지 영향을 미쳤다. 그에 따라 생활수준이 하락하는 중산층이 늘어갔다. 그 결과로 미국의 사회적 건강상태는 그것에 대한 분석이 최초로 이루어진 1970년 이후 가장 낮은 수준에 이르렀다.

실업자와 빈민이 늘어감에 따라 인종 갈등도 커져가고 있었다. 1992년

4월에 캘리포니아의 한 법정에서 배심원들은 4명의 백인 경찰관들에게 무죄를 선고하였다. 백인 경찰관들은 검문을 회피하고 도주한 로드니 킹(Rodney King)이란 흑인 청년을 무자비하게 때린 혐의로 고소되었다. 백인 경찰관들에게 무죄가 선고되자, 로스앤젤레스에서는 분노한 흑인들의 폭동이 일어났다. 그것은 1960년대 이래로 가장 큰 유혈 도시폭동이었다. 그 결과로 44명이 죽고 200명이 부상당했다. 주거지와 상가는 불타고, 10억 달러의 재산 손실이 일어났다.

폭동의 원인에 대해 캘리포니아 주 의회의 어느 위원회는 다음과 같이 보고하였다. "1965년의 와츠(Watts) 지구 폭동은 가난, 인종차별, 교육부족, 고용기회 부족, 경찰의 권한 행사에 대한 오해에서 발생하였다……. 그러나 그러한 문제들은 1992년에 와서도 바뀐 것이 거의 없었다."고 보고하였다.

부시 대통령은 긴급구조를 요청하였다. 그러나 그는 그것을 미국의 도시문제와 인종문제를 해결할 기회로 생각하지는 않았다. 부시 행정부의 주택도시개발 장관으로서 흑인 폭동에 진절머리가 난 잭 캠프(Jack Kemp)는 "로스앤젤레스 폭동에 너무 많이 관심을 쏟고 있다"고 불평하였다.

다른 한편에서 부시는 진보적인 변화를 추진하기도 하였는데, 그 가운데 대표적인 것이 1990년의 장애인보호법(Americans with Disabilites Act)이었다. 이 법은 맹인, 청각장애자, 정신지체자, 신체장애자는 물론 에이즈(HIV) 양성반응자와 암 환자를 직장에서 차별하지 못하도록 하였다. 이 법은 25명 이상의 직원을 둔 회사에 적용되었는데, 모든 직장의 87퍼센트가 그 법을 준수하였다. 이 법은 장애인을 위한 휠체어 진입로 등과 같은 편의시설의 설치를 요구하였다.

미국상업회의소(U. S. Chamber of Commerce)는 이 법을 환영하였다. 왜냐하면 그것은 장애인이라는 새로운 노동력을 새로이 확보할 수 있기 때문이었다.

대통령과 의회의 대결

그러나 공화당 대통령과 민주당이 지배하는 의회 사이에는 협력 관계가 이루어지지 못하였다. 두 세력은 타협과 교섭을 통한 해결보다는 대결(對決)로 이끌려 갔다. 부시 대통령은 1989년의 최저임금 인상에 대한 거부를 시작으로 임기 동안에 37개의 법안에 거부권을 행사하였다. 그리고 그 가운데서 한 가지 법안만이 상원과 하원의 3분의2 찬성으로 번복되었을 뿐이었다. 그러므로 미국 역사상 이처럼 입법 성과가 빈약한 경우도 드물었다.

정국의 경색에 대해 국민들은 의회에 대해서도 책임을 돌렸다. 국민들은 추문과 특권으로 더럽혀 있는 의회에 대하여 점차 분노를 느끼고 있었다. 가장 나쁜 경우가 의회 은행(House Bank)의 부실 운영이었다. 의원들은 수천 장의 부도 수표를 발행하였고, 그에 대해 은행은 아무런 벌금도 부과하지 않았다. 저축은행 부정사건(savings-and-loan scandal)이 벌어지고 있는 동안에도 여전히 일부 상원의원들은 소규모 투자가들의 저축에 손해를 준 금융 조작꾼들의 편을 들어왔다는 증거가 드러났다.

많은 국회의원들은 기업체나 이익단체의 '로비스트'로부터 관례적으로 돈을 받았다. 뇌물 제공행위는 무료 항공권이나 지나치게 많은 강연료의 지불을 통해 간접적으로 이루어졌다. 특히 국민들을 분노케 한 것은 국회의원들이 스스로 자기들의 봉급을 인상한 행위였다. 그 결과 1992년에 주들은 헌법 수정조항 제27조를 비준하였다. 그것은 임기 중간에 의원들의 봉급인상을 금지하였다.

3. 부시 행정부의 대외정책

국력 쇠퇴에 대한 우려

로날드 레이건과는 달리 조지 부시는 국내문제보다는 대외정책을 중시하였다. 부시는 자기 자신을 국제관계 전문가로 생각하고 있었다. 그는 이전에 석유 사업가, 국회의원, 국제연합(UN) 대사와 중국 대사, 중앙정보부(CIA)부장, 부통령으로서 냉전의 본질을 잘 알고 있었다.

그러나 그는 냉전세계의 전환을 전혀 예상하지 못하고 있었다. 그러므로 냉전이 끝났을 때 부시는 "새로운 세계 질서"를 언급하기는 하였지만, 그것의 영역을 설정한다든가 그것의 과제들을 설정하는 데 대해서는 뚜렷한 대책이 없었다.

이러한 자세는 라틴아메리카, 중동, 아프리카에서 부시 행정부의 무력 사용에서 명백해지게 되었다. 냉전의 종식으로 미국은 50년만에 처음으로 국가 안보에 대한 소련의 위협을 제거하게 되었다. 그럼에도 불구하고, 부시는 막대한 국방예산 가운데 일부만을 삭감함으로써 "쇠퇴론자들"(declinists)의 비판을 받았다. 왜냐하면 여전히 미국은 경제개발은 무시한 채 군사분야에 많은 지출을 하고 있었기 때문이다.

1980년후반과 1990년대초의 미국에서 베스트셀러 중의 하나는 역사가 폴 케네디(Paul Kennedy)의 〈강대국의 흥망〉(1987)이었다. 그의 책에 따르면, 미국은 "제국주의적 과대팽창"(imperial overstretch)으로 손해를 입어 왔다. 그러므로 미국이 일본 및 독일과 경쟁하기 위해서는 생산력의 활성화와 시장에서의 경쟁력을 회복시키는 동시에 연방정부의 막대한 채무를 줄여야 한다고 주장하였다.

그리고 보다 많은 자원을 장기적으로 투자하고, 교육제도를 개선해야 한다고 그는 주장하였다. 만일 그렇게 하지 않는다면, 미국도 과거의 스페인과 영국처럼 계속 몰락하게 될 것이라 주장하였다. 미국이 경제적 침체에서 벗어나는 한 가지 방법은 세계적 개입주의(global interventionism)를 벗어나는 것이라는 주장이 그 책의 핵심이었다.

지구환경 문제와 미국

부시는 쇠퇴론자들을 "염세주의자들"(gloomsayers)로 경멸하였다. 그는 미국이야말로 단일 세계(unipolar world)의 최대 강대국이라고 보았다. 그러나 레이건이 부시에게 남겨 준 세계 문제들은 여전히 남아 괴롭히고 있었다.

예를 들면 레이건은 지구 환경 문제를 방치해 왔다. '온실 효과'(greenhouse effects), 다시 말해 대기 중에 탄산가스와 같은 가스들의 축적은 지구의 온난화 현상을 가져왔다. 그 결과로 바다의 수면이 높아지고, 그에 따

지구정상회담(리우회담)

라 농경지에 홍수가 덮쳐 수백만의 사람들이 살던 곳을 떠나야 할 위험성이 나타났다.

여기에 덧붙여 과학자들은 지구를 보호하는 남극의 오존층에서 구멍이 점점 커져가는 것을 발견하였다. 이 같은 커져가는 구멍 때문에 태양으로부터 위험한 자외선이 지구표면에 직접 도달하게 되었다. 오존층을 파괴하는 데는 '에어 스프레이'와 '에어컨'에서 사용되는 메탄, 염소불화탄소 및 다른 해로운 가스들이 작용하였다. 미국인들은 전세계 염소불화탄소의 3분의 1을 사용하고 있었다.

1990년대 초에 이르러 환경 손상으로 인한 인류의 피해는 또렷하게 나타났다. 또한 각국 정부들은 자기 나라 국민들을 위한 식량 공급과 건강 보호의 문제가 심각한 단계에 이르렀음을 알게 되었다. 세계인구는 한해 8,000만명 이상의 비율로 증가하여 1992년에는 54억에 이르렀다. 그럼에도 불구하고 토지의 황폐화로 식량생산은 줄어들고 있었다. 산성비, 지나친 산림채벌, 지나친 경작지 활용 때문에 생태계가 파괴되기 시작하였다.

그에 따라 사람들은 도시로 옮겨가지 않으면 안되었다. 식량 폭동이 일어나고, 환경 파괴 지역으로부터 피난민이 쏟아져 나오는 것이 일상적인 일이 되고 말았다.

그런데도 부시행정부는 국제연합 인구활동기금(U. N. Fund for Population Activities)과 국제가족계획기금(International Planned Parenthood)에 대한 지원금 지급을 중단하였다. 공식적인 이유는 그러한 기구들이 낙태를 지원했기 때문이었다. 부시 행정부는 또한 해양조약법(Law of the Sea Treaty)도 계속 거부했는데, 그 이유는 그 법이 해양환경과 관련 조항들이 미국의 민간기업들에게 손해를 끼칠 것이라고 믿었기 때문이다. 그는 지구 온난화의 위험성을 언급하면서도, 그것이 자유시장에 대한 간섭

정책을 가져 올 것이라는 경고도 잊지 않았다.

부시 행정부는 환경 규제가 경제성장을 늦출 것을 우려했기 때문에, 1992년에 리우데자네이로에서 열린 "지구 정상회담"(Earth Summit)에 마지 못해 참석하였다. 그 때문에 리우 환경회의에서는 이렇다 할 합의가 이루어지지 못했다.

그러나 환경문제에 대한 몇 가지 성과는 있었다. 1989년에 미국을 포함한 86개국은 2,000년까지 오존을 파괴하는 화학물질을 사용하지 않겠다는 데 합의하였다. 그리고 부시는 1990년에 보다 강력한 공기정화법(Clean Air Act)에 서명하였다. 또한 1991년에는 미국을 포함한 25국이 남극대륙의 연약한 환경을 보호하기 위해 이 지역에서 50년간 석유탐사와 광물개발을 금지하기로 합의하였다.

그 동안 세계는 서로 경쟁하는 경제적 세력범위로 구분되어 가고 있었다. 중요한 것들 가운데는 유럽경제 공동체(EEC)와 일본의 아시아 무역 공동체가 있었다. 그에 따라 부시행정부는 미국, 캐나다, 멕시코를 묶어 북미자유무역협정(NAFTA)을 체결하기 위한 협상을 시작하였다. 그것은 3개국 사이의 무관세 무역(tariff-free trade)을 노린 것으로서 1992년 말에 조인되었다.

그 협정이 많은 미국 노동자의 일자리를 빼앗는 것이라 비판하는 사람들도 있었다. 왜냐하면 미국의 기업들이 노동임금이 낮고 환경규제가 약한 남쪽의 멕시코로 이동할 가능성이 컸기 때문이다. 그러나 부시는 이것이 서반구 전체를 포괄하는 자유무역지대를 건설하기 위한 "첫번째 거대한 발걸음"이라고 말함으로써, 그 의미를 높이 평가하였다.

일본과 미국의 경제적 대립

미국과 일본의 관계가 긴장 상태에 놓이게 된 가장 중요한 이유는 무역문제였다. 그 가운데서 가장 민감한 부분은 두 나라 무역 관계에 있어서 나타난 미국의 막대한 무역적자였다. 그것은 1989년에 약 500억 달러에 이르렀다.

일본상품은 미국 상점을 휩쓸었고, 가격과 품질 면에서 소비자들로부터 인기를 얻었다. 1989년에 미국에서 제일 잘 팔린 차는 혼다 아코드(Honda Accord)였다. 그리고 그 차의 대부분은 미국에서 현지 인력으로 조립된 것들이었다.

이처럼 무역 적자가 발생한 데 대해 미국의 제조업자들은 일본의 관세와 카르텔, 정부 보조금이 미국 상품의 일본 시장 진출을 어렵게 했기 때문이라고 주장하였다. 이에 대해 일본인들은 미국의 노후한 설비, 부실한 교육, 그리고 연구와 개발의 비효율성에서 오는 경쟁력 약화의 결과라고 반박하였다.

1990년에 판매액의 관점에서 보아 세계에서 가장 큰 공기업들 가운데 7개가 일본에 있었다. 그리고 세계 최대 10대 은행도 모두 일본에 있었다. 그러므로 캘리포니아 대학의 어느 교수는 "이제 냉전은 실제로 끝났고, 그것의 승자는 일본이라고 말할 수 있다."고 말했던 것이다. 일본 지도자들은 미국이 더이상 세계 최고의 경제대국이 아닐 뿐만 아니라 미국의 근로자들은 무식하고 게으르다고 평가하였다. 그러한 평가에 대해 미국인들은 자존심이 상했다.

또한 미국인들은 달러화를 많이 가진 일본인들이 미국 기업체들을 사들이는 것에 대해 두려움을 느꼈다. 일본인은 물론 다른 외국의 투자가들도 미국의 국채(國債), 기업, 주식, 부동산을 사들였다. 1990년에 이르러 일본인들은 캘리포니아 금융자산의 25퍼센트를 관리하고 있었고, 로스앤젤레스 도심지의 거의 절반을 소유하고 있었다. 1989년에 일본의 소니(SONY)사는 콜럼비아 영화사를 매입함으로써 미국의 문화와 여론에 까지 영향력을 갖게 되었다.

이처럼 미국 경제가 쇠퇴하자, 보호무역주의자들은 "미국 상품 애용"(Buy American) 운동을 벌였다. 미시간 주의 자동차 공장 근로자들은 미국의 불황이 일본 탓이라고 생각하고 "일본 타도"를 주장하였다. 두 나라 사이에 경제 전쟁이 발생할 것 같았다. 그러나 그렇게는 되지 않았다. 왜냐하면 이 두나라의 경제는 상호 의존적이 되었기 때문이다.

게다가 많은 미국 상품들이 일본 시장에 진출하고 있었다. 맥도날드 햄버거, 쉬크(Schick) 면도기, 코카콜라가 일본 시장에서 우위를 차지하게 되었다. 이것은 일본인들이 미국 문화를 받아들이고 있음을 의미하였다. 게다가 일본과 미국은 여전히 안보 문제에 있어서 협력관계에 있었다.

중국의 천안문 사건과 인권 문제

1989년 6월에 미국과 중국의 관계가 악화되었다. 당시 중국 베이징의 티아난멘(천안문) 광장에서는 민주주의에 동조하는 학생들과 시민들이 몇 주 동안 평화적인 시위를 벌이고 있었고, 그것을 중국군이 공격하여 수백 명을 학살한 사건이 일어났기 때문이었다.

중국의 통치자인 덩샤오핑(Deng Xiaoping)은 경제적으로는 어느 정도 중국의 자유화를 허용하고 있었다. 그러나 정치적으로는 일당 독재로 이끌어 가고 있었으므로, 이와 같은 민주주의 지지 운동을 탄압할 수밖에 없었다.

처음에 부시 행정부의 관리들은 티아난멘 사태에 대해 반감을 표명했다. 그렇지만 점차 침묵하는 분위기로 나아갔다. 그들은 미국의 국가 안보에 중국과 미국의 우호관계가 절대로 필요하다고 믿었던 것이다. 이에 대해 비판자들은 미국이 짧은 안목에서 미래 중국의 진보적인 지도자들을 버리고, 기존의 지배 도당과 제휴하였다고 부시 행정부를 비난하였다.

전술핵무기 제한협정의 타결

그 동안 진행되어 오던 전술핵무기 감축(START) 회담은 점차 구체적인 결과를 가져오기 시작하였다. 마침내 1991년 중반에 러시아와 미국은 각국의 핵탄두를 6,000개까지, 각국의 전술 운반 시스템을 1,600개까지 감축하는 것을 골자로 하는 제1단계 전술핵무기 감축(START 1)협정에 조인했다.

1992년 말에 다시 부시 대통령은 고르바쵸프를 몰아내고 러시아의 최고 통치자가 된 보리스 옐친(Boris Yeltsin)대통령과 제2단계 전술핵무기 감축(START 2) 협정에 조인하였다. 이 협정은 각기 서기 2003년까지 핵탄두를 3,000개 정도로 줄이도록 합의하였다. 그리고 지상에 기지를 둔 대륙간탄도미사일(ICBM)을 제거하여, 각 측이 500개 정도만 남겨 놓도록 합의하였다.

군축론자들은 제2단계 전술핵무기 제한 협정을 환영하였다. 그러면서도 그들은 앞으로 나타나게 될 위험성을 경고하였다. 첫째, 소련을 승계한 다른 나라들이 이러한 합의에 따를 것인지가 명확하지 않았다. 예를 들어 우크라이나는 그 지역의 장거리 미사일을 러시아로 이전하는 것을 주저하고 있었던 것이다.

둘째로, 탄두, 미사일, 사일로(silos)를 제거하는 데는 많은 비용이 예상되었다. 특히 러시아는 그에 필요한 자금이 절대로 부족하였다. 셋째, 경화(hard currency)를 벌기 위해서 러시아인들은 핵기술과 핵무기 제조에 필요한 물질들을 외국에 팔 가능성이 있었다. 그렇게 되면 결국 핵무기의 확산으로 미래가 위험해질 가능성이 있었다. 왜냐하면, 이란, 이라크, 북한, 파키스탄, 이스라엘은 그것을 거의 얻은 듯이 보였기 때문이다.

그 동안 냉전은 막을 내리고 있었고, 그것의 종말을 알리는 많은 사건 중의 하나가 1990년 10월 2일의 독일의 통일이었다. 미국 관료들은 독일이 유럽대륙을 지배하게 될 것을 우려하였다. 왜냐하면 거대한 통일 독일은 북대서양조약기구(NATO)나 유럽공동체(EC) 속에 안주하거나 또는 그것들에 의해 통제되지 않을 것이기 때문이었다. 그렇게 되면 세계 시장에서 미국의 경쟁력이 더욱 더 감소될 것이 확실했기 때문이다.

4. 부시 행정부와 제3세계

라틴아메리카와 채무 문제

냉전은 끝났지만, 미국과 제3세계 국가들의 시끄러운 관계는 바뀌지 않았다. 라틴 아메리카에서 부시 행정부는 레이건 행정부와 달리 개입을 줄이려고 노력하였다.

라틴아메리카의 정치적 불안정을 악화시킨 중요한 요인의 하나는 외국에 대한 막대한 채무였다. 1990년에 라틴아메리카 국가들의 채무액은 4000억 달러였다. 이것은 제3세계가 짊어진 1조2,000억 달러의 채무 가운데 3분의 1에 해당하는 액수였다. 그들 가운데서 채무액이 가장 많은 국가가 브라질, 멕시코, 아르헨티나였는데, 이들 채무의 상당부분이 미국 은행에서 온 것이었다.

이들 국가들은 채무를 상환하기 위해 무역에서의 상품수입을 줄이려고 안간힘을 썼기 때문에, 미국도 손해를 보게 되었다. 그 결과로 미국의 수출은 줄게 되었고 실업자가 늘게 되었다.

국제 통화 기금(IMF)은 이들을 돕기 위한 전제 조건으로 경제 구조의 개편을 요구하였다. 그에 따라, 중남미 정부들은 과감하게 예산을 줄였다. 그러나 예산 삭감은 의료 서비스와 교육 지출을 줄이게 되었기 때문에, 정치적 불만이 커지게 되었다.

마약 전쟁과 파나마 침공

미국과 라틴아메리카 국가들의 관계를 어렵게 만든 또 다른 요인은 불법 마약거래였다. 1990년에 이르러 미국의 마약시장은 1,000억 달러의 엄청난 가치를 가질 정도로 커져 있었다. 그러므로 메릴랜드의 주지사는 "이것은 베트남 전쟁보다 더 심각한 것이다."고 우려하였던 것이다.

냉전이 쇠퇴하면서 마약전쟁(Drug War)은 더욱 더 가속화하였다. 마약의 대부분은 코카 잎사귀에서 추출되는 '코케인'과 '크랙'으로서, 콜롬비아, 볼리비아, 페루가 원산지인 경우가 많았다. 그러므로 미국 정부는 그 나라들의 마약 제조자와 불법 무역상들을 진압하기 위해 미군을 사용하였다. 부시의 관리들은 기습과 파괴 작전을 통해 마약 공급을 수시로 차단하였다.

마약 문제는 파나마와 미국의 관계가 악화되면서 표면에 떠올랐다. 1983년에 파나마에서는 노리에가(Manuel Antinio Noriega)장군이 정권을 잡게 되었다. 노리에가는 집권하자마자 콜롬비아의 코케인 판매업자들과 거래를 끊고 직접 거래하는 한편, 파나마 은행에서 마약대금을 세탁하였다.

1980년대말에 이르러 노리에가의 독재정치와 마약거래 사업은 미국의 분노를 샀고, 그에 따라 미국인들은 이 거만한 파나마 독재자가 미국 내의 마약 문제와 관련이 있다고 생각하게 되었다. 그러나 노리에가는 오랫 동안 미국 중앙정보부(CIA)의 하수인이었으며, 니카라과의 '콘트라' 반군을 돕고 훈련시키는 데 미국에 협조해 왔다. 이 협조 덕택으로 워싱턴 정부는 노리에가와 마약거래자들의 관련성을 오랫 동안 눈감아 주었던 것이다.

노리에가의 야비한 경력이 폭로되고 그것에 대한 파나마인들의 항의가 일어나자, 미국은 이 독재자를 버리기로 결정하였다. 그러나 노리에가는 물러나려 하지 않았다. 미국은 그를 권좌에서 몰아내기 위해 쿠테타를 부추겼으나, 실패로 돌아가고 말았다. 노리에가는 반미주의를 조장하여 미국에 대항하였다.

1989년 12월 20일 이른 시간에 파나마 침공 작전이 시작되었다. 그것은 베트남 전쟁 이래 가장 큰 규모의 미군의 군사 작전이었다. 2만 2,500명의 미군이 투입된 파나마 침공은 유혈 전투 끝에 성공으로 끝났다. 500명 정도의 파나마인과 23명의 미군이 죽었다.

노리에가는 체포되어 미국의 마이애미로 끌려갔다. 그리고 1992년에 마약 밀매로 기소되어 유죄판결을 받았다. 황폐해진 파나마는 더욱더 미국에 의존적이 되었다.

니카라과, 아이티, 파나마 개입

미국은 니카라과의 '콘트라'반군에 대해 많은 자금을 제공해 왔음에도 불구하고, 좌파적인 산디니스타(Sandinista) 민족해방전선은 그대로 권력을 쥐고 있었다. 그러나 1990년에 시행된 선거에서 산디니스타 민족해방전선은 미국이 지원하는 민족대결연합(National Opposition Union)에게 패배하였다. 미국의 정책은 승리한 듯이 보였다.

위기를 완화시키려는 부시 행정부의 노력은 다른 곳에서도 결실을 맺었다. 왜냐하면 1992년에 엘살바도르에서는 좌파들이 무기를 놓고 정치적 절차를 거쳐 그들의 요구를 관철하겠다고 약속했기 때문이다.

아이티에서도 1990년에 수십년만에 첫 자유 선거를 치뤘고, 그 결과로 미국이 지지하는 아리스티데(Jean-Bertrand Aristide) 정부가 수립되었다. 그러나 1991년에 민선 정부가 군부 쿠데타에 의해 전복되자, 미국은 아리스티데 정부의 복귀를 요구하면서 경제 제재를 부과하였다. 그럼에도 불구하고 군사 정권은 미국의 요구를 거부하였다. 그와 동시에 수천 명의 아이티인들이 배를 타고 미국에 망명을 요구하는 사태가 벌어졌다. 미국 정부는 그들의 피난 동기가 정치적인 것이 아니라 경제적인 것으로 보고 입국을 거부하였다. 미국은 많은 난민을 아이티로 되돌려 보냈다.

걸프전쟁(1991)

부시 행정부는 중동에서도 전쟁에 직면하게 되었다. 1990년 8월에 이라크의 독재자 사담 후세인(Saddam Hussein)은 평화로운 이웃 국가인 쿠웨이트 왕국을 침공하였다. 이라크는 쿠웨이트에 대해 진 많은 빚을 삭감해 줄 것을 요구해 왔을 뿐만 아니라 쿠웨이트의 거대한 석유산업을 빼앗으려고 하였다.

쿠웨이트가 침공을 당하자, 오랫동안 미국의 동맹국인 사우디아라비아도 위협을 느꼈다. 부시 대통령은 석유가 풍부한 사우디아라비아를 보호하고 이라크 군을 쿠웨이트로부터 몰아내기 위해, 그 지역에 50만 이상의 미군을 급히 파견하였다. 만약 이라크가 쿠웨이트와 사우디의 유전을 장악하게 되면, 세계는 이라크의 경제적, 군사적 힘에 큰 위협을 느끼게 될 것이라고 부시는 주장하였다. 그러므로 부시 대통령은 사담 후세인을 히틀러에 비유하고, 이 전쟁이야말로 냉전이 끝난 이후 "우리의 기개를 시험"하는 최초의 전쟁이 될 것이라고 주장하였다.

이러한 부시의 주장은 분열되어 있던 의회의 의견을 통합하는 데 성공하였다. 그래서 상원은 52 대 47로 부시를 지지해 주었다. 그리고 국제연합(UN)도 표결로 걸프 전쟁을 지지하고, 연합군을 결성하는 데에 협조하였다.

그러나 한편에서는 미군의 개입이 베트남 전쟁에서처럼 미국을 또 다른 곤경에 빠뜨릴지 모른다는 우려를 표시하였다. 따라서 그들은 군사적 재재보다 경제적 제재를 강화할 것을 요구하였다. 그리고 이라크와 쿠웨이트간의 분쟁은 아랍국가 자신들에 의해 해결되어야 한다고 주장하였다.

그러나 부시 대통령은 그러한 비판에 대해 반박하였다. "이것은 또 다른 베트남 전쟁이 되지는 않을 것이다."라고 대통령은 미국민들을 안심시켰다. 왜냐하면 이번에는 군사력이 빠른 속도로, 그리고 대규모로 투입될 것이기 때문이었다.

그에 따라 '사막의 폭풍 작전'(Operation Desert Storm)이 1991년 1월 16일이 시작되었다. 역사상 최대의 '공군 무적함대'(air armada)가 이라크와 쿠웨이트에 있는 이라크 군을 강타하기 시작하였다. 여기에 덧붙여 미국의 미사일은 이라크의 수도인 바그다드를 여러 방향에서 공격하였다. 얼마 동안 공습이 진행된 다음인 1991년 2월 말에 연합군은 지상군을 투입하여, 단지 100시간 만에 쿠웨이트에서 이라크 군을 쫓아냈다.

이 전쟁으로 약 10만 명의 이라크인이 죽은 것으로 추정되었다. 그것에 비해 미군의 피해는 아주 적었다. 미군 전사자는 148명에 지나지 않았는데, 그 가운데서도 35명은 아군의 잘못된 사격으로 죽었다. 전쟁은 미국의 완전한 승리로 끝났다. "신의 가호로 우리는 베트남 증후군(Vietnam syndrome)을 영원히 떨쳐 버리게 되었다."고 부시는 기뻐하였다. 미국은 쇠퇴하는 국가가 아니라 탄생한 초강대국이라고 그는 의기양양해 하였다.

걸프 전쟁의 결과

그러나 축제 분위기는 오래 가지 않았다. 퇴각하는 이라크 군대는 쿠웨이트의 유전을 공격함으로써 대기가 오염되고, 수백만 배럴의 원유가 걸프 만으로 흘러 들어갔다. 미군 폭격기는 이라크의 사회기본시설에 큰 타격을 주었다. 그 때문에 굶주림과 전염병이 이라크 전역을 휩쓸게 되었다. 그러나 사담 후세인은 여전히 권좌에 여전히 남아 있었다.

이라크에서는 시아 파(Shiite)와 쿠르드(Kurd)족의 반란이 일어났다. 그러나 그것들은 사담 후세인에 의해 잔혹하게 진압되었고, 그 과정에서 많은 사람들이 학살되었다. 그 다음부터 미국은 이라크 안의 특정 지역에서 이라크 군대가 군사활동을 하지 못하도록 제한하였다.

그러므로 미국 국민의 상당수는 배신감을 느꼈다. 그들이 전쟁을 지지한 것은 침략자를 응징한다는 원칙에서였다. 그러나 결국 이 원칙은 지켜지지 못하였다. 왜냐하면 부시 행정부는 이라크 국민들에게 사담 후세인의 독재체제에 대해 봉기할 것을 촉구해 왔으면서도, 결국 그 국민을 보호하지 못하였기 때문이다.

게다가 이라크가 쿠웨이트를 침공하기 직전까지도 미국은 이란을 견제하기 위해 사담 후세인과 긴밀한 관계를 추구했었다는 증거가 드러났다. 그리고 부시 행정부는 대외원조를 통해 간접적으로 이라크가 무기를 구입할 수 있도록 하였다. 그리고, 미국 회사들은 이라크의 핵무기개발 계획에 도움이 되는 첨단장비를 팔았기 때문이다.

걸프전쟁에서 미국은 세계에서 가장 인상적인 첨단장비를 갖춘 군대를 가지고 있다는 것을 보여 주었다.

중동평화협상과 소말리아 파병

걸프전쟁은 아랍민족과 유대민족 사이의 분쟁에 상당한 영향을 주었다. 이제 국무 장관 베이커(James Baker)는 이스라엘에 대해 팔레스타인 인에 대한 가혹한 통제정책을 즉각 풀 것을 요구하였다. "끝으로 한 번만 더 말하지만, 거대한 이스라엘 건설이라는 실현성 없는 계획을 버리시오"라고 그는 이스라엘에게 요구하였다. "병합정책을 포기하시오. 그리고 이스라엘 인의 정착 활동을 중지시키시오……. 정치적 권리를 받을 만한 이웃으로서 팔레스타인인을 받아들이시오."라고 그는 덧붙였다.

베이커 국무장관의 지속적인 노력으로 1991년 10월에 이스라엘은 그들의 아랍인 이웃들과 협상에 들어갔다. 그리고 교섭은 놀라운 진척을 보여 주었다. 그러나, 이스라엘은 협상테이블에 이르자, 점령지역을 포기하지 않겠다는 태도를 고수하였다. 그에 따라 평화협상은 깨졌다. 그리고 영국, 중국, 그리고 미국은 이 지역에 막대한 무기를 판매함으로써, 전쟁 지속의 가능성이 높아졌다.

그러나 소말리아에서 진행된 부시 행정부의 희망회복작전(Operation Restore Hope)은 앞의 경우들과는 아주 다른 파병 정책이었다. 소말리아를 비롯한 아프리카 국가들의 국민들은 토양의 침식과 기근 때문에 오랫 동안 고통을 받았다. 1970년대 말에 소말리아는 냉전의 소용돌이 속에서 동맹국이었던 소련을 버리고 미국의 원조를 받게 되었다.

그러나 1991년 초에 소말리아의 독재자가 권좌에서 축출되자, 군벌들

(warlords)이 이끄는 적대적인 부족들이 권력을 잡기 위해 서로 싸우기 시
작하였다. 그에 따라 공권력과 질서는 사라지고 말았다. 총을 든 도적들은
국제기구에서 보낸 구호물자를 강탈하였다.

부시 대통령은 유엔의 승인을 얻은 다음, 구호제 물자 전달의 안전을
보장하기 위해 2만 명 이상의 미군을 파견할 것을 명령하였다. 1993년 중반
에 소말리아의 유엔 평화유지군은 미군으로 대체되었다. 많은 미국인들은
이러한 인도주의적 작업이 냉전 이후에 미국이 할 적절한 임무라고 생각하
였고, 그에 따라 미군 파병을 환영하였다.

제16장

진보주의 전통의 부활(1993~1996)

1. 1992년의 선거와 좌경화 추세

공화당 지지세력의 동요

부시 대통령은 경제위기가 심각해지고 있음을 느끼게 되었다. 1992년 1월에 시행된 여론조사에서 미국인 10명 중 8명이 경제 상태가 아주 나쁜 것으로 평가하였다. 따라서 국민 대부분이 부시 행정부를 비난하였다.

부시 대통령은 자신의 정당인 공화당 지지자들로부터도 혹독한 비판을 받았다. 그러므로 강경하며 보수적인 신고립주의자(neo-isolationist)인 패트릭 뷰캐넌(Patrick Buchanan)은 부시에 도전하기 위하여 뉴햄프셔 주 예비선거에 뛰어 들었던 것이다.

1968년 이후 공화당은 여섯 번의 대통령 선거에서 다섯 번을 승리하였다. 그것은 공화당이 사상적으로 다양한 세력들을 연합시킴으로써 가능하였다.

공화당 지지세력들 가운데는 항상 공화당을 지지하는 경제적 보수주의자들(economic conservatives)이 있었다. 여기에 문화적 보수주의자(cultural conservatives)들이 합세하였다. 이들은 사회적 보수주의자로 불리고 하였다. 이들 가운데서는 '가정의 가치(family values)'를 강조하고 낙태와 동성연애를 반대하는 근본주의적이고 복음주의적인 기독교인들의 역할이 중요하였다. 또한 공화당 지지세력 가운데는 극단적으로 보수적인 견해를 가진 "급진적 우파"(Radical Right)도 있었다.

"레이건 민주당 세력"(Reagan democrats)으로 불리는 육체 노동자들도 공화당을 지지하였다. 이들은 한 때 민주당 지지세력이었으나, 레이건의 인기 때문에 공화당을 지지하게 된 사람들이었다. 그들은 1988년의 선거에서도 부시가 레이건의 후계자라는 이유로 지지표를 던졌다.

남부의 보수적인 백인들도 공화당을 지지하였다. 왜냐하면 그들은 민권 문제에 대한 민주당의 진보주의적(liberal)인 태도를 싫어했기 때문이다. 그리고 "돈벌이 열기"에 사로잡힌 도시의 젊은 전문직 종사자들(Yuppies)도 공화당을 지지하였다.

마지막으로 공화당 지지세력 가운데는 대도시 교외지역(suburbs) 중산층이 있었다. 이들은 1990년에는 미국인구의 거의 절반을 차지할 정도로 그 세력이 막강하였다. 이들은 민주당의 세금 인상과 정부권한 확대에 대해 반감을 가지고 있었다.

이러한 다양한 세력들을 1980년대에 정치적으로 하나로 묶어 준 것은 세 가지 요소였다. 그것은 경제적 번영, 반공주의(anti-Communism), 그리고 로날드 레이건이라는 지도자였다. 그러나 1992년의 대통령 선거에 와서는 이러한 이러한 세 가지 결합요소가 사라지게 되었다. 그에 따라 공화당이 패배할 가능성이 커졌다.

빌 클린턴과 로스 페로의 도전

1992년의 대통령 선거에 민주당 후보로 출마할 정치적 유망주로서는 아칸소 주지사인 빌 클린턴(William Jefferson "Bill" Clinton), 매사추세츠 상원의원이었던 폴 쏭가스(Paul Tsongas), 그리고 캘리포니아 주지사였던 제리 브라운(Jerry Brown)이 있었다. 그러나 1992년 7월에 민주당

클린턴 : 온건한 진보주의자

이 지명 대회를 소집하게 되었을 즈음에 와서는, 클린턴이 예비선거의 승리자로 뚜렷하게 떠올랐다.

클린턴은 1946년생으로서 '베이비 붐 세대'(baby boomer)로서는 양대 정당의 대통령 후보가 된 최초의 인물이었다. 그는 생애의 대부분을 대통령이 되겠다는 꿈을 가지고 살아온 야심가였다. 그는 1960년대에 대학을 다닌 베트남 세대였다. 클린턴은 베트남 전쟁에 반대하였을 뿐만 아니라 징병을 기피하기 위하여 연줄을 이용하였다. 그는 로즈 장학금 수혜자(Rhodes Scholar)로서 영국에서 공부한 다음, 예일 대학 법과대학원을 졸업하였다. 그는 고향인 아칸소로 돌아와 1976년에 주 법무국장에 선출되었다. 그리고 1979년에는 32세의 젊은 나이로 주지사로 선출되었다. 그는 1983년에 다시 주지사로 선출되었다.

클린턴은 진보적인 민주당을 좀 더 보수적으로 바꾸려고 하였다. 즉, 그는 좌파적인 민주당을 약간 우파적인 방향으로 끌고 가려고 하였다. 왜냐하면 민주당이 집권하기 위해서는 대도시 교외지역에 거주하는 백인 중산층, '레이건 민주당 세력', 그리고 기업계의 지지가 필요하였기 때문이다. 이러한 목적을 달성하기 위해 클린턴은 민간기업가들을 경제 발전의 원동력이라고 칭찬하고, 복지비 지출의 축소와 경찰력 강화에 찬성하였다.

그럼에도 불구하고 그는 근본적으로 민주당의 진보주의(liberalism) 전통 안에 있었다. 그 때문에 그는 정부의 적극적인 활동을 지지하였다. 따라서 그는 국가의 기본시설인 도로, 다리, 통신에 대한 정부의 공공투자를 늘릴 것을 주장하였다. 그리고 정부가 직업훈련 계획과 대학교육에 더욱 많이

페로 : 제3당 후보

투자할 것을 주장하였다. 그리고 정부가 보다 폭넓은 건강보호 사업을 추진할 것을 주장하는 동시에, 국방비를 절약하여 민간 지원 사업에 돌릴 것을 주장하였다. 또한 그는 여성들의 낙태권(pro-choice)을 지지하였다.

그의 부통령 후보는 테네시 주 상원의원인 앨버트 고어(Albert Gore)였다. 그는 클린턴처럼 베이비붐 세대이며, 남부 백인이었다. 그리고 정치적 온건파였다. 그러나 고어는 클린턴과는 달리 베트남 전쟁에 참여하였다. 그리고 그는 환경문제에 대한 전문가로서 명성을 날렸다. 따라서 지구의 환경 보존을 다룬 그의 저서 〈지구의 균형〉(*Earth in the Balance*, 1992)은 큰 관심을 끌었다.

1992년의 대통령 선거에서 미국인들은 강력한 제3당 후보를 만나게 되었다. 그는 컴퓨터 산업으로 재산을 모은 텍사스의 부자 로스 페로(H. Ross Perot)였다. 그는 평이한 말로 경제문제에 대하여 국민에게 자신의 의견을 밝힘으로써 인기를 얻었다. 그는 워싱톤의 기성 정치에 물들지 않은 정치적 이방인으로서 참신한 인상을 주었다. 많은 사람들은 기업가로 성공한 그가 정부의 적자를 줄이고 경제를 성장시킬 수 있을지도 모른다고 믿게 되었다. 페로는 1992년 봄에 선거전에 뛰어 들어 재치 있는 말로 사람들의 마음을 사로잡았으나, 여름에는 선거전에서 물러났다. 그러다가 다시 10월에 뛰어들었다.

그 동안 공화당은 조지 부시와 댄 퀘일을 다시 후보로 지명하였다. 그러나 부통령 후보인 댄 퀘일은 극단적인 보수주의 사상과 실수의 연속으로 부시에게 큰 부담이 되고 있었다. 그는 무능과 지능 부족의 인상을 줌으로써 농담거리가 되었다. 따라서 그는 자신의 결함까지도 잘 활용하는 영리한 앨버트 고어와 대비되어 더욱더 비난을 받았다. 부시 자신도 다시 대통령이 됐을 때 국가적 병폐를 치유하리는 확신감을 국민에게 주지 못하였다.

민주당의 승리

1992년 8월에 공화당 전당대회가 열렸을 때, 부시는 "가정의 가치"(family values)의 수호자로서 등장하였다. 따라서 문화적 보수주의(cultural conservatism)가 전당대회를 휩쓸게 되었다. 연설자들은 모두 전통적인 가정의 가치와 전통적인 생활양식을 옹호하고 동성연애를 비난함으로써, 민주당의 클린턴 후보를 간접적으로 비난하였다. 그 때문에 부시의 후보지명 수락연설은 미국의 경제위기에 대한 해결책을 바라는 많은 유권자들의 관심을 끌지 못하였다.

공화당의 부시-퀘일 진영은 클린턴에 대한 인신 공격을 중심으로 선거운동을 벌였다. 그들은 클린턴의 인품, 베트남 전쟁에 대한 반대와 병역 기피, 혼외 정사 등에 대해 계속 비난하였다. 문제의 핵심은 신뢰감이라고 부시는 주장하였다. 또한 부시는 자기가 냉전을 승리로 끝냈음을 자랑하고, 걸프 전쟁에서의 승리를 부각시켰다. 그리고 경험이 없는 클린턴이 국제문제를 다룰 능력이 없음을 강조하였다.

이에 대항해 클린턴은 냉전의 종식을 자신의 공로로 돌리는 부시의 발언은 "새벽이 오는 것을 자신의 공로로 돌리는 수탉"과 같은 것이라고 비난하였다. 또한 클린턴은 부시가 외국의 독재자들을 지지했던 사실, 특히 걸프 전쟁 전에 이라크의 독재자 싸담 후세인에 대해 "유화정책"을 쓴 것에 대해 비난하였다. 그러나 두 진영 사이의 외교문제에 대한 논쟁은 구체적인 내용이 없는 피상적인 것이었다. 그러므로 두 후보는 모두 미국 국민들에게 변화된 세계에 대해 적응하기 위한 새로운 방향을 제시해 주지 못하였다.

로스 페로를 포함한 세 명의 대통령 후보들은, 정치 전문가들의 예상과는 달리, 훨씬 더 치열한 경쟁을 벌이게 되었다. 그러나 한 가지 사실은 분명하였다. 즉, 미국 국민은 변화를 요구하고 있었다.

1992년 11월 3일에 민주당의 클린턴-고어 진영이 승리하였다. 투표율은 1976년 이래 가장 높은 55퍼센트였다. 민주당의 클린턴은 동북부 지역, 태평양 연안 지역, 및 중서부의 공업 지대에서 승리하였다. 그리고 남부까지도 파고 들어 갔다. 클린턴과 고어는 또한 공화당 강세지역으로 알려진 대도시 교외, 첨단기술 지역, 은퇴노인 거주지역 및 따뜻한 '온난대'(Sunbelt) 지대에서도 많은 지지를 얻었다.

민주당의 클린턴과 고어는 일반투표의 43퍼센트와 선거인단 투표의 370표를 획득하였고, 공화당의 부시와 퀘일은 37퍼센트와 168표를 얻었다. 페로는 일반투표에서 19퍼센트를 얻어 1912년의 진보당(Bull Moose)의 시오도 루즈벨트 이래로 제3당 후보로서는 일반투표에서 가장 많은 표를 얻었다. 그러나 선거인단 투표에서는 한 표도 얻지 못하였다.

선거 결과로 의회의 판도도 바뀌었다. 의회 안에서 양대 정당의 세력 분포는 여전히 비슷한 상태로 남아 있었다. 민주당은 여전히 상원과 하원을 장악하게 되었다. 그러나 여성 의원의 수가 늘어나, 상원에 4명, 하원에 19명이 진출하였다. 여기에 덧붙여 하원에서 흑인과 히스페닉계 의원의 수가 늘었다. 초선 의원들 가운데는 클린턴과 같은 40대로 박사학위를 가진 사람들이 많았다. 그리고 군복무 경험이 없고 주(州)의 차원에서 정치 경험을 쌓은 사람들이 많았다.

2. 클린턴 행정부의 국내 정책

클린턴 내각의 특징

클린턴은 자기를 당선시켜 준 히스패닉, 흑인, 및 직장여성들에게 감사하게 생각하였고, 그에 따라 이전의 어느 대통령보다도 많은 흑인, 히스패닉, 여성을 장관으로 임명하였다.

우선 클린턴은 자기 아내인 유명한 변호사 힐러리(Hillary Rodham Clinton)를 의료보험(health-care) 제도를 개혁하기 위한 계획 수립 책임자로 임명하였다. 그는 흑인 여성 헤이즐 오리어리(Hazel O'Leary)를 에너지부 장관에 임명하였는데, 그녀는 장관급에 임명된 최초의 흑인여성이었다. 그녀는 정부의 핵폭탄 제조사업을 중지하는 한편, 핵 문제와 관련된 기밀서류를 일반에게 공개하였다.

또한 클린턴은 마이애미 지방 여성 검사인 재니트 리노(Janet Reno)를 법무장관에 임명하였다. 그리고 그는 여권 운동가이며 연방 고등법원 판사인 루스 긴스버그(Ruth Bader Ginsburg) 여사를 대법관에 임명하였다.

이와 같은 참신성에도 불구하고, 클린턴 내각은 출발부터 개인적인 비리로 시비에 휘말렸다. 처음에 법무장관으로 내정되었던 여성 변호사 조이 베어드(Zeo Baird)는 불법 이민자를 가정부로 고용하고 사회보장세를 납부하지 않은 사실이 탄로됨에 따라 지명이 철회되었다.

흑인들인 통상부 장관 론 브라운(Ron Brown)과 농무부 장관 마이크 에스피(Mike Espy)는 내부자 거래와 기업으로부터의 수뢰 혐의로 조사를 받았다. 주택도시개발부 장관 헨리 시스너로스(Henry Cisneros)는 이전의 애인에게 돈을 준 것이 폭로되어, 사퇴 압력을 받았다.

클린턴에 의해 보건부 장관으로 지명된 의사 조슬린 엘더스(Joycelyn Elders) 여사도 결국 상원의 인준을 받지 못한 채 물러나고 말았다. 그녀는 고등학생들에게 콘돔을 지급하고 불법적인 마약 거래를 합법화시켜 주는 것이 국가 보건정책에 도움이 된다고 대담하게 주장함으로써, 보수적인 상원 의원들과 국민들을 놀라게 하였다. 결국 클린턴은 그의 지명을 철회하지 않을 수 없었다.

클린턴 자신도 사생활 문제로 계속 시달렸다. 클린턴은 아칸소 주 지사 시절 부동산 개발에 대한 투자로 어느 금융회사를 파산하게 만든 사건, 다시 말해 "화이트워터"(Whitewater) 사건에 연루되어 곤욕을 치루게 되었다. 그 사건을 조사하기 위한 특별검사가 임명되고, 의회에는 특별위원회가 구성되었다. 게다가 그는 아칸소 주의 공무원이었던 여성에 의해 성 희롱을 했다는 이유로 고소를 당하기도 하였다.

진보적인 사회 정책

클린턴 행정부의 진보주의 노선은 격렬한 논쟁을 일으켰던 민감한 사회 문제들을 처리하는 데 있어서도 나타났다.

낙태 찬성론자인 클린턴은 앞의 공화당 행정부의 정책을 뒤집어 놓으려고 하였다. 그래서 그는 연방정부의 보조금을 받는 병원이 낙태 상담을 하지 못하도록 금지했던 부시 행정부의 '함구령'(gag rule) 제도를 폐지하였다.

또한 클린턴은 동성연애자(gay)의 군 입대를 금지하고 있는 법도 폐지하려고 하였다. 그러나 군부와 공화당의 반발이 너무나 컸기 때문에, 클린턴은 이 문제에 대한 결정을 몇 달 뒤로 미루었다. 그러나 결국 그는 엄격한 행동 규제를 조건으로 동성연애자의 군입대를 허용하는 데 성공하였다.

또한 클린턴은 민주당 지지세력인 청년층과 빈민들의 투표율을 높이도록 선거법을 개정하는 데도 성공하였다. 개정된 선거법은 투표를 쉽게 할 수 있도록 자동차 운전 면허증을 신청하거나 갱신할 때 유권자 등록을 받도록 하였다. 그 때문에 그것은 "자동차-유권자"(motor-voter) 법이라고 불리게 되었다. 그리고 그것은 우편으로 유권자 등록을 받고, 정부 구호금을 나누어 주는 기관에서도 유권자 등록 용지를 얻을 수 있도록 하였다.

또한 클린턴 행정부는 "가사 휴직"(family leave)법에 서명하였다. 그 법으로 50명 이상 근무하는 직장의 근로자들은 출산, 양자 입양, 가족 간호, 질병 치료를 목적으로 연간 12주의 무급 휴가를 가질 수 있게 되었다. 이 법은 근로 의욕을 해친다는 이유로 부시 대통령에 의해 거부되었던 것이었다.

또한 클린턴 행정부는 국가청년봉사(national youth service) 제도를 도입하여 청년들이 지역봉사 활동을 통해 대학 등록금을 벌도록 하였다.

경제개혁안

1993년초에 클린턴이 백악관에 들어 갔을 때, 미국의 경제는 어려운 상태에 있었다. 실업율은 7.2퍼센트로 높았다. 그리고 연방정부의 부채는 4조 달러를 넘는 막대한 수준에 이르렀다. IBM을 비롯한 대기업들은 수천 명의 노동자를 해고하고 있었다. 유럽과 일본의 경제가 불안해지면서 미국의 수출은 더욱더 줄 전망이었다. 1992년의 무역적자는 8,430억 달러에 이르렀음을 보여 주었고, 1993년에는 더욱 더 늘어날 전망이었다. 금리가 떨어지고 있는데도, 중소기업들은 융자를 받을 수가 없었다. 왜냐하면 저축은행들이 부동산 융자로 손실을 보고 있었기 때문이다.

그러므로 1993년 2월에 클린턴 대통령이 의회에 제출한 경제개혁안은 정부간섭주의(governmental interventionism) 노선에 따른 경기부양책을 주요 내용으로 삼지 않으면 안되었다. 그것은 정부가 투자하는 공공사업(public works)을 통해 경제를 활성화할 것을 제안하였다. 그리고 거기에 요구되는 재원은 세금 인상(稅金引上)으로 조달되도록 하였다.

따라서 그것은 중산층에 대한 세금 인상, 과세대상 소득이 25만 달러를 넘는 고소득자에 대한 10퍼센트의 부가세 부과, 에너지세의 부과, 기업세 인상 등을 포함하고 있었다. 또한 클린턴은 기업에 대한 세금 공제의 혜택도 줄이려고 하였다. 그래서 정부는, 예를 들면 회원제 컨트리 클럽 가입비와 같은 기업운영 비용에 대한 세금공제 혜택을 폐지하려고 하였다. 다른 한편에서 클린턴의 경제개혁안은 국방예산와 공무원의 규모를 축소함으로써 정부 지출을 줄이려고 하였다.

이와 같은 개혁안에 대해 중산층 이상의 유산계급들은 맹렬히 반대하였다. 보수적인 공화당 상원 의원들은 정부지출의 삭감이 제대로 이루어지지 않고 있다고 비난하였다. 중산계급은 자신들에 대한 세금 인상에 대해 격렬히 비난하였다.

그러나 클린턴은 전국을 돌아다니며 세금 인상의 불가피성을 국민에게 직접 호소하였다. 결국 의회는 경기부양책을 제외하고는, 개혁안의 모든 내용을 아주 근소한 차이로나마 통과시켜 주었다.

그러나 클린턴의 인기는 떨어져 있었다. 국민들은 세금 인상에 항의하였다. 그리고 그들은 경제회복 정책이 제대로 시행되지 않고 있는 데 대해 불만이었다.

의료보험 제도 개혁

클린턴 대통령은 자기 부인 힐러리(Hillary)에게 의료보험(health care) 제도를 개혁한다는 중요한 임무를 부여하였다. 이에 대해 보수주의자들은 선출되지 않은 사람이 정부 안에서 너무 많은 영향력을 가지고 있다고 불평하였다. 그러나 클린턴 대통령은 자기 아내에게 내각 안에서 중추적인 역할을 하도록 밀고 나갔다.

의료보험제도 개혁은 클린턴이 선거유세 기간에 내세웠던 선거 공약이었다. 의료보험이 없는 사람들은 3,700만 명 정도로, 그 가운데 대부분은 중산층이었다. 왜냐하면 부유층

힐러리

은 자신이 비용을 부담하고, 빈민층은 정부가 지원하는 저소득자 의료보험
제도의 혜택을 받고 있었기 때문이다.

게다가 의료보험 비용은 연방정부 예산의 7분의 1을 차지하고, 그 액수
는 한해 9,000억 달러에 이를 정도로 비중이 컸다. 포드 자동차 회사는 강
철 생산보다 노동자들의 의료보험에 더 많은 돈을 지불하고 있었다. 또한
의료보험은 노동문제의 중요한 부분이 되어 있었다. 왜냐하면 1990년도 파
업의 55퍼센트가 의료보험 분쟁에 의해 일어났기 때문이다.

또한 의료보험 개혁의 필요성은 의료보험 제도의 낭비와 비효율성 때문
에 인정되고 있었다. 전국적으로 1,500개 이상의 많은 보험이 통용되고 있
었다. 게다가 제약회사들은 약값을 지나치게 높게 책정하고 있다는 비난을
받았다. 그래서 "온난대"(Sunbelt)의 일부 주민들은 싼 가격으로 약을 사기
위해 멕시코로 가는 경우도 많았다.

마침내 힐러리 팀은 수천 페이지에 이르는 아주 복잡한 계획서를 작성
하였고, 그것은 법안으로 의회에 제출되었다. 클린턴 행정부의 의료보험 개
혁안은 정부가 국민 모두에게 의료보험을 보장한다는 "보편적 혜택"(uni-
versal coverage)의 원리에 토대를 두고 있었다. 그 때문에 그것은 일부의
보수적인 공화당 정치인들로부터 사회주의적인 것이라고 비난을 받았다.

그러나 그것은 정부가 의료보험의 문제를 떠맡지 않고, 단지 모든 고용
주에게 근로자 의료보험을 도입하도록 요구한 것이었다. 그리고 그것은 개
인 의사들과 개인 병원들 사이에 경쟁을 시
킴으로써 의료비를 낮추려는 의도를 가지고
있었다. 간단히 말해, 개혁안의 핵심은 "관
리의료"(managed-care)로 불리는 제도로
서, 캐나다 식의 정부운영 의료제도(single
payer)와 미국 보험회사들의 "자유시장"
(free-market) 방식을 절충한 것이었다.

그러나 클린턴의 개혁안은 큰 반대에
부딪쳤다. 보험 제공자인 기업들은 부담금
이 커질 것을 예상하고 반대하였다. 보험회
사들과 미국의학협회(AMA)도 맹렬히 반

밥 돌 : 온건한 보수주의자

대하였다.

중산층은 정부가 그들로부터 의사를 선택할 권리를 빼앗아 가는 것으로 생각하고 반대하였다.

봅 돌(Bob Dole)이 이끄는 공화당은 이 문제가 1994년의 중간 선거에서 민주당에게 불리하게 작용할 것이라고 생각하고 시간을 끌었다. 결국 그 법안은 의회를 통과하지 못했고, 그 결과로 그것은 민주당이 1994년의 중간 선거에서 패배하는 한 가지 원인이 되고 말았다.

1994년의 중간선거와 보수세력의 반격

1994년의 중간선거는 클린턴 행정부가 중요하게 다루고 있는 문제들이 상당수의 미국 국민들의 관심과는 거리가 먼 것들이었다는 사실을 보여 주었다. 중간선거를 앞두고 하원의 공화당 지도자 뉴트 긴그리치(Newt Gingrich)는 "미국과의 계약"(Contract with America)으로 불리는 선언서를 발표하였다. 그것은 복지 국가의 폐지, 균형 예산의 유지, 정부의 개혁을 요구하였다. 선거전략의 하나로, 공화당은 기독교 우파(Christian Right)의 사회적 입장을 강조했던 1992년의 대통령 선거와는 달리, 이번에는 경제문제에 역점을 두었다.

중간선거 결과는 공화당의 대승이었다. 그에 따라 많은 공화당 소속 입후보자들이 주지사나 의원에 당선되었다. 민주당의 거물들이 많이 낙선하였다. 낙선자 가운데는 하원 의장인 톰 폴리, 뉴욕 주지사 마리오 쿠오모, 텍

긴그리치 : 강경한 보수주의자

사스 주지사 앤 리차즈가 있었다. 리차즈는 전 대통령 부시의 아들에게 패배하였다. 버지니아에서는 이란 콘트라 사건에 연루되었던 올리버 노스(Oliver North) 해병대 중령이 거의 당선될 뻔하였다. 그는 기독교 우파(the Christian Right)로부터 막대한 자금 지원을 받았다.

1994년의 중간 선거 결과는 "분노한 백인들의 반란"이었다. 따라서 부유층과 중산층의 투표율이 높았고, 그 사실이 공화당 승리의 큰 원인이었다. 그에 따라 의회에는 보수주의자들의 세대가 크게 진출하였다. 그들은 대체로 연방정부를 약화시킴으로써 복지국가를 폐지하려는 의지를 가지고 있었다. 그것은 국민들이 "보다 작은 정부"(less government)를 바라고 있음을 확인해 준 선거였다.

선거 중에 캘리포니아에서는 주민투표안 제187호(Proposition 187)가 통과되었다. 그것은 불법 이민에 대한 교육과 의료 혜택을 대부분 폐지하려는 것이었다.

중간선거에서 보수주의자들이 내세운 사회적 문제도 중요하게 작용하기는 하였다. 그렇지만 지방별로 낙태와 동성연애를 금지시키기 위해 실시된 주민투표들은 성공하지 못하였다.

1995년에 새로운 의회가 소집되었을 때, 공화당은 1946년 이래 처음으로 상하 양원을 지배하고 있었다. 상원 공화당 지도자인 봅 돌(Bob Dole)은 워싱턴의 변화를 약속하였다. 그러나 하원 의장이 된 뉴트 긴그리치(Newt Gingrich)는 더욱 더 격렬하게 민주당 행정부를 공격하였다. 그는 클린턴 대통령 부부를 가리켜 "청년문화에 물든 진보파"(Counterculture McGoverniks)라고 비난하였다.

새로운 공화당 지도자들은 균형예산의 유지를 행정부의 의무로 만들기 위한 헌법수정으로부터 "복지제도 폐지"(war on welfare)에 이르는 광범위한 경제개혁안을 발표하였다. 그것은 한 마디로 뉴딜 진보주의의 정책을 뒤집어 놓으려는 것이었다.

백인 민병대

보수주의의자들이 정치적으로 득세하게 된 것은 민병대(militia)로 불리는 과격한 백인들의 활발한 활동과도 관련이 있었다. 민병대의 출현은 민주당의 진보적인 이념과 행정부에 대한 백인 중산층의 분노가 과격한 형태로 표현된 것이었다.

"극단적 우파"(the far right)로 불리는 이들 백인 과격단체는 1995년에 전국 34개 주에 200여개가 있는 것으로 추산되었다. 그리고 그 대표적인 경우가 1995년 오클라호마시티 연방정부 청사를 폭파한 미시간 민병대였다.

그들은 몬태나, 아이다호, 위스콘신과 같은 중서부의 농촌 지역에서 번창하였다. 그리고 그들은 소규모 조직으로 테러 행위를 함으로써 "지도자 없는 저항"의 방식을 선택하고 있었다.

미국에서 민병대(minutemen)는 식민지 시대부터 치안을 유지하고 외적의 침입을 막기 위해 자발적으로 만들어진 군사 조직이었다. 그리고 그것은 아메리카 인들이 영국에 대항해 벌인 독립전쟁의 중추세력이었다. 그들은 아메리카 공화국을 지키는 시민으로서 납세의 의무와 병역의 의무를 신성시하는 애국자들로 자처하였다.

그들은 중앙의 연방정부를 장악하고 있는 비애국적인 불순분자들이 선량한 시민의 자유를 억압하기 위한 음모를 꾸미고 있다고 생각하고 있었다. 연방정부는 흑인과 같은 빈민들에게 복지비를 지출함으로써 선거에서 승리한 진보적인 정치가들에 의해 장악되고 있다고 그들은 생각하였다. 그러므로 그들은 병역을 기피한 클린턴 대통령이나 세금을 내지 못하는 빈민들을 시민으로 용납할 수 없었다. 따라서 그들은 연방정부를 폐지하려고 하였고, 그러한 의미에서 그들은 자유지상주의자(libertarian)들이었다.

그들은 특히 진보적인 민주당을 증오하였다. 그들에게 있어서 복지국가는 사악한 제도로서, 당연히 폐지해야 할 것이었다. 왜냐하면 그것은 근면하고 성실한 백인 근로자들의 재산을 세금의 형태로 빼앗아, 게으르고 부도덕한 흑인들에게 사회보장의 형태로 나누어 주는 부도덕한 제도였다. 그러므로 민병대 운동은 인종주의 조직인 "큐 클럭스 클랜"(KKK)에 뿌리를 두고 있었다. 그리고 그것은 납세거부 운동과도 관련이 있었다.

또한 그들은 옛날의 아메리카 공화국(the American Republic)을 원형대로 보존하기를 바라는 전통주의자들이었다. 따라서 그들이 인정하는 미국의 진정한 모습은 원래의 헌법 전문과 10개의 수정헌법 조항에서 그려진 건국 초기의 공화국이었다.

그리고 그들은 전통적인 청교도의 가치를 보존함으로써 미국을 도덕적인 프로테스탄트 국가로 유지하려고 하였다. "크리스쳔 아이덴티티"(Christian Identity)는 앵글로색슨 족이야말로 이스라엘 족속의 진정한 후예라고 주장하였다. 따라서 그들은 연방정부의 주류담배총기단속국(AFT)이 텍사스 주의 웨이코(Waco)에서 데이비드 코레시(David Koresh)의 종교적 공동체를 공격함으로써 수많은 어린이를 포함한 신도들이 불에 타죽게 된 사건에 대해 맹렬히 비난하였다.

또한 그들은 공화국의 적들로부터 자신들을 지키기 위해 무기 소지권을 지키려고 하였다. 그러므로 그들은 총기단속법(gun control)의 제정에 반대하였다. 그들의 주장은 "결사의 자유"와 "무기를 소지할 권리"를 보장한 수정헌법 제2조에 근거를 두고 있었다. 그리고 그들은 낙태에 대해서도 반대하였다.

또한 그들은 유태인에 대해서도 강한 적개심을 가지고 있었다. 왜냐하면 그들에게 있어서 유태인들은 아메리카 공화국을 파괴하고 세계정부를 만들려는 음모를 꾸미는 국제주의자들이었기 때문이다. 따라서 그들은 국제연합(UN), 서방선진7개국 회담(G7), 북미자유무역협정(NAFTA)에 반대하였다.

사회보장제도의 축소

이와 같은 백인 보수주의의 반격은 클린턴 행정부의 진보주의 노선에도 변화를 주지 않을 수 없었다. 그러므로 클린턴은 1996년 7월에 공화당이 주도하는 의회가 통과시킨 사회보장제도 개혁안에 서명할 것이라고 선언했던 것이다. 그는 그 법안에 대해 두 번씩이나 거부권을 행사했던 것이다.

그 법안은 "국가에 대한 의존의 악순환"을 끊어 버리기 위한 결단이었다. 이 법이 시행되었을 때 나타날 가장 큰 변화는 빈민에게 무기한적으로 주어지던 사회보장 혜택이 한시적으로 허용되는 것이었다. 어떤 가장도 평생 5년 이상은 정부로부터 사회보장 혜택을 받을 수 없게 없게 되었다. 그리고 일단 복지혜택을 받게 되면, 수혜자는 사회봉사 활동으로 보답하도록 하였다. 또한 연방정부는 빈민 아동에게 주던 현금 지원을 완전히 없애고, 그 자금을 주 정부에 넘겨 자율적으로 운영하도록 하였다. 10대 미혼모에게게 주던 지원도 중단되었다. 예외가 있다면, 그것은 18세 미만으로서 보호자와 함께 살면서 학교에 다니는 경우 뿐이었다.

그리고 이민들도 입국한 지 5년까지는 사회보장 혜택을 받지 못하게 하였다. 이것은 사실상 시민권이 없는 이민들에 대한 사회보장 혜택의 폐지를 의미하였다.

3. 클린턴 행정부의 대외정책

냉전 이후의 외교

클린턴이 국내정치에 몰두하고 있는 동안, 그의 국무장관이며 노련한 외교관인 워렌 크리스토퍼(Warren Christopher)는 냉전 이후의 아주 유동적이고 다양화한 세계 문제를 다루고 있었다. 그러나 냉전의 "틀"(paradigm)이 더 이상 미국의 대외 정책을 지배할 수 없게 됨에 따라, 클린턴은 미국의 해외개입에 대한 원칙을 새롭게 설정하지 않으면 안되었다.

미국인들은 미국의 해외문제 개입에 대해 두 가지의 모순되는 원칙을 가지고 있었다. 첫째로, 그들은 세계의 유일한 초강대국으로서 미국인들에게는 독특한 책임이 주어져 있다고 생각하였다. 그러므로 그들은 전 세계의 먼 곳에서 인간들이 당하고 있는 고통을 텔리비젼에서 보고 동정심을 가지게 되고, 그에 따라 해외개입을 받아들이고 있었다. 두번째로, 미국인들은 해외개입이 짧은 기간 안에, 그리고 아주 적은 희생으로 끝내야 한다고 생각하였다. 그러나 현실적으로 두 가지 원칙을 조화시키는 일은 그렇게 쉬운 것이 아니었다.

그러므로 클린턴 행정부는 외교 문제에서 적극성을 보일 수가 없었다. 옛날 유고슬라비아 영토였던 보스니아에서 세르비아 인들이 회교도들을 살륙하고 있는데도, 클린턴 행정부는 이렇다할 대책을 세우지 못하였다. 그는 보잘것없는 공중 폭격만을 몇 차례 허용하였을 뿐이었다. 1995년 6월에는 세르비아 인들이 수백명의 국제연합 평화유지군을 인질로 잡고 있었는데도, 클린턴 행정부는 아무 행동도 하지 못하였다.

그와 같은 소극적인 태도는 체첸 공화국을 비롯한 옛날 소련 영토에서 일어나고 있던 인종분규 문제에 대해서도 마찬가지였다. 왜냐하면 러시아에서 공산주의 잔재가 청산되는 문제가 가장 중요한 것으로 생각되었기 때문에, 클린턴은 러시아의 인종탄압 문제에 개입할 수 없었다. 오히려 그는 1993년 4월에 캐나다의 뱅쿠버에서 열린 정상회담에서 러시아의 옐친에게 막대한 미국의 원조를 약속하였다. 그리고 그는 1993년 10월에 극단주의적인 민족주의자들과 공산주의자들이 일으킨 쿠데타에서 옐친이 살아남도록 도와주었다.

'테러리즘'에 대처하는 데에 있어서도 클린턴은 소극적이었다. 1993년 초에 미국에서는 회교 극단주의자들이 뉴욕 시내의 세계무역센터에 폭탄을 장치하고 터뜨린 사건이 발생하였다. 그런데도 클린턴 행정부는 강경 조치를 강구하지 못하였다. 그리고 중동에서는 사담 후세인의 이라크가 계속해서 미국의 비위를 거스르고 있었는 데도, 클린턴 행정부는 이렇다할 대책을 강구하지 못하였다.

그러다가 1993년 6월에 경고의 표시로 이라크의 수도 바그다드에 대해 토마호크 크루즈 미사일(Tomahawk cruise-missile)을 발사했을 뿐이었다. 그 것은 이라크가 부시 전 대통령을 암살하려고 음모를 꾸민 데 대한 보복이었다.

중동, 소말리아, 르완다 문제 개입

그러나 클린턴 행정부는 냉전 시대로부터 넘어 온 낡은 문제 가운데 한 가지를 해결하였다. 그것은 국무장관 워렌 크리스토퍼의 중재로, 이스라엘이 그의 이웃 적대국들과 평화 협정을 맺게 된 사실이었다.

1993년 여름에 이스라엘과 팔레스타인 해방기구(PLO)는 서로를 승인하고, 가자 지구와 제리코 지구에서 팔레스타인 자치 정부를 수립하는 데 동의하는 협정을 맺었다. 그것은 1993년 9월 13일에 라빈 이스라엘 수상과 PLO의장 아라파트는 백악관 남쪽 잔디밭에서 감동적인 의식과 함께 서로 악수함으로써 이루어졌다. 그것을 토대로 1994년에는 이스라엘과 요르단 사이에 협조관계가 수립되었다.

클린턴의 대외정책은 굶주림과 내전으로 시달리는 아프리카에서도 어느 정도로 성공을 거두었다.

클린턴 행정부는 소말리아에 식량을 공급하고 치안을 유지하기 위해 몇 만 명의 미군을 파견한 부시 행정부의 개입 정책을 계속 추진하였다. 그리고 미군은 구호와 치안유지의 임무를 수행함에 있어서 어느 정도 성공을 거두었다. 그렇게 되자 미국과 국제연합의 동맹국들은 한 걸음 더 나아가 소말리아에서 생명력 있는 정부를 세우려고 하였다.

그러나 이것은 소말리아의 여러 무장 단체들과 충돌을 일으켰다. 그에 따라 1993년에 소말리아의 게릴라들이 미군을 공격하기 시작하고, 10월에는 12명의 미군이 전투에서 죽었다. 모가디슈의 거리에서 죽은 미군 병사가 끌려가는 장면이 텔리비젼에 비치자, 미국 국민들은 분노하였다. 따라서 그들은 미군의 즉각적인 철수를 요구하였다.

클린턴은 미군에게 1994년 3월까지 철수하도록 명령하였다. 그리고 국방장관을 아스핀(Les Aspin)에서 페리(William Perry)로 바꾸었다. 페리는 잔략가이며 수학자이고 무기체계 전문가였다. 소말리아에서의 기분 나쁜 경험 때문에 클린턴 행정부는 미군의 해외 파병에 대해서는 꺼림직하게 생각하였다.

그러나 아프리카의 르완다에서 벌어지고 있는 비참한 살륙전이 텔리비젼 방송에 보도되면서, 미국의 여론은 다시 해외 파병을 허락하게 되었다. 르완다에서 내전과 인종 분규로 살육전이 벌어지고 100만 명의 피난민이 발생하자, 1994년 여름에 클린턴 행정부는 4,000명의 미군을 파견하였다. 그러나 이번에 미군은 현지의 정치 문제에는 일체 간여하지 않고, 인도주의적인 지원 업무에만 전념하였다.

쿠바 난민과 아이티 문제

1994년 여름에는 공산주의 국가인 쿠바가 다시 미국의 문제로 떠 올랐다. 공산주의자인 카스트로가 통치하는 쿠바는 소련의 붕괴와 함께 극심한 경제난에 빠지게 되었다. 왜냐하면 모스크바는 이제 더 이상 쿠바에 식량과 연료를 공급해 줄 수 없었기 때문이다.

그 때문에 수천 명의 쿠바 피난민들은 보트나 뗏목을 타고 미국의 플로리다로 몰려 들었다. 이와 같은 일은 1980년에도 있었다. 그 때 12만 명의 쿠바인들이 미국에 몰려 들어옴으로써, 민주당의 카터가 선거에서 불리한 위치에 놓이게 되었던 것이다.

그러므로 클린턴은 1980년의 경험을 살려 이번에 쿠바인을 받아들이지 않았다. 그 대신 그는 피난민을 쿠바의 미국 해군기지인 관타나모에 임시 막사를 짓고 수용하였다. 수용소에는 미국입국을 거부당한 2만 명의 아이티인들도 함께 수용되었다.

그러나 클린턴 행정부는 아이티 간섭 정책에서는 만족스러운 성공을 거두었다. 1991년 9월에 아이티의 아이티 군부는 쿠데타를 일으켜 민주적으로 선출된 대통령 아리스티데(Jean Bertrand Aristide)를 내쫓았다. 클린턴 행정부가 고심하고 있는 동안에, 아이티에서는 수만명의 피난민이 미국으로 탈출하였다. 그러나 클린턴은 그들을 받아들이지 않았다. 그는 아이티에 대한 경제봉쇄를 강화하였다. 그리고 UN으로부터 아리스티데를 복귀시키기 위한 아이티 침공을 허락받았다. 결국 클린턴은 1994년 10월에 침공을 준비하였다.

침공 직전에 클린턴은 전 대통령 카터를 대표로 하는 특별 대표단을 파견하였다. 여기에는 전 합참의장 콜린 파웰(Collin Powell)과 조지아주 상원의원 샘 넌(Sam Nunn)도 동행하였다. 카터 대표단은 침공이 임박했음을 알리고, 아이티 군부에게 타협을 종용하였다. 아이티 군사 통치자들은 섬을 떠나기로 결심하였다. 그리고 그들이 떠난 다음 아리스티데가 다시 돌아와 정권을 잡았다. 아이티에서 미국의 개입 정책은 전면적인 침공 작전 없이 민주적으로 선출된 지도자들 복귀시킨 것이다.

맺 음 말

건국 초기에 미국은 자립적인 시민들로 이루어진 공화국(Amercian Republic)이었다. 그것은 자영농, 상인, 기술자로 이루어진 중산계급의 나라였다. 공화국의 시민으로서의 미국인들은 사회에서 무엇인가 지킬 것(a stake in society)을 가진 사람들이었기 때문에, 병역과 납세의 의무를 최고로 신성시하였다. 그러한 점에서 초기의 미국은 고대의 로마 공화국과 비슷하였다.

바로 이와 같은 공화국에 대한 충성심 때문에 미국은 이질적인 요소들을 하나로 통합할 수 있었다. 구대륙 유럽에서 어떤 신분과 어떤 민족에 소속되어 있었던 간에, 신대륙 아메리카에서는 모든 개인이 중산 계급적인 국민으로 동질화할 수 있었다. 그러한 의미에서 초기의 미국은 도가니(melting pot)인 동시에 국민국가(nation-state)였다.

그러나 오늘날의 미국은 빈민들의 나라로 바뀌어 가고 있다. 그것은 건강한 흑인 청년들이 아무 하는 일 없이 하루 종일 빈둥거리면서 수천만이 정부가 지불하는 생활보조비(welfare)를 받아 사는 나라로 바뀌어 가고 있다. 또한 그것은 중남미계의 소수 인종들이 영어를 배우는 대신 스페인어를 공용어로 사용할 것을 권리로서 요구하는 나라가 되어 가고 있다. 또한 그것은 하시드 파의 유태인들이 공립학교를 자신의 종교 학교처럼 운영하는 나라가 되어 가고 있다. 그리고 그것은 카톨릭 교도들이 프로테스탄트들에 비해 점점 더 우세해지는 나라가 되어 가고 있다.

그러므로 오늘날의 미국은 수많은 민족과 인종들이 동화되지 않고 자신들의 고유성을 보존하는 샐러드 그릇(salad bowl)처럼 되어가고 있다. 그러한 점에서 그것은 고대의 로마 제국(empire)처럼 보이는 것이다.

그에 따라 아메리카 공화국을 형성하고 있던 시민 정신도 무너져 가게 되었다. 중산계급의 나라에서 빈민이 정치적으로 중요해지고, 그들의 가치관이 중요한 위치를 차지해 가게 되었다. 그리고 빈민의 지지에 기반을 둔 정치인들이 정치 권력을 잡고, 빈민에 호소하는 지식인들이 사회적으로 영향력을 행사하게 되었다.

이러한 관점에서 볼 때, 오늘날 미국들이 놓이게 된 상황은 고대 로마

인들이 놓였던 상황과 아주 비슷한 것으로 보인다. 그러므로 오늘날의 미국인들도 과거의 로마인들처럼 동질적이고 단순한 공화국(共和國)의 원리와 이질적이고 복잡한 제국(帝國)의 원리를 어떻게 조화시킬 수 있는가 하는 근본적인 문제에 부딪친 것으로 보이는 것이다.

〈참 고 문 헌〉

Bailey, Thomas A. et al., *The American Pageant : A History of the Republic,* Volume II, 8 ed.(1987).

De Bedts, Ralph F., *Recent American History : 1945 To The Present,* Volume II (1973).

Blum, John Morton, *Years of Discord : American Politics and Society, 1961~1974*(1981).

Blum, John, M. et al., *The National Experience* II : *A History of the United States Since 1865,* 5 ed.(1981).

Brinkley, Alan et al., *American History : A Survey, Volume* II (1991).

Chafe, William H., *The Unfinished Journey : America since World War* II, 2 ed.(1991).

Degler, Carl N. et al., *The Democratic Experience,* 4 ed. Volume II (1979).

Diggins, John Patrick, *The Proud Decades : America in War and Peace, 1941-1960*(1988).

Divine, Robert A., *Since 1945 : Politic and Diplomacy in Recent American History,* 2 ed.(1979).

Garraty, John A., *The American Nation,* Volume Two : *A History of the United States Since 1865*(1983).

Graebner, Norman A. et al., *The American Past,* Part Two : *A Survey of American History Since 1865*(1984).

Hodgson, Godfrey, *America in Our Time*(1976).

LaFeber, Walter et al, *The American Century : A History of the United States Since the 1880s*(1975).

Link, Arthur S. et al., *American Epoch,* Volume II : *An Era of Total War and Uncertain Peace 1938~1980,* 5 ed.(1980).

Schaller, Michael et al., *Present Tense : The United States Since 1945,* Second Edition (1996)

434

Zinn, Howard, *Postwar America : 1945-1971*(1973).

강성학/피터 딕슨,『키신저 박사와 역사의 의미』(박영사, 1985).

경남대극동문제연구소,『80년대 미소관계』(1991).

고광림,『미국평론』(일조각, 1986).

고대영미문화연구소/Luther S, Luedke(ed),『미국의 사회와 문화』(고려대, 1989).

김연진, "1970년대 미국의 신좌파(New Left) : 형성과 그 성격",『상명사학』3~4합집(1995).

김영흠,『미국의 아시아 외교 100년사』(신구문화사, 1989).

김정배, "냉전 초기 미국의 대외 정책에 대한 일시각",『부산여대 사학』12(1994).

김정배, "애치슨「방위선」의 정치적 성격"『부산대사학』15 · 16(1992).

김종철/알렉스 해일리,『말콤 엑스 사상』상 · 하 (창작과 비평사, 1978).

김주환,『미국의 세계전략과 한국전쟁』(청사, 1989).

김진웅,『현대미국외교사』(아세아문화사, 1987).

김진웅, "냉전의 기원론에 대한 일고찰",『역사교육논집』6(경북대학교, 1984).

김쾌상/Peter Steinfels,『현대 미국 지성사 : 신보수주의자들』(현대 사상사, 1983).

김행자/Betty Friedan,『여성의 신비』(평민사, 1978).

동아일보 편집국,『아메리카대륙의 선주민』(1987).

미국사학회,『미국 역사의 기본 자료』(소나무, 1992).

민병갑 외,『미국속의 한국인 ― 교포들의 이민생활 및 사회적응 분석』(유림문화사, 1991).

민평식/헤리 서비스,『미국의 월남전 전략』(병학사, 1983).

박경석,『미국은 우리에게 무엇인가』(서문당, 1989).

박무성,『뉴딜 정책의 성과 비판』(일조각, 1984).

박무성/Arthur M. Schlesinger, Jr.『뉴딜사상』(범조사, 1980).

박무성/Dexter Perkins,『미국현대사』(대학문화사, 1985).

박영호·김광석 외,『한미관계사』(실천문학사, 1985).

박용규/존 우드브리지 외,『기독교와 미국』(총신대출판부, 1992).

박재규,『냉전과 미국의 대아시아 정책』(박영사, 1980).

배영수, "미국 뉴딜 행정부의 사회정책",『복지국가의 형성』(민음사, 1983).

배영수/듀보프스키, M.,『현대미국 노동운동의 기원』(한울, 1990)

서인재, "킹 박사의 항거 사상",『미국학 논집』제1집 (한국 아메리카학회, 1969).

손풍삼/Freedman, R.,『루즈벨트 : 미국 역사상 가장 정직한 대통령』, (고려원, 1992).

슐레신저, A. M.,『미국의 정치적 전통과 경제 정책』(범조사).

서찬주/마이켈 우드,『영화 속의 미국』(현대미학사, 1994).

안경환,『미국법 역사』(대한 교과서 주식회사, 1988).

안윤모, "뉴딜의 구제 정책(1933~1939) : 빈곤 퇴치 정책을 중심으로",『역사학보』94(1982).

양호환, "미국의 역사교육, 그 역사와 문제점",『역사와 현실』7 (1992).

유경준, "미국 노동 운동과 사회주의", 민석홍 박사 회갑기념 사학 논총(한울, 1985).

유기식, "재미 일본 이민의 도시직업",『부대사학』15·16(1992).

이길용,『미국이민사』(대한교과서 주식회사, 1992).

이보형,『미국사개론』(일조각, 1991).

이보형·홍영백·이주영/Carl N. Degler,『현대 미국의 성립』(일조각, 1978).

이보형/다이엘 J. 부어스틴,『미국사의 숨은 이야기』(범양사, 1991).

이보형 편,『미국사 연구 서설』(일조각, 1984).

이보형 편,『미국 역사의 새 발견』(소나무, 1991).

이삼성,『미국 외교 이념과 베트남 전쟁』(법문사, 1991).

이연선/Assar Lindbeck,『신좌파의 정치경제학 : 재비판, 그리고 논쟁』(현상과 인식, 1985).

이재봉,『반미주의』(들녘, 1989).

이주영,『미국사』(대한교과서주식회사, 1989).

이주영,『미국 경제사 개설』(건국대학교 출판부, 1988).

이주영, "'위대한 사회'와 미국의 자유주의",『인문과학논총』제18집 (건국
　　대, 1986).

이주영, "미국 자유주의의 위기",『미국사연구서설』(일조각).

이주영, "신자유주의의 역사적 의미",『인문과학논총』27(건국대, 1995).

이주영, "아서 슐레신저와 미국의 자유주의 사관",『역사와 인간의 대응』
　　(한울, 1984).

이주영/Paul K.Conkin,『뉴딜정책』(탐구당, 1977).

이주천, "프랭클린 루즈벨트 대통령과 냉전의 기원",『원광대논문집』22～
　　1(1988).

이춘란/Richard Hofstadter,『미국의 정치적 전통』상, 하(탐구당, 1976).

이형대, "미국 사회당의 성격에 관찰 고찰", 사학지 제21집(단국 대학교,
　　1987).

임희섭,『한국과 미국』(경남대극동문제연구소, 1991).

정만득, "미국사연구의 어제와 오늘 : New Left의 위치",『대구사학』제10
　　집(1976).

정만득 편,『사료 미국사』Ⅰ, Ⅱ(계명 대학교 1979).

정명진/엘리스 코스,『미국 4대 신문의 성장사』(한국언론자료간행회,
　　1992).

정용석,『미국의 대한정책』(일조각, 1984).

정의숙/Kate Millet,『성의 정치학』(현대 사상사).

조승래, "20세기 미국의 역사교육론의 동향",『청주대학생생활연구』11
　　(1989).

차배근,『미국 신문사』(대한 교과서 주식회사, 1988).

차상철,『해방 전후 미국의 한반도 정책』(지식산업사, 1992).

차상철, "미국의 일본점령정책",『충남대 인문과학연구소논문집』40
　　(1992).

최광렬/존 케네스 갤브레이스,『어느 자유주의자의 초상』전, 후(박영사,
　　1980).

최 명, 『미국 정치론』(일신사, 1986).

최상용, 『미군정과 한국민주주의』(나남, 1989).

최성홍, 『키신저의 사상과 표현』(정도출판사, 1987).

최연홍, 『미국을 다시본다』(고려원, 1991).

최 웅, 『미국의 역사』(소나무, 1992).

최 웅, "대공황과 뉴딜", 미국학 연구 제4집(광주 : 전남 대학교 미국문화
    연구소, 1976).

한영화, 『한미관계의 정치 경제』(평민사, 1989).

한혜련, "미국의 원자에너지 정책과 냉전의 기원, 1941~45", 『이대사원』
    16(이화여대, 1979).

홍백룡, "대니엘 부어스틴의 Neo-Conservatism", 『논문집』 제5집(숭전
    대학교, 1974).

홍영백, "미국 기업, 기업가사 연구 접근 방법", 동국사학 제21집(동국대학
    교 사학과, 1987).

황혜성, "루이 하츠의 '미국자유주의전통'에 관한 소고", 『미국학』13(서울
    대미국학연구소, 1990).

황혜성, 정상준/A.M.슐레신저, 『미국 역사의 순환』(탐구당, 1995).

찾아보기

► 저자 소개 ◄

이 주 영
서울대학교 사학과(학사)
서울대학교 대학원 사학과(석사)
University of Hawaii(석사)
서강대학교 대학원 사학과(박사)
Princeton University(visiting fellow)
Columbia University(visiting scholar)
현재 건국대학교 문과대 사학과 교수

황 혜 성
서강대학교 사학과(학사)
University of Hawaii(석사)
University of Hawaii(박사)
현재 한성대학교 사학과 교수

김 연 진
고려대학교 사학과(학사)
State University of New York at Albany(석사)
University of Illinois(박사)
현재 단국대학교 문과대 사학과 교수

조 지 형
서강대학교 사학과(학사)
서강대학교 대학원 사학과(석사)
University of Illinois(박사)
현재 이화여자대학교 인문대 사학과 교수

김 형 인
고려대학교(학사)
고려대학교 대학원 사학과(석사)
University of New Mexico(석사)
University of New Mexico(박사)
현재 성신여자대학교 사학과 강사

미국현대사

1996년 8월 25일 초판 인쇄
1996년 8월 30일 초판 발행

저자 : 이주영 외 4인

발행인 : 朴琪鳳

발행처 : 比峰出版社

주소 : 서울시 중구 신당동 292-42

전화 : 231-5450~2 FAX : 231-5453

등록번호 : 2-301(1980. 5. 23)

ISBN 89-376-0182-6 03900

정가 12,000원